城与乡 在博弈中共享繁荣

——北京市农村经济研究中心 2010 年研究报告

下册

郭光磊　主编

中国农业科学技术出版社

编辑委员会

目　　录

第二篇　集体经济——在改革中明确方向

第三篇　都市农业——在探索中寻求突破

第四篇　农民收入——在共济中稳步提高

第二篇

集体经济——在改革中明确方向

强化新型集体经济组织经营管理的对策研究

课题组

摘要：本报告深入分析了强化新型集体经济组织经营管理的重要意义，指出新型集体经济组织是实行社区股份合作制产权制度的企业，经营管理是新型集体经济组织各项活动的总称，强化经营管理是关系新型集体经济组织生死存亡的重大课题。在对新型集体经济组织经营管理现状进行统计分析的基础上，总结了北京市新型集体经济组织经营管理的主要经验，包括民主化管理、企业化管理、专业化管理、精细化管理和多元化管理，指出目前新型集体经济组织经营管理中存在财务风险过高、经营效益过低、股份分红企业过少、内部控制松散、企业社会负担较重、少数企业法纪观念不强等主要问题，提出进一步强化新型集体经济组织经营管理，需要采取标本兼治的办法，从转变思想观念、健全治理结构、优化资源配置、深化改革、改善经营环境、提高干部素质、健全服务体系等七个方面入手。

一、新型集体经济组织强化经营管理的重要意义

（一）新型集体经济组织是实行社区股份合作制产权制度的企业

所谓新型集体经济组织，也可以称之为社区股份合作制企业。它是以土地为主要纽带联系起来的一定社区（乡或者村）范围内的农民群众，按照合作制的原则，采取股份的形式，实行劳动联合与资本联合相结合，通过对传统集体经济组织进行产权制度改革而组建起来的一种新型集体经济组织。

所谓乡村集体经济组织，是在一定的村或者一个乡镇的社区范围内，在党的领导下，劳动农民群众自愿以土地为纽带，采取资金联合与劳动联合相结合的方式组织起来的合作经济组织，也称为社区型合作经济组织。而所谓合作经济，是以合作企业为基础的一种经济形式。合作企业是由联合起来的劳动者共同筹集资金，共同占有生产资料，共同使用生产资料，共同享有劳

动成果的经济组织。革命导师马克思认为："合作运动是改造以阶级对抗为基础的现代社会各种力量之一。这个运动的重大功绩在于：它用事实证明了那种专制的、产生赤贫现象的、供劳动依附于资本的现代制度将被共和的、带来繁荣自由平等的生产者联合的制度所代替的可能性。"

北京市乡村集体经济组织经过长达半个多世纪的努力，截至2009年年底，已经积累了将近3 000亿的账内集体资产。此外，乡村集体经济组织拥有大量的700多万亩集体土地和1 400多万亩山场等自然资源，随着郊区城市化进程这些自然资源也在逐步升值，一部分已经或者即将转化为账内集体资产。乡村集体经济组织在北京市农村的社会经济发展过程中发挥着重要作用。进一步发展壮大集体经济，是增加农民收入的重要途径，也是加快农业、农村现代化步伐和全面建设小康社会的重要物质保证。但是，由于长期以来北京市乡村集体经济产权不清，形成了管理不严、效益低下、资产流失等诸多体制性弊病，制约了集体经济的进一步发展。在我国农业和农村经济进入市场化的新阶段，现行农村集体经济共同共有的产权制度已经越来越不适应社会主义市场经济发展的客观要求，所以必须进行集体经济产权制度改革。

所谓产权，通俗地讲就是关于财产的权利。严格地说，产权是以财产所有权为基础的、由所有制实现形式所决定的、受国家法律保护的、反映不同利益主体对某一财产的占有、支配和收益的权利、义务和责任。乡村集体经济产权是指，乡村集体经济组织对其所有的资产的占有、支配和收益的权利、义务和责任。而所谓产权制度是以产权为依托，对财产关系进行合理有效的组合、调节的制度安排就是产权制度。产权制度包括产权主体的确定、对产权范围的界定、对产权结构的安排、对产权的法律保护和产权交易等方面的内容。产权制度具有界定和规范财产关系的作用。具有约束财产功能、激励功能、增进资源配置功能、形成稳定预期的功能等。产权关系和产权制度的明晰化，是进入市场的基本前提之一，市场的交换实质上是产权的交换，拥有产权、进行交易的经济活动当事人就是市场活动的主体。乡村集体经济产权制度是指，以乡村集体经济产权为依托，对集体经济组织财产关系进行有效的组合、调节的制度安排。集体经济产权制度改革的本质，是通过产权制度改革，将实行共同共有产权制度的传统集体经济组织，改造成为实行按份共有产权制度的新型集体经济组织，成为自主经营、独立核算、自负盈亏的社会主义市场主体。

（二）经营管理是新型集体经济组织各项活动的总称

所谓经营管理，是指为确保企业建设、采购、生产、销售等各项业务和资金、技术、劳动力各种资源，按照企业预定的经营目顺利地进行、有效地调整而进行的一系列管理、运营之活动。经营管理是对企业整个生产经营活动进行决策，计划、组织、控制、协调，并对企业成员进行激励，以实现其任务和目标一系列工作的总称。合理确定企业的经营形式和管理体制，设置管理机构，配备管理人员；搞好市场调查，掌握经济信息，进行经营预测和经营决策，确定经营方针、经营目标和生产结构；编制经营计划，签订经济合同；建立、健全经济责任制和各种管理制度；搞好劳动力资源的利用和管理，做好思想政治工作；加强土地与其他自然资源的开发、利用和管理；搞好机器设备管理、物资管理、生产管理、技术管理和质量管理；合理组织产品销售，搞好销售管理；加强财务管理和成本管理，处理好收益和利润的分配；全面分析评价企业生产经营的经济效益，开展企业经营诊断等。

经营管理是人类各种活动中最重要的活动之一。自从人们形成群体去实现个人无法达到的目标以来，管理工作就成为协调个人努力必不可少的因素。由于人类社会日益依靠集体的努力来完成任务，组织起来的群体也变得越来越重要。管理就是设计和保持一种良好的环境，使人在群体里高效率地完成既定的目标。管理包括计划、组织、人事、领导和控制五个职能。编制计划包括选择任务、目标和完成计划的行动。编制计划需要决策，也就是说在各种方案里，选择将来的行动路线。组织工作的任务就是旨在建立起一个经过策划的角色结构，分配给机构中的每一个成员。人事工作就是给组织结构设置的编制、配备人员和保持满员，并使他们能够高效率和高效益地完成任务。领导工作就是对工作人员施加影响，使他们对组织和集体的目标作出贡献。控制工作是衡量和纠正下属人员的各种活动，从而保证事态的发展符合计划要求。把个人的力量协调起来，以完成集体的目标，每一项管理工作职能都是为了促进协调，所以协调是管理工作的核心。

任何企业运营都包括经营和管理这两个主要环节。经营是指企业进行市场活动的行为，而管理是指企业理顺工作流程、发现问题的行为。经营管理是相互渗透的，人们经常把经营管理放在一起讲。实际情况也是经营中的科学决策过程便是管理的渗透，而管理中的经营意识可以讲是情商的体现。把经营和管理严格区分开来是误区，也是务虚的表现。经营是对外的，追求从企业外部获取资源和建立影响；管理是对内的，强调对内部资源的整合和建立秩序。经营追求的是效益，要“开源”，要赚钱；管理追求的是效率，要“节流”，要控制成本。经营是扩张性的，要积极进取，抓住机会，胆子要大；管理是收敛性的，要谨慎稳妥，要评估和控制风险。经营与管理是密不可分的。经营与管理，好比企业中的阳与阴，相互依赖，密不可分。忽视管理的经营是不能长久的，忽视经营的管理是没有活力的，是僵化的，为了管理而管理，为了控制而控制，只会把企业管死。企业发展必须有规则，有约束，但也必须有动力，有张力，否则就是一潭死水。

经营是龙头，管理是基础，管理必须为经营服务。企业要做大做强，必须首先关注经营，研究市场和客户，并为目标客户提供有针对性的产品和服务；然后基础管理必须跟上。只有管理跟上了，经营才可能继续往前进，经营前进后，又会对管理水平提出更高的要求。企业发展的规律就是：经营－管理－经营－管理交替前进，撇开管理光抓经营是行不通的，管理扯后腿，经营就前进不了。光抓管理，就会原地踏步甚至倒退。经营是剑管理是柄。管理是基础。管理始终贯穿与整个经营的过程，没有管理，就谈不上经营。管理的结果最终在经营上体现出来，经营结果代表管理水平。管理思想有一个相对稳定的体系，但企业的经营方法却要随着市场供应和需求因时因地而变化，但它又是靠管理思想来束缚。反过来，管理思想又要跟着经营、环境、时代、市场而调整。经营是人与事的互动，管理则是企业内人与人的互动。经营是选择对的事情做，管理是把事情做对。所以经营是指涉及市场、顾客、行业、环境、投资的问题，而管理是指涉及制度、人才、激励的问题。简单地说，经营关乎企业生存和盈亏，管理关乎效率和成本。这就是两者的区别。

经营的实质是经营某项资产的权利力，包括所有权、使用权。从这个角度看经营资产实质上是一种权力，是知识转化来的权力，而这种权力的对象不是有形的、占有空间的，而主要是无形的、观念的。因此，经营资产的本质是一种无形的权力。所谓运营资产就是运营这种无形权力。

无形资产的运作与经营比有形资产的经营具有更大的运作空间，企业无形资产的升值比有形资产的扩张来说，可以具有更高的速度和更大的空间。一些国际知名企业的价值大于甚至几倍于企业的有形资产就是例证。无形资产经营是企业资产运营的高级阶段。高明的资产经营者主要是利用无形资产经营，减少有形资产的投入，即以无形资产输出为手段，在更大的空间和范围内实施控股或参股，通过无形资产运营代替有形资产投入，实现少投资甚至不投资也能收购企业、合并企业或建立战略联盟。知识经济时代的到来，使各种无形资产——品牌、知识产权、软件、媒体内容和技能的价值迅速升值。一方面，新兴产业和高新技术企业的资产占全部资产比例愈来愈大，无形资产日益成为创造财富的主动力；另一方面，经济全球化刺激世界各地对国际名牌的消费需求扩大，更加速了无形资产在全球的扩张。资产的运作与经营是企业资产经营的核心。其主要运作与经营的方式是企业并购，现实经营过程中，企业并购失败的主要原因是收购战略失误、管理粗放、整合失败等问题，因此，在资产经营中要通过无形资产的经营，减少有形资产经营的投入，通过转换经营机制、提高管理水平、战略协同、文化融合、技术改造、资产重组、制度创新等确保并购成功。企业要有效地运营资产，必须使管理运营形成完整的运营体系，包括策划、开发、运营、评估、保护等环节。

（三）强化经营管理是关系新型集体经济组织生死存亡的重大课题

自1993年以来，在北京市委、市政府的领导下，北京市积极推进乡村集体经济产权制度改革。按照资产变股权、农民当股东的方向，将实行共同共有产权制度的传统集体经济组织，改造成为实行按份共有产权制度的新型集体经济组织。截至2009年年底，北京市已经有800左右各乡村集体经济组织基本完成了产权制度改革。2010年，北京市继续加大集体经济产权制度改革推进力度。预计到2010年年底，北京市新型集体经济组织累计将达到1 000多个。

新型集体经济组织与传统集体经济组织有哪些不同呢？社区股份合作制企业与传统乡村集体经济组织从本质上来说都属于合作经济的范畴，都是社会主义公有制经济在农村的具体实现形式。它们的区别主要表现在有以下四个方面：一是产权制度发生了根本性变化，乡村集体经济组织改革为社区股份合作制企业以后，集体资产由社员共同共有变为社员按份共有，明晰了每个社员在集体经济组织中的产权份额。同时，新型集体经济组织通过吸引股东和社会力量投资入股兴办各种企业，实现了投资主体的多元化。二是分配制度发生了根本变化，由单一的按劳分配变为按劳分配与按股分红相结合。股东不论在哪里就业，到年底都可以凭其在集体所拥有的股份，参与经营成果的分配。三是治理结构发生了根本性变化，农民群众真正成为集体经济的投资主体、决策主体和受益主体，成为集体经济名副其实的主人。四是劳动用工制度发生了变化。具备条件的集体经济组织，可以采取竞争上岗的办法录取职工。在同等条件下优先录取本组织股东及其子女。没有在集体经济组织竞争上岗就业的应当到社会上自谋职业，为促进农村劳动力合理流动提供了保障。

新型集体经济组织脱胎于传统集体经济组织。传统乡村集体经济组织经过产权制度改革，演变为新型集体经济组织以后，集体经济的产权制度由社员共同共有转变为社员按份共有，资产变股权，农民当股东，集体经济组织体制发生了翻天覆地的质的变化。但是，由于半个多世纪以来，传统思想观念和管理习惯的影响，新型集体经济组织内部存在的众多深层次矛盾与问题，不会随着产权制度的改变而自然而然地改变。虽然产权制度改革为农村集体经济组织在市场经济条件下实现更好、更快的发展提供了制度上的可能性，但是要把这种可能性变为现实，还需要做更加艰苦细致的努力。虽然体制的变化为集体经济的快速发展奠定了坚实的制度基础和机遇，而要把这种机遇转变为现实，必须进一步转变观念，深化改革，强化管理，抓好发展，才能使广大农民群众真正享受到改革的丰硕成果，才能在农村城市化过程中真正维护好、实现好和发展好农民群众的根本利益，才能真正实现农村社会的稳定、和谐。因此，强化新型集体经济组织经营管理，有利于巩固乡村集体经济产权制度改革成果，是实现乡村集体经济产权制度改革目标的需要；有利于优化新型集体经济组织资源配置，是实现乡村集体资产保本增值的需要；有利于增加新型集体经济组织成员财产性收入，是在农村城市化过程中实现集体经济组织成员共同富裕的需要；有利于保护集体经济组织成员民主管理的权利，是维护农村稳定建设和谐社会的需要；有利于促进农村党风廉政建设，是巩固党在农村基层执政地位、密切党群关系干群关系的需要。反之，如果不强化新型集体经济组织经营管理，新型集体集体经济组织虽然名称变了，但是仍然按照传统集体经济组织的过老一套办法来运行，“穿新鞋走老路”，“新瓶装老酒”、“换汤不换药”，集体经济经营效益得不到大幅度提升，农民群众享受不到改革的成果，党在农民群众中的威信就会一落千丈，农村社会就不可能安定团结，建设和谐社会的目标就不可能实现，乡村集体经济产权改革也就失去了意义。所以，强化经营管理是关系新型集体经济组织生死存亡的重大问题，必须引起各级领导和广大干部群众的高度重视。

二、新型集体经济组织经营管理现状

（一）新型集体经济组织的基本情况

根据各区县上报的数据，截至2009年12月31日，北京市已有812家乡村集体经济组织完成了产权制度改革，成为新型集体经济组织。但是，其中有 30 个村的新型集体经济组织不能上报各种统计数据。其原因，有的是改制以后由于土地被征用、占用，丧失了继续经营的条件而被撤销；有的是当初就没有完成产权制度改革，新型集体经济组织并没有真正成立起来。所以，我们认定截至 2009 年年底，北京市农村新型集体经济组织的实际数量为 782 个。

这 782 个新型集体经济组织共有 65.10 万个股东。其中，集体股东 752 个；个人股东 58.57 万个。782 个新型集体经济组织总股本 186.4 亿元。其中，集体股东持有股本 58.6 亿元，占 31.4%；集体经济组织成员个人股东持有股本 102.5 亿元，占 55%；非集体经济组织成员的企业职工持有股本 20.3 亿元，占 10.9%；其他社会法人及自然人持有股本 4.6 亿元，占 2.7%。

北京市 782 个新型集体经济组织中，乡镇集体经济组织有 5 个，村级集体经济组织有 775 个，村民小组集体经济组织有 2 个。新型集体经济组织分布在北京市 14 个区县。详见表 1：

表 1　新型集体经济组织区域分布情况表

区县	合计	乡镇集体经济组织	村集体经济组织	村民组集体经济组织
合计	782	5	775	2
朝阳区	6	3	3	0
海淀区	8	0	7	1
丰台区	66	2	64	0
石景山区	7	0	7	0
通州区	120	0	120	0
大兴区	47	0	47	0
顺义区	138	0	138	0
房山区	14	0	14	0
昌平区	77	0	77	0
门头沟区	13	0	13	0
平谷区	17	0	17	0
怀柔区	219	0	219	0
密云县	13	0	12	1
延庆县	37	0	37	0

截至 2009 年 12 月 31 日，这 782 个新型集体经济组织共拥有集体资产

总额531.6亿元，平均每个企业拥有6 798万元；集体净资产总额226.9亿元，平均每个企业拥有2 902万元。这782个新型集体经济组织规模大小差异比较大。其中资产规模在100万元以下的有87个，占11.1%；100万元以上到1 000万元的397个，占50.7%；1 000万元以上到1亿元的有192个，占24.5%；总资产1亿元以上的有106个，占13.7%。新型集体经济组织资产规模分类情况详见表2：

表2　新型集体经济组织资产规模分类统计表

资产总额	110万以下	100万～500万	500万～1 000万	1 000万～5 000万	5 000万～1亿	1亿以上
企业数量	87	307	90	140	52	106
所比例（%）	11.1	39.2	11.5	17.9	6.6	13.7

（二）新型集体经济组织经营效益情况

2009年，这782个新型集体经济组织共实现经营收入107.8亿元，实现净利润17.7亿元；分别比改制之前的82.3亿元和8.5亿元增长了31%和1.08倍；平均每个企业实现营业收入1 378万元，实现净利润226万元。由于新型集体经济组织规模大小不一，所以经营收入多少也显现出较大差异。详见表3：

表3　新型集体经济组织经营收入分类统计表

营业收入	1万元以下	1万元～50万元	50万元～100万元	100万元～1 000万元	1 000万元～1亿元	1亿元以上
企业数量	208	218	83	184	60	29
所比例（%）	26.6	27.8	10.6	23.5	7.7	3.7

截至2009年12月31日，这782个新型集体经济组织总资产和净资产分别比改之前增加了269.7亿元和93.8亿元，增长比例分别达到1.03倍和70.5%。2009年，这782个新型集体经济组织净资产收益率为7.8%、销售收入利润率为16.4%，分别比改制之前上升了1.4个百分点和6.1个百分点。

2009年，这782个新型集体经济组织共进行股份分红8.6亿元。其中，集体股东分得1.6亿元，平均每个集体股东分红21.28万元；个人股东分红4.4亿元，平均每个股东分红726元。

（三）新型集体经济组织经营状况按照经营年限分层分析

上述782个新型集体经济组织中，有292个为2009年刚刚完成产权制度改革，为了更好地反映新型集体经济组织的经营状况，我们将新型集体经济组织按照经营年限，分为经营年限10年以上、5至10年、1至5年和不足一年4个层次。截至2009年年底，北京市782个新型集体经济组织中，运营一年以上的有436个，占59.9%。其中，运行时间10年以上的有7个，占1%；运营时间在5～10年的有40个，占5.5%；运营时间在1至5年的有389个，占53.4%。436个运行时间在一年以上的企业，截至2009年年底，资产总额为479.76亿元，比改制前增长了1.2倍，平均每个企业1.10亿元；净资产总额为201.44亿元，比改制前增长了83.46%，平均每个企业0.46亿元。其资产状况分析详见表4：

表4　新型集体经济组织经营状况按照经营年限分组分析表　　单位：亿元

经营年限	企业数量		总资产			净资产		
	个数	占%	金额	占%	比改制前增长（倍）	金额	占%	比改制前增长(倍)
合计	782	100	531.6	100	1	226.9	100	0.7
10年以上	7	1	40.29	7.6	2.8	15.5	6.8	1.2
5至10年	40	5.5	140.75	26.5	1.5	43.12	19.0	1.5
1至5年	389	53.4	298.71	56.2	0.9	142.80	62.9	0.7
一年以上小计	436	59.9	479.76	90.3	1.2	201.42	88.8	0.8
不足一年	292	40.1	51.59	9.7	—	25.48	11.2	—

2009年，这436个新型集体经济组织共实现经营收入105.02亿元，比改制前的78.71亿元增长了33.4%；实现净利润15.74亿元，比改制前的8.56亿元增长了84.15%。2009年，对股东进行分红的有179个单位，共向股东分配红利8.07亿元，占436个企业的41%。新型集体经济组织2009年经营收益情况分组分析详见表5～表6：

表5　新型集体经济组织经营收益情况分组分析表　　单位：个、亿元

经营年限	企业数量	经营收入			净利润		
		金额	占%	比改制前增长（倍）	金额	占%	比改制前增长（倍）
合计	782	107.8	100	0.31	17.7	100	1.08
10年以上	7	15.5	14.38	1.5	2.02	11.41	2.1
5至10年	40	26.9	24.95	0.11	4.39	24.80	2.2
1至5年	389	62.62	58.09	0.3	9.33	52.71	0.43
一年以上小计	436	105.02	97.42	0.33	15.74	88.93	0.84
不足一年	292	2.78	2.58	—	1.96	11.07	—

表6　新型集体经济组织2009年经营收益情况分组分析表　单位：个、万元

	企业数量	平均每个企业净利润	资产负债率（%）	总资产收益率%	净资产收益率%	股份分红情况		
						分红企业数量	占总数%	分红金额
合计	782	226.1	57.3	3.3	7.8	213	27.2	85 932
10年以上	7	2 885	61.5	5.01	13.03	5	71.4	4 661
5～10年	40	1 097	69.4	3.11	10.17	28	70	22 786
1～5年	389	240	52.2	3.12	6.53	146	37.5	53 223
小计	436	361.19	58.01	3.28	7.82	179	41	80 670
不足一年	292	66.2	51.0	0.01	0.03	34	11.6	5 262

（四）运行一年以上的新型集体经济组织经营状况按照区域分布分析

将运行一年以上的436个新型集体经济组织按照所在区域分为近郊区、纯平原地区和山区三类。近郊区为朝阳、海淀、丰台、石景山四个区共有81个；纯平原地区为通州、顺义、大兴三个区共有200个，山区为怀柔、密云、延庆、门头沟、平谷、房山、昌平共七个区县共有155个。其经营情况详见表7～表8：

表7　按分布区域436个新型集体经济组织经营效益分析表　　单位：万元

地区	企业数量	平均每个企业资产总额	平均每个企业净资产总额	资产负债率（%）	总资产收益率	净资产收益率	平均每个企业净利润	2009年分红单位数所占比例（%）
近郊	81	44 609	14 703	67	0.03	0.10	1 526	49.4
平原	200	2 918	2 351	19.4	0.05	0.06	136	42
山区	155	3 875	2 279	41.2	0.01	0.02	426	35.5

从上表可以看出，北京市不同地区新型集体经济组织资产规模有很大的差别。近郊区平均每个企业资产总额为4.46亿元，为山区平均每个企业资产总额的11倍。从资本结构上来看，平原地区企业资产负债率最低，仅为19.4%，近郊区资产负债率较高，为67%。净资产收益率，近郊区最高，达到10%；其次是平原地区，为6%；山区只有2%。

表8　按分布区域436个新型集体经济组织改革效果分析表

	资产总额增加%	净资产增加%	营业收入增长%	利润总额增长%	净利润增长%
近郊	148.34	106.89	36.02	89.22	84.97
平原	52.95	59.41	-31.09	85.48	97.56
山区	58.97	55.36	85.38	18.96	35.15

从上表可以看出，北京市不同地区新型集体经济组织改制效果存在很大差别。近郊区的新型集体经济组织资产额、净资产额增长幅度最高，资产相比改制前增长了1.5倍，净资产增长了1.1倍。而平原地区、山区区县的新型集体经济组织资产增长幅度均在50%左右。从营业收入、利润的变化来看，平原地区新型集体经济组织营业收入下降了31.09%，而利润总额却增长了85.48%，说明其收入主要来源于营业外收入，投资收益等。

（五）新型集体经济组织强化经营管理的主要经验

通过对上述对新型集体经济组织经营收益情况的分析，特别是通过按经营年限对新型集体经济组织经营效益的分组分析，我们可以得出一个肯定的结论，那就是推进乡村集体经济产权制度度改革，确实是在社会主义市场经济条件下和在农村城市化过程中，贯彻落实科学发展观，维护好、实现好和发展好农民群众合法权益，巩固发展集体经济实现共同致富的必由之路。在改制初期，一些乡村改革的效果马上就显现出来，在一些乡村改革的成效可能并不是马上就显现出来，但是随着时间的推移，随着新型集体经济组织不断完善管理，改革的巨大作用才逐渐显露出来，新型集体经济组织运行时间越长，改革效果越明显。为了深入了解新型集体经济组织经营管理现状，我们对部分新型集体经济组织进行了典型案例（详见附件）。通过典型案例，我们认为北京市新型集体经济组织经营管理的经验主要是实现了以下“五化”：

1. 切实实行民主化管理

凡是经营管理规范的新型集体经济组织，都建立健全了以民主管理为核心的法人治理架构。新型集体经济组织与传统集体经济组织区别之一，就在于是否真正实行民主管理。传统集体经济组织往往是大事小事一律由党支部、村委会少数干部说了算。而新型集体经济组织决策机制中，虽然村党组织仍然处在核心地位，但是村党组织不能替代股东进行民主决策。党组织的意志要通过新型集体经济组织的法人治理架构来体现。股东民主选举股东代表、股东代表根据股东的意志进行民主决策，董事会、监事会对股东代表大会负责的新型治理架构，确保了股东一人一票民主决策权利的有效实现。在民主管理方面典型范例是丰台区南苑乡的石榴庄金石庄源投资管理公司。除了建立健全了股东代表、董事会、监事会等机构以外，这个村里成立了群众工作协会、老年人工作协会、民主理财小组、工会等群团组织。群众工作协会、老年人工作协会都是由农民自己推选代表组成。每年定期召开两次工作会议，由村党总支、村委会和负责经济的主要领导汇报上一阶段的工作情况和下一时期的发展规划，逐项听取并落实农民提出的问题。群众有话有地方讲，有意见有地方说，保证了农民参政议政权利。公司董事会利用电子触摸屏和公开栏对干部报酬、公司财务收支、经营状况、村务、党务等重要事宜按季度进行公开，做到清晰明确，透明集中。在村里主要位置悬挂 11 个意见箱，以便收集群众的意见。股东代表大会由 75 名股东代表组成。这 75 名股东代表均是通过民主选举产生，每个股东都给各自的股东代表签发了具有法律效力的《股东委托书》。公司董事会坚持每年两次股东代表大会制度，对于群众关心的热点、难点问题、大额开支、重要项目等均要召开股东代表会进行决策。每次会议前董事会把议题通知股东代表要求他们征求股东意见。股东代表会议结束以后，要求股东代表向各自所代表的股东发放股东代表大会决议、传达股东会议精神。另外，公司董事会还通过股东代表对村级干部从德、能、勤、绩四方面进行民主测评，对不称职的干部进行教育和调整。总之，通过实行民主化管理，确保了新型集体经济组织决策的科学性和效益性。

2. 切实实行企业化管理

凡是经营管理规范的新型集体经济组织，都因地制宜、扬长避短，优化资源与资产配置，确立了具有强大竞争优势的主导产业。新型集体经济组织与传统集体经济组织的区别之二，就在于是否实行了企业化管理。传统集体经济组织与村民委员会之间往往混为一体，集体经济活动与社会管理活动混为一谈，公益性投资于生产性投资混在一起，村民福利与集体经济收益分配没有区别，也就是通常所说的政社不分、政企不分，集体经济缺乏严格的经济核算。而新型集体经济组织虽然也要在一定时期、一定范围内对村民自治组织给予资金支持，给村内集体福利事业给予一定投资，但是这些都需要经过股东代表会议民主决策决定。新型集体经济组织严格按照现代企业的要求，建立健全成本核算体制，实行企业化管理。按照市场经济的要求，结合本村实际、扬长避短、因地制宜，优化资源配置，确立企业经营战略和主导产业。例如，丰台区南苑乡的果园村“退一、优二、进三”产业结构调整和地区环境整治的机遇，投资建设大红门服装商贸城，大力发展第三产业。除了安置了402名股东及其子女就业。同时，还安置了385名社会人员和下岗失业人员就业。为30 000多外来务工经商人员提供了经商和就业机会。目前，该市场已经发展成为华北地区及全国闻名的大型服装批发市场，年交易额逐年提高。据北京市商委的统计，大红门服装批发市场年交易额占北京市同类商品总交易额的54.5%。果园村先后成立了顺福海货运中心、大红门物流有限公司、福海伟业物业管理公司、大红门海兴商贸市场、鑫福海农贸市场等企业，推动了本地区餐饮、住宿、客运、货运、交通、广告、加工、教育、劳动力市场等其他各项配套产业的发展。其他一些经营管理规范的村，有的发展以花卉为龙头的企业链，有的发展以民俗旅游为龙头的乡村旅游业，有的以房地产开发为主导产业，有的以现代都市工业为主导产业，有的则以物流、物业主导产业。总之，通过企业化管理，确保了新型集体经济组织资产不断保本增值、农民增收。

3. 切实实行专业化管理

凡是经营管理规范的新型集体经济组织，都建立健全了激励机制与约束机制，实行了专业化管理。新型集体经济组织与传统集体经济组织的又一个区别就在于是否实行了专业化管理。传统集体经济组织不但产权不明晰，而且管理责任不明确，对管理人员奖惩不清，既无激励机制业没有约束机制，导致资产流失、效益低下。而新型集体经济组织则在进行产权制度改革的同时，改革内部劳动用工制度和人事管理制度，落实岗位责任制，建立健全激励机制和约束机制，实行专业化管理。例如，丰台区花乡的草桥村，在进行产权制度改革以后，针对过去企业管理中存在的问题，按照精简高效的原则，完善管理制度，实行专业化管理。公司内部设有办公室、财务室、劳资办、规划城建等十个职能科室。建立财务中心，实行会计委派制，财务中心负责对所属各企业财务实行集中管理、分户核算。公司不断制定和完善了现金管理办法、财务支出审批制度、电算会计岗位责任制、内部审计制度、劳资用工制度、督查制度、村民回访制、首问负责制等内部控制制度、会计档案管理办法及财会、库房、采购人员的工作职责等。成立法务办公室，规范公司对外各种经济行为，建立合同评审制度，为公司各企业的健康顺利发展起到了保驾护航的作用。制定公司了《草桥实业公司内部审计工作制度》，于2001年4月成立了公司审计办公室。通过实施内部审计工作，增强了集体资产使用的合理性，降低了企业经营的风险，有效地确保了财会信息的真实，严肃了财经纪律，杜绝了渎职现象。制定了公司所属企业经理、厂长收入分配制度，按照企业与总公司签订的经济责任合同，将企业上交总公司利润的5%至15%之间作为干部的收入分配指数。总之，通过实行专业化管理，既防止了各种腐败行为的发生，又充分调动了各级干部发展集体经济的积极性。

4. 切实实行精细化管理

凡是经营管理规范的新型集体经济组织，都在确定企业经营战略的基础上，制定实施企业战略的具体措施，实行精细化管理。新型集体经济组织与传统集体经济组织的一个重要区别就是是否实行精细化管理。传统集体经济组织由于产权不清、责任不明，导致管理制度不完善，管理措施不落实，管理漏洞百出、经济效益低下。而新型集体经济组织在进行产权制度改革以后，明晰了产权，明确了管理责任，干部在经营决策时不再粗心大意，在花费集体财物时不再大手大脚，勤俭持家、勤俭办社的优良传统得到恢复和发扬光大。例如，丰台区花乡的榆树庄村在进行产权制度改革以后，针对骨干企业经济效益下降的问题，采取了一系列增收节支的措施。他们精简机构，减少了二十多名领导干部和将近四分之一的后勤人员。他们重用工程技术人员，实践科技引领行业，科技引领社会，给科技人员创造良好的工作环境，让“熊猫享受熊猫待遇”。科技人员进入企业决策层，直接参与企业重大决策，进行技术创新。他们改革原材料采购模式，针对原材料采购环节存在的问题，采取公平、公正、公开的招标方式，通过寻价确定原材料供应商和价格。对企业长期、大批量采购的钢材、水泥、砂石、粉煤灰、外加剂等原材料，与有品牌有实力的供应商建立长期战略合作伙伴关系，并就采购价格优惠等事项达谅解。通过建立长期采购合作伙伴关系，大幅度降低了材料采购成本。仅2006年一年的时间，全厂原材料采购费用就节约了2 610万元。总之，通过实行精细化管理，使得“细节决定成败”的理论在新型集体经济组织成功实践，保证了集体经济在激烈的市场竞争中立于不败之地。

5. 切实实行多元化管理

经营管理规范化的新型集体经济组织，大多实行多元化管理，不仅在筹集发展资金方面实现了融资渠道的多元化，而且采取多元化经营战略化解市场风险。新型集体经济组织与传统集体经济组织的一个重要区别，就在于是否实现了多元化管理。传统集体经济组织由于产权不清、管理责任不明，导致投资主体单一、筹资渠道单一，发展经济出要靠银行贷款。在资金使用上，上项目办企业由集体经济组织一家承担风险。新型集体经济组织在明晰产权的基础上，采取多种渠道广泛筹集发展资金，采取多种措施联合各个方面的力量实现共同发展，努力化解经营风险。在我们调查的典型中，有的在改制时就明确设立个人现金股，吸收股东的现金投资；有的设置社会法人股，吸收具有经济实力和技术专长的社会法人投资入股。有的在兴办企业或者上新项目遇到资金紧缺时，通过召开股东代表大会决议的方式，按照自愿的原则发动股东向企业投入现金，避免或者减少了向银行贷款。有的则采取乡与村之间联合、村与村之间联合、新型集体经济组织与城镇企业联合的办法，采取股份制或者股份合作制的形式，共同投资兴办企业。例如，海淀区东升乡太平庄股份经济合作社采取合作、自投资金等多种形式新建符合城市功能的商服业，形成近20万平方米的优良资产。在资产经营上采取委托经营、自主经营等方式取得了较好的经济效益和社会效益。到2009年年底总资产达到92 998万元，比改制前增加5.2亿元，增长2.3倍，股金分红占股本的比率达到12%。总之，通过实行多元化管理，这些新型集体经济组织集体经济实力明显增强、经济效益显著提高，确保了企业年年有进步，年年都跃上一个新台阶。

（六）新型集体经济组织经营管理中存在的主要问题

北京市新型集体经济组织从总体上来看，通过改革呈现经营管理方式不断改进、经营管理水平不断提高的趋势，积累了丰富的经营管理经验，涌现了一大批管理水平高、经济效益好的先进企业，培养出一批优秀的农民企业家和经营管理干部。但是，由于多方面因素的共同作用，新型集体经济组织在经营管理方面存在不少薄弱环节，“穿新鞋走老路”、“换汤不换药”的隐患并没有完全消除。存在的问题主要表现在以下几个方面：

1. 一些企业财务风险过高

从企业资产状况来看，一些新型集体经济组织资产质量较差，存在较高的财务风险。在782个新型集体经济组织中，资产负债率超过80%的有106

个，占13%。其中有28个新型集体经济组织超过了100%，实际上已经资不抵债。同时，由于兑现原集体经济组织成员资产份额、处置不良资产等多方面的原因，有259个新型集体经济组织总资产比改制之前有所减少，占33%；有298个新型集体经济组织净资产比改制之前减少，占38%。

2. 一些企业经营效益过低

从企业经济效益来看，一些新型集体经济组织经营效益不高，存在亏损的风险。在782个新型集体经济组织中，有275个企业2009年度营业收入比改制之前减少，占35%；有375个企业经营净利润比改制之前减少，占46%；有278个企业发生经营亏损，占36%。

3. 股份分红企业过少

从股东收益情况来看，782个新型集体经济组织中，2009年度进行股份分红的企业只有213个，仅占27%；而没有向股东进行股份分红的企业有569个，占73%。即便是运行一年以上的企业中，2009年度进行股份分红的也只有179个，仅占这些企业总数的41%。

4. 一些企业内部控制松散

从企业内部控制制度来看，也存在众多问题。有的企业改制之后没有严格按照新型集体经济组织章程建立健全法人治理结构。有的不按照章程召开股东代表大会进行企业重大事务决策，大事小事仍然由少数人说了算，甚至干部任期届满也不及时进行换届选举。有的没有建立健全集体资产管理制度，集体经济合同签订不公开、不透明，合同内容不完善、不合理。多数企业没有建立健全完备激励机制与约束机制。

5. 企业社会负担较重

从企业内外部关系上来看，政社不分、政企部分的问题没有完全解决。村集体经济组织与村民委员会之间事权不分、财务不分的问题尤为突出。新型集体经济组织社会负担重的问题，在城乡结合部地区表现得尤为严重。例如，丰台区石金石庄源投资管理公司每年用于垃圾清扫收集、公共厕所保洁、社会治安管理的费用就达到200多万元。而在远郊区县，虽然近年来各级政府加大了新农村建设投资，但是村集体举债进行新农村配套设施建设的现象比较普遍；虽然政府建立了村级社会管理费用固定补贴制度，但是村级社会管理费用缺口仍然很大。一些村将新型集体经济组织的经营收益全部或者多数拿去进行社区公共设施建设和社会事务管理，股东却分不到红利。

6. 少数企业法纪观念不强

从遵纪守法情况来看，少数企业存在违法违纪行为。由于企业经营管理制度的缺失，个别企业负责人个人擅自决定集体重大资产处置，个人从中谋取私利，给企业带来重大损失，走上犯罪道路。个别企业在处理经济合同纠纷时，与黑恶势力勾结，采取武力威胁胁迫的办法，触犯国家法律，受到法律制裁。这都给这些新型集体经济组织发展和社会和谐稳定带来重大隐患。

综上所述，我们认为强化新型集体经济组织经营管理，已经是一件刻不容缓的重大任务，必须引起各级党委和政府以及新型集体经济组织的高度重视。通过强化新型集体经济组织经营管理，转变新型集体经济组织经营管理干部思想观念，及早发现和解决新型集体经济组织经营管理中存在的问题，制定强化新型集体经济组织经营管理的政策、措施，促进新型集体经济组织完善制度、改善管理，提高集体资产经营效益，增加新型集体经济组织成员收益，在农村城市化过程中维护好、实现好和发展好农民群众的权益，促进农村社会稳定、和谐。

三、强化北京市新型集体经济组织经营管理的对策建议

针对北京市新型集体经济组织经营管理的现状，我们认为进一步强化新型集体经济组织经营管理，需要采取标本兼治的办法，从转变思想观念、健全治理结构、优化资源配置、深化改革、改善经营环境、提高干部素质、健全服务体系等七个方面入手。

（一）不断解放思想、切实转变观念，是强化新型集体经济组织经营管理的基本前提

新型集体经济组织与传统集体经济组织相比，已经发生变化的是产权制度，没有发生变化的是人。也就是说，产权制度虽然变化了但股东仍然是原来的集体经济组织成员，董事会成员等领导干部仍然是原来的书记、村长和经济合作社社长。由于再好的体制机制业需要人来执行，人的因素就显得特别重要。新的产权制度、新的运行机制体制，需要有全新思想观念的人来贯彻执行。所以，转变股东、干部的思想观念，是强化新型集体经济组织经营管理的基本前提。转变思想观念需要树立以下四个意识：一是企业意识，二是民主意识，三是合作意识，四是法治意识。

1. 要全面树立企业意识，真正把新型集体经济组织作为一个企业来经营

企业是指依法设立的以营利为目的的，从事生产经营活动的独立核算的

经济组织。企业有以下四个特征：第一，企业是社会经济组织。企业作为社会组织，是由多个人组成，有自己的机构及工作程序。企业作为一种社会经济组织，表明其主要从事经济活动，并有相应的财产。因此，企业是一定人员和一定财产的组合。第二，企业是以营利为目的的从事生产经营活动的社会经济组织。所谓生产经营活动是指创造社会财富或者提供服务的活动，包括生产、交易、服务等。企业从事生产经营活动的目的是为了营利。第三，企业是实行独立核算的社会经济组织。核算含有计量、记录、计算的意思。实行独立核算即是要单独计算成本费用，以收抵支，计算盈亏，对经济业务作出全面反映和控制。不实行独立核算的社会经济组织不能称其为企业。第四，企业是依法设立的社会经济组织。企业通过依法设立，可以取得相应的法律地位，获得合法身份，得到国家的认可和保护，并且依法承担民事法律责任。

乡村集体经济组织从本质上来说，是从事商品生产经营或者提供劳务服务的企业，是市场竞争主体。既然是市场竞争主体，就必须使自己所提供的产品或者服务所耗费的物化劳动和活劳动形成的成本，等于或者低于社会平均成本。也就是要使自己的个别劳动转化为社会劳动，个别成本转化为社会成本。市场主体之间的竞争在于产品或者劳务的价格竞争，而价格竞争的实质在于产品或者劳务成本的竞争。如果某一个市场竞争主体所提供的同等质量的产品或者劳务成本低于部门平均成本，就能在激烈的市场竞争中立于不败之地。如果其产品或者劳务成本高于部门平均成本，就有可能被淘汰，列入清算破产的行列。乡村集体经济组织在实行产权制度改革之前，由于共同共有的产权制度带来的制度性弊病，造成集体企业所提供的产品和劳务成本往往高于社会平均成本。具体表现在“四高、四低”。“四高”：一是物质消耗高，二是人力成本消耗高，三是管理成本高，四是财务成本高；“四低”：一是劳动力素质低，二是科技水平低，三是管理水平低，四是投入多产出少经济效益低。相当多的集体经济组织所兴办的集体企业在激烈的市场竞争中败下阵来。实行社区股份合作制改革，革除了集体经济组织存在的制度性弊病。但不等于说集体经济经营管理中存在的这些问题就自然而然地解决了。产权制度改革工作基本结束以后，作为股份合作企业的管理层，必须对集体经济经营管理中存在的这些问题进行认真的反思，认真研究和探索解决这些问题的改革措施和途径，在产权明晰的基础上，逐步推进村庄企业化，实现传统意义上的村庄向现代企业转变村庄与企业是两个内涵与外延完全不相同的两个范畴。传统意义上的村庄，一般来说是以家族血缘关系联系起来的、以自给自足农业生产为主业的农户聚集地。村庄的规模受到可以开发利用的土地等自然资源数量的约束。村庄生产方式和居民生活质量与农业生产力水平和生产关系紧密相连。现代经济学意义上的企业，是从事商品生产经营或者提供商业服务的人们，以节约交易成本增强市场竞争能力为目的，采取资本集中等方式组建起来经济组织。企业的规模受到资本资源、区位市场、人员素质、管理能力等多重因素的制约。企业的经济效益和从业人员的生活质量与企业经营方式和生产关系紧密相连。所谓村庄企业化，是在社会主义市场经济条件下，在一个村的社区范围内，农民群众以共同致富为目的，在自愿互利的基础上，将全村土地、资金、劳动力等生产要素有效地组合起来，按照市场需求进行商品生产或者提供商业服务的过程。村庄企业化是一个从根本上改变村庄功能、改变村庄生产力水平、改变村庄生产关系、改变村庄生产方式、改变农户生活方式的一场革命，是村庄概念从内涵到外延质的飞跃。高级阶段的村庄企业化，不仅包括主导产业的非农化，还包括土地资源的资本化、所有制结构的混合化、集体经济组织成员的股东化、农村劳动力的职工化、农民生活方式的市民化、管理阶层的专业化、农村社区管理的社会化。

从北京市一些村庄实现村庄企业化的发展历程，我们看到传统村庄到现代企业的演变过程，是一个不断转变思想观念、不断积累经验、不断积聚资本、不断完善运行机制、不断提高市场竞争能力的痛苦磨练和艰苦创业过程；是在村庄党组织的坚强领导下，扬长避短充分发挥本村资源优势、区位优势、经济优势，充分发挥本村农民聪明才智的过程；是一个不断克服封闭性对外开放，广泛吸收外来资金、技术、人才和管理经验的过程。推进村庄企业化，必须树立现代企业经营理念。自给自足的小农思想观念，是在农业生产规模狭小、生产力水平低下的历史条件下产生的。其主要特点是生产的产品数量少，主要用于生产者自己消费，商品率很低。所以小农经济是不怎么讲究成本核算，不怎么考虑市场竞争的。而实现村庄企业化，必须克服小农经济思想观念，面对充满变数的市场，按照市场经济的基本规律，确定企业发展战略和经营方针，根据市场消费者的需求来组织生产经营。

2. 要全面树立民主意识，真正把股东当成集体经济组织的主人

乡村集体经济组织进行社区股份合作制改革，就是要真正恢复其合作经济组织的本来面目。通过改革，让农民成为决策主体，实现决策过程向民主化、科学化转变。通过改革让农民成为经营主体，实现合作社事务由“一言堂”向“群言堂”转变。合作经济组织是在商品经济高度发达的资本主义

条件下产生的。它是劳动者为打碎资本家阶级所加给他们的枷锁，为与资本主义生产方式相抗衡而出现的。发达资本主义国家的合作经济组织之所以能够在激烈的市场竞争中得以生存、发展，除了政府的扶持与法律保护外，最根本的原因是由于合作社建立了一种能充分发挥集体和个人两个积极性的产权制度和运行机制。股份合作是一种建立在个人所有制基础上的差异性共有制。首先，股份合作制企业产权清晰。它要求每个社员入社都必须入股，但社员之间入股数量可以有差异，不强求一律。每个社员对于自己在合作组织的产权数量是十分清楚的。其次，股份合作制企业实行民主管理。它对社员入股数量既有最低要求，也有最高限额，不允许少数人控股，以保证一人一票、民主管理原则的贯彻实行。再次，在生产性的股份合作制企业是劳动控制资本，生产资料和劳动成果集体占有。社员既是股东又是劳动者或经营者，劳动者自愿联合起来共同筹集资金，共同占有生产资料，共同使用生产资料，共同享有劳动成果。

《中华人民共和国宪法》第十七条明确规定：“集体经济组织在遵守有关法律的前提下，有独立进行经济活动的自主权。集体经济组织实行民主管理，依照法律规定选举和罢免管理人员，决定经营管理的重大问题”。乡村集体经济组织在进行产权制度改革之前，由于共同共有的产权制度带来的制度性弊病，使得社员群众缺乏产权主体意识，集体经济经营管理的权力集中在少数干部手中，集体经济搞得好或者不好完全取决于少数干部思想觉悟的高低与管理水平的高低，集体经济事实上成为干部经济。长期以来，我们的乡村集体经济组织的干部习惯于少数人说了算，甚至个别人说了算，封建家长制的思想观念在我们一些同志的头脑中根深蒂固。虽然实行产权制度以后，集体资产产权量化到社员名下，为实行民主管理、民主决策提供了制度基础。但是能不能按照股份合作制企业的章程规定去实行民主管理、民主决策，主要的还要靠干部思想观念的彻底转变。新型集体经济组织的所有的干部和经营管理人员，都要真正把股东作为新型集体经济组织的主人来对待，把自己真正当成广大股东的服务员来看待，甘心做主人的仆人，而不是把自己当成主人。所以，基本完成产权制度改革的新型集体经济组织，要建立健全各项民主选举、民主管理、民主监督、民主决策的制度。当然，我们所讲的民主管理是建立在民主集中制基础上的民主，在充分听取各个方面意见和经过科学论证的基础上，实行少数服从多数的决策机制，而不是多数服从少数，或者议而不决。在讲民主的同时也要讲法治。除了国家的法律、法规和政策以外，股份合作制企业的根本大法就是企业章程。能不能严格按照股份合作制企业的章程规定的程序进行决策，是检验各个企业是否真正做到民主管理、依法管理的试金石。

3. 要全面树立合作意识，真正按照合作社的原则办好新型集体经济组织

所谓合作意识是个体对共同行动及其行为规则的认知与情感，是合作行为产生的一个基本前提和重要基础。合作意识也可以称之为协作精神。而协作精神是指若干人或若干单位通过互相配合来共同实现某种目标、完成某个任务的意识。协作精神的实现，不仅需要协作的各方有共同的追求目标，相互取长补短；还需要各方有大局、全局意识，能牺牲局部利益换取整体利益，即能够舍小我，求大我。有了协作精神，各方就能扬长避短，就能形成一股合力，拧成一股绳，团结起来共同努力达到圆满完成任务的目的。国际合作社联盟在其章程中列举了合作原则时，特别强调了社员权利与义务，强调对社员的培训与教育。其中就包括对社员进行合作思想的教育。

由于长期以来集体经济实行的是共同共有的产权制度，社员群众对于自己在集体资产中所占的份额模糊不清。集体资产增加了是大家的，能有我多少？集体资产减少了，我又能有多大损失？由于经济利益不直接，多数社员对损害集体经济利益的事儿、对集体资产的流失采取事不关己高高挂起的自由主义的态度。由于长期以来集体经济的大事小情完全由少数干部做主，在社员群众中普遍存在对干部的依赖思想，只想享受集体经济带来的各种实惠，不愿承担责任，不愿承担风险。而当干部工作中出现过错或者闪失的时候，或者个人利益受到损害的时候，又从对干部的极度信任变成对干部的深度猜疑，造成集体经济组织内部的不团结与不稳定。

实行产权制度改革以后，农民群众的这种思想观念如果不能得到转变，就必然会对新型集体经济的运行带来不良影响。“严重的问题在于教育农民”，伟人的教导要牢记心中，付诸行动。新型集体经济组织，要加强对股东的思想政治教育。不仅要进行政治理论的教育，也要进行合作思想的教育和市场经济知识的教育，帮助农民群众认清自己的责任，认清股份合作制改革的本质，真正树立资产主体意识，增强集体经济的内部凝聚力和向心力。新型集体经济组织当前特别要教育股东转变事不关己高高挂起的自由主义思想观念，克服只顾个人利益忽视集体利益的极端个人主义思想，只顾眼前利益而忽视长远利益的短视思想，树立风险共担、利益共享的观念，正确履行股东权利与义务。

4. 要全面树立法治意识，真正做到依法治企

所谓法治包含两重意义：已成立的法律获得普遍的服从，而大家所服从的法律又应该本身是制定得良好的法律。这就是说，所谓法治，即良法与守法的结合。"法制"是法律制度的简称，"法治"则是一种与"人治"相对应的治理社会的理论、原则、理念和方法。法制是一种社会制度，属于法律文化中的器物层面；法治是一种社会意识，属于法律文化中的观念层面。与非正式的社会规范相比，法制是一种正式的、相对稳定的、制度化的社会规范。法治与人治则是相对立的两种法律文化，前者的核心是强调社会治理规则（主要是法律形式的规则）的普适性、稳定性和权威性；后者的核心是强调社会治理主体的自觉性、能动性和权变性。虽然法律也是由人来制定的，而且法治也不排斥人的能动性，但从法律的制定、执行到修改都必须按照法律本身制定的规则，人的能动性只能在法律规定的范围内发挥作用，而不能超越法律，这正是法治内在的本质要求。

我们的国家是实行社会主义市场经济体制的社会主义国家。市场经济的本质就是法治经济。社会主义市场经济的本质就是在中国共产党领导下的法治经济。在党的领导下，任何组织、任何个人都必须在法律的范围内进行活动。新型集体经济组织的章程里面就已经明确企业要严格遵守国家的法律、法规和政策，自觉接受国家行政管理机关依法进行的监督。作为农民群众持股的新型集体经济组织，必须按照企业章程的规定，把自己的各项经营活动、各项管理活动，都规范在党和国家的法律、法规和政策之内，容不得半点马虎和敷衍。那种占山为王、蔑视法律的土匪习气、哥们义气、流氓作风在法治社会没有立足之地。勾结黑恶势力来摆平问题的做法更是搬起石头砸自己脚愚蠢行为，必然要受到法律的严厉制裁。所以，强化新型集体经济组织经营管理，必须牢固树立法治意识和法制观念，才能使企业永远立于不败之地。

（二）建立健全以民主管理为核心的法人治理架构是强化新型集体经济组织经营管理的基础

1. 新型集体经济组织的法人治理层次

新型集体经济组织的法人治理架构包括股东、股东（代表）大会、董事会、监事会和总经理、经营管理部门五个层次。其中，股东是新型集体经济组织的投资者、所有者，是企业的主人，是法人治理架构的基础和治理权力的来源。股东（代表）大会是新型集体经济组织的最高权力机构，对企

业的重大事项拥有决策权力。董事会是新型集体经济组织的常设管理机构，对股东（代表）大会负责，按照股东代表大会的决议履行日常管理职能。监事会是新型集体经济组织的监督机构，对股东（代表）大会负责，按照股东代表大会的授权，对董事会和经理以及经营管理干部进行监督。总经理在董事会的领导下，对董事会负责，负责本企业的日常经营管理工作。新型集体经济组织的经营管理部门在总经理的领导下开展工作。

2. 新型集体经济组织各项权利的在法人治理架构之间的分配

（1）股东的权力。股东享有企业经营管理权、收益分配权、企业终止剩余财产分配权，依法承担企业经营风险。个人股份可以依法继承，可以按照本企业章程依法转让，但不得退股。个人股东的有权参加股东大会，选举或被选举为股东代表；股东代表大会期间股东可委托股东代表查阅股东代表大会会议记录，了解董事会的工作和公司及其所属企业的经营状况和财务状况；被选举为董事会，监事会成员，被聘为公司经理，及其所属企业厂长、经理等管理人员。

（2）股东代表的权力。股东代表享有选举权和被选举权；有权参加股东代表大会，发表意见，行使表决权；有权监督董事会、监事会工作，参与重大经济问题决策；10 名或十分之一以上的股东代表联名，可以向股东代表大会提议罢免不称职的董事会、监事会成员。股东代表应当遵守国家法律、法规和合作社章程；关心集体，作风正派；学习党的方针政策和科学文化知识，提高议政能力；密切联系股东，听取、反映股东的意见和要求，维护股东的正当权益；认真执行股东代表大会的决议，向股东做好宣传、解释工作。

（3）股东代表大会的权力。股东代表大会负责决定企业的经营方针和投资计划；选举和更换董事会、监事会成员；审议批准董事会和监事会的工作报告；审议批准企业的年度财务预算、决算方案；审议批准本企业年度利润分配方案和弥补亏损方案；审议通过本企业重要规章制度；对本企业增加和减少注册资本，集体股股权转让，普通股向非股东转让股权等做出决议；就企业的分立、合并、变更组织形式，终止和清算等重大事项做出决议；决定本企业经营期限的延长；修改本企业章程；企业章程规定的其他职权。

（4）董事会的权力。审定新型集体经济组织的发展规划、年度生产经营计划；确定新型集体经济组织的经营方针和管理机构的设置；批准新型集体经济组织的规章制度；听取并审查经理的工作报告；审查新型集体经济组织年度财务预算、决算方案和利润分配方案；对新型集体经济组织增加或者减少注册资本，分立、合并或者清算等重大事项提出方案；聘任或者解聘新型集体经济组织经理，根据经理提名，聘任或者解聘副经理和财务主管；决定对新型集体经济组织经理、副经理和财务主管的奖惩；股东代表大会和本企业章程规定的其他职权。

（5）监事会的权力。列席董事会会议；监督董事、经理的工作；检查企业经营和财务状况；必要时，建议召开临时股东代表大会；股东代表大会授予的其他职权。

（6）总经理的权力。总经理负责组织实施股东代表大会和董事会决议，并向董事会报告工作；制定本企业年度生产经营计划方案，全面组织日常经营活动；决定本企业内部机构设置，部门负责人以及下属企业、单位干部的任免，报董事会备案。

（7）内部经营管理机构的权力。企业根据经营和管理需要，设置办公室、党务工作部、社会管理、财务部、资产管理部、人力资源部、审计与法制部、规划建设部、市场开发调研部等内部管理机构，在总经理领导下开展工作。

3. 健全法人治理架构的核心是切实贯彻民主管理的原则

作为股份合作企业的新型集体经济组织，股东把属于个人所有的股份投入股份合作社以后，就将其股份的占有权和使用权让渡给了集体经济组织，股份经济合作社便拥有了法人财产权。但股东并未丧失其财产所有权。股东不仅拥有参与企业经营管理的权力、参与按劳分配和按股分红的权力，而且还拥有其入社财产的最终处置权。强化新型集体经济组织经营管理，核心的问题是如何确保股东的权力与意志在经营管理过程中得到正确体现。

（1）以户为单位行使股东权利。新型集体经济组织个人股东中，既有年满 18 周岁的成年人，也有未满 18 周岁的未成年人，甚至还有刚刚出生的婴儿。如果简单地按照一人一票的原则来进行决策，在实际工作中很难操作。所以，我们认为应当以户为单位来行使股东的权力。对于新型集体经济组织的重大事项的意见，首先在一个户的股东进行统一思想，形成一种意见，推选出股东户代表。

（2）股东代表由户代表推举产生。股东人数较少的新型集体经济组织，应当直接召开股东户代表会议进行决策。而股东户数超过 100 户以上的企业则应当选举股东代表，召开股东代表大会进行决策。从理论上来说，股东代表应由享有选举权和被选举权的集体经济组织成员民主选举产生。股东代表的名额按照各个企业的实际，按照既有广泛代表性又有利于议事的原则合理确定。在实际工作中，股东代表应当按照比例由一定数额的股东户代表推举产生。

（3）股东应当向股东代表进行授权。股东应按照法定程序，向代表其行使股东权利的股东代表授予委托书。股东应当在委托书中承诺对股东代表在股东代表大会上的行为负法律责任。

（4）股东代表应当按照股东的意见参与表决。董事会应在股东代表大会召开前十日内书面通知股东代表并列明所议事项。股东代表应当深入到户征求其所代表的股东的意见。股东代表参加股东代表会议议事时，应充分表达其所代表的股东的意见，并按照其所代表股东多数的意见进行表决。

（5）股东代表大会的决议应当及时传达到股东户。股东代表大会每次会议均需有书面报告，会议记录。会议通过的决议应是书面的，并由参加股东代表大会的股东代表签字。代表大会决议应当注明同意该决议的有多少股东代表，不同意该决议的有多少股东代表，他们分别代表了多少股东以及分别占股东代表和股东总数的比例。会议报告、记录、决议要完整存档。股东代表大会决书以后，新型集体经济组织应当把股东代表会议的决议印制成书面材料，由股东代表发放到其所代表的股东户手中，并负责对股东代表大会决议进行宣传解释。

4. 建立健全法人治理架构必须认真贯彻民主集中制的原则

新型集体经济组织具有股份合作经济的本质，必须实行民主管理。但是，民主管理是要按照多数股东的意见来决策，而不是按照每一个股东的意见来决策，也就是要按照民主集中制的原则决策。在决定企业重大事务之前，通过召开党员座谈会、户代表座谈会、股东代表座谈会等多种形式，广泛征求各个方面的意见，在此基础上通过召开股东代表大会或者股东代表大会进行决策。一般事务采取简单多数的办法进行决策，重大事务按照三分之二以上股东或者股东代表的意见进行决策。一经合法程序做出的决策，每一个股东无论个人是否同意，都应当坚决贯彻执行，不得以任何理由抵制或者拒绝执行，更不得采取聚众示威等非正常手段胁迫多数股东。

（三）优化资源配置、转变经营方式，是强化新型集体经济组织经营管理的关键

新型集体经济组织要不断深化集体资产经营体制的改革与创新，根据市场需求确定经营战略和主导产业，采取多种方式盘活集体资产，广泛开展招商引资，优化集体经济资源和自然资源的配置，提高集体资产经营效益。

1. 优化资源配置、转变经营方式是增强企业市场竞争能力的客观需要

实行股份合作制改革的目的是为了保护和发展农村生产力，增加农民收入。社区股份合作制企业办得好还是不好，最根本的要看集体经济是否发展了，集体实力是否增强了，股东的分配水平是否提高了。通过调查，丰台区南苑乡已经进行社区股份合作制改革的 11 个村，自新型集体经济组织成立以来，都能够给股东进行股金分红。2009 年度这些村分红比例在 5% 到 15% 之间，广大农民群众切实得到了改革的实惠。但是，也有一些村实行股份合作制以后，一直没有给股东分红。2009 年，北京市 782 个新型集体经济组织中，给股东进行分红的企业只有 213 个，仅占新型集体经济组织总数的 27.2%。多数新型集体经济组织没有给股东进行股份分红的原因比较复杂。但是从根本上来说，还是集体经济没有得到发展，集体资产经营效益差造成的。所以，检验新型集体经济组织经营管水平的最终指标就是能不能给股东分红，农民群众能不能从新型集体经济组织的资产经营中增加收入。所以，集体资产与资源的优化配置与经营方式的转变涉及企业经营效益的好坏，涉及改革成效的大小，涉及新型集体经济组织的凝聚力与向心力是否能够得到增强，涉及企业是否能够在激烈的市场竞争中生存与发展，必须引起高度重视。

2. 根据企业实际情况，确定企业发展战略

新型集体经济组织成立以后，首要的问题是要正确认识自己，正确认识自己所处的经营环境，正确认识自己能够干什么，不能够干什么。在正确分析形势的基础上制定企业发展战略，确定主导产业。企业发展战略是在分析外部环境和内部条件的基础上，为实现企业长期发展目标的途径和手段的谋划，以期在充分运用可取得的资源的条件下，获得更好的效益。经营战略是现代企业经营管理的中心课题。在企业与外部环境的相互作用中，企业制定经营战略不仅可以使企业克服弱点，避免环境威胁并适应未来环境的变化，而且能够使企业发挥优势，利用环境机会使企业得到更快的发展。因此，制定经营战略并将其付诸实施，是企业获得利润和持续发展的重要保证。企业经营战略具有全局性、整体性、长远性、科学性、竞争性和应变性的特点和定位、导向、统筹的作用。企业经营战略按照其机能划分有：产品开发战略、市场营销战略、资源战略、投资战略、人事战略、公关战略等。在制定企业发展战略、确定主导产业的基础上，因地制宜，扬长补短，充分发挥自己的优势。例如，城乡结合部地区，要把旧村改造和房地产开发摆到重要位置。同时，对有市场、有发展前景的二三产业项目，特别是为城市服务的商

业批发零售业、物流业、餐饮业、旅店业要大胆投资。平原地区的新型集体经济组织充分利用本地土地资源优势，充分利用国际化大都市的市场优势和首都科技力量雄厚的优势，大力发展都市型现代农业。而处于生态涵养区的山区企业，则要以乡村旅游为主导产业，大力发展具有本地特色的民俗旅游、工艺品制造、特色果品栽培等。总之，要围绕企业发展战略，对本身具有的各种资源进行合理组合与配置，是各种资源得到充分、合理利用。

3. 按照资产经营效益最大化的原则，确定资产经营方式

集体资产经营方式可以是多种多样的。一个企业因资产与资源的差异，其的经营方式也可以是多种多样的。集体资产经营方式可以是集体统一经营，也可以是分散经营；可以是自己经营，也可以是委托经营、承包经营、租赁经营；可以使独家经营，也可以是采取股份制或者股份合作制的办法进行合伙经营、联合经营。具备条件的企业，可以自己经营管理，自己没有经营管理能力的，要坚决采取租赁、委托经营等方式，发展租赁经济。本地土地资源多的企业，可以采取招商引资的办法，吸引外来企业、法人或者自然人投资。自己那里已经没有发展空间的村，可以采取走出去的发展战略，到外村、外县、外省市甚至外国寻求发展机遇。具备条件的新型集体经济组织也可以采取资金联合与劳动联合相结合的方式，吸引个人股东与集体共同投资举办农民专业合作社或者股份制、股份合作制企业。

（四）深化体制改革、健全控制制度，是强化新型集体经济组织经营管理的基础

1. 完善规章制度，确立新型集体经济组织的行动准则

制度是组织管理过程中借以约束全体组织成员行为，确定办事方法，规定工作程序的各种章程、条例、守则、规程、程序、标准、办法的总称，是合理组织集体协作行为，规范个人活动，实行科学管理，维系组织正常运转的手段。制度规范包括：

（1）集体经济组织的基本制度。包括涉及集体经济的法律和财产所有形式、章程、董事会组织高层管理组织规范等方面的制度和规范。它规定了集体经济组织所有者、经营管理人员、股东各自的权利、义务和相互关系，确定了财产的所有关系和分配方式，制约着集体经济组织活动的范围和性质，是涉及集体经济组织所有层次、决定集体经济组织根本的制度。

（2）管理制度。管理制度是对集体经济组织管理各基本方面规定活动框架，调节集体协作行为的制度。管理制度是比基本制度略低的制度规范。

它是用来约束集体性行为的成体系的活动和行为的规范，主要针对集体而非个人。如各部门、各层次的职权、责任和相互之间的配合、协调关系，各项专业管理规定（人事、财务、业务），信息沟通、命令服从等方面的制度。组织管理的体系中，相当一部分就是管理制度，它是把单独分散的个人行为整合为有目的的集体化行为的必要环节，是管理赖以依托的基本手段。

（3）技术规范。技术规范是涉及某些技术标准、技术规程的规定。

（4）业务规范。业务规范是针对业务活动过程中那些大量存在、反复出现，又能摸索出科学处理办法的事物所制定的作业处理规定。

（5）个人行为规范。个人规范是所有对个人行为起制约作用的制度规范的统称，是其他约束机制能否有效实现的先决条件。制定管理制度的要求：一是从实际出发；二是根据需要制定；三是要建立在法律和社会道德规范的基础上；四是要求系统配套；五是要合情合理；六是要求具有先进性。

2. 健全内部控制制度确保新型集体经济组织资产安全

内部控制是指新型集体经济组织各级管理层，为了保护其经济资源的安全、完整，确保经济和会计信息的正确可靠，协调经济行为，控制经济活动，利用单位内部分工而产生的相互制约，相互联系的关系，形成一系列具有控制职能的方法、措施、程序，并予以规范化，系统化，使之成为一个严密的、较为完整的体系。建立内部控制制度要遵循的原则包括：相互牵制原则、协调配合原则、程序定位原则、成本效益原则。新型集体经济组织的内控制度包括以下八个方面的内容：

（1）结构控制。内部控制制度的建设及有效运行，有赖于企业内部良好的法人治理结构。现代企业的所有权与经营权的分离，使得客观上需要明确股东会、董事会、监事会和经理层的职责，以保障有关各方的合法权益。董事会维护出资人权益，对股东大会负责，对公司的发展目标和重大经营活动做出决策；监事会对董事会、公司的财务工作及经营者执行法律和公司章程情况进行监督；同时还应设立满足企业监控需要的职能机构如审计部、稽查部，对董事会负责并在业务上受监事会指导。推行职务不兼容制度，杜绝高层管理人员交叉任职，形成各负其责、协调运转、有效制衡的法人治理结构，保证企业的正常运转。

（2）授权批准控制。授权批准是指新型集体经济组织在处理经济业务时，必须以授权批准来进行控制。在公司制企业中，一般由股东会授权给董事会，然后再由董事会授权给企业的总经理和有关管理人员。企业每一层的管理人员既是上级管理人员的授权客体，又是对下级管理人员授权的主体。

单位内部某个部门或某个职员在处理经济业务时，必须经过授权批准才能进行，否则就无权审批。授权批准有一般授权和特定授权两种形式。授权批准控制的基本要求是：首先，要明确一般授权与特定授权的界限和责任；其次，要明确每类经济业务的授权批准程序；再次，要建立必要的检查制度，以保证经授权后所处理的经济业务的工作质量。实践证明，权利应受到制约，失去制约的权利极易导致腐败。

（3）会计系统控制。会计系统控制是企业内部控制的核心，企业应依据会计法和国家统一的会计控制规范，制定适合本企业的会计制度，明确会计凭证、会计账簿和会计报表的处理程序，建立和完善会计档案保管和会计交接办法，实行会计人员岗位责任制，以充分发挥会计的监督职能。

（4）资产保护控制。就是对实物的采购、保管、发货及销售等各个环节进行限制接近、定期盘点、记录保护、账实核对、财产保险等控制。在实际工作中，现金、银行存款、其他货币资金、有价证券和存货等变现能力较强的资产必须限制无关人员直接接触，货币资金的收支管理只能限于特定的出纳员，支票等重要票据的签发，必须是单位指定的负责人，存货的实物保护可以有专职的仓库保管员控制，对一些特殊的存货还应采取一些必要的其他保护措施，达到保护单位资产的安全完整性，防止资产流失。

（5）职工素质控制。企业内控制度落实好坏与否，取决于执行者，职工素质控制是执行企业内部控制制度的保证，单位在招聘、使用、培养、奖惩等方面对职工素质要进行控制。招聘是重要环节，单位的人事部门和用人部门应共同对应聘人员的素质、水平、能力等有关情况进行全面的测试、调查，以确保受聘人员能够适应工作的要求。同时应注重人力资源的合理配置，打破平均主义的分配制度，推行优胜劣汰的用人机制，充分调动劳动者的积极性，使企业充满生机和活力。

（6）预算控制。预算控制是保证内部控制结构运行质量的监督手段。预算管理是将企业的目标及其资源的配置方式以预算方式加以量化，并使之得以实现的企业内部控制活动或过程的总称。预算管理由预算编制、预算执行、预算控制、预算考评等环节构成，内容可以涵盖单位经营活动的全过程，包括融资、采购、生产、销售、投资、管理等诸多方面，也可以就某些方面实行预算控制。预算方案由董事会制定，组织实施由总经理执行。

（7）风险控制。企业针对每个控制点建立有效的风险管理系统，通过风险预警、风险识别、风险评估、风险分析、风险报告等措施，对财务风险和经营风险进行全面的防范与控制。主要包括筹资风险控制投资风险控制信用风险控制合同风险控制。

（8）审计控制。审计控制主要是指内部审计，内部审计是对会计的控制和再监督。对会计资料进行内部审计，既是内部控制的一个组成部分，又是内部控制的一种特殊形式。内部审计是在一个组织内部对各种经营活动与控制系统的独立评价，以确定既定政策是否得到有效贯彻，建立的标准是否遵循资源的利用规定以及单位的目标是否达到。内部审计的内容十分广泛，一般包括内部财务审计和内部经营管理审计。内部审计对会计资料的监督、审查，不仅是内部控制的有效手段，也是保证会计资料真实、完整的重要措施。

3. 深化新型集体经济组织体制改革

（1）深化集体经济劳动用工制度改革。乡村集体经济组织应改革劳动用工制度，为股东提供就业培训和就业指导，鼓励股东通过多种渠道自主就业。集体企业的就业岗位，要采取竞争上岗的办法，在同等条件下可以优先录取本组织股东就业。

（2）深化集体经济组织成员社会保障制度改革。具备条件的，要逐步实现与城镇居民社会保障制度接轨。暂时不具备条件的，要依据实际情况，量力而行，探索多种形式，为股东提供养老、失业和医疗等社会保障。

（3）深化集体经济收益分配制度和集体福利制度改革。现行的集体经济组织的分配制度和福利分配制度，从根本上来说，还带有浓厚的平均主义的色彩。一些集体经济组织，社员不实际参加生产经营活动，或者上班不做事，也能领取一两万到两三万的工资报酬。一些村集体福利事项多而杂，名目繁多，而真正按照股金进行分配的比例又很小。凡是存在这一类问题的地方，要逐步扩大股金分红在整个收益分配盘子中的比例，逐步缩小平均主义的各种福利性质的均补乱贴。结合劳动用工制度改革，对所属企业用工情况进行必要清理，减少臃员，提高效率。深化新型集体经济组织收益分配制度改革的另外一个重要内容，就是要在税后利润的分配中，提取职工积累基金。具体做法是，按照《北京市农村股份合作企业暂行条例》的规定，在提取法定公积金、公益金之后，提取一定比例的职工积累基金，然后再提取任意公积金和进行股金分红。各个会计年度提取的职工积累基金累计到一定数量以后，按照在职股东新增加的劳动工龄进行股份量化，转为新增个人股本。这样做的目的，不仅真正体现了股份合作制企业按劳分配与按股分配相结合的原则，而且有利于化解产权制度改革以后，股东之间持有股份不平衡的问题，调动在职股东发展集体经济的积极性。

（4）改革干部管理体制和报酬办法。集体经济实行产权制度改革以后，能不能办好社区股份合作制企业，关键还是在干部。所以建立一支高素质的干部队伍至关重要。要建立健全对股份合作制企业干部的激励与约束机制，建立起能够真正调动起干部积极性的报酬办法。具备条件的地方，可以试行与企业全年经营效益和长远发展后劲挂钩的年薪制。也可以采取提取职工积累基金的办法，从股份合作制改革以后新增的职工积累基金中，提取一定比例用于新增配股，对具有突出贡献的管理人员进行奖励。同时对股份合作制企业干部用车、通信费用、招待费用等实行费用包干。

（5）深化财务管理体制改革，严格控制非生产性开支。所谓财务，是企业在生产过程中的资金运动，它的实质是企业的财务活动及其与有关各方面所发生的财务关系。所谓财务管理是企业组织财务活动、处理财务关的一项经济管理工作。企业的资金运动包括资金的筹集、使用、耗费和收入分配四个方面的内容。所以企业财务管理的基本内容包括企业筹资管理、企业投资管理、企业运营资金管理和企业利润分配管理。企业财务管理是指企业在组织财务活动过程中与各个方面发生的经济关系。包括：企业与股东之间的财务关系、企业同债权人之间的财务关系、企业同被投资单位的关系、企业同债务人之间的财务关系、企业内部各单位之间的财务关系、企业同职工之间的财务关系。企业财务管理的目标包括整体目标、分部目标和具体目标三个层次。企业财务管理的整体目标是财富的最大化。财富最大化是指通过企业的合理经营，采用最优的财务政策，在考虑货币的时间价值和风险报酬的情况下不断增加企业的财富，使企业总价值达到最大。

（五）协调内外关系、改善企业环境，是强化新型集体经济组织经营管理的重要内容

1. 新型集体经济组织必须有一个友好的经营环境

友好的经营环境是强化新型集体经济组织经营管理的基本保障。任何事物的发展变化，都不是孤立的，不是存在于真空之中，必须具备内因和外因两个方面的条件。内因是变化的根据，外因是变化的条件。新型集体经济组织的经营环境，也包括外部环境和内部环境两个方面。具体来说有政治环境、法律环境、经济环境、生态环境、舆论环境、人文环境、市场环境、治安环境等。在改革开放之前的二十多年时间里，传统集体经济组织由于不具备适当的经营环境，而遭受失败与挫折。而在改革开放三十年来，由于有了好的经营环境，集体经济才真正发展起来。我们党和国家改革开放的路线、

方针和政策的实施，是新型集体经济组织运行最大的宏观环境。各级党委、政府从精神上、政策上和资金上的大力支持是新型集体经济组织运行的有利条件。广大股东企业领导班子的高度信赖与支持是新型集体经济组织运行的良好内部环境。

2. 改善企业经营环境需要协调好内外部各种关系

（1）要正确处理好内部各个权力机构的关系。新型集体经济组织，要严格按照新型集体经济组织的章程，建立健全治理结构，正确处理好股东与股东代表、股东代表大会与董事会、董事会与监事会、董事会与经理管理层面等方面的关系。特别是要完善股东代表大会制度。股东代表大会是新型集体经济组织的最高权力机构，凡是章程规定属于股东代表会议权限范围的事项，必须经过股东代表大会民主讨论决定，董事会不得越俎代庖，更不能由董事长个人独裁。在召开股东代表会议之前，董事会应当将相关议案书面通知全体股东代表，由股东代表分别征求其所代表的股东意见，并将各个方面股东的意见如实反映给股东代表大会。

（2）要正确处理新型集体经济组织与村级党组织的关系。新型集体经济组织要自觉接受村级党组织的领导。但并不等于说村级党组织可以直接给新型集体经济组织下达指令。村级党组织对新型集体经济组织的领导，主要应当通过股东代表、董事会、监事会中的党员模范作用来体现。有的新型集体经济组织在企业章程中明确由村党组织书记兼任董事长。如果董事长的书记职务被罢免，那么其董事长的职务也就自动被罢免。我们认为，这样的规定如果股东一致通过也是可以的。但是，也不是绝对说新型集体经济组织的董事长必须由村党组织书记兼任。在一些经济规模比较大的企业，也可以施行董事长与书记分设。村级党组织对新型集体经济组织重大事务的建议，应当首先在村党组织委员会和党员大会上进行充分讨论。同时，村党组织应当教育股东和股东代表中的党员带头模范地执行股东代表大会的决议，维护集体经济的长远利益和集体的整体利益。

（3）要正确处理新型集体经济组织与村民委员会的关系。村民委员会则应当按照《村民委员会组织法》的规定，支持新型集体经济组织正常开展各项经营活动，尊重新型集体经济组织的经营自主权，保护其财产不受侵犯。要实行政社分开、政企分开。新型集体经济组织作为企业和市场经济主体，不具备行政管理的职能，不应当承担社会管理的责任，在依法缴纳各种税费以后，不应当分摊行政管理和社会管理的费用开支。如果在一定的时限内尚不能完全做到这一点，那也要明确划定开支范围与开支限额，单独记账。城乡结合部地区，在撤销村民委员会之前，新型集体经济组织在利润分配时，应当预留支持集体公益事业发展基金。在这个问题上，通州区经管站进行了有益的探索，制定了新型集体经济组织与村民委员会分权分利的具体办法。他们规定，村集体资产是所有权归新型集体经济组织所有。其中，经营性资产归新型集体经济组织管理核算，非经营性资产归村民委员会管理核算。生产性收支归新型集体经济组织管理核算，公益性、非生产性收支归村民委员会管理核算。村内集体公益性设施建设和公益事业日常开支，年初编制预算，所需费用从国家对村级的转移支付资金中支出，不足部分由村民委员会向新型集体经济组织申请专项补足资金。但是其上限不能超过集体股应分红部分。从而从制度上规范了新型集体经济组织与村民委员会的关系，防止了非生产性公益事业支出的膨胀，确保了个人股东的分红。他们的这种做法应当大力推广。

（4）新型集体经济组织应当正确处理与农民专业合作社的关系。新型集体经济组织与农民专业合作社都属于合作经济组织，一个是社区型、综合性合作组织，一个属于专业性合作组织。在一个村庄内部，农民专业合作社的成员大多是新型集体经济组织的股东。所以，新型集体经济组织应当采取免费培训、有偿提供经营场所等措施，积极支持股东在乡村旅游、民俗接待、特色农产品种植养殖、特色工艺品制作等领域开展合作。在这方面平谷区大华山镇挂甲峪村股份经济合作社具有丰富的经验。新型集体经济组织投资建设旅游景区，新办企业开展特色农产品种植和加工，组织股东进行旧村改造，达股东住宅改造成具有居住和旅游接待双重功能的新民居。在此基础上，新型集体经济组织出资，组织具备条件的股东组建民俗旅游合作社，取得了集体增收、农民致富的双重效果。

（5）新型集体经济组织要正确处理与上级党委、政府以及相关管理监督部门的关系。新型集体经济组织要坚决服从上级党委、政府的领导，自觉遵守国家的法律、法规和政策。股东代表会议和董事会的决议不得违反国家的法律、法规和政策。上级党委和政府必须依法对新型集体经济组织进行管理，不得违法、违规干涉新型集体经济组织自主经营权，不得平调新型集体经济组织资产，不得直接任免新型集体经济组织干部。新型集体经济组织要自觉接受农村合作经济经营管理部门的业务指导，接受农村集体经济审计机构的审计监督。

3. 协调关系需要强化信息沟通

俗话说知己知彼方能百战百胜。要做到知己知彼，必须广泛收集和掌握信息。所以，信息沟通是把有组织的活动统一起来的手段，是把组织中的成员联系起来以实现共同目标的手段。换句话来说，信息沟通是把社会各种输入信号注入社会系统的手段，也是一种改变行为，实现变革、使信息发挥积极作用和达到企业目标的手段。没有信息沟通就不可能进行群体活动，没有信息沟通既不可能进行协调，也不可能实施变革。所谓变革是指对有助于企业利益的活动施加影响。信息的有效沟通，不仅促进了企业各项管理职能的有效实施，而且也把企业同外部环境联系起来了。企业主管通过信息交流了解客户的需要、供应商的可供能力、政府的法规条例以及社会团体的关切事项等。任何组织只有通过信息沟通才能成为一个与外部环境发生相互作用的开放系统。社区股份合作制企业管理人员所面临的重大挑战就是如何在合适的时间以合适的方式得到合适的信息。对信息进行精加工需要高级智力和设计。新型集体经济组织都要及时配备必要的电脑设备，每一个高级企业管理干部，特别是主要干部都要认真学习和掌握管理信息电算化的必要知识。

（六）提高干部素质、经管干部专业化，是强化新型集体经济组织经营管理的重要条件

1. 人力资源是新型集体经济组织最重要的资源

以人为本是现代企业管理的基本原则之一。人力资源管理是指企业及其主管部门的管理者，站在企业发展战略的高度，制定远期人力资源规划及人力资源战略，进行人员招聘、干部评估、绩效考评、职工奖惩、教育培训、职称评定等一系列活动的总称。人力资源管理的基本功能包括：招进人员，引进人才；给他们安排适当的岗位，赋予一定的职权，调动他们的积极性，使他们爱岗敬业；实施教育培训，开发他们的潜能，提供他们的发展机会；建立和加强他们对企业满足感、认同感与责任感，使他们更安心、积极地为本企业服务。作为一个企业，再好的机制体制都需要人来运行，管理者的素质是确保先进的产权制度、正确的机制体制正常运行的关键。新型集体经济组织虽然建立起了符合市场规律的共同共有的产权制度，但是管理者、经营管理人员没有变。新型集体经济组织与一般社会企业相比，具有的主要优势是拥有一定数量的土地、山场等自然资源，除此以外可以说并不具备其他优势。而新型集体经济组织与一般社会企业相比最大的劣势就是人才匮乏。

“政治路线确定之后干部就是决定性的因素”。作为无产阶级的政党，无论是在夺取政权的革命战争中，还是在巩固政权进行社会主义建设中，干部都是革命事业成败的关键。中国有一句古话说“兵怂怂一个、将怂怂一

窝。"说的也是这个道理。作为市场竞争主体的新型集体经济组织，要想在激烈的市场竞争中立于不败之地，关键是要建设一支高素质的经营管理队伍。所以，人力资源是新型集体经济组织最重要的资源。人才匮乏将是今后一段时期困扰新型集体经济组织发展的重要问题之一，必须引起我们的高度重视。

2. 打破封闭的干部路线，广泛招贤纳士

目前，北京市新型集体经济组织最大的问题就是封闭性太强。由于新型集体经济组织的土地资源属于集体所有在没有上市交易之前，其价值无法正确进行估价。所以，土地资源没有纳入新型集体经济组织的股份。这就造成了一个在进行产权制度改革时，多数地方规定确定只有拥有集体土地所有权的人员才可以成为新型集体经济组织的股东。从理论上来说，股东资格的封闭性造成了企业经营管理干部队伍的封闭性。非新型集体经济组织的股东，无论你有多大的本事，也不可能进入企业董事会，不可能成为新型集体经济组织的主要经理人员。但是，在北京市新型集体经济组织经营管理实践中，凡是管理水平高、集体经济实力提升得快的企业，实际上都大量引进了外来的经营管理人才。丰台区果园等一些村在进行改制时，就对就有特殊贡献的专业技术人员、经营管理人员开了口子，不但允许打他们投资入股，而且给他们量化一部分劳动贡献股。丰台区精图集团的总经理就是从国有企业高新聘请来的优秀人才。丰台区成寿寺村在进行产权制度改革以后，投资兴办的房地产公司也是高新聘请的外来人才。我国台湾省的农会经过近百年的运作，也积累的丰富管理经验。在他们那里，农户的理事、理事长可能都是农民，而农会的干事长绝大多数都不是土生土长的农民，而是从社会上招聘来的高素质管理人才，大多具有硕士、博士学历，有的甚至是"海归"，还有的是大学的教授。所以，作为新型集体经济组织一定要克服"武大郎开店——容不下高个子"的陈旧思想观念，打破封闭的干部路线，广泛招贤纳士。

3. 通过"三个一批"的途径，建设一支高素质的经营管理干部队伍

建设新型集体经济组织经营管理干部队伍的途径不外乎以下三个途径：

（1）提高一批。所谓提高一批就是通过对现有经营管理干部的培训，提高他们的素质，提高他们的管理水平。2003 年，北京市委、市政府发布的《关于进一步深化乡村集体经济体制改革　加强集体资产管理的通知》（京发［2003］13 号文件），明确要求："加强乡村集体经济组织经营者队伍建设，建立乡村集体经济组织主要负责人任职资格培训和岗位技能培训制

度，提高他们发展集体经济、带领农民群众致富的能力”。从2004年开始，北京市农村合作经济经营管理站曾经多次举办新型集体经济组织主要负责人培训班。但是，这种培训效果并不十分明显。一是培训时间段，大多只有一两天时间；二是参加人员不理想，很多新型集体经济组织的主要干部没有参加；三是培训内容不够全面。造成这个问题的主要原因就是没有按照北京市委、市政府的要求建立起培训制度来制约，没有专门的经费保障，没有专门的人员负责。建议有关部门对这个问题专门进行研究，把北京市委、市政府的决策真正落到实处。

（2）召回一批。所谓召回一批，就是从已经在外工作、具有新型集体经济组织股东子女身份、愿意回村从事集体经济经营管理工作的高学历人才中召回一批。这个问题涉及在进行产权制度改革时的一个重大政策。伟大领袖毛主席号召广大青少年“好好学习，天天向上”。我们许多农民的子女响应老人家的号召，好好学习，考上了大学。教育部门规定农业户口的新生到学校报到时必须将农业户口转为非农业户口，否则不需报到。但是，在进行乡村集体经济组织产权制度改革时，许多地方规定农民子女考上大学以后，由于丧失了农民身份，不承认他们的集体经济组织成员身份。这个问题在没有确权确地的村表现尤为突出。我们认为，这个规定貌似合理实际上具有一定反动性。难道打击先进、鼓励后进不就是逆历史潮流而动吗？在改革开放之前，农民子女考上大学，毕业以后就取得了国家干部身份，由国家统一分配工作，这批人不具有集体经济组织成员身份是合法合理的。改革开放以后，特别是近十年来，大学毕业生都是自主就业，许多人毕业即失业，因为他们考上大学就剥夺其集体经济组织成员身份，这是一种合法不合理的政策。新型集体经济组织要打破传统思想观念束缚，从这些人员中召回一批，经过适当的培训与实际锻炼，充实到经营管理干部队伍中来。

（3）引进一批。所谓引进一批，就是采取招聘的办法，从社会上引进人才。根据新型集体经济组织经营管理工作的实际需要，缺什么人才就引进什么人才，可以是经济管理人才，也可以是工程技术人才，还可以是法律人才、公关人才等。在引进人才中，可以引进具有长期工作经验的高级管理人才，也可以引进新毕业的大学生、硕士生、博士生，根据他们各自特长分配适当工作。有实际工作经验的可以委以重任，没有工作经验的可以通过实际工作锻炼逐步增长他们的才干。还可以聘请退休的高级知识分子、管理干部充当新型集体经济组织的顾问甚至独立董事，充分发挥他们的聪明才智。对于引进人才也有一个如何使用的问题。人才引进来了，你对他不放心不给他实权，不给他发挥才能的机会与空间，就是一种人才的浪费。同样，人才引进来了，你不关心他的思想状况、生活状况，在政治上不关心他，也不能充分发挥其才智。

（七）完善监督机制、加强外部管理和服务，是强化新型集体经济组织经营管理的保证

强化新型集体经济组织经营管理，主要靠企业自身努力，但是来自企业外部的监督管理与服务也是不可或缺是重要保障。当前，对新型集体经济组织的外部监督与服务，主要应当从以下八个方面入手：

1. 审计监督

农村集体经济审计是由专门的机构和人员，依据国家的法律、法规和规章制度以及乡村集体经济内部的有关制度规定，运用专门的方法和程序，对乡村集体经济及其所属企事业单位的财务收支和经管理活动的真实性、合法性和效益性进行审查和评价，促进集体经济组织严肃财经法纪、强化管理、提高效益，保护集体经济组织成员的合法权益的一种经济监督活动。农村集体经济审计部门对乡村集体经济组织按照以下内容进行审计：财务管理等内部控制制度；财务收支计划执行情况；财务会计资料（报表、凭证、账簿）的完整性真实性和合法性；集体资产、负债、损益；建设项目的预算、决算及投资效益；承包费、租金、土地征用补偿费、公积金、公益金及其他收入的收支情况；年终决算及收益分配；其他审计事项。当前，对新型集体经济组织主要应当进行财经法纪审计、干部经济责任审计（包括干部离任审计）、经营成果审计和经济效益审计。乡村集体经济审计部门包括企业内部自行设置的审计机构和农村合作经济经营管理部门设置的审计机构。新型集体经济组织也可以聘请社会审计组织进行审计。

2. 参会监督

所谓参会监督，就是在新型集体经济组织召开股东代表会议、董事会和监事会会议时，由区县、乡镇党委、政府派员到会进行监督。通州区建立了新型集体经济组织落实“三会”情况的监督制度。他们规定，对新型集体经济组织“三会”落实情况进行全区统一的登记台账式管理，印制统一的会议记录册。特别是对讨论年度收益分配议案的股东大会切实加强监督管理。各乡镇要在每年的11月初上报新型集体经济组织股东大会计划召开时间表。区级主管部门列席村股东代表大会比例不得低于20%，乡镇主管领导列席本乡镇改革村股东代表大会不得低于50%”。通过上级领导机关的参

与监督，促使新型集体经济组织严格按照企业章程的规定，按时、高质量地召开“三会”，并形成习惯，逐步向规范的现代企业管理迈进。通州区的办法在新型集体经济组织经营管理水平普遍不高、旧的管理习惯一时难以克服的现实情况下，具有重要意义和推广价值。参与监督不仅仅是一种形式监督，更重要的是也是一种实质监督。在召开“三会”之前，上级主管部门应当帮助新型集体经济组织对会议的，进行充分的准备。对召开“三会”的程序、研究表决的问题、表决的方式以及会议的决议起草等环节进行具体、细致的指导。

3. 纪检监督

所谓纪检监督就是区县、乡镇纪检监察部门按照中央和北京市农村党风廉政建设的总体部署，对新型集体经济组织干部执行党风廉政纪律情况进行定期或者不定期的检查监督。新型集体经济组织从其性质上来看属于是社会主义公有制企业，而不是私有制企业，为了保护社会主义公有制经济的健康发展和集体资产的安全完整，其经营管理干部理当纳入纪检监查机关的监督管理范围。对于违法、违纪行为要认真查处，严肃处理。

4. 指标考核

所谓指标考核就是建立健全新型集体经济组织经营管理情况的考核体系。昌平区经管站将涉及新型集体经济组织经营管理的五大方面工作，分解为166个考核指标，定期对新型集体经济组织进行考核，效果明显。按照简明易行的原则，目前北京市新型集体经济组织的指标考核体系，应当设置以下考核指标：

（1）“三会”召开规范率。这个指标主要考核新型集体经济组织，是否真正按照企业章程的规定，及时、规范地召开股东代表大会、董事会和监事会会议。应当由股东代表大会决策的重大事项是否经过了合法审议程序，有没有违反企业章程越权决策的情况。

（2）“三会”决议执行率。这个指标主要考核新型集体经济组织“三会”做出的决议，在实际工作中是否切实得到贯彻执行以及其执行的效果。有没有违反“三会”决议的情况，有没有贯彻执行不到位的情况。

（3）主营收入增长率。这个指标主要考核新型集体经济组织是否确定了主导产业，在每个会计年度，是否按照本地实际积极开展各种经营活动，主营业务收入比上一年度有所增长。

（4）利润总额增长率。这个指标主要考核新型集体经济组织在内阁经营年度，是否真正做到广开收入渠道、开源节流、增收节支、降低成本，提高资产经营效益。利润总额增长率，不仅包括企业本身价值的增加，而且包含着企业对国家税收的贡献。

（5）净资产增值率。集体净资产的保本增值主要依靠集体经营收益的增加，依靠集体净利润的增加，依靠在收益分配中提取的集体积累数量。集体净资产增长率不仅包含了集体实力的增强，发展后劲的提高，而且包含着股东权益的增加。

（6）股份收益率。所谓股份收益率就是给股东进行股份分红的比率。这个指标主要考核新型集体经济组织是否按照股东代表大会的决议，在每个会计年度都对股东进行了股份分红，股份分红比率是否逐年有所提高，或者是否维持在一个较为合理的水平，股东是否真正从新型集体经济组织得到了实惠。

每个会计年度结束以后，应当由农村合作经济经营管理部门，在对企业经营效益进行审计的基础上，对上述考核指标，按照各自重要程度设置权重，进行检查计分，确定各个新型集体经济组织年度经营管理绩效。

5. 产权交易监督

根据现代产权理论，如果产权不能转让，则产权效益实现的交易成本就会提高。新型集体经济组织的各类资产、资源如果不能流转，则难以实现有效配置，使用效率就难以提高。郊区农村产权交易行为早已存在。但是，由于没有统一、权威的产权交易市场，各类资产、要素的市场价格得不到合理评估，在多数情况下农村资产、资源交易价格大大低于其价值。由于没有规范、透明的交易程序，以及权威的信息发布平台，使得交易双方在交易中，无法对交易风险进行有效控制，也不能充分了解和选择交易对象，造成农村产权交易过程中上当受骗的案例层出不穷。另一方面，由于没有规范的产权交易市场，使得在集体产权交易中，在集体对外经济合同的签订中，一些干部为谋取蝇头小利，丧失立场，出卖集体利益，签订阴阳合同、败家合同、丧权合同。最近几年来，通州区经管站在全区新型集体经济组织中大力推广村级重大经济事项招标投标，效果十分明显。经过实践，他们感觉到在一个村子的范围内进行招标投标，范围还是狭窄，集体资产的市场价值得不到充分体现，强烈要求建立规范的农村产权交易市场。最近，他们在宋庄镇进行建立了产权交易有形市场试点。同时，经北京市金融管理局和市农委批准，北京市农村产权证交易所有限公司也已经正式注册成立。通过建立农村产权交易市场，新型集体经济组织的资产、资源和其他市场要素的流转，一律通过产权交易所进行，充分发挥市场调节功能和调节手段，来发现和形成农村产权的市场价格；通过竞争促进农村各种生产要素从效率低的经营主体向效率高的生产经营主体流动。通过市场交易达到农民财产价值的最大化和农民利益的最大化。农村产权交易市场不是无形市场，而应当是一个有形市场。在农村产权交易过程中，政府有关部门应当从资金、政策等方面，支持和监督、指导农村集体资产有形交易市场的建设与运行，而不是亲自上马充当交易主体。

6. 权益保护

所谓权益保护就是要切实保护新型集体经济组织的合法权益，切实减轻其负担。切实保护新型集体经济组织的合法权益，主要是要保护企业的土地所有权和使用权，切实纠正低价补偿甚至无征用、占用集体经济组织土地的问题。切实纠正借土地整理、土地储备之名，低价将新型集体经济组织的土地大面积收归国有的问题。同时，政府有关部门要加快工作进度，及时给新型集体经济组织颁发土地所有权证、土地使用权证和房屋所有权证等法律证件。目前，新型集体经济组织最大的负担主要表现在社会管理负担过重。新型集体经济组织承担了众多理应由政府提供的社会治安、外来人口管理、环境治理、社会公益事业支出等公共产品费用。应当按照城乡统筹和城乡一体化的原则，增加政府对新型集体经济组织所在村落的公共产品供给，加大财政转移支付力度，让新型集体经济组织腾出更多的财力用于发展生产。

7. 政策扶持

当前，各级政府对农民专业合作社出台了一系列扶持政策，建议将这些扶持政策的适用范围扩大到新型集体经济组织。一是资金扶持，设立新型集体经济组织发展专项资金，使得新型集体经济组织能够更多地获得政府的资金扶持，加强生产性基础设施建设，改善经营条件。二是切实放宽土地利用政策，特别是要放宽山区土地使用政策，允许新型集体组织在不占用耕地、不破坏植被的前提下，利用山地、荒坡建设必要的设施，发展乡村旅游。

8. 经营指导

所谓经营指导就是各级党委和政府，特别是农村合作经济经营管理部门要切实加强对新型集体经济组织经营管理工作的指导。特别是要加强对新型集体经济组织管理干部的指导。过去乡镇有农工商联合公司的时候，乡镇党委、政府开会大都召开村党支部书记、村民委员会主任和合作社长三个人开会，转达上级指示精神，部署各项工作。有时候还专门召开社长（大队长）开会。乡镇农工商联合公司撤销以后，许多地方开会就没有合作社长的份儿了。特别是一些新型集体经济组织的董事长，不是党支部书记，也不是村民委员会主任，上级领导从来就不召集他们开会，感觉成了“没有娘的孩儿”。建议，区县、乡镇党委、政府合作农村合作经济经营管理部门，要定期召开新型集体经济组织董事长、监事长和总经理会议，组织他们学习有关政策文件，交流经营管理工作经验，帮助他们解决思想上、工作上、生活上的问题。把各级经营管理部门真正办成新型集体经济组织干部的“娘家”。昌平区经管站要求新型集体经济组织在涉及土地承包、固定资产处置、签订新经济合同、新增举债等重大事项时，必须严格履行决策程序村级申请、乡镇职能部门审查、上报乡镇党委政府审核把关、村级会议民主决策、公示后实施的“五步法”，效果很好。

除了上述管理、监督、服务项目以外，各级党委、政府部门都要按照各自法定监督管理职能，为新型集体经济组织强化经营管理，提高集体资产运营效益，增加农民收入认真搞好服务。

强化新型集体经济组织经营管理是一个内容十分广泛、内涵十分复杂的系统工程。本研究报告系黄中廷同志 17 年来，对新型集体经济组织经营管理工作实践的总结与思考，由于水平有限，难免有挂一漏万之处，难免有不妥之处。社会在进步，改革在深化，经验在积累，我们相信在各级党委、政府的正确领导下，经过广大基层干部和农民群众的进一步实践，北京市新型集体经济组织经营管理水平一定能够得到大幅度提升。同时，我们也希望大家通过对本研究报告的阅读，能够对实际工作有所促进和帮助，这是本课题报告作者最大的心愿。

课题负责人：张秋锦　北京市农村经济研究中心副主任
课题组组长：黄中廷　原北京市农村合作经济经营管理站书记
课题组成员：刘学军　薄立维　林子果　黄　超
执　笔　人：黄中廷

农村“三资”管理中若干难点问题研究

——北京郊区乡级集体资产产权制度与经营管理体制探讨

课题组

摘要：北京郊区乡级集体资产经过数十年的发展已经形成一定规模，占到农村集体资产总额的近50%，乡级集体经济在农村集体经济中占据着重要地位，为农村基础设施建设、公益事业做出了重要贡献，乡级集体经济是统筹村级集体经济发展的重要平台，是推进城乡一体化的需要，是未来发展壮大农村集体经济的必然需要。建议要从进一步明确乡级集体资产的产权性质入手，推动“政社分开”，健全乡级集体经济组织的治理结构，加快产权制度改革，从而促进乡集体经济的发展壮大，切实保障农民群众的合法权益。

北京郊区乡级集体资产经过数十年的发展已经形成一定规模，占到农村集体资产总额的近50%，在郊区农村社会经济发展中具有重要地位和作用。但由于对乡级集体资产产权性质认识不统一，乡级集体经济组织不健全，“政社合一”管理体制普遍存在，农民作为乡级集体资产所有者的主体地位得不到体现，这不仅影响到乡级集体经济的发展，也严重侵害了广大农民的基本财产权益。乡级集体资产的管理问题已经成为北京统筹城乡发展，实现广大农民共同富裕进程中不可回避的问题。

本文目的是要从进一步明确乡级集体资产的产权性质入手，推动“政社分开”，健全乡级集体经济组织的治理结构，加快产权制度改革，从而促进乡集体经济的发展壮大，切实保障农民群众的合法权益。

一、乡级集体资产管理组织形式的历史沿革

乡级集体资产的原始积累来源于全乡农民的物质和劳动投入，其组织形式虽然在不同时期有所不同，但“政社合一”的问题始终存在。

（一）人民公社时期（1958 ~1983 年）

郊区农村乡级集体资产积累始于1958 年的人民公社。1958 年10 月北京郊区2 357个农业生产合作社合并为73 个人民公社，实行生产资料公社一级所有制。公社既是政权组织，又是集体经济组织，辖区内的信用、供销合作社也纳入公社统一管理与核算。1962 年贯彻中央《农村人民公社工作条例》，实行公社、生产大队、生产队三级所有，以生产队为基本核算单位，主要从事种植、养殖生产经营，公社一级一般都保留了农具制造、农机具修理、拖拉机站、农矿产品采集加工等为农业生产服务所兴办的企业，特别是1970 年中央北方农业会议以后，郊区人民公社在国营大厂定点支援帮助下，普遍建起了农机修配厂、拖拉机站，并利用当地的资源优势积极兴办采矿、建材（如砖瓦、水泥）及农产品加工类企业。

党的十一届三中全会以后，在中央改革开放路线指引下，乡村集体企业异军突起，公社集体经济得到迅猛发展，乡级集体资产得到了快速积累。在乡镇办企业发展过程中，所使用的土地都是由村合作经济组织提供的，有的是无偿调拨，有些虽然有补偿但很微薄。乡镇办企业所占用的劳动力，都是从生产大队调用的，其报酬由所在生产队记工分，年底经公社统一核算，齐工找价，解决个人与队之间出工不平衡问题。同时兴建乡镇企业所需的各种建材，机械，设备等固定资产也多是摊派到各村，由各村提供。至此郊区乡镇集体资产有了初步的积累。

（二）乡农工商总公司时期（1984 ~2001 年）

1984 年中共中央1 号文件明确提出人民公社制度要进行两方面的改革：一是实行联产承包，变集中统一经营为统分结合、双层经营；二是实行政社分设，变政社合一为政社分开。同时明确指出“原公社一级已经形成经济实体的，应充分发挥其经济组织的作用，但它与原大队，生产队是平等互利或协调指导的关系，不再是行政隶属的逐级过渡的关系”。1983 年北京市委、市政府在丰台花乡和昌平沙河进行政社分设改革的试点，到1984 年上半年北京市政社分开改革基本完成。原来269 个公社都作为乡镇合作经济组织保留了下来，在职责划分上，政府管理经济的职能统由农工商联合总公司承担，乡镇政府不再直接管理经济。1991 年2 月北京市委市政府《关于加强乡、村合作社建设、巩固壮大集体经济的决定》（京发【1991】2 号）明确提出“要在乡镇范围内设村合作社的联合组织，名称为乡镇合作经济联合社，简称乡镇联社。乡联社和村合作社是经济合作、联合的关系，根据联合社章程履行各自的权利和义务，经济彼此独立，不得无偿调拨。”

但在实际运作中，乡镇在经济组织职能、收入分配、治理结构、人事制度等方面都没有做到政社分开。乡农工商联合总公司在职能上承担了政府组织、推动、管理农业和农村经济发展的任务，很多属于行政性职能；乡级联合总公司也没有独立的治理机构，只听命于党委、政府，经理也是由政府任命和调动；在经济收入的分配上，大部分用于办社会、养机关，政府甚至任意从企业索取，用企业贷款给机关发工资、办福利，全然不和所有者商量。由此导致90年代末期，乡镇集体企业逐渐衰落，部分乡镇企业出现了严重亏损，开始进行重组转制。

（三）乡农工商总公司撤销之后（2001年至今）

2001年乡镇机构改革，实行“三改二”，在保留乡党委、乡政府的同时，撤销了乡农工商总公司。在改革中，区县根据实际情况做出了调整。多数远郊区县撤销了乡级集体经济组织，部分乡镇建立了隶属于乡镇政府的集体资产管理委员会或者集体资产管理办公室，又回到了政社合一的老路。近郊区县由于乡镇办企业实力强大，一般均保留了乡级集体经济组织，但在政社关系上依然模糊不清。

2005年市农工委和丰台区联合在丰台区南苑乡农工商总公司进行了产权改革试点，在乡级集体经济产权归属与管理体制上取得了新的突破和经验，找到了乡级集体经济实现政社分开、民主控制、自我积累、可持续发展机制的正确道路，使人们真正看到了乡级经济光明灿烂的新希望。（参见《光辉的历程》241～250页）。现在北京市已经有南苑、王佐、大屯、崔各庄、玉渊潭、东升等9个乡镇完成了此项重大改革，取得了显著成效。

二、乡级集体资产规模、分布及经营管理现状

北京郊区乡级集体资产已具有相当规模，但由于区域不同，管理体制存在很大差别，导致经营效果也相差甚远。

（一）集体资产规模及分布

据市经管站2009年《农村合作经济年度统计资料》反映，北京市193

个乡镇集体经济组织2009年年底乡级集体账内资产总额为1 368亿元，平均每个乡镇7.09亿元，净资产411.8亿元，平均每个乡镇2.13亿元，资产负债率为69.9%。其中集体账内资产为0的乡镇有14个，占7.27%，资产在100万~1 000万的有7个乡镇，占3.62%，在1 000万~1亿的有53个乡镇，占27.31%，在1亿~10亿的有83个乡镇，占42.78%，在10亿以上的乡镇有36个，占18.6%。

表1　乡镇集体资产分类表

乡镇集体资产	无资产	100万~1 000万	1 000万~1亿	1亿~10亿	10亿以上
乡镇数	14	7	53	83	36
所占比例（%）	7.21	3.11	27.46	43.01	18.65

从区域分布上看，近郊、平原、山区有明显差别。近郊地区乡级集体资产695.9亿元，占北京市乡级资产总额的50.9%，平均每个乡镇19.3亿元，人均16万元；平原地区乡级集体资产331.5亿元，占24.2%，平均每个乡镇7.5亿元，人均3.2万元；山区乡级集体资产340.2亿元，占24.9%，平均每个乡镇3亿元，人均2.8万元。

表2　乡级集体资产区域分布表

	近郊	平原	山区
乡级集体资产（万元）	6 959 619.5	3 315 318.2	3 401 961.5
所占比例（%）	50.9	24.2	24.9
平均每个乡镇（亿元）	19.3	7.5	3.0
人均乡级集体资产（万元）	16.0	3.2	2.8

（二）集体资产经营现状

2009年北京市乡级集体经济实现营业收入868.9亿元，平均每个乡镇4.5亿元，净利润41.2亿元，平均每个乡镇0.21亿元，净资产收益率为10%。在有资产的179个乡镇中，净利润为负数的乡镇有40个，占22.35%；利润在100万以下的乡镇有36个，占20.11%；介于100万~1 000万之间的有39个，占21.79%；在1 000万~1亿元之间的有52个，占29.05%；利润在1亿元以上的有12个乡镇，占6.7%（表3）。

表3　乡镇集体经济净利润分类表

乡镇集体经济净利润	为负	0～100万	100万～1 000万	1 000万～1亿以上	1亿以上
乡镇数	40	36	39	52	12
所占比例（%）	22.35	20.11	21.79	29.05	6.70

从乡级集体经济收入分布情况来看，朝阳区收入最多，人均集体经济收入为14.5万元；密云县收入最低，人均仅为0.19万元。从区域分布上看，近郊乡级集体经济收入294.2亿元，占33.9%，平均每乡镇8.2亿元，人均6.8万元；平原311.3亿元，占35.8%，平均每乡镇7.1亿元，人均3.1万元；山区263.4亿元，占30.3%，平均每乡镇2.3亿元，人均2.1万元（表4）。

表4　乡镇级集体经济收入区域分布表

	近郊	平原	山区
乡镇级集体经济收入（万元）	2 942 075.5	3 113 845.4	2 633 518.9
所占比例（%）	33.9	35.8	30.3
平均每乡镇（亿元）	8.2	7.1	2.3
人均乡镇级集体经济收入（万元）	6.8	3.1	2.1

（三）集体资产管理现状

目前郊区乡级资产管理形式大致可分为以下三种类型。

类型一：拥有独立的乡级集体经济组织，政社分开，账目单独设置。

类型二：乡级集体经济组织隶属于乡镇政府，其资产、账目等由乡镇政府专门机构进行代管，账目单独设置。

类型三：乡级集体经济组织不存在，政府不再设专门机构进行管理，其资产、账目等已经并入政府财政资产以及相关账目中。

按照这三种类型进行分类，如表5。

表5　乡镇集体资产管理形式分类表

	类型一	类型二	类型三	合计
合计	21	108	64	193
所占比例	10.9%	55.9%	33.2%	100%

（续表）

	类型一	类型二	类型三	合计
朝阳	8	13	0	21
海淀	7	1	0	8
丰台	6	0	0	6
石景山	0	1	0	1
昌平	0	2	16	18
大兴	0	0	14	14
怀柔	0	1	13	14
密云	0	17	0	17
平谷	0	0	17	17
通州	0	11	0	11
延庆	0	15	0	15
顺义	0	19	0	19
房山	0	21	2	21
门头沟	0	9	0	9

从表中可以看出，北京市集体经济组织独立存，政社分开的有21家，占10.9%，全部分布在城近郊区，其中海淀区的四季青等山前四乡建立了乡联社，分行业设立经营性公司；隶属于乡政府但账目单独设置的有108家，占55.9%；账目并入政府财政账目中的有64家，占33.2%。

将独立存在的乡级集体经济组织与其他乡镇进行对比分析可以看出，政社分开，独立存在的乡级集体经济组织的经营效益明显高于其他乡镇（表6）。

表6　不同管理类型乡镇集体经济发展情况表

	政社分开的乡镇	其他乡镇
乡镇平均资产总额（万元）	199 600.84	55 146.99
乡镇平均净资产（万元）	56 072.70	17 098.42
乡镇平均收入总额（万元）	49 427.00	44 485.31
乡镇平均净利润（万元）	3 737.64	1 938.9
农民人均劳动所得（元）	2 482.72	488.8

三、乡级集体经济的地位和作用

乡级集体经济经过数十年的发展，已经在农村集体经济中占有重要地位，并在郊区农村经济社会发展、城乡一体化进程中发挥了巨大作用。

（一）在农村集体经济中，乡级集体经济占据着重要地位

2009 年，乡级集体资产占北京市农村集体总资产的 46%，净资产占 34.1%，乡级集体经济收入占 22.88%，净利润则占到了 55%，人均乡级集体经济所得 606.2 元，占人均农村集体经济所得的 29%。从表 7 可以明显看出，乡级集体经济与农民可支配收入密切相关，乡级集体资产已然成为发展壮大集体经济、促进农民增收的物质基础之一。

表 7　乡级集体净资产与农民人均可支配收入对比表

乡镇集体净资产（元）	小于 100 万	100 万～1 000 万	1 000 万～1 亿	1 亿～5 亿	5 亿以上
乡镇数	21	15	77	55	25
农民人均可支配收入（元）	224.6	251.4	302.6	793.4	2 224.4

（二）乡级集体经济为农村基础设施建设、公益事业做出了重要贡献

目前，郊区有相当一部分乡镇更多是依靠集体经济来进行基础设施建设，发展农村公益事业，乡级集体经济组织承担了很多的社会管理职能。如大兴区西红门镇近十年来，乡级集体经济组织对于基础设施的累积投入达到 3 120.5万元，用于修建水利、道路等工程建设，累积公益事业投入金额达 2 018.7万元，先后修建了兴海公园、明珠广场、金海幼儿园、金星卫生院等。

（三）乡级集体经济是统筹村级集体经济发展的重要平台

近年来，随着城市化进程的加快，在城乡结合部地区，各村之间由于地理位置，资源禀赋等原因而造成经济发展不平衡的状况越来越普遍。如朝阳区崔各庄全乡纳入绿化隔离地区和温榆河绿色生态建设总体规划，两项规划的编制均以乡为单位，打破了行政村界限，有的村的土地规划为绿地，有的

村的土地规划为建设用地，发展经济的空间极不平衡。崔各庄乡集体经济组织充分发挥其统筹作用，成立乡资源资产股份合作联社，实行“同地同股”，不区分绿地和建设用地，各村按照土地面积占全乡土地面积份额确定持股比例，根据持股比例进行收益分配，解决了因国家规划和征占土地的用途不同，农民利益不均衡的矛盾。

（四）乡级集体经济是推进城乡一体化的需要

对于城乡结合部地区，城乡一体化过程中不可避免地要撤村转居，有的乡镇由于某些重点项目，下辖的所有村都有可能面临撤销，如朝阳区奥运村乡原有六个行政村，随着奥运场馆建设和国家重点工程的实施，到 2004 年 11 月，集体土地全部征用，行政村撤销，农民转居。奥运村乡通过借壳改制和股份合作制的方式组建了北京绿洲科工贸经济开发总公司，将原由集体经济组织承担的行政管理、社会管理职能剥离出去，使之进入市场。改制后，公司运行状态良好，2009 年，实现利润净额 4 864. 5万元，比上年增长 19. 5%，股民分红 2 408. 4万元，平均每人 2. 5 万元。股金分红率也由 2008 年的 15. 6% 提高到 21%。奥运村乡撤村改革，发展壮大乡级新型集体经济组织，不仅促进农民增收，也有力地推动了城乡一体化进程。

对于远郊区县，其城乡一体化既离不开新城发展的带动和集聚作用，同时也要依靠小城镇的发展，会有很大一批农民要靠小城镇发展在本乡本土实现集聚。因此，远郊区县其推进城乡一体化进程的重点是加快城镇化进程。而城镇化就更要求我们突破“村自为战”的格局，通过乡级集体经济组织来整合全乡资源资产来发展乡镇集体经济，进行产业布局，获得规模效应，让农民能够成功融入城镇。

（五）乡级集体经济是未来发展壮大农村集体经济的必然需要

从发展趋势来看，乡级集体经济是发展壮大集体经济的必然需要。随着经济的快速发展，农村产业结构的调整升级，未来农村的都市型现代农业，沟域经济，乡村旅游等农村产业化发展更多地需要依靠乡镇来整合资源，获得规模效应。如果单靠村级发展集体经济，由于各村的资源、资产等生产要素受到村域的局限，很难获得规模效应，形成可持续发展的产业，将集体经济真正做大做强。因此，乡级集体经济在未来发展壮大农村集体经济有着不可替代的地位和作用。

四、对策建议

针对前述乡级集体资产经营管理状况和存在问题，提出以下对策建议：

（一）明确乡级集体资产产权性质

关于乡级集体资产的产权性质，虽然《北京市农村集体资产管理条例》规定了“乡联社的集体资产属于该合作社劳动群众集体所有，社员大会或者社员代表大会选举产生的乡联社管理委员会依法行使集体资产所有权”，但实际上认识并不统一，有的仍然认为乡级集体资产属于乡镇政府所有，对集体资产投资、处置等重要决策不同农民商量，资产收益被乱用、挪用，有的用于补充乡镇机关行政事业费用不足，有的用于给机关干部在县城买房，甚至还有的用于机关建办公楼、购置轿车，严重损害了农民的合法权益。因此，有必要进一步明确乡级集体资产属于该乡农民全体所有的产权性质，把各级领导干部的思想认识统一到《北京市农村集体资产管理条例》上来，依法办事。

（二）健全乡级集体经济组织

乡级集体经济组织是乡镇集体资产的所有者代表，是集体资产的产权主体，是全乡农民经营管理集体资产的组织基础，承担着是发展壮大集体经济的重要职责。北京市委市政府1991年《关于加强乡、村合作社建设、巩固壮大集体经济的决定》中明确提出：“乡村合作经济组织在行政主管部门登记后，取得法人资格，其职能和主要任务是：生产经营、合作服务、资源开发、资产积累、推进农业和农村现代化、逐步实现农民共同富裕。”

而且从国内外合作社的发展经验上来看，乡镇一级的合作社在组织农民方面有着不可替代的作用和位置。在我国台湾的农会的设置中，只有省、县和乡镇三个层次，乡镇农会是基础。日本的农协也只包括三个层次，分别是基础农协（第一层次），县级联合组织（第二层次），全国联合组织（第三层次），基础农协相当于我们乡镇一级的合作社。而且日本政府将农协作为农业政策的执行机构，政府对农业生产的保护措施诸如价格补贴等以及先进农业生产技术的推广普及，低息贷款发放，都是通过农协层层下发，最后通过乡镇一级下发到农民手中。相对于村合作社，专业合作社，乡镇合作社的覆盖面更广，资产、资源等生产要素更丰富，也更容易获得规模效应，从而能够更好地为农民服务。

目前北京郊区乡级集体经济组织尚不健全，只有少数独立存在，因此应进一步健全乡级集体经济组织，构建规范的组织架构，建立以农民为主体的，有村合作经济组织参加的社员代表大会制度，行使集体资产所有权；根据本乡集体资产规模状况，建立与集体资产规模相应的经营机构，行使集体资产经营权；依据《北京市农村集体资产管理条例》，建立集体资产管理监督机构，加强民主监督。同时切实发挥乡级集体经济组织作为政府与农民之间的桥梁功能，把一些政策的落实交给乡级集体经济组织来执行，这样不仅可以提高政府的行政效率，又可以将政策的落实直接处于农民的监督之下，促进农村基层党风廉政建设。

（三）切实推行“政社分开”

“政社合一”的管理体制在乡镇层面普遍存在，而这种体制早已暴露出了很多弊病。很多干部为追求政绩，盲目投资，强制扩大乡镇企业，不管销路只管产值，任意索取，摊派，甚至要求企业贷款来上交，以领导个人的喜好轻率任免厂长，这些都是北京市部分乡镇企业最终亏损破产的起因。

而且从根本上说，农村经济是农民的事，集体经济是农民集体的，国家不可以完全包办，也代替不得。从效果上来看，政府直接办经济往往花费多，漏洞大，效果差，效率低，我们的干部一般来讲缺乏企业经营的经验，只能用行政管理的手段来管理企业，对于市场规律的认识也不够，而且干部过多从事经济活动，也容易滋生腐败，不利于农村基层党风廉政建设。因此我们要切实推行“政社分开”，理顺乡党委、政府和乡集体经济组织之间的关系，政府不再直接管理经济，剥离集体经济组织的社会管理、行政管理职能，充分体现全乡农民作为集体资产所有者的地位和作用。

（四）清产核资，摸清家底

目前，乡级集体资产家底不清、核算不实问题比较普遍。主要表现在：改革开放后集体出地，外方投资形成的属于集体所有的建筑物在集体账内没有反映，集体资产总量统计中也漏掉了这一部分；90 年代末郊区乡镇集体企业重组转制过程中，通过拍卖、出租、兼并、股份制、联营等形式，集体资产的所有者权益发生了很大变化，而有些地方上报的统计数据仍然沿用过去的统计口径，没有反映重组转制后的实际情况；有的乡镇把乡镇集体投资形成的建筑物及财产登记为国有资产。因此有必要对乡级集体资产进行一次清产核资，摸清家底，界定产权，以利于改进集体资产经营管理，防止集体资产流失。

（五）加快推进产权制度改革

目前，乡级集体经济产权制度改革相对滞后。村级集体经济产权制度改革已经完成了近60%，而乡级改革完成比例不足5%。农村集体经济产权制度改革是彻底解决乡集体资产产权不清，主体缺位问题的重要手段和有效途径。乡镇可以通过改革明晰集体资产产权，建立起“产权明晰、权责明确、政企分开、管理民主”的新型集体经济组织，让广大农民真正成为乡集体资产的管理主体，决策主体和受益主体，同时整合各村资源、资产，发展壮大乡镇集体经济。从表8中可以明显看出，改革完成的9个乡镇无论是集体经济发展状况还是农民收入方面，都要远远好于未完成改革的乡镇。

表8　改革完成乡镇与未改革乡镇集体经济发展情况对比表

	改革完成乡镇	改革未完成乡镇
乡镇平均资产总额（万元）	284 812.53	62 398.89
乡镇平均净资产（万元）	94 349.11	18 410.92
乡镇平均收入总额（万元）	64 141.06	44 414.17
乡镇平均净利润（万元）	6 198.09	1 989.11
农民可支配收入（元）	3 835.8	621.62
资产负债率（万元）	66.87	70.49

相比村级，乡级改革涉及面更广，人员更加复杂，改革难度较大。我们要进一步加大调查研究，探索推进乡级改革的方式方法。各乡镇要根据实际情况，因地制宜，创新改革模式，采取多种方式推进乡级集体经济产权制度改革。同时加强改革后续管理，建立健全新型集体经济组织的民主管理制度，提高民主决策、民主管理、民主监督水平。

鉴于乡级集体产权制度与管理体制创新，是一项涉及乡村经济、政治、社会制度的全面改革，关系城镇化和城乡一体化如何健康发展，因而特别需要搞好总体设计。有许多问题至今认识很不一致，有许多经验教训需要深入总结，有若干政策问题需要研究解决。在这个问题上，几个直辖市郊区和长三角、珠三角地区的做法和经验也值得研究借鉴。因此，我们建议，北京市委市政府批准设立一个关于郊区乡集体经济产权制度和管理体制研究的中长期课题，组织各方力量，有计划、有步骤地展开调查研究和咨询论证，争取在一两年内拿出一个符合实际的科学的可操作的研究成果。

（六）加强政府指导与监督

过去，政府一直把关注焦点放在村级集体经济组织，对于乡级的指导和监督不够。因此我们进一步加强政府的指导和监督，有关职能部门要知难而进，促进乡级集体经济组织规范、有效地运行。一是要强化监督。加强审计监督，通过审计对乡集体经济组织的财务、经营状况进行检查，及时发现问题，解决问题；二是要加大培训。加强对乡集体资产形成积累历史沿革、有关法律法规政策的培训，通过培训来统一思想认识，进一步明确乡集体资产的产权性质，同时加强对合作社干部的培训力度，切实提高他们的市场理念以及资产经营管理水平；三是要加强指导和服务。指导乡镇推进产权制度改革，进行规范化建设，同时加强制度建设，进一步完善乡级集体资产经营管理的制度体系；四是加大扶持。要给予乡镇集体经济组织一定的财政扶持、产业政策支持，帮助其在市场竞争中不断发展壮大。

乡集体资产地区分布不平衡现象明显，对于不同区域的乡集体经济发展不能一概而论，要建立起分类指导体系，采取差异发展策略。针对集体资产数量少，经营机制不健全，无发展潜力的乡镇，建议尽早化解债务，清算账目，进行集体资产的处置分配；对于集体资产量数大，经营机制健全，尚有发展潜力的乡镇要尽快建立健全乡镇集体经济组织，实行政社分开，加快推进乡级集体经济产权制度改革，建立起法人治理结构，加强经营管理，实现乡镇集体资产保值增值，不断发展壮大乡镇集体经济。

课题负责人： 吴志强　北京市农村经济研究中心副主任
课题组组长： 李笑英　北京市农村经济研究中心经管站　总经济师
杨万宗　北京市农村经济研究中心体制处处长
课题组成员： 吴志强　胡登州　李笑英　杨万宗　赵树枫　李明瑞
王　新　薄立维　陈雪原　吴汝明　杨玉林　林子果
执　笔　人： 李笑英　赵树枫　李明瑞　薄立维　陈雪原

北京农村土地流转现状及规范管理研究

课题组

摘要： 当前，北京市农村土地流转在完善管理、规范流转和加强服务等方面还存在一些需要解决的问题，比如土地流转后进行非农化使用或撂荒，部分土地流转租金过低、期限过长，部分土地流转特别是农民间流转合同签订率低，容易引发纠纷等。研究认为，面对郊区农村经济持续发展、农业产业结构不断调整、城市化进程加快等形势，土地流转的规范管理工作重点应在完善和稳定农村土地承包关系、建立土地流转收益持续增长机制、健全完善农村土地流转程序、全面推行农村土地流转合同管理制度、加强农村土地流转服务组织建设和加强农村土地承包经营纠纷调解仲裁工作等六个方面继续加强和完善。

2004 年，北京市全面开展农村土地确权工作后，以家庭承包经营为基础、统分结合的双层经营体制基本确立。在“稳定承包权，放活经营权”的指导思想下，引导和推动农村土地承包经营权流转，鼓励经济较发达地区的农民流转土地、向二三产业转移，同时引进农业企业和生产大户发展规模经营和都市农业。从总体上看，北京市土地流转发展稳定而有序，对带动地区农业发展和农民增收致富都起到了积极作用。同时，也还存在着需要进一步完善管理、规范流转和加强服务等方面的问题。因此，我们对北京市农村土地流转及管理的现状进行了调查研究，对当前流转中存在的问题进行了认真分析，并对下一步让流转及流转管理工作如何更好地适应郊区城市化进程、服务郊区农业发展总体方向、提升农民生产生活水平提出了建议和设想。

一、北京农村土地流转及管理现状

《农村土地承包法》颁布实施后，北京市委市政府印发了《关于积极推进农户土地承包经营权确权和流转的意见》（京发［2004］17 号），在全面开展农村土地确权工作的同时，根据北京实际，同步开展了农村土地流转工作。到 2009 年年底，北京市签订家庭承包类合同 112.7 万份，土地确权总面积 466.6 万亩，土地流转总面积 217.4 万亩，占确权面积的 46.6%。

（一）促进和规范土地流转的措施

1. 采取多种土地流转方式

在开展农村土地确权的过程中，针对不同地区经济社会发展水平，以及部分乡村原有土地承包合同尚未到期的实际，北京市确定了确权及流转的三种基本方式：实行确权确地的，农户在承包土地后按依法、自愿、有偿的原则进行流转；实行确权确利的，农户把土地直接流转给集体，流转收益按确利份额分配给农户；实行确权入股的，农户把土地直接流转给集体，按股份每年参与分红。这些形式较好地适应了农村实际，在满足农村承包土地愿望的同时，促进了土地流转。在北京市已流转的 217.4 万亩中，确利流转 168.7 万亩，占流转面积的 77.6%；确股流转 30.4 万亩，占 14%；确地后流转 18.3 万亩，占 8.4%。

2. 搭建土地流转信息平台

2006 年通州区在北京市率先搭建起农村土地流转信息平台，发布信息 4 000余条，通过平台流转土地 4 万多亩。2009 年，“研究制定促进农户土地承包经营权流转支持政策，搭建农地流转信息平台”，列入市政府折子工程，当年开通“北京市农地流转信息网”（www.bjndlz.gov.cn）。网站共分为转出信息、需求信息、流转动态、政策法规、区县流转网站、流转规程和常见问题六个版块。2010 年，网站页面点击量达到 1 546 304次，访问者 77 683次，访问次数 386 576次，受到农经工作者和农民群众的广泛关注。通过搭建土地流转信息平台，加强了土地承包经营权流转的信息服务，加快了农村土地承包经营权流转市场的培育。

3. 加强对土地流转收益的管理

充分尊重农民的自主权。农户进行流转时，流转价格，和收取方式由当事人双方协商确定，其他任何单位和个人不得擅自做主或截留、扣缴。确保农民能切实享受到集体土地的流转收益。确利收益从 2006 年的每亩每年 331 元提高到 2009 年的 418 元，增长 26.3%；每人每年 311 元提高到 348 元，增长 11.9%。还加强了土地流转价格的指导。2009 年，通州区在深入开展市场调查的基础上，分九个区域，确定并公布了 2009 ~2010 年度的农村土地流转指导价格，率先建立了农村土地流转指导价格评估机制。指导价格公布后四个月，全区新流转土地的流转价格比评估机制建立前高出15%左右，发挥了明显的指导作用。部分区县在今年还建立了包括山林流转价格在内的类似机制。农民更多地得到了土地流转的实惠。

4. 规范土地流转行为

2010年，市农委制定了《关于进一步规范北京市农村土地承包经营权流转工作的若干意见》（京农函［2010］6号）。根据市农委要求，各区县经管部门制定了统一规范的合同文本，加强了土地承包合同管理和证书发放工作。各区县还对“大面积、低租金、长期限”的大户承包和对外租赁合同进行了清理。共修订大户承包合同5 419份，修订对外租赁合同585份。清理后，签订规范的大户承包合同4.9万份，对外租赁合同1.7万份。各区县还加强合同档案管理，186个乡镇和3 812个村建立了档案室，配置了统一的档案柜和档案设备，由专人负责管理。2009年，为稳定和完善农村基本经营制度，进一步落实农民的土地承包经营权，市经管站研究制定了《北京市农村土地承包经营权流转合同（示范文本）》（共10种），由各区县参照执行。

（二）土地流转的效果

土地流转在一定程度上促进了郊区农业生产经营方式的转变，提高了土地产出效率，加快了都市型现代农业的发展。

1. 适度规模经营得到了一定发展

土地确利、确股、承包经营权流转给集体以后，目前主要采取了四种经营方式：集体经营、大户承包、对外租赁和其他经营方式，其中，集体经营56.3万亩，占28.3%；大户承包58万亩，占29.1%；对外租赁61万亩，占30.6%；其他经营方式23.8亩，占12%。目前，北京市单体经营规模在30亩以上的土地面积已经达到144.6万亩，占北京市确权土地面积466.6万亩的31%。其中：30～49亩的确权土地9.1万亩，占到北京市确权土地的1.9%；50～99亩的确权土地14.8万亩，占到北京市确权土地的3.2%；100亩以上的确权土地120.7万亩，占到北京市确权土地的25.9%。据统计，2008年，从事种植业的劳动力创造的产值已经达到人均2.8万元，比2004年提高了33%。

2. 促进了农业产业结构调整

通过土地流转有效地解决了都市型现代农业的发展空间问题，促进了设施农业和观光休闲农业的发展。重点结合发展设施农业和农业观光休闲产业，采取农户间自主协商、农户与企业直接对接和村集体统一组织等多种方式，推进农村土地流转。在发展设施农业方面，农户协商自行流转主要是由发展设施农业的农户通过协商，采取互换和转包等办法调剂土地，自主建设温室和大棚发展生产。坚持土地承包经营权和地上设施分别核算，保证土地流转收益归原承包农户所有，既保护了农户土地承包经营权长久不变和长期收益，又带动新型产业的发展，促进农业增效、农民增收。目前北京市设施农业总面积已经达到22 万亩，比2004 年增加7.4 万亩，增长51%；北京市观光农业园从2004 年的448 个发展到2008 年的1 332个，接待人次、销售收入分别增长了2.5 倍和3.3 倍。

3. 创新了土地经营方式

土地流转后，除用于大户承包、集体经营和对外租赁外，目前还创新发展了专业合作社经营这一新的土地经营方式。2009 年，房山区窦店镇芦村成立了北京泰华芦村种植专业合作社。由北京泰华集团（房地产）为投资主体牵头领办的，集团共投资1 829万元。农户入资采取土地承包经营权入股与资金入股两种方式。农户土地入股以1.1 亩为1 股，折合5 000元，资金入股的每股为5 000元，最高不能超过5 股。农户土地入股的，合作社按每年每股1 200元支付土地流转租金。年终盈余分配采取按土地流转租金、土地入股和资金入股相结合的方式，按土地入股分配总额不低于可分配盈余的60%。即将农户土地入股视同为产品交易量。目前，社员在合作社获得的年收入总计达230 多万元，包括获得的土地流转费用25 万元、盈余分配10 万元、工资180 万元、福利津贴18 万元等。北京河南寨下屯种植专业合作社成立于2006 年，合作社采取农户土地流转入社，集约化经营管理的方式运作，其做法是：入社农户将土地承包经营权流转给合作社，合作社每亩土地每年支付村民土地流转金600 元，每三年递增100 元，合作社所获盈余的60%按土地入社亩数分配到成员，40%按成员入资分红。截至2010 年，合作社的土地流转面积已发展到了5 000亩，按排了400 个农村劳动力就业，共计支付土地流转金和工人工资1 000余万元。

4. 促进农民转移就业

2004 年以来，北京市确权确地后流转出土地的农户累计2 万多户，这些农户除一部分人在农业企业外，其余劳动力转向二三产业，拓宽了就业渠道，一方面提高了农业劳动生产率，另一方面增加了农民工资性收入。乡村从业人员中，农业与非农业的比重，已从2004 年的23：77，调整为2008 年的19∶81；2008年农民人均纯收入中，工资性收入6 354元，比2004年提高1 996元，增长46%。

二、当前北京市农村土地流转中存在的主要问题

总体来看，北京市农村土地流转是稳定有序的。2010年度，北京市各区县、乡镇共受理纠纷1 281起，其中因土地流转发生的纠纷260起，占20.3%。综合纠纷受理、来信来访、及调研情况来看，农村土地流转及管理中存在的主要问题有：

（一）流转收益增长机制不合理

一部分流转合同中未建立流转价格增长机制，采取一价到底的方式进行长期流转，还有的村土地流转收益增长幅度太小，收益增长条款形同虚设。比如，在调查中发现，某村土地流转收益每年增长3元。还有的流转合同对流转到期后的地上物权益归属没有明确的约定，导致矛盾纠纷。部分历史遗留的大面积、低租金、长期限的大户承包和对外租赁合同，如果中途解除合同村集体经济组织需要支付巨额违约金，只能维持现状，导致土地流转收益较低。有的乡、村进行土地流转、招商引资中，疏于对接转方资信程度和经营能力的考查，导致接转土地后无法开展正常的生产经营活动，有的村因接转土地的单位经营亏损，无法兑现农民的土地流转收益。

（二）流转行为不规范

有些地方在流转工作中，不尊重农民意愿，乡镇政府和村级组织直接充当土地流转主体，随意变更农民的承包合同，集中土地搞对外招商，强迫承包农户集中流转，影响了农村土地承包关系的稳定；在采取确利流转和集体统一组织确地后流转中尤为突出；有的未经民主程序，将土地出租给本集体经济组织以外的单位和个人；有的流转期限长达50年，超过剩余承包期限；还有一些承租方在租赁土地后，擅自改变土地农用地性质。部分乡村土地承包合同签订、鉴证和管理上还不够规范，农户土地承包经营权流转合同签订、登记、备案制度尚不健全，导致一些地方土地流转程序不规范，合同条款不完备，私下口头流转较多，随意性较大。

三、制约土地流转的主要因素

目前，土地流转速度放缓。2007 年年底，确地后流转面积 12. 8 万亩，占确地面积 274. 8 万亩的 4. 66%；2009 年年底，确地后流转面积 18. 3 万亩，占确地面积 267. 4 万亩的 6. 84%。确地后流转面积增加了 5. 5 万亩，2. 18 个百分点。增加数较小，确地后推动流转的工作难度较大。

当前制约土地流转的主要因素是：

（一）部分农民仍以土地为主要收入来源

主要原因是非农就业不充分及不稳定。据 2008 年北京市委农工委对“新农村建设农民需求”的一项问卷调查“农民不愿流转土地的原因”（多选），认为“除种地外没有别的工作”的受访者占问卷调查人总数的 48. 8%；认为“虽然经常在外做工，但工作不稳定，想留个退路”的占 30. 1%。

（二）土地流转存在一定风险

这种风险对流转方、接转方双方同时存在。一方面，流转方将土地流转出去，对生产生活带动能力有限，他们宁肯让土地撂荒，也不愿进行土地流转，特别是近年来城市化速度加快，土地征占补偿款与流转费的差距对比也日益悬殊，农民担心土地征占后，土地补偿款被侵占或均分，特别是得不到青苗补偿和地上物补偿，不愿土地流转；城乡结合部的农民已经主要将土地视为资产而不是农业生产资料。城近郊区农村征地费节节攀升，通过征地农民致富的不在少数。另一方面，接转方面对农民流转土地要价越来越高、政策面不明的情况，不敢下大力量投入，也不愿与农民直接协商土地流转。很多在 2004 年及以前流转土地的农民纷纷要求调整土地流转价格，否则就要收回土地或者扬言要“赶走”经营者（接转方），这些现状及纠纷的发生让意欲接转土地的企业或个人望而却步，也让已经签订合同的接转方对经营前景、生产环境增添不安全感。

（三）农民对土地升值期望值提高

有些已流转土地的农民所得流转收益偏低，这让持有土地的农民犹豫不决，据村干部反映，2006年年底以前，从农民手里流转土地的难度并不很大。但从2007年起，土地流转变得困难，主要原因是土地升值趋势明显，农民对土地流转价格的期望值越来越高。

（四）政府惠农补贴政策

政府惠农补贴政策使少数农民宁可粗放耕种甚至撂荒，也不愿意将土地转给别人经营，比如粮食直补政策，对种粮人进行补贴，引起了一些土地流转农民的不满，他们认为这些补贴应该给自己。

四、推进农村土地流转及规范管理的设想

继续推动土地流转进行是有潜力的，关键是要在制度上、经济上给农民保障，让已经转入二三产业的农民可以放心地进行流转。

（一）进一步稳定和完善农村土地承包关系

稳定的农村土地承包关系是土地流转的前提。目前，北京市土地确权工作已基本结束，绝大多数农民都已经签订了土地确权合同，取得了由区县人民政府发放的土地承包经营权证书。但还有少数农民，因为人地分离，或者与村集体有矛盾等原因，至今没有拿到土地承包合同和证书。对这部分群众，要尽早把合同签订和证书发放工作落实好。确权确地的，要全部发放土地承包经营权证书，严格做到承包地块、面积、合同和证书“四到户”；确权确利的，要签订确利合同并将土地确权证书发放到户；确权确股的，要将土地确权证书发放到户。在流转中，不得改变土地的性质和用途，确保土地农地农用。

（二）建立土地流转收益持续增长机制

合理确定土地流转价格、保证农民获得与土地价值相适应的流转收益是订立土地流转合同的重要环节。新签土地流转合同时，要严格遵守“不超过原承包合同的剩余期限”的规定。原则上，对流转后用于普通农作物种植等投入较小的土地，流转期限不宜过长；对流转后用于发展林果业和设施农业等投入较大的土地，流转期限可以适当延长。采取出租方式流转的，租赁合同期限要遵照《合同法》的规定，不得超过20年。租赁期间届满，当事人

可以续订租赁合同，但约定的租赁期限自续订之日起仍不得超过20年。流转期限超过5年的，应当建立价格调整机制，明确约定调整时限和幅度，分时段确定流转价格。流转双方应对各种政策性补贴、流转期满后地上物权属及补偿办法、土地征占应得补偿的归属等作出明确约定。

加强对土地流转价格的统计、监测和分析，通过农村土地流转信息平台等多种途径和方式，向广大农民提供土地流转价格信息。有条件的区（县）、乡（镇）可根据本地区的区位优势、土地质量、土地产出率等因素，探索开展土地流转价格评估工作，建立健全本地区农村土地流转价格指导机制并实行动态管理。确权确地到户后流转的，流转收益归承包农户所有；确权确利和确权确股流转给村集体，由村集体统一经营或流转给其他经营主体的，土地收益要单独建账、单独核算、专户储存，并严格履行民主程序，合理分配土地收益，确保及时、足额兑现到农户。

（三）健全完善农村土地流转程序

承包方采取转包、出租等方式流转，应当及时报发包方备案；采取转让方式流转，应当经发包方同意，受让方要与发包方重新签订承包合同，及时办理土地承包经营权属变更手续；采取互换方式流转，双方当事人应到村集体经济组织办理承包合同、土地承包经营权证书变更及备案手续。承包方自愿将土地委托给村集体，由村集体经营或者由村集体代其流转的，应当与村集体签订书面委托书，没有承包方的书面委托，任何组织和个人无权以任何方式决定流转农户的承包土地。农村土地流转，在同等条件下，本集体经济组织成员享有优先权；流转给本其他单位或者个人的，经民主决策后报乡（镇）人民政府批准。土地流转受让方以转包、出租方式取得的土地进行再流转的，应当经原承包方书面同意，并办理备案手续。企业或个人等经营者与村集体签订非家庭承包或流转合同的，未经集体经济组织同意，不得私自进行流转；如需进行流转，土地经营者应当向集体经济组织提出书面申请。集体经济组织流转确权确利和确权确股土地的，须经集体经济组织成员大会或成员代表大会民主讨论决定并进行公示。

（四）全面推行农村土地流转合同管理制度

除代耕期不足1年不需签订书面流转合同外，所有农村土地流转都必须依法签订书面合同，要进一步推广市经管站制定了《北京市农村土地承包经营权流转合同（示范文本）》。过去没有签订合同的，相关当事人要按北京市统一规范的合同文本进行补签；已经签订流转合同双方无异议的，维持原合同不变。农村土地承包经营权流转合同一式四份，流转双方各执一份；发包方和乡（镇）农村合作经济经营管理机构各备案一份。要做好农村土地承包及流转合同备案和档案管理工作，高度重视农村土地承包工作文件材料的形成和归档。要进一步提高北京市农村土地流转合同登记、备案和统计分析的信息化管理水平，已经签订合同但还没有录入合同的，要抓紧时间补录，合同更改或解除的，在北京农经平台和村管系统中要及时做出调整，从而为监测农村土地流转动态，判断农村土地流转走势提供准确的数据基础。

（五）加强农村土地流转服务组织建设

北京市农村土地流转服务组织的建设还处在萌芽阶段，据 2008 年统计，由乡村组织提供信息的和委托乡村组织流转的占到 47.5%。目前成立了乡级农村土地流转服务中心仅有四家。2007 年，我们开展了“农村土地承包经营权流转服务中介组织”备案工作，制定了备案工作程序和办事指南，鼓励成立区县级土地流转服务中介机构，为土地流转提供相关的法律宣传、政策咨询、流转信息、合同签订指导、矛盾纠纷调处和档案管理等系列服务。应进一步提高农村土地流转信息服务的水平。从“北京市农地流转信息网”运行一年来的情况看，信息量还不够大。要研究怎样充分发挥土地流转信息平台作用的问题。还要充分利用信息平台，宣传相关法律法规，交流典型经验，切实提高农村土地流转的信息化服务水平。

（六）加强农村土地承包经营纠纷调解仲裁工作

2010 年，《中华人民共和国农村土地承包经营纠纷调解仲裁法》正式颁布实施。北京市 13 个涉农区县全部建立了农村土地承包仲裁委员会，建立了仲裁庭和仲裁员队伍。有的乡镇、村还成立了土地承包纠纷调解小组，为土地承包和流转纠纷处理提供了制度保障。针对北京市部分区县开展仲裁工作晚、仲裁人员素质有待提高的现实，农村土地承包仲裁、调解机构要加强与纪检监察、政府法制、司法、信访等部门的沟通协作，建立起多部门协调解决重大问题的工作沟通机制，健全包括协商、调解、仲裁、司法、信访等多渠道调处纠纷的工作机制，畅通农户诉求渠道，提高调处纠纷能力。

课题负责人： 王瑞华　北京市农村经济研究中心纪检组长
课题组组长： 胡登州　北京市农村经济研究中心经管站站长
课题组成员： 王瑞华　胡登州　任玉玲　陈　娟　王轶群
金世明　宋福胜　陆晓园　刘海亮

北京市农民专业合作社加工与营销模式的研究

课题组

摘要：本课题研究采取实证分析的研究方法，调查了北京郊区各区县农民专业合作社发展状况，主要就郊区合作社开展加工和营销服务进行了较深入的调研，对合作社开展加工和营销涌现的各种形式和绩效进行了综合分析和归纳比较，总结出八种典型模式，为农民专业合作社开展加工和营销提供了范例和借鉴，按照产业化要求提升产品加工和营销环节的服务功能，使成员更多分享到加工和营销环节的利润，是合作社增加经营收入、发展壮大的重要途径，对推动合作社又好又快发展具有积极的作用。本报告提出了合作社产品营销发展“农产品直销”是进一步推动农产品流通体制改革和推进以农民为主体的农业产业化经营新模式的创新性观点，并就合作社增强加工和营销服务功能，推进合作制产业化经营提出了可行的政策建议。

一、本课题研究的积极意义

（一）北京市农民专业合作社进入了快速发展的新阶段

本课题研究是新时期推进都市型现代农业发展紧迫需要。这次课题研究调查了北京郊区各区县农民专业合作社发展状况，主要对合作社开展加工和营销涌现的各种形式和绩效，经综合分析、归纳比较，重点确定了八种加工营销新模式，并到平谷、大兴、延庆、密云、丰台区县的二十个合作社进行了调研。我们得出的总体认识是：北京市合作社近几年加工和营销服务功能有很大提高、已创新了多种新形式；不断增强合作社开展加工和营销能力，对创新郊区农业产业化模式，促进合作社又快又好发展，做大做强，提高农民收入的增长，提升都市型现代农业总体水平有积极意义。

北京市农民专业合作社进入了快速发展的新阶段。北京市委、市政府高度重视农民专业合作社建设和发展工作，认真贯彻《农民专业合作社法》，完善政策措施，加强指导、扶持、服务，依法推进郊区农民专业合作社规范发展，取得了明显成效。截至2010年年底，北京市登记注册的各类农民专业合作社达到4 351个，成员总数212 940户。农民专业合作社发展成效显著。

一是政府层面加大了组织指导工作力度。整合政策资源，促进了合作社规范建设。市农委、发改委、科委、财政、民政、农村商业银行等六部门联合出台了《关于促进农民专业合作社发展的扶持政策》，进一步明确了各部门的工作重点和支持方式，为加快农民专业合作社发展提供了制度支撑。从2007年到2009年，市级财政共安排9 500万元专项资金，通过项目补贴和奖励两种方式，从开展信息、技术、培训、质量标准与认证、市场营销等服务，建设标准化生产基地、兴办仓储设施和加工企业、购置农产品运销设备等环节，在北京市培育和树立了324个市级合作社示范典型，涌现出密云奥金达蜂产品专业合作社、平谷荣涛豌豆专业合作社、大兴圣泽林梨专业合作社、顺义绿奥蔬菜产销专业合作社、昌平营坊昆利果品专业合作社、延庆绿菜园蔬菜专业合作社等一批引领北京市专业合作社发展的排头兵。

二是通过引导和扶持，农民专业合作社的合作领域不断拓宽，合作深度逐步加大，农产品加工、销售环节的合作，有了更快的发展。合作范围已经从初期的蔬菜、瓜果种植和畜禽养殖领域扩展到农机、运输、民俗旅游、土地、用水等各个行业，服务内容也从单纯的农业科技服务，扩展到产前、产中、产后全过程，尤其是农产品加工、销售环节的合作，有了更快的发展。农民专业合作社的发展与开发农业新功能、发育主导产业和特色产品紧密结合，涌现出一批如西瓜、大桃、苹果、梨、奶牛、生猪、柴鸡蛋等产业化特征突出的农民专业合作社。

合作社经营服务功能拓展，加工营销环节能力有很大发展。据统计，至2010年年底，北京市在工商正式登记的4 351个合作社中，实行产加销一体化经营的有3 518个，以购买服务为主的44个；仓储服务为主的20个；运销服务为主的54个；加工服务为主的33个；信息和技术服务为主的295个。2010年统一组织销售农产品658万吨，530 531万元。其中：蔬菜19. 03万吨；果品614万吨。

据这次调研统计分析，2010年北京市100个申报市级示范合作社的合作社，这100个合作社中，已经开展产品初加工和精深加工的，有51个合作社，占总数的51%。其中，按照加工产品种类划分，从事粮食加工的有9个，占17.6%；从事蔬菜加工的有6个，占11.8%；林果加工的有11个，占21.6%；畜禽产品加工的有8个，占15.7%；蜂产品加工的有5个，占9.8%；从事综合类加工（加工产品种类两种或两种以上）的有10个，占19.6%，从事手工业加工的有2个，占3.9%。按加工深度划分，从事农产品初级加工的有32个，占62.7%；从事农产品深加工的有19个，占37.3%。

农民专业合作社的快速发展，有效地提高了农业组织化程度。对维护农民市场主体地位，解决单家独户交易地位不平等、信息渠道不对称、生产操作不规范、产品无规格、销售不成批量、市场空间狭小等问题效果明显，有效地增加了农民收入。在统筹城乡发展、推动北京都市型现代农业发展进程中，展现出特有的优势，受到了农民群众的欢迎和拥护。

（二）合作社加工营销能力的提升，对农民专业合作社又快又好地发展，具有重要作用

今年中央一号文件提出“扶持农民专业合作社自办农产品加工企业”，并提出“全面推进农超对接，重点扶持农产品生产基地与大型连锁超市、学校及大企业等产销对接，减少流通环节，降低流通成本”的要求，指明了合作社发展新的方向。

目前，合作社加工营销有许多新的探索，很有创新意义；但从推进京郊都市型现代农业产业体系总体角度看，在“产”和“销”两个环节，“销”的环节仍相对比较薄弱。近些年现代农业进程中，农业生产结构调整成效显著，精品农业、特色农产品快速发展；专业化、规模化程度快速提高，但农业产业组织结构调整相对滞后，产后经济主要环节跟不上发展要求。突出表现在高度分散经营农户与市场之间出现种种不协调现象；产品分级、标准、整理、包装、冷藏、储运、品牌、产品营销等环节比较薄弱；基础设施条件较差；农民生产的优质农产品，并没有卖出很好的价格，增加更多的收益。以专业合作社这种现代农业经营形式增强加工和营销服务功能，延伸产业链，创新产品加工、营销模式，是加快发展京郊都市型现代农业产业体系要解决的重要课题。

课题组通过调研深刻体会到，合作社加工营销能力的提升，对农民专业合作社又快又好地发展，具有重要作用。

一是专业合作社与农业产业化经营紧密结合、协调发展。许多专业合作

社探索农、工、贸联合经营，促进了原料基地的形成和发展，形成产、工、销一体化。依靠专业合作社的幅射带动作用，形成了以农民为主体的农业产业化新的经营模式，使蔬菜、水果、肉禽等产品形成了从原料生产到加工、销售紧密的产业链，促进了郊区农业产业升级。在加快资源的精深加工，开发利用，降低生产成本，提高综合利用率和经济效益等方面，取得了明显的效果。

二是建设高品质、规模化、标准化的农产品基地，促进了合作社提高产品质量和竞争力。由于合作社加工营销能力的提升，北京市合作社通过形成产前产后的经营规模，通过合作社进入市场，从而加快农业结构调整和农产品品牌战略的实施，实现农业发展方式转变。目前，北京市有 268 个专业合作社注册了产品商标，一大批合作社产品经过无公害、绿色和有机论证，有 1 000多个专业合作社实行产品统一包装销售。

三是通过加工营销能力提升，合作社规模化程度不断提高，对基地和农户经营的带动作用不断增强。据这次调查，开展加工营销好的合作社，经营规模及带动农户能力都较大。如密云的奥金达蜂产品合作社、平谷的荣涛豌豆专业合作社等，年经营收入都在二千万以上，带动农户都是五百户以上。

如密云县合作社发展到784 家，入社农户占从事一产农户 78. 2%，已覆盖全县各行政村。2010 年合作社农产品销售额达到 11. 5 亿元，占农产品总量的 70%，其中主要商品性农产品达到了 80% 以上，如板栗超过 85%、肉鸡超过 90%、柴鸡蛋、红薯超过 80%。

四是有利于农民专业合作社提高竞争力和农民收入增长，促进专业合作社发展壮大。京郊一批专业合作社实践已证明，以合作社为载体延伸产业链，实现加工增值创新产品营销模式，如开展“社超对接”、农产品电子商务等，从宏观层面农产品流通体制改革的角度看，它是一种精简了诸多中间环节的农产品直销模式，更有利于农业增效、农民增收。

调研资料使我们看到，批发市场模式和直销模式对农民经营收益是不一样的。农产品从生产到消费整个过程中，生产成本仅占 25% ~30%，流通费用占 40% ~50%，流通环节多造成的分配总利润为 25% ~40%。流通成本包括交易成本和物流成本。实践证明：目前有些合作社探索实施的“农超对接”、社区店直销等农产品直销模式，可以有效减少中间费用，精简运销层次，缩小运销价差，使联合起来的农户更多地分享到加工和营销环节的利润，同时，还可使消费者受益。根据北京市示范合作社初步统计，生产同类产品的农户，加入合作社比不加入合作社的成员增收约 15% ~20%。其中，统一销售农产品的贡献率约一半以上。主要原因是合作社跳过了地头的小商贩和中间环节的经销商。此外一些合作社产品的品质提升、注册商标统一销售，也带动产品销售价格上涨。

（三）按照产业化要求提升产品加工和营销环节的服务功能，使成员更多分享到加工和营销环节的利润

按照产业化要求提升产品加工和营销环节的服务功能，使成员更多分享到加工和营销环节的利润是专业合作社增加经营收入、发展壮大的重要途径。这次我们到密云、平谷、大兴、通州、房山、延庆等区县合作社做了调研，特别对申报北京市示范合作社中其中的30个合作社做了重点调研，突出地感觉到：按照产业化要求提升产品加工和营销环节的服务功能，使成员更多分享到加工和营销环节的利润，是专业合作社增加经营收入、发展壮大的重要途经。专业合作社做好营销服务工作，对合作社来说是非常重要的职能。这方面功能发挥得好不好，功能的强弱，可以说直接关系到合作社生产的产品能不能顺利地销售，关系到合作社整个效益的好坏，关系到合作社的生存和发展。

目前多数合作组织的经济实力及服务功能比较单薄，真正能实行联合销售的比例还较少，许多特色农产品由于交易成本过高，影响社员收益。因此，要总结研究如何着力培育、增强合作社产品加工和市场营销等环节的服务功能，引导农户联合起来进入市场，实现特色产品延伸产品链，联合运销，减少在加工和流通中的利益流失，让农民更多地分享到农产品加工和流通环节的增值效益。特别要重视农产品采后的商品化处理几个重要环节，如产品分级、整理、包装、冷藏、储藏、品牌、运销和市场开拓等环节的功能建设，使专业合作组织成为促进农业产业化经营的重要组织载体。

调研中我们发现，目前发展得好、成效显著的一批进入示范合作社的合作组织，都是根据本社实际情况，在实现规范化运行管理的基础上，在加工、营销环节提升了服务功能，加快了合作社发展壮大的步伐。实践证明这样几点：

1. 搞好专业合作社产品加工营销工作，才能实现产品的价值，发展壮大合作社

国内外实践证明，现代化的流通才能促进现代化生产。许多发达国家实践证明，现代化的流通能促进现代化生产，小规模的流通只能适应小规模生产，大规模流通才能促进大规模的生产。现代农业如果没有现代化流通方式

的带动，是很难上更高水平的。因此，组织实施好专业合作社产品营销功能，应成为发展壮大专业合作社一项重要任务。

世界范围经验看，无论是东亚国家的小农合作社，还是欧盟的合作社，以农业生产为主的合作社绝大多数最终是不成功的。合作社的生产经营中，农业生产不应该是主体，应努力在购销、技术、加工、信息等方面给农民提供服务。而目前我国分散小规模农户经营与千变万化的大市场，特别是日益发展中的现代商业业态极不对称。

随着市场经济的发展，各种超市连锁、量贩店、物流配送、电子商务等新型商业业态快速兴起。消费者对各种食品的品种、质量和安全水平的要求也越来越高。而广大农村还处于分散的小规模农户经营状态，这种格局和现代流通业态发展趋势很不对称，分散的小规模农户怎么与市场有效地连接，显得很不适应。

因此，提高农户整体进入市场的程度，切实加强农产品营销环节服务工作，任务已十分紧迫。

2. 只有搞好营销服务，才能使合作社成员有效地实现增收

调研资料说明，联合营销能产生明显的绩效。一是通过合作社联合提供农业生产资料的购买，农产品的销售，共同经营和共同运销，可以克服分散小规模经营农户的诸多弱点，帮助农户降低生产成本，提高收益，使小农经营的农户联合起来，成为有规模的企业化经营。分散经营农户由于经营面积小，产品数量少，形不成批量，在市场的交易过程中常处于比较不利的地位。通过建立合作社，扩大了经营规模，并透过现代化的企业经营管理，使小农生产具有企业化的经营效率，才降低生产成本，提高市场竞争力。

我们统计分析了大兴、平谷、通州三区 30 个申报示范合作社的专业合作社，由于他们联合销售成员产品都在 80% 以上，降低了市场交易成本，2009 年成员平均收入都比周边同类农产品非合作社农民增加收入 20% 以上，大兴区有些合作社达到 30% 左右。目前密云县 80% 的合作社实行了统一采购生产资料，2010 年采购总额达 6 亿元。据统计，种植业联合批量采购肥料，每吨能节省 8% ~10%；养殖合作社联合购买饲料原料，自己加工供应社员，每吨可比市场零售价低 300 至 400 元。

3. 只有搞好加工营销服务，才能有效地提高产品竞争能力

通过合作社按产业类型进行横向整合，可以把一个乡镇甚至一个县（市）所生产同样产品的专业农户整合起来，有条件的可以通过形成合作社联合社，加强合作社信息、产品标准，种子和农资供应，形成标准化、有品

牌、有批量的产品进行联合销售，这样就提高了国内外市场开拓能力和抗御市场风险能力，大大增加了成员的收益。

北京圣泽林梨产销合作社就是很好例证，全社230户社员，种植3 000亩梨树。社员跨大兴5个镇16个自然村，合作社从引种到农资供应、产品销售，实行全程服务。现有200亩市级梨标准化生产基地，生产基地通过了ISO：9001国际质量管理体系认证、ISO：14001国际环境管理体系认证，以及有机转换产品认证。合作社为社员统一购买花粉、果袋、农药等农用生产资料，为农户节省生产成本，加上联合销售产品，使农户收入提高了30%。

二、郊区合作社开展加工和营销的典型模式

通过这次到各区县点面结合的调研，综合分析，我们认为北京郊区县合作社开展加工和营销有特色和典型意义的模式，有以下八种：

（一）产、供、销综合服务模式

产、供、销综合服务模式就是农民专业合作社为社员提供产前、产中、产后农资购买、技术培训以及农产品包装、储藏、运销等综合服务。这是目前北京市农民专业合作社较普遍的主要的物流合作社营销形式，据初步统计，占到北京市农民专业合作社总数的60%左右。

典型案例1：北京恒益金吉利蔬菜产销合作社

恒益金吉利蔬菜产销合作社地处平谷区东高村。是由2002年成立蔬菜专业协会开展技术服务，经六七年艰苦努力，于2009年初正式经工商局登记成立的农民专业合作社。现合作社具有一定规模，产品有特色，市场销路好，有相当竞争力，产业链不断延伸，成员受益明显。合作社具有如下特点：

一是农民联合自办，产业基础较稳固。现有成员130户，建标准化蔬菜基地300亩，辐射带动农户3 000多户。共有蔬菜地480亩，种植娃娃菜、荷兰豆、豇豆等特色蔬菜。2009年生产销售蔬菜400万斤，质量逐年提升。

合作社建设了冷库、蔬菜加工厂、标准化蔬菜大棚10座。全部设施建设投资300万元，都来自合作社130农户投股出资，靠全体社员群策群力，自力更生建设起来的。

二是合作社为社员开展的经营服务，能力不断增强。

(1) 统一采购供应有机肥、蔬菜种苗等生产资料，90%以上由合作社统一采购供应。

(2) 在蔬菜技术推广服务方面，合作社为成员统一引进新品种。如娃娃菜“金秋”，德国优良品种。定期举办培训技术讲课，每年至少四五次。统一建设蔬菜标准化基地200亩，为社员提供示范，推广新品种、新技术。

(3) 根据市场需求，开发新产品，延伸产业链，兴建蔬菜加工厂，加工增值，增加农民收入。

合作社全体成员出资投股建设了冷库、蔬菜加工厂、标准化蔬菜大棚10座（180米×20米），休闲观光接待用房两幢等设施。2009年加工酸豇豆、酸白菜，颇受市场消费者欢迎，合作社成员也实现蔬菜加工增值效益。

(4) 社员生产的产品，全部由合作社统一销售。

2009年生产销售蔬菜400万斤，合作社统一建了“垣亿”品牌，优质蔬菜及“垣亿”牌娃娃菜、酸豇豆、酸白菜等特色产品，90%由合作社统一直销京客隆、物美和外贸出口公司。

2009年销售收入1 560多万元。社员种蔬菜亩均收益比同类生产的非社员增加20%以上。

（二）合作社自办加工企业模式

即由生产原料的农户联合起来组成专业合作社，再由合作社通过成员出资投股单独或联合起来办加工企业。这是农民专业合作社作为一种新型市场主体强化内在自成发展能力和竞争力的重要形式。

今年中央一号文件提出“扶持农民专业合作社自办农产品加工企业”，实际上就是鼓励农民通过合作社这种组织形式发展农产品加工业，这样就可以进一步延伸产业链条，提升产品附加值，使农民最大限度地享受农产品加工环节的增值利润。北京郊县已涌现一批这类典型，对促进农民专业合作社发展壮大，很有积极的典型意义。

典型案例2：平谷区荣涛豌豆产销专业合作社

荣涛豌豆产销专业合作社，这是一个完全由从事种植业的农民自主建立起来的合作社。两年多来，快速发展，现在合作社已建成自主兴办的豌豆加工厂，延伸产业链，开发豌豆深加工产品，成为一个以经营豌豆种植、销售和加工为主的新型农民专业合作社，一派生机勃勃的景象。

荣涛豌豆产销专业合作社成立于2008年1月，现有入社社员527户，主要分布在平谷区、顺义区、通州区、密云县以及北京市周边的三河市、蓟县等地区。生产的“荣涛”牌豌豆产品销往云南、四川、湖南、广东、河南等十几个省市。其中，中豌四号与中豌六号还被四川省政府列入良种补贴品种。

目前，合作社成员入股股金268万元，都是入社的种植业农户出资。每股1 000元，每户最少出资1股，多则自愿，共吸纳股金2 680股，合计268万元。

两年多来，合作社由小到大，由松散到逐步紧密，发展壮大，通过实施民主管理，规范运作，发展和市场带动，将社员的利益与信心紧密联系在一起，闯出了一条以农民为主体的合作制农业产业化经营的合作发展之路。

围绕豌豆产业培育增强经营服务能力，带动社员增收。发展基地4万余亩。合作社为农户提供豌豆种子、种植技术、销售等多项服务，社员亩增收超过非社员20%。

1. 科技平台做支撑，实现合作社标准化经营

一是依托在京大专院所科技资源，聘请以中国农科院豌豆育种专家孙云越教授为首的3名种植专家组成智囊团，常年担任技术顾问。二是搭建培训平台，建立农民田间学校。合作社制定了豌豆生产操作规程，确保农产品标准化生产。

2. 以营销为龙头，增强合作社市场竞争力

一是采取“公司＋合作社＋农户”形式，攀高枝，与国家知名企业建立供销关系，销售社员产品，解决中级产品销售问题。合作社每年除了生产优质豌豆作为良种销售以外，还生产中级产品作为食品原料销售，先后与稻香村、红螺等国内知名食品龙头企业签订合作协议。

二是积极开发新产品，拓展新市场。与北京老才臣食品有限公司签订大豆生产订单，2009年种植大豆10 000亩，实现大豆销售收入860万元。目前正在紧锣密鼓的与老才臣协商长期供货合同的签订工作。2009年合作社实现豆类销售836万公斤，比去年同期增长28.6%；创产值4 180万元，比上年增长28.62%；实现利润209万元，增长30%。

三是延伸产业链，开发豌豆深加工产品。为让社员更多地分享产品加工和营销环节的收益，积极开拓思路，延伸产业链，开发豌豆深加工产品。2009年，凭借多年信誉及合作社268万元的股金实力，从建筑商处借资500

万元，扩建了600平方米的籽种生产、加工、包装一体化车间，新建了1 200平方米的豌豆脆、豌豆黄等休闲食品加工车间以及办公区等相关配套设施。休闲食品加工厂于2010年年底正式投产。形成了农民联合办合作社，合作社又办食品加工公司的产业化新模式。

加工厂将聘请职业经理人进行管理，财务上保持独立核算，利润按2:8比例分配，其中合作社享有80%的利润。合作社计划60%按照社员与合作社的交易量、40%按照社员入社股金的比例分配所获得的豌豆加工利润。这样，合作社社员的收益将增一部分产品深加工的利润。

3. 依法规范合作社经营行为，贯彻为社员服务为宗旨，合作社发展成效明显

一是民主管理，实现合作社规范化运作。二是实行保护价收购。在市场情况不好时，合作社保证以每公斤3.00元的价格收购本社社员的豌豆。三是严格进行二次返利。按照合作社法的章程，认真落实二次返利。2009年为社员进行二次返利170万元，占可分配利润的60%，其余40%按社员入股情况量化到个人账户。入社社员年纯收入比非入社农民高20%左右。丰厚的回报引得300多名种植合同户争相要求加入合作社，目前合作社正在积极进行增员工作。

典型案例3：北京奥金达蜂产品合作社

北京奥金达蜂产品专业合作社创建于2004年4月，合作社以养蜂农户为主体，为蜂农提供产前、产中、产后等系列服务，以加工、销售蜂蜜为业务范围。截至2009年年底，入社社员153户，带动非成员300多户，遍及全县9个乡镇，38个自然村，蜂群总量48 000箱，年销售蜂蜜860吨，销售收入1 007万元。

合作社制定了章程，民主选举产生了社员代表、理事会、监事会等机构，凡是合作社重大决策都由社员代表大会决定，实行一人一票表决。对财务收支、经营情况，定期向社员公开，接受社员监督。合作社建立后，加强了内部管理，设立了标准化生产部、培训质检部、资料采购部、产品销售部、财务部等机构，各部门和工作人员的职责明确，分工细致，制定了严格的生产操作规程，为社员提供统一服务。

2006年6月，合作社被北京百花蜂产品公司确定为有机蜜原料供应基地，蜂产品打入奥运市场。合作社上连加工企业，下连农户，形成产前、产

中、产后的产加销一体化经营格局，走出了一条“公司+合作社+农户”的发展模式。

1. 开展技术培训，深入现场指导服务

为了提高新老蜂农的养蜂技能，合作社制定专业技术培训计划，每年春、冬两季组织蜂农进行养蜂专业技术培训，聘请中国养蜂协会专家和中国农业科学院蜜蜂研究所专家及北京百花蜂产品公司验质专业技术人员进行授课。几年来，共举办养蜂专业技术培训班21期，聘请23位专家和专业技术人员授课，共培训蜂农2 637人次。几年来，合作社共组织专家进行现场技术指导213人次，使蜂蜜质量合格率达到100%。

2. 解决蜂农困难，提供周到服务

为方便蜂农购买蜂具、蜂药，合作社在高岭、不老屯、冯家峪和密云县城设立了4个蜂具、蜂药销售点。几年来，合作社共为蜂农送生产资料1万多件，价值138万元，为蜂农节约开支12万元。为解决包装污染问题，合作社新购进蜜桶2 600个，免费提供给蜂农使用。在产蜜旺季，合作社几乎每天同蜂农联系，把蜂农需要的生产资料送货上门，把蜂产品运到合作社。免费为蜂农提供运输车辆430次，行程4.88万公里，为蜂农节约运费7.7万元。

3. 开拓产品市场，稳定销售渠道

为保证合作社持续稳定发展，从根本上解决蜂产品的销售问题，合作社一方面从生产环节严把质量关，赢得了合作单位的信任；一方面与北京最大的蜂产品加工企业——北京百花蜂产品公司建立合作关系。2006年，合作社同百花蜂产品公司达成生产有机蜂蜜20吨、王浆1 000公斤的协议。2006年7月11日，试点的800箱蜂生产的有机蜂蜜18吨、蜂王浆700公斤全部通过转换期认证，百花公司按合同规定全部收购。有机蜂蜜比普通蜂蜜价格高一倍，有机王浆比普通王浆价格高30%，增加产品附加值15.6万元。

4. 加大资金投入，兴建加工生产线，提高产品附加值

为了打造自己的品牌，增加蜂产品的附加值，让成员获得更大的经济效益，2007年年初经成员代表大会同意，合作社投资300万元（蜂农入股150万元，政府贷款150万元）建成蜂产品加工生产线。2007年3月，合作社注册了“花彤”商标，并通过了中绿华夏有机认证中心的有机食品认证，之后合作社又顺利通过了QS认证。经过3年努力，合作社目前共有五大类19个品种的产品。合作社收购来的蜂蜜大部分以自己品牌销售。2009年年末合作社资产总额达到826万元，销售收入1 007万元，实现盈余27.3万

元，其中：提取10%的公积金2.73万元；5%的公益金1.37万元；可供成员分配的盈余23.2万元，其中：按交易量60%返还13.9万元，按资金40%返还9.3万元。入社成员年均收入31 423元，未加入合作社农户年均收入23 410.5元，入社成员比未入社农户收入高出34.2%。

（三）合作社与龙头企业连接型模式

即以专业合作社作为组织载体，由合作社通过合同等形式，与农产品加工营销的龙头企业建立稳定的产销关系。通过专业合作社这种形式和机制，把原料基地的农户和加工龙头企业形成一种紧密联结，相互依存，收益共享、共同发展的利益机制。使农户经营降低了交易成本，增强了防御市场风险的能力，有效地增加经营收益。

典型案例4：北京东旭旺养殖专业合作社

北京东旭旺养殖专业合作社，位于密云县西田各庄镇韩各庄村东，成立于2008年12月1日，占地面积110亩，入社成员156户，带动非入社成员310户。鸡舍面积4.1万平方米。2010年存栏蛋鸡30万只，年产鸡蛋3 200吨，销售收入2 592万元，盈余202万元，户均增收3.3万元。2009年1月5日注册了“旭旺”商标。2009年12月28日通过中国质量认证中心认证，获得了有机食品认证证书。

1. 合作社采取“公司＋合作社＋成员”的运行模式

合作社与北京正大食品集团公司合作，发展规模化、自动化养殖技术。采取统一进雏、统一饲料供应、统一防疫、统一技术指导、统一销售产品“五统一服务”，提高了服务能力，降低了养殖成本和交易成本，提高了成员收入。

一是统一进雏，确保质量。合作社从正大集团统一进雏，引进新品种“农大3号”和“正大褐”，并签订长期购进雏鸡合同，每只雏鸡优惠0.10元，保证了雏鸡的质量和数量又降低了成本3万元。

二是统一饲料供应。合作社成立前，养殖户直接到市场上购买饲料，不但价格高、费用大，而且质量得不到保证。成立合作社后，统一由正大集团公司供给，向成员供应饲料，电话预定，把饲料直接送到养殖户，如果资金紧张还可以赊销，质量得到了保证，而且价格也比自己购买的饲料每吨减少200元，合作社年用饲料7 300吨，节约成本146万元，从而降低了养殖户的饲料成本。

三是统一防疫。合作社与北京市兽医实验诊断所钱义明高级兽医师及县畜牧中心联合为养殖户统一疫苗接种和防病治病，利用科技手段和先进检测设备对鸡群监测，发现病情及时对症下药，以减少成员养鸡死亡率，为养殖户策划、设计、技术咨询、疫病预防、兽药供应等进行全方位服务。

四是统一培训。为了提高成员养殖技术水平，合作社新建培训室和图书室及办公用房240平方米，配齐了培训设备。培训方式，一是走出去。定期组织成员到其他合作社参观学习，开阔视野，拓宽思路。二是请进来。定期邀请中国科学院教授专家和县畜牧兽医站的技术人员到合作社来指导养殖技术和管理方面的知识。2010年合作社共举办了10期培训班，培训成员和非成员2 000人次，参观学习6次，发放柴蛋鸡养殖技术手册及相关资料400余份。

五是统一销售。合作社与正大集团签订长期鸡蛋销量合同，鸡蛋40%销售给正大集团；积极开拓销售渠道，寻求稳定的销售市场，40%产品销往北京新发地、北京航空食品公司、怀柔南华、门头沟、顺义石门、密云华远等批发市场；20%产品销售给团购单位。目前合作社产品供不应求。

2. 民主管理，规范发展

合作社按照《农民专业合作社法》，制定了规范的章程，选举出了理事会和监事会，制定了各项内部管理制度，发放了“两证”即成员证、股金证。根据合作社发展情况，设置了办公室、生产服务部、市场营销部、财务管理部。依据合作社法设立了成员代表大会。重大事项表决实行一人一票制。

3. 不断健全合作社内部管理制度，规范内部运作

合作社制定了中长期发展规划和年度计划；坚持年度财务预算、决算方案、年度盈余分配方案等重大事项决定，经过由合作社理事会和成员代表大会民主决策。同时起草了一系列蛋鸡饲养技术方面的制度建设，逐步走上制度化、规范化管理轨道。

4. 加强品牌建设及有机食品认证

一是2009年1月5日合作社注册了“旭旺”商标，2009年12月28日通过了中国质量认证中心审批，获得了有机食品认证，同时合作社聘请广告公司策划设计了产品包装箱及箱内包装盒，为“旭旺”品牌进入高端消费市场、提高产品附加值。

二是严格落实标准化生产。合作社制定了柴蛋鸡养殖技术规范操作指

南。所有成员全部建立了动物免疫、养殖消毒、防疫消毒、病死畜禽生物安全处理等记录。标准化生产率达到了100%。

三是延伸产业链，扩大合作社经营规模，增强合作社持续发展能力。合作社投资640万元，以正大集团提供的饲料为基础，研制适合规模化、机械化、自动化生产柴蛋鸡的饲料，建成了1 600m^{2}饲料加工厂和1 000m^{2}保鲜库，年加工饲料10 000吨。可以储存鲜鸡蛋1 000吨。引进了鸡蛋加工保鲜设备一套，延长保鲜期，提升鸡蛋的品质。采用“分级——筛选——清洗——烘干——喷膜——装箱”自动化工艺流程，改变传统的储存、包装方法，使鲜蛋存储时间由目前的一个月增加到三个月，延长保鲜期，增加效益。

典型案例5：北京天安农业发展有限公司与合作社产销对接

最近，到北京天安农业发展有限公司就该公司与合作社产销对接的情况进行了调研，调研中有几点突出感受：

1. 该公司主要业务是蔬菜的生产、加工、销售；优质特色农产品生产、销售的龙头企业。特点：一是生产标准化：“北京市农业生产标准化基地”，基地通过了ISO9001质量体系认证，其产品分别经过有机食品、绿色食品和无公害食品认证，二是设施现代化：拥有现代化的大型配送中心，配备了进口的蔬菜分级筛选机，自动称量包装机等自动化生产设备。三是营销网络化：农超直销：在华堂、华联、京客隆、美廉美、物美、西单、京客隆等大型超市建立“小汤山”牌蔬菜专柜；企事业、机关团体及高端消费者的专供服务。

2. 公司特色蔬菜经营中，与绿奥蔬菜专业合作社等一批农民专业合作社进行产销对接，采取“公司＋合作社”方式经营鲜活农产品，很有特色；绿奥蔬菜专业合作社有温室5个多亩，农户370户。种植西红柿、荷兰黄瓜、贝贝南瓜等，常年都可采收。绿奥蔬菜合作社与天安公司采取“公司＋合作社”产销对接的主要方式：

一是采取订单形式，绿奥合作社的蔬菜给天安公司销售。天安公司每天晚上将第二天的采购订单通知绿奥合作社，然后合作社按订单分配到各个社员，第二天合作社收菜人员将菜收回集中运送公司。

二是合作社向社员收有严格制度。社员采摘的菜放在统一的箱子，收菜人员贴上统一的标签，便予质量追溯，产品如有质量问题可追溯到社员。

三是合作社建有冷库、加工厂，可存储待运销的蔬菜。天安公司也可在合作社存储和加工蔬菜。

四是菜款由合作社与公司和社员分别进行结算，每月一次，合作社与公司结算后，即和农民进行结算。

3. “公司+合作社”的方式经营鲜活农产品，形成了一整套的农产品质量安全追溯信息管理。近年来公司投资260万元，建立了企业内部的生产与经营信息管理系统，其信息化业务范围覆盖了从合作社田间到超市农产品的生产、质量追溯、购销和超市销售等环节，形成了一个都市型现代农业很有特色的蔬菜产业体系。包括合作社安全生产管理系统、企业内部生产计划管理（ERP）系统、销售和物流安全监控系统等三大信息系统，实现了对企业自身和供应链上游的农户、合作社，下游的超市等销售商的高效信息管理。

通过使用合作社安全生产管理系统和销售管理系统，在各个生产和销售终端点，技术员或销售员分别通过手持PDA实时采集农产品种植、质量标注、货品购销存、货品退货、销售额上报、价格采集、价格调整等信息，采集的生产投入、田间档案和蔬菜采收等信息，实时记录和传输了各个生产环节的农户、合作社的数据，形成了一整套的农产品质量安全追溯信息管理。

4. 通过企业ERP管理系统，实现对物流配送的有效监控和调度。帮助企业有效处理从合作社田头到超市等公司各个实时、准确的数据，将生产经营中的信息自动生成相关财务数据和分析报告，便于企业及时了解各种运行数据和状态。而天安的物流安全监控系统则将地理信息系统、全球定位系统、无线通讯技术与互联网技术集成一体，实现对物流配送车辆的有效监控和调度。

5. 天安“公司+合作社+农户”经营方式，我们认为有许多好处：

一是有助于农业企业更好地实现“农超对接”。

二是有助于提高农产品市场运营和质量安全管理水平。

三是有助于进一步改进农业信息化推广应用的工作。特别是当前农产品质量安全和鲜活农产品市场稳定的问题，政府面临着巨大的考验，有必要进一步提高农产品市场运营和质量安全管理水平，以满足消费者和社会要求。

典型案例6：北京鹏宇奶牛专业合作社

北京鹏宇奶牛专业合作社位于礼贤镇东安村西，始建于2002年，是一个礼贤、榆垡、庞各庄及周围其他奶农自己组建的奶牛专业合作组织，现有入社成员106户。合作社一直秉承民管、民办、民受益的经营理念进行运作和经营。主要从事奶牛新品种、新技术的引进、推广，并提供育种、配种、防疫、饲料、牛舍供应管理、鲜奶、回收、统一销售等配套的服务。

现已入社奶牛养殖户106户。带动周边养殖户360多户。并完成了市级“农产品标准化生产示范基地”的验收，成为礼贤地区的龙头产业合作社。为了给养殖户提供更多的服务，合作社先后购置了国内先进挤奶设备，大型青贮收割机及运输、制冷等配套设施。

成员生产的牛奶统一由合作社销售合作社与蒙牛、伊利乳业公司签有固定销售合同，每天可向各乳制品公司交售40余吨。由于合作社尽最大努力进行管理和销售方面的工作，使得入社户能够增加收入，成员通过合作社提供“四统一”服务，平均增收4 000~5 000元。

(四)“社超对接”营销模式

即组织有一定规模和标准化生产基础条件的合作社直接与城市大中型超市签订协议，销售合作社产品。这是商务部、财政部、农业部开展“农超对接”试点的具体部署，北京密云、平谷、大兴等区县有一批合作社已开始积极“社超对接”，呈现出良好发展势态。如大兴区经过政府有关部门组织引导，2010年有圣泽林梨专业合作社等24家专业合作社，与北京市家乐福、美廉美、沃尔玛及北京市农产品中央批发市场、新发地批发市场的40余位经销商直接洽谈合作，实现了在信息、基地建设、品牌宣传、配送平台建设、农业技术交流等七方面的合作。还通过开展“农超对接”活动，农民专业合作社在朝阳区尚家楼和崇文区东花市建立了农产品专卖店，建筑面积分别是240和108平方米，主要销售柴鸡蛋、有机蜂蜜、有机杂粮、食用油等农副产品。开业一年来，共为140余家专业合作社销售100余类农产品，共计5 200余万元合作社的产品打入了北京知名品牌超市。目前，大兴的瓜果类专业合作社已经打入了北京家乐福、美廉美、沃尔玛、华堂、世纪联华、欧尚、京客隆等多家超市，巩固和提升了大兴瓜果的市场形象和市场价值。

据平谷区统计，2010年全区12个乡、镇34家合作社与北京京客隆、家乐福、华联、美廉美、物美等107家超市连琐都建立了良好的合作关系。到12月底，销售农产品6 899.5万公斤，销售额达35 063.48万元。通过与超市合作，不但减少流通环节，还提高了农产品质量，增加了农民收入，为合作社健康、快速发展起到了积极的促进作用。

典型案例7：北京圣泽林梨专业合作社“社超对接”

北京圣泽林梨专业合作社创建于2005年，合作社以梨、苗木种植与销售，新技术、新产品开发应用，以及技术培训、信息咨询作为业务范围。合作社成立5年来，采取“合作社+示范基地+标准+社员”的运作模式，实现了农产品产业化一条龙，农民收入显著增加；通过引进国外优质梨品种和科学种梨，梨产品供不应求，曾获得“畅销产品奖”。

1. 基本情况

合作社现已发展社员213人，带动和辐射北京市大兴区五个镇的22个自然村的非社员户160余户，梨树种植面积3 500亩，年产精品梨果1 500吨。

目前，合作社现已建成200亩市级梨标准化生产基地，通过生产基地的示范、试验，新技术、新标准被迅速普及推广到社员户，提高了社员种植精品梨的水平，实现了梨果的精品化、标准化，朝着优质、安全、无公害的梨果产业化经营不断迈进。通过这几年的建设，现已建成较为完善的生产、加工、储藏、物流配送的产业链，成为大兴区梨果产业龙头之一。

2. 标准化生产促品质提升

合作社年初开始与社员户签订生产合同，根据订单提出标准，要求社员户按规定标准生产达标产品。

为了使社员理解和掌握生产精品梨的标准，合作社仅在2006年、2007年间共组织社员2 000余人次到生产基地参观学习。通过学习掌握了梨树的树体管理，有机肥的制作方法，梨树间生草覆盖，物理灭虫等多项综合管理措施和各种新技术，社员们种植水平有了很大提高。2006年、2007年梨果的商品合格率较上年提高20%以上，社员户的收入增加30%。

3. 合作社实行“四统一”服务

为了减少社员的生产成本，合作社实行“四统一”服务：统一购买生产资料，统一生产技术服务，统一进行产品包装、粘贴商标，统一进行产品销售。为社员户提供了产前、产中、产后的全面服务。

合作社采取订单的方式，以高于市场20%以上价格收购社员的梨，将产品整理包装后，统一销售给沃尔马、美廉美、华堂、家乐福、物美等超市连锁店。同时，合作社实行年终利润返还，保证了农民的利益。2006年合作社实行利润二次返还达21.4万元，2007年返还利润30余万元。成立以来，统一收购销售社员梨果1 500余吨，价格每公斤平均比市场高出0.8元，直接帮助社员增收100余万元。

（五）合作社设专营店联合直销模式

即组织合作社联合起来，直接到城市社区开设专营店，直销合作社产品。

密云县2008年12月，在指导服务中心组织引导下，成立了农民专业合作社产品销售中心，选择10家农副产品的销售企业为密云县农民专业合作社产品定点销售单位，授予牌匾，形成了全县统一的农产品配送网点。2010年年底下屯种植专业合作社联合了奥金达蜂产品专业合作社、东旭旺养殖专业合作社等五家合作社，成立了一个农产品配送中心，并在清华大学开设了直销店，探索合作社产品直销新模式，也初步取得良好成效。

平谷区创新农产品联合营销模式，探索解决分散农户难以适应大市场需求等问题，今年区合作社指导服务中心组织有条件的合作社在市区开设40家专营店，销售全区合作社的特色农产品，取得初步成效。

典型案例8：平谷区合作社在市区设40家专营店

为了进一步加快平谷区农产品流通，解决农民市场销售行为分散、利润分配向中间商倾斜、难以适应大市场需求等问题，实现农民增产增收，平谷区创新农产品营销模式，建立起既符合现代农业发展特点，又适合农村生产实际的农产品营销体系。

1. 指导思想

以农民专业合作社为农产品营销主体。按照“畅通营销渠道，扩大销售规模，降低流通成本，确保农民增收”的要求，构建以政府公共服务为依托、农民专业合作社为主体、其他专业营销组织为补充的农产品营销体系，不断提高农产品营销的组织化程度。

2. 建设内容

除推进产地批发市场建设、开展直销网络建设、开展农超对接，“农校对接”、“农企对接”等营销模式外，为拓展全区优质农副产品向大城市营销的空间。大力开展合作社产品连锁经营。通过在城区建立直销店，实现流通组织结构的网络化，低成本扩张合作社营销规模，提高合作社的组织化、集约化程度，实现规模化经营、从而达到推广连锁经营模式，更加有利于农民获取流通环节的增加值。

在平谷区政府的指导下，经过半年多调研和具体筹备组织工作，全区农民专业合作社在北京市社区共开设了40家合作社产品专营店。截至2010年12月底，40家农产品直销店累计销售平谷区农产品400.933万斤，销售额达1 217.982万元。产品以大桃为主导，兼营平谷区其他果品、蔬菜和各类特色农副产品。

其主要做法和特点是：

一是40家直销店采取基地直采直销的运营模式，初步形成以合作社为主体，覆盖首都主要城区的农产品直销网络，有效缩短农产品从田间到餐桌的周转次数和时间，实现了农产品的安全可追溯，并使农民获得更多的产业利润。

二是直销店统一安装印有“绿谷农合”标志的彩色广告牌，在店内统一摆放“平谷区优质农产品直销店”牌匾，统一食品质量安全举报电话号码，统一销售平谷区农副产品。

三是平谷区政府完善相关政策，加大扶持力度。平谷区合作社指导服务中心精心组织、具体指导了此项工作开展。专业合作社在市区每开设一家专营店，视规模财政补贴3万~5万元，并充分利用电视广告、报纸、网络产品推广、电子商务平台等对农民专业合作社的各种优质农产品、特色农产品进行宣传，扩大社会影响，提高合作社的知名度。

（六）合作社联合社营销模式

联合社营销模式就是由几个或几十个专业合作社加盟，共同出资成立联合社，专业从事农产品加工、运销、配送服务。目前北京市农民专业联合社已发展到7个，其中以昌平区“昌农联农产品专业合作社”（简称“昌农联”）、密云县密农板栗专业合作社、平谷区绿谷农合专业合作社（目前工商局登记的名称，实际是联合社）最为典型。

典型案例9：昌平区昌农联农产品专业合作社

“昌农联”由北京卓越果品专业合作社、金华林蜂产品专业合作社、燕昌红板栗专业合作社、温榆园香白杏专业合作社、八口百合花种植专业合作社、兴寿镇麦庄草莓种植专业合作社、金日兴峪葵花专业合作社、老君堂生态养鸡专业合作社等12个合作社发起，共同出资24万元，于2009年6月挂牌成立。主要情况是：

1. 在组织功能上，“昌农联”以服务成员为宗旨，整合并打造昌平区名、优、特农产品系列品牌，创新产品包装，面向城乡中高端市场，特别是团购市场，培育客户群和销售产品，提高产品附加值，促进农民增收。其章程规定：“本社以社员为主要服务对象，依法为社员提供农副产品的销售、运输、贮藏以及与农产品经营有关的技术、信息等服务。主要业务范围：组织收购、销售社员生产的农副产品；组织和协调社员开办社区专卖店、开展团购和配送业务、参加各类农产品展销会；提供市场信息服务、营销知识培训；开展观光采摘和民俗旅游中介服务；组织社员开展农副产品互助联销活动；开展社员所需的运输、贮藏、加工、包装服务。

2. 在运行方式上，“昌农联”实行社员代表大会制，社员代表大会由每个基层合作社的法人代表组成，代表各自的社员行使权利和履行义务。合作社不干涉成员自主经营和内部事务，独立经营、独立核算，自我管理、自负盈亏、民主控制。章程规定：“本社作为一个组织平台，通过整合社员的产品资源，为社员提供销售服务，但不承诺对社员的产品大包大揽和统购统销。本社所有社员代表都是独立的经营实体，通过积极参与，都可以利用这个平台的组织资源和产品资源，最大化地满足对农产品多样化的需求，从而实现自身利益最大化。”；章程还规定：“本社可以独资或与社员代表合资开办营销实体；可以直接收购和销售社员代表产品，也可以销售提成、出租摊位和中介服务等形式与社员代表合作销售产品、收取费用。

3. 交易规则是：收购社员代表产品，按照与社员代表协议价收购，合作社自主确定销售价格；代销社员代表产品，销售价格由社员代表确定，合作社按照与社员代表的协议提成；为社员代表配送产品，合作社按照与社员代表的协议确定价格；出租专卖店摊位，合作社按照与社员代表的协议确定租金；中介服务，合作社按照与社员代表的协议收取中介费；合作社不干预成员之间直接进行的交易。

“昌农联”成立后，分别在昌平城区、天通苑社区和回龙观京北农产品批发市场开设了10多个农产品精品店，在回龙观京北农产品批发市场开辟了400平方米的产品展销批发区，实行统一产品配送。另外，还组织成员农产品社区行45次，市民山区行3次，发展京城大客户8家，把多种特色农产品打入城区便利店，销售各色农产品28吨。形成了农户依托合作社，合作社依托“昌农联”，面向市场的层层递进的农产品物流销售体系，取得了很好的社会效益与经济效益。

典型案例10：密云县板栗联合社模式

2010年北京市密云县板栗产量与去年相比减产的情况下，但栗农的收入比去年增加了一倍多，之所以出现减产增收的情况，北京密云县板栗联合社（密农农产品产销合作社）功不可没，在今年的板栗收购中，农民专业合作社唱主角，板栗联合社发挥了积极作用。调节市场的作用得以显现，栗农体会到了合作社的好处，合作社好的赞誉声响遍密云大地。

1. 组织有序，服务到位

密云是北京市板栗种植大县，种植面积30万亩。目前，全县已组建96个板栗合作社，入社农户4.5万户，覆盖到全县各个板栗产区。2008年成立了板栗联社，从建立信息收集点，向基层社发布板栗销售指导价，稳定市场做起，进而为企业代收板栗，最终到统一销售板栗，向市场主体地位迈出了三大步。2010年，板栗联社建成了库存周转量8千吨的板栗专用库，与云南、广东等地客商签订了6 000吨的供销合同。全县板栗平均销售价格达到14.48元/公斤，比邻县大约高出1元/公斤，实现销售收入1.5亿元，比上年翻了近一番。

为推销密云板栗，成立了“密云板栗营销办公室”，具体组织引导和落实板栗联合营销的各项政策。为确保今年板栗收购市场稳步推进，先后召开了板栗营销动员会、板栗营销培训会等。

为方便广大栗农就近销售板栗，降低板栗加工企业采购成本，密农农产品产销合作社在密云县太师屯、高岭等镇以各板栗合作社为平台建立了28个板栗收购站，形成了“以服务站为支撑、辐射板栗主产区、服务企业、方便栗农”的板栗收购网络。

2. 外推内联，拓宽销售

密农农产品产销合作社，采取“外推品牌，内联厂商”的模式，加强外部市场推荐，外联经销商，推介密云板栗，洽谈板栗供销事宜。为扩大密云板栗销售渠道，2010年8月，在广州举办了“密云有机板栗推介会”，并与云南宜良大地乐农副产品工贸有限公司等5家板栗采购商签订了总量达6 000吨的供销合同。同时注重发挥密云县本地企业优势，与北京绿润食品有限公司签订了5 000吨的购货合同。由于前期工作准备充分，使得密云的板栗不愁销。

3. 合作社唱主角，栗农笑开颜

密云板栗知名度进一步提升。以合作社为平台，通过举办一系列的板栗营销活动，达到了宣传生态密云、宣传密云农业、宣传密云板栗的效果，使全国各地的农产品销售商加深了对密云的了解，搭建了进一步合作的平台。

密农农产品产销合作社的平台作用进一步发挥。通过以密农农产品产销合作社为平台，直接与企业进行对接，提高了合作社参与市场的话语权。一方面，基层合作社将收购来的板栗交到产销合作社销售，不用担心板栗卖不上价以及卖不出去等难题。另一方面，板栗收购商可以放心的收购板栗，不用担心板栗质量参差不齐以及货源不稳定等问题。在密农农产品产销合作社组织的带动下，农民的利益得到了有效保护，发展生产的能力不断增强，收入也不断增加。

板栗经营收益进一步增加。通过建立市场价格发布机制，及时了解板栗销售市场动态，确保了板栗卖上好价钱。截至10月20日，全县28个服务站共收购板栗8 177吨，与去年相比，每公斤价格上涨一倍多。

合作社主体地位进一步突出。在以往的板栗销售中，基层合作社及农户处于被动地位，是弱势群体，而密农农产品产销合作社的建立，为基层合作社搭台，找销路，做策划，不断创新服务内容和方式，从社企对接、代购代销，到自主经营的转变，改变了被动、弱势的地位，从后台走到了前台，合作社联社在市场中的主体地位进一步突出。

4. 扶持引导，持续发展

密云县政府为了推进板栗产业持续发展，围绕板栗的生产、加工、销售以及品牌建设等环节，进一步完善了促进板栗产业持续发展的政策扶持措施：

一是支持有机板栗基地建设，在施用有机肥、捕食螨、石硫合剂等生产环节给予扶持。经验收合格后，对认证未满3年的有机果品基地每亩补贴150元；对认证已满3年的有机果品基地每亩补贴30元。

二是支持板栗主要产区利用赤眼蜂现代生物技术防治板栗桃蛀螟。经验收合格后，在赤眼蜂的生产繁育等环节每亩给予10元的资金扶持。鼓励科研单位、企业、合作社或农户，开展板栗新品种研究、引进、推广以及新技术的试验、应用、推广等。

三是鼓励企业收购、加工、销售密云板栗。对以不低于市场价格收购密云有机板栗的企业给予奖励，奖励标准为：按高于常规板栗市场价每公斤0.4元收购有机板栗的企业给予每公斤0.25元的奖励，同时给予有机板栗种植户每公斤0.25元的奖励。

（七）合作社办网站电子商务营销模式

即专业合作社通过网络营销产品。目前主要两种形式：

一种是合作社自办网站，通过网络与客商进行产销对接，将产品销到国内外。北京市已200多家专业合作社建立了自己的网站或网页。

另一种是网上联合社营销模式。2008年10月房山区依托“房山农合网”构建了“网上联合社”，为每个自愿加入的合作社建立了个性化网店，对内服务成员、对外展示合作社产品。“网上联合社”自开通以来，已为全区50家合作社建立了网店，产品展示280余项，网站总访问量2.5万次，为合作社架起了产品推介营销的“金桥”。

典型案例11：兴农达果品合作社自办网站营销模式

1. 基本情况

北京兴农达果品产销专业合作社，由平谷区夏各庄供销合作社发起，现有社员107户。其中从事专业生产的果农98户。近期准备继续吸纳以果品种植为主的社员100户，将社员总数扩至200户以上。带动周边农户4 000余户。2007年9月于工商部门正式登记注册。前身是2003年注册登记的夏各庄发新财干鲜果品产销协会。是平谷区最早成立的农民专业经济合作社之一。

合作社经过几年发展，在平谷夏各庄镇安固、稻地两个村建立了总面积711亩，年产果品2 400万公斤的果品生产基地；先后又发展了山东庄、华山两个果品基地及一个野猪养殖基地，种植基地总面积达到了1 800亩。并对基地进行场地平整、硬化；铺设节水设施管路，经过几年的不断发展，已拥有果袋厂、爱农驿站、冷藏库及保鲜库各二座、鸡产品及野猪肉食品加工厂一个、以手工粉条加工及农副产品精包装为主的包装加工车间一个，专业运输车辆2辆、办公用房、社员培训室等相关配套设施。

2. 运营模式

合作社吸纳农户入股，共计吸纳股金2 600股，13万元。其中供销社2 000股10万元。主要以“基地生产+果品收购、储运+农副产品加工+销售”模式运营。合作社按照合作社法规定，拥有自己的章程、果品收购制度、财务制度、理事会制度、监事会制度等各项管理制度，严格按照合作社法规定规范化运营。严格执行盈余分配制度：在收购时给社员每斤提高5分钱；年底合作社产生的可分配盈余，按社员交易额分配和股金分红的比例为6:4，即60%对社员按交易额分配；40%按股金分红。此外，按章程规定各提取百分之十的公积金和公益金，以防范市场风险。合作社以为果农提供生产资料、果品收购、储运、销售，农副产品深加工等形式，帮助社员解决卖果难问题，帮助社员增收致富。让社员得到实惠。依托现有的爱农驿站及田丰果袋厂，以最低的价格为社员供应各类生产资料。年均为果农提供化肥、农药110吨，果树打药的储水罐80个，果袋6 500余万个，共让利6万多元，社员得到了实惠。

3. 合作社建立了自己的网站，发展直销网络，取得良好效果

合作社果品营销中，有市内联合进入批发市场销售、以批发市场为依托，将产品打入超市连锁店销售、建立市场销售网点等多种销售形式，为了整合营销优势，创新营销模式，开拓电子商务，提升产品市场竞争力和影响力，合作社以北京为中心，建立了自己的网站，发展直销网络：

一是建立合作社的网站，开展网络销售。目前已申请注册了北京兴农达果品产销专业合作社自己的网站，网址为：WWW. BJXND. com 已经开通并正式运营。

二是以北京为中心，建立产品直销店。在市农委组织主办的北京新发地安全食品销售中心建立了直销店，批发、零售合作社产品。2009年在直销店销售了手工粉条、小杂粮、柴鸡蛋、设施草莓、设施桃为主的平谷农产品20万斤，销售额148. 5万元。

三是筹建直销总店，发展直销网络。计划在平谷新汽车站对面，筹建兴农达农副产品及其深加工产品直销总店，已正式开业，同时即将在北京石景山、朝阳区及天津市区分别建立直销店，并逐步发展至全国各大城市。

典型案例12：房山区网上联合社建设成效凸显

房山区经管站于2008年10月依托“房山农合网”专为房山区农民专业合作社构建了信息化服务平台——“网上联合社”。

房山区网上联合社开通运营二年多来，为120家农民专业合作社建立网店，设立合作社简介、工作要闻、产品展厅、管理建设、技术服务等合作社栏目，重点为农民专业合作社进行产品宣传，为成员提供技术服务，树立合作社文化形象，加强合作社对外交流。截至目前，点击已突破8万人次，月

均访客1 000余人，通过“网上联合社”推介会员产品562种，涉及入社及社外农户20 059人，累计实现产品交易1 200余次，经营收入1 700万元，平均每位社员增收近3.3万元。实践证明，网上联合社这个信息化服务平台的开通，为农民专业合作社建设发展带来了实效，为农民专业合作社社员拓宽了收入渠道，提高了社员的收入。

1. 树立了文化形象

截至目前，通过“网上联合社”信息服务平台展出农产品562种，技术服务和管理建设信息近300条。房山区经管站以网络推介方式对点击率高的农产品及农民专业合作社网店在“房山农合网”首页的“热门产品”及“排行榜”等栏目进行宣传；以制作台历方式对“网上联合社”排名前50名的优秀农民专业合作社会员进行宣传；以会议交流方式对评选出的“房山区网上联合社十佳会员”给予荣誉奖励。通过宣传推介活动的大力开展，逐步树立起农民专业合作社的形象，提升了知名度。据调查资料显示，约占89%的农民专业合作社会员业务咨询量有大幅度增加，占52%的农民专业合作社会员认为知名度有明显提高。

2. 增强了对外交流

房山区经管站为具备条件的农民专业合作社会员安装了TQ洽谈通，使会员与来访的客户能够直接在线交流商洽业务；安装即时通讯软件，农民专业合作社会员遇到问题可以直接与区、乡镇两级信息员及时咨询，有效沟通，使问题在最短时间得以解决。据调查资料显示，约占82%的会员认为借助“网上联合社”信息服务平台增强了合作社之间沟通与交流。

3. 促进了联合合作

“网上联合社”信息服务平台不仅促成了农民专业合作社之间的资源互惠合作，同时也促成了农民专业合作社与客户之间的合作项目。借助“网上联合社”信息服务平台的交流，部分合作社已初步实现了资源互惠。如从事花卉种植的合作社为其他非花卉合作社提供绿化环境美化合作社的服务，养殖业合作社将畜禽粪便等副产品作为种植业合作社的绿色肥料等。借助“网上联合社”信息服务平台，农民专业合作社已与客户达成20个合作项目，收入近600万元。如大石窝镇的北京博民果树专业合作社通过“网上联合社”与门头沟某加工厂初步达成了仁用杏深加工的合作意向，并因果仁质优成功被该加工厂收购2.25万公斤仁用杏。

4. 实现了与市场的初步对接

“网上联合社”不仅促成了合作项目的形成，也初步打开农民专业合作社与市场联结的通道，实现了与市场的有效对接。北京绿绮花卉、张坊联农磨盘柿等首批加入“网上联合社”的农民专业合作社会员，在原有的销售渠道上已拓展到河南、安徽等外省市。北京世育和谐林果种植专业合作社通过“网上联合社”分别销往保定、昌平等外区桃苗10 000株、葡萄苗5 000株，大桃和葡萄3 000多公斤。

（八）区县建合作社产品联合展示营销厅模式

即在一个区县范围整合合作社相关资源，联合起来选择适合的繁华市区，建立以农民专业合作社优质特色产品为主的展销厅或超市，功能主要是产品展示、销售、洽谈合作社品牌产品，以此开拓市场，扩大、提升合作社产品的影响力和市场竞争力。

典型案例13：北京通州区联合兴建合作社超市

通州区近几年农民专业合作社快速发展，至2010年年底全区已建立农民专业合作社268个，为了引导合作社开拓市场，提升能力，区政府除采取组织合作社产品展销会、引导社超对接、社企对接等措施外，还扶持合作社开设了“通卅区合作社超市”。具体做法是：

1. 成立通州区农民专业合作社联合会（以下简称“联合会”）

为了扩大合作社产品的市场影响力，探索合作社联合营销机制，扩大合作社产品营销规模，提升市场占有率，通州区农村经营管理站组织引导建立了通州区农民专业合作社联合会。政府搭台，合作社联合会组织服务，产品直销模式进入市场，带领合作产品参与市场竞争。

2. 联合会的主要功能

2010年7月19日经通州区农村工作委员会批准，通州区民政局注册登记，以农民专业合作社为主要成员的社团——通州区农民专业合作社联合会正式成立。联合会的主要功能是：通过提供组织协调、规范指导，媒介宣传，交流合作，咨询策划等配套服务，实现信息集聚、规范管理、技术共享、市场开拓、打造品牌，提高通州区农民专业合作社综合竞争力。

在通州区政府扶持下，联合会与瑞都国际集团合作，在家乐福超市旁边建立了一个占地800平方米的“通州区合作社超市”。

合作社超市长期展示展买全区各合作社产品，为合作社优质、特色和品牌产品开拓市场，扩大营销，建立市场营销机制提供服务。联合会是组织全区合作社产品参加展销厅展卖的组织纽带，帮助做具体组织协调工作。经半年来积极筹备，展示展卖大厅已于2011年1月26日正式开始试营业。

三、各种典型模式特点的比较分析

（一）农民合作社开展产品加工营销有高度积极性

总体上说，合作社开展加工和营销在起步和探索阶段。出现这么多种典型形式，充分说明，农民合作社开展产品加工营销有高度积极性，有紧迫需求。据这次从面上调研统计分折，2010年北京市100个申报市级示范合作社的合作社，这些都是北京市发展基础较好，经营服务功能较强的合作社，这100个合作社中，已经开展产品初加工和精深加工的，有51个合作社，占总数的51%。

当然也应看到，产品类型不同、合作社发展不同阶段，在开展加工营销服务的情况和水平上是有差别的，形式和途径是多样的。

如种植业中的水果、蔬菜类生鲜级产品，和养殖业的牛、羊、生猪以及鸡、鸭、鹅、蛋类产品，其加工营销的方式和途径有共性，也有差别。这一点应该注意。如生猪、牛羊等畜产品，合作社自办加工由于目前规模过小，就不很适宜；采取合作社与公司进行产销联接模式是较现实的选择。从各省市创新的经验看，山东省开展了支持发挥农民专业合作社载体作用的生猪产销协调活动试点工作，取得良好成效的经验，值得重视借鉴。

（二）八种典型模式产生的绩效分析

合作社通过以上在加工、营销方面多种新形式探索，产生了诸多积极的效果，给我们探索新型农业产销体系提供了许多有益的启示。

1. 以上八种形式中，多数形式摆脱了农产品流通中间环节多，农民得益少的状况，向一种崭新的农产品直销摸式开始探索，这意味着农产品流通体制的变革

这种所谓农产品直接运销，就是农民生产的农产品，通过农民合作经济组织进行分级包装处理后，直接运送到消费地零售商（超市或连锁业配送中心、直销的社区店），也有一部分直接送到消费大户（如机关、团体、学校、宾馆等），达到减少中间费用，精简运销层次，缩小运销价差，使生产

者和消费者都能受益。

这种新型的农产品直销形式，其主要内涵，就是农产品按照专业化、标准化要求组织生产，建设原料基地和进行加工；根据超市连锁经营业态的要求进行分级、整理、包装、储运、配送，以品牌的方式进入超市连锁销售。从发展趋势看，它是现代农业的一种重要形态。它的出现，是适应现代生活方式和新的市场消费需求的有效形式，也是提升农产品市场竞争力的重要途径，对于促进农业和农村经济结构的调整、优化与升级，提高农产品质量安全水平，提高农民组织化程度和促进农业增效、农民增收具有重要意义。

这种直销形式从实践看，有以下特征：

在经营体制上，从科研、生产、加工到销售是个一体化的经营系统。在国外和我国台湾地区称之为是一个以消费者为中心的“垂直统合经营体系”，也可以说是构建了一个大食品系统。

从技术层面看，相当数量产品从初级产品到供应链是个冷链系统，整个生产经营过程，是个标准化支撑的系统。有专家分折，城镇居民的食品消费支出中，易腐食品的消费已超过50%，我国每年各类易腐食品总产量相当大（有专家分析近六亿吨）。

从农业产业组织制度层面看，由于产品下游与超市连锁为主的现代商业业态相连接，生产初级产品的分散小规模农户经营就很不适应，需要尽快提高进入市场的组织化程度。通过农民专业合作社这种特殊性质的企业组织形式，可以使分散小规模经营农户实现企业化经营，成为现代农业产业体系的重要载体。有着许多优点。主要是：

一是有利于提高农民整体进入市场的组织化程度，降低农产品交易成本，为农民增收致富建立一种长效机制。根据密云县农民专业合作社服务中心的初步统计，通过产品统一销售，创建品牌，农民分享到流通环节降低交易成本的增值收益。密云县2010年合作社农产品销售额达到11.5亿元，占农产品总量的70%，其中主要商品性农产品达到了80%以上，如板栗超过85%、肉鸡超过90%、柴鸡蛋、红薯超过80%。统计分析，同类产品合作社成员收入比非成员增收20%左右，其中，统一销售的贡献率在一半以上。主要原因是合作社将田间地头的小商贩及中间环节的运销商挤出市场，它们平均10%～15%的毛利率被合作社获取。此外一些合作社注册商标统一销售，也带动产品价格上涨。

二是有利于提高产品的标准化生产和质量水平，建立产品可追溯体系，确保质量安全水平，提升产品的竞争力。天安农业公司采取公司加合作社的方式经营鲜活农产品，推动农产品质量安全追溯系统建设，就是一个很好例证。

三是有利于生产要素的整合，可以加快生产经营专业化、规格化、规模化及品牌化的建立，降低成本，获得规模效益。以上分折的荣涛豌豆专业合作社、奥金达蜂产品专业合作社的典型案例，都生动说明，合作社产业链的延伸进程，就是科技、资金、土地、市场等要素整合的过程，是生产要素优化组合的过程。

四是有利于城镇居民享受到质优价廉的农产品，得到实惠。近两年实施农超对接的超市有些蔬菜销售价格接近农贸市场，受到消费者好评，就是很好的例证。

当然，以上几种不同形式呈现出的优缺点程度和问题也不相同，还只是探索的起步，需要不断探索和逐步深化、完善。

2. 从农业产业化经营体制创新角度看，合作制以农民为主体的产业化经营新模式，有着积极的创新意义

由于近几年农民专业合作社的快速发展，经营服务功能的提升，合作社产业链的延伸，实际上已呈现“双向延伸、两制推动”的新格局：农业部门通过推动农业产业化经营，由原料向加工营销延伸，食品及农产品加工、流通部门企业为提高规模和效益，提高产品竞争力，把基地、农户视作“第一车间”，不断向建设高标准原料基地延伸。除原有大中型龙头企业外，近两年又涌现出一支新生力量，就是由农民自愿联合起来的合作社自办加工企业，开展产品加工营销。我们可以将这股新生力量称为以农民为主体的合作制的农业产业化。

这种纵向一体化经营体制的创新，从国际经验和我们实践看，目标是一致的，形成一个以产、加、销垂直统合经营为主要特征的新型食品产业经济体系，以适应时代发展的需求。这种“新食品经济体系”的主要特征是：认为知识经济时代，整个经济社会以消费者为中心，由食品零售商掌握的消费者需求信息，透过电子网络传到食品加工企业、运销商、农民和农业科技研究机构等上游供应单位。农业科技研究人员再研究开发消费者喜爱的产品。这种在国外和我国台湾地区称之为“垂直统合经营体系”，许多学者认为是知识经济时代特征所决定的。

2010 年中央一号文件提出：“鼓励农民专业合作社自办加工企业”这个新的政策导向的积极意义，为农民收入的增长指出了新的方向。这就是要专业合作社提升经营服务功能，延伸产业链，让农民更多地分享到产品加工和

流通环节的效益。以上列出的第二种合作社自办加工模式，包括平谷荣涛豌豆专业合作社和密云奥金达蜂产品专业合作社两个典型案例，它最富有的创新和典型意义的是，农业龙头企业也可以是合作制的，走出了一条农民办合作社、合作社再办公司，我们简称为“农户 + 合作社 + 公司”的发展新模式。

3. 几种形式的比较分析

推进农业产业化经营，采取什么形式和机制把原料基地的农户和加工、流通环节形成一种紧密联结，相互依存，收益共享、共同发展的利益机制，是创新经营体制的核心问题。从前些年实践看，各地采取的主导形式是“公司 + 农户”形式，随着合作社快速发展，又出现了合作社与龙头企业对接和农民办合作社，合作延伸产业链自办加工和流通企业形式。这几种形式各有特点和利弊。这次通过调研我们作了比较分析：

一是“公司 + 农户”的组织模式。这种形式运用得较普遍，已探索了不少成功的经验，特别在鸡、猪、牛等畜禽产品，果、菜等园艺产品运用较普遍。如华都肉鸡集团等，通过合同形式，采取“五统一服务”形式；有些奶业公司采取“四统一分一集中”的方式，（即统一规划，统一领导，统一管理，统一服务，分户饲养，集中挤奶），与各小区或专业村的奶农建立比较稳定的产销联接关系，这类形式搞得也很有成效。这类组织模式特点是：龙头企业可以与分散经营的专业农户，实行较稳定的产销对接。农户解决了产品的市场问题。企业也能得产品质量、批量有保证和较稳定的原料。存在不足的问题是：由于农产品市场的买方垄断格局，龙头企业和农户的双方市场地位不对等、相差悬殊，结果是企业控制，农户依附；很多是买断关系，很难真正形成相互依存关系，自然也无法形成利益共同体与农户的利益联接机制；有些企业与农户的合同订单，履约率较低；合同形式不够规范、完善，法律效应和信用度较差，往往使农户利益蒙受损失；最主要的是农户难以分享到产品加工和流通环节的利润。

二是合作社与龙头企业对接的组织模式。这种模式把合作制融入产业化，专业农户通过专业合作社形式联合起来，以实现龙头企业与农户有效联接，目前看这也是比较现实的选择形式。

经过多年实践探索，这类模式在具体实施中，主要有合作社与龙头企业对接和合作社联合社与龙头企业对接两种典型形式，如近些年密云县奶牛合作社联合起来与伊利集团产销联接，就是一种新型的产业化形式。

这种形式的特点，主要适用于加工能力和生产规模较大、原料辐射面广、供应量大、带动农户面广、跨地区的龙头企业。生产原料的农户用专业合作社为载体联合起来，若干个合作社再和同类产品合作社联合起来成立合作社联合社，与龙头企业联接。这样就有利于形成规模较大的产加销一体化的联合体。

这种模式的优越性，总的看，很有利于产业链上各参与主体利益联接的紧密结合，也更有利于向农户提供社会化服务，提高经营地位和经营效益，调动农民生产积极性，使公司与农户之间达到互利和“双赢”的目的。以奶业为例具体分析看，产生了良好的绩效。

一是奶牛合作社已成为奶业产业化良好的组织载体，成为奶业产业链中联接龙头加工企业与奶牛养殖户重要的组织纽带和桥梁，它有效地提升了奶业产业化的整体水平。

二是奶牛合作社的发展，有效地提高了奶业标准化生产和现代化养殖水平。奶农组建奶牛合作社以后，实行“四统一服务”：统一供应饲料；统一技术培训；统一实行机械化挤奶机，收购鲜奶；统一防疫。这样做以后，生产有标准，鲜奶贮藏和运输全部实现了冷链化运行，有效地减少了挤奶、贮存和运输环节的污染，提高了鲜奶质量；价格有保证，也确保了奶农的收益。实践启示我们：产业化必须标准化，而标准化又离不开组织化。

三是农民办合作社，合作社自办加工和流通企业的组织模式。这种模式由生产原料的农户联合起来组成专业合作社，再由合作社单独或联合起来办加工或销售企业。这种模式在国际上是很普遍，比较流行的农业一体化经营模式，但在国内还很少。因为农民素质、资金等制约因素较多，难度较大。近几年北京郊区县已作出了有创新意义的探索。最近密云县下屯种植业专业合作社和奥金达、东岭等五个有一定规模的合作社，又联合起来投股兴办了农产品配送中心，在北京市区开设合作社品牌产品专营店，带动合作社发展壮大。

从保障农民利益角度看，这种以合作社为载体的合作制农业产业化经营模式，是一种比较理想的产业化模式。它的最大好处，就是农户可以分享到农产品加工和流通环节的增值效益，这与“公司+农户”相比是有差异的。

国际上合作社开展增值加工活动的经验，农民可提高在消费者支付额中的分享比例。经验数据是：原料产品在消费者价格中的分享比例平均为30%；加工后可增加分享比例31%。密云、平谷开展合作社产品加工的实践，大体也能达到这个水平，有的产品分享比例更大些。如下屯合作社糯玉米加工，收社员原料玉米0.5元一穗，加工费用0.5元一穗，加工后销售价每穗能卖 1.5 元。蜂蜜产品以奥金达为例，2006 年向百花蜂产品公司供应原料，每吨原蜜高出市场价 200 元。2008 年合作社加工生产线建成后，最初为百花公司代加工原蜜，每吨原蜜可增纯收入 500 元，次年合作社注册的“花彤”商标蜂产品上市，每吨纯收入增值 3 000元。

我们认为，从发达国家现代农业发展经历看，农业合作社单独或联合起来办加工企业，向农产品加工业延伸，是一个流行的趋势。京郊农村涌现的以农民为主体的专业合作社作为农业产业化经营良好的载体，为提升农业产业化经营水平找到了新的路子。以上分析的荣涛豌豆专业合作社、奥金达蜂产品专业合作社的典型案例，证明了这种合作制以农民为主体农业产业化经营的路子，真正有利于促进农业增效，农民增收，走出了一条有中国特色的农业产业化新的路子，值得在京郊大地广为倡导。

四、加快发展合作社加工和营销服务功能的主要经验体会和政策建议

（一）主要经验体会

1. 关键是区县党政领导创新工作思路，加强具体有效的组织引导，这是引导合社向加工、营销功能提升的最重要的环节

如密云县 2004 年以来，高度重视并大力加强农民专业合作社建设，农民专业合作社发展取得了显著成绩，提前三年实现了北京市委市政府提出的“到 2010 年，加入组织的农户占从事一产农户的 60%、70% 以上的主要农产品通过农民专业合作组织提供生产、加工和销售服务”的目标，进入了以规模化、产业化为主要特征的新阶段。最主要原因，是对农民专业合作社发展工作的领导在密云县得到切实加强。2004 年，成立了由县主管领导和相关部门负责人组成的农民专业合作社建设领导小组，将农民专业合作社发展纳入 11 个县直部门责任制的考核范围。县农委牵头组建了由 70 人组成的县、乡镇农民专业合作社建设指导员队伍。县经管站专门成立了农民专业合作社指导管理科，加强了农民专业合作社的管理、指导和服务。县直有关部门和各乡镇、村结合各自职能，加强了对农民专业合作社的指导和服务。全县形成了县、乡镇、村共同推动农民专业合作社发展的良好局面。

平谷区农民专业合作社快速发展，不仅数量多，覆盖面大，而且已涌现出一批运作规范，带动作用强，发展势态好的示范合作社，关键也是区委、

区政府的高度重视和不断加强有效的组织指导，从深化改革和有利于全区农业产业发展的战略高度，采取了多项举措，规范、扶持、发展农民专业合作社。创新领导管理体制，成立了农民专业合作社指导服务中心专门机构。一年多来，在加强合作社规范化建设，创建示范合作社、积极构建以农民专业合作社为主体的农业技术推广体系。以合作社为主体的农产品营销体系，依托合作社实现“农超对接”创新农产品直销体制、帮助合作社解决融资难等方面，做了大量卓有成效的工作。

2. 帮助合作社融资，解决资金短缺问题

近两年各区县为农民专业合作社帮助解决贷款，主要两种做法：

一是区县成立合作社信贷服务中心。如密云县 2008 年 12 月专门成立了“密云县合作社贷款担保中心”，注册资本 5 000万元，为合作社发展积极开拓融资渠道，提供贷款担保租赁及其他经济合同担保、投资咨询等工作，探索基层合作社的投资机制。合作社贷款后，担保中心还对贷款担保资金进行监督检查，确保贷款担保资金用到实处。从担保中心成立至 2010 年年底，累计为 24 家合作社 80 余农户提供贷款担保 4 745万元，有效地缓解了合作社贷款难问题，推动了以农民为主体的农业产业化经营，使合作社不断做强做大。

二是建立小额贷款有限公司。2009 年 3 月大兴区成立了北京兴宏小额贷款有限公司。大兴区长子营镇的李长河是北京锦绣前程水产专业合作社的负责人，养了 10 多年的观赏鱼，如今买卖越做越大。2010 年，他想再进些鱼苗，盖个打包车间和出口车间，可却在资金上犯了愁。眼瞅着就要错过扩大再生产的好时机，大兴区有关部门向他推荐了“小额贷款”。他抱着试一试的态度，去了小额贷款公司，结果从接洽到获准贷款才用了两个小时，就谈好了贷款。

北京市赵家场春华西甜瓜产销专业合作社的负责人周春秀，经营着一家集种植、养殖、采摘于一体的观光采摘园，每年来这里的游客络绎不绝，但是当游客参观、游览、采摘完了以后就会遇到无处用餐的尴尬。他想建一个餐厅，解决游客用餐难的问题。通过和小额贷款公司接洽，用两天时间就顺利拿到了 100 万元的贷款。

截至目前，北京兴宏小额贷款有限公司已对大兴区 5 个镇、12 个农民专业合作社进行了综合授信及借款资质审查，并与北京鹏宇奶牛专业合作社等 4 家合作社签订了综合授信协议，授信总金额达 450 万元。

3. 政府加强对合作社加工营销服务具措导、扶持和服务，推动合作社

能力提升

密云、大兴、平谷、通州等区县围绕这方面做了大量工作。政府有关部门近两年重点做了几件事：

一是着力推进标准化生产，提升农产品内在品质。为了进一步提升合作社产品竞争力，开拓国内外市场，区政府加大扶持力度，乐平西甜瓜专业合作社建设了西甜瓜标准化生产基地500亩，覆盖农户150户。2009年，区政府又积极支持九牧养猪专业合作社在社员主要分布的6个镇，新建占地面积440亩的11个安全猪环保养殖生产基地，预计年出栏安全猪7万头，种猪3万头。可增加带动农户约500户。

此外，一些与公司签订销售合同的专业合作社，在公司的带动下，也自发地开展标准化生产。如小刘庄蔬菜专业合作社陆续与多家公司签订了蔬菜销售合同。根据客户的要求，合作社逐步推行标准化生产。目前，全社已经建设蔬菜设施保护地1 470亩，保护地的生产初步实现了标准化。

二是引导打造区域品牌，提升农产品市场形象。大兴区政府这方面下了很大工夫。一是聘请专业设计公司设计了“大兴西瓜”、“大兴梨”、“大兴甘薯”等包装；统一印制了24.6万个农产品系列包装箱，提供给农民专业合作社推广使用，进一步提升了大兴农产品的市场知名度。二是邀请策划公司参与对规模专业合作社的品牌形象设计，促成了圣泽林梨专业合作社整体包装的改造升级。三是组织农民专业合作社参加各种农产品交易会、博览会，扩大农民专业合作社和大兴农产品的社会影响力。

三是开展互助保险，提升合作社抗风险能力。近年来，大兴区通过农民专业合作社参与政府农业保险有了新的突破。如圣泽林梨专业合作社进行了合作社互助保险与政策保险相结合的模式创新。先是由社员自愿申请入保，然后合作社将在盈余返还中积累的1.5万元风险金按照1:1的比例为社员提供保费补贴，每名社员每亩只需交费15元，加上合作社每亩补贴的15元，即可获得20倍600元的赔付金。2008年，合作社所在地遭受了两次雹灾和一次风灾，波及一半以上的社员，全部及时得到了赔付。

四是组织合作社成果展及展销会、洽谈会等多种形式，搭建产销对接平台。2010年9月24日至26日，通州区举行了农民专业合作社成果展示会，以实物、文字、图册、展板和多媒体形式，展示该区农民专业合作社在新农村和都市型现代农业建设中的突出带动作用，同时设立展卖区，让城乡百姓能够切身感受到通州合作社为自己的生活带来的实惠。全区选拔了40家产品特色突出的农民专业合作社、农民创业典型，展销种植业蔬菜、林果花卉、籽种，养殖业禽蛋、观赏鱼、小型宠物和农产品加工等。参加展销农产品，是经过认证的无公害、绿色、有机农产品。

密云、通州、平谷等区县通过组织召开洽谈会等多种形式，组织引导企业与农民专业合作社对接，建立长期的农产品产销关系。如密云县奶牛合作社联合社与伊利集团、通州区手牵手养殖合作社与正大集团、草场蔬菜种植合作社与首都机场等都是通这类活动签订了长年的购销或供应合同。

五是开通农民专业合作社网，搭建网络平台，宣传合作社品牌产品，开拓国内外市场。平谷、密云、通州、房山等区县都建立自己区县的合作社网站，通过国际互联网这一新型媒体平台，全面系统地发布全区各农民专业合作社基本情况、合作意向、产品认证销售、求购等信息。通州区专业合作社网截至目前，为全区 164 家农民专业合作社发布信息 1 000余条，网络点击 15.7 万次，通过网络达成的交易量已占整个合作社经营总量的50%，该网站成为广大农民专业合作社面向市场的重要平台。

六是培养具有从业资格的农产品营销人员。通州区连续三年，每年举办一期农民专业合作社农产品经纪人职业资格培训班，免费为农民专业合作社培训农产品经纪人。培训内容包括经济法常识、谈判技巧、合同签订、农产品鉴别等方面。目前，通州区共有 112 人经过考试取得了劳动和社会保障部颁发的《农产品经纪人初级职业资格证书》，成为农民专业合作社的谈判专家和专业营销员。

七是表彰奖励先进农民专业合作社。各区县都采取多种形式，对优秀的农民专业合作社进行了表彰。通州区 2010 年在举行展销会同时，表彰奖励先进农民专业合作社。该区的 5 家市级和 10 家区级规范化农民专业合作社示范社，每家将获得 10 万元发展支持资金；还将以实物补助方式，支持 60 家先进农民专业合作社购置小型农机具等生产设施，每家平均补助 3 万元。

（二）合作社营销面临的困境

1. 目前中国合作社发展总体上处于起步阶段，多数合作社处于“小、弱、散”状态，营销服务功能比较薄弱，能开展产品联合销售的不占多数，需逐步培育增强经营服务功能。

2. 农产品特别是生鲜产品具有的鲜活性、多样性、季节性、地域性等特点，会给形成较稳定的“社超对接”或“网上交易、网下配送”带来诸多难度。农产品的生物特性和交易特性对物流各环节都有较高的要求和难度。

3. 合作社发展普遍缺乏发展资金、产品收购流动资金、质量认证、加工整理、包装、冷藏，储运设施等都需要资金。目前贷款是很大困难。

4. 超市进货门较高，而且付款期限较长，社超对接对多数合作社来说由于规模较小，还不具备条件。如产品批量、质量标准化程度、质量认证，有许多基础性条件需要在发展中逐步培育、完善，不能急于求成。

5. 人才短缺。特别是营销人才、经营管理、电子信息人才。

6. 政府有些扶持政策还有待落实。如合作社建立联合社的问题。北京市实施《中华人民共和国农民专业合作社法》办法已做出规定，但各区县成立联合社到工商管理局登记还得不到解决。

（三）政策建议

围绕合作社增强加工和营销服务功能，推进合作制产业化经营，促进合作社发展壮大，提出几点政策建议，供有关领导决策参考。

1. 强化政府各有关部门的“指导、扶持、服务”职能

一是加强宣传教育，解决好思想认识问题。北京市农民专业合作社的发展总体看还处在起步阶段，政府有关职能部门对于发展合作社的作用认识还不充分，甚至个别干部还存在将其与传统人民公社体制相混淆的模糊认识。建议在社会上大力宣传合作社、在区县主要领导和政府有关部门领导中间普及合作社知识，使领导干部能够从社会和谐发展的战略高度认识合作社的重要性和必要性。高度重视合作社对于农村经济发展方式转变的重要作用。树立扶持合作社就是支持农业、就是扶持农民的新观念。

二是加强统一规划，进一步加强对合作社发展的指导。建议政府有关部门组织人员，也可请北京市农民合作组织专家指导组人员参加，进行专题调研，做出一个“十二五”扶持提升合作社发展加工和营销能力的规划，以便有计划更科学地推动合作社发展壮大。

2. 整合农产品营销的各类资源，确保农民专业合作社有持续的政策扶持保障

北京市实施《中华人民共和国农民专业合作社法》办法已于 2010 年 3 月 1 日起实施的，深受广大农民欢迎，标志着北京市政府对农民专业合作社的指导扶持进入到了一个依法服务的新阶段。但具体实施碰到许多困难，如合作社建设用地、加工冷藏设施项目建设申报、人才等方面，各区县反映，建议相关部门要出台具体实施办法和细则，才能很好执行。

合作社在市区开专营店、推动农产品直销，对农民增收有诸多好处，但

各区县单家独创，规模小，效益较差，需研究引导在自愿互利基础上整合资源，获取更大效益规模，并有持续的生命力。

专营店要和第三方服务的配送结合起来，培育有适度规模的一二级配送中心，形成农产品直销配送体系。现代化第三方服务系统的主要功败垂成是：信息服务、交易服务、仓储服务、配送服务和结算服务，同时，还要提供信誉查询服务，建立一个快捷、高效和有信誉的服务系统。

要研究整合合作社品牌资源的办法，提升品牌影响力。目前合作社产品品牌分散“小、弱、散”的状况突出，缺乏影响力。这方面日本农协的做法和经验值得重视和借鉴。日本农协产品在全国市场就塑造一个品牌，他们的经验是“服务综合化，事业集团化，产品品牌化，效益多元化，营销网络化”，要注意借鉴。这方面大兴、平谷等区已有初步探索，要注意总结这方面经验。

3. 解决好合作社融资问题

建议各区县对北京市人大通过的《北京市实施〈中华人民共和国农民专业合作社法〉办法》，采取具体措施加以落实。《北京市实施〈中华人民共和国农民专业合作社法〉办法》2010 年 3 月 1 日起已开始实行。其中专门有条文规定：“政策性金融机构应当采取多种形式为农民专业合作社提供信贷服务。”“农民专业合作社申请的相关贷款，符合市财政、农业行政主管部门有关规定的，财政部门根据项目用途和实际需要给予贴息支持。”目前许多合作社要求最迫切的是希望政府帮助扩大、拓宽融资渠道。要借鉴各地为中小企业发展建立贷款机制那样，创建农民专业合作社贷款机制，为农民专业合作社贷款搭建有效的平台。

一是积极开展、推动“银企合作、银社合作”。如北京市“5 +5 行动计划”（通过“银政合作、银社合作”新模式，为北京市郊区县农民提供 50 万张信用卡、50 亿银行贷款），很受农民欢迎，建议这些贷款能具体落实到农民专业合作社，向急需要资金的合作社、特别是示范合作社多倾斜一些。

二是鼓励社会担保机构开展农民专业合作社贷款担保业务。为合作社贷款建立有效的担保机制，这是当前农民之急需。2009 年 2 月中央银监会、农业部联合出台支持农民专业合作社发展的文件提出，“要鼓励发展具有担保功能的农民专业合作社，运用联保、担保基金和风险保证金等联合增信方式，以及借助担保公司、农业产业化龙头企业等相关农村市场主体作用，扩大成员融资的担保范围和融资渠道，提高融资效率。”采取实际措施具体落实。密云县政府已建立了农民专业合作社贷款担保服务中心，取得很好成效，建议在各郊县推广密云经验，为北京市合作社更好地拓宽融资渠道。

三是适当发展一批小额贷款有限公司，多渠道解决合作社融资难。大兴区兴宏小额贷款有限公司，2009 年 3 月成立以来，已经对大兴区 5 个镇、12 个农民专业合作社进行了综合授信及借款资质审查，并与北京鹏宇奶牛专业合作社等 4 家合作社签订了综合授信协议，授信总金额达 450 万元。建议像这样为合作社和农民服务的小额贷款公司，在有条件的区县可多引导发展一些。

4. 强化产品质量安全、品牌、基础设施及加工项目建设方面扶持

北京市农委规定的一系列对合作社产品质量认证、培育产品品牌、购置运输车辆、兴建冷藏、仓储设施以及产品促销、营销网络建设的扶持奖励政策，2009 年市财政重点为 551 个合作社配备了厢式货车、冷藏库、奶罐车，增强了合作社经营服务能力，很受农民欢迎，希望这些扶持政策继续执行，并加大对以合作社为载体的支持力度。

目前对冷藏仓储设施及产品加工项目要求最为迫切，建议仓储、加工项目的扶持更有针对性，能有重点地加以扶持，取得更好实效。

要注意合作社发展的阶段性。从实际情况看，合作社发展大体有三个阶段：一是起步阶段；二是规范发展阶段；三是发展壮大阶段。目前北京市合作社多数在起步阶段，处于“小、弱、散”状态。据统计：至 2010 年年底，北京市 4 000多个合作社中，拥有加工实体的有 63 个，不到合作社总数的 2%。因此，近两年对于起步阶段的合作社，重点要放在加强规范化建设，产业化加工项目的扶持，建议重点在市区两级示范合作社和示范社建设合作社中筛选进行。

在具体操作上，有些区县提出这些项目怎么向发改委等有关部门申报，希望能有个对接的具体办法。

5. 组织引导合作社自身要炼好内功，增长内部凝聚力和经济实力，为合作社发展夯实基础

目前多数合作社自身实力很薄弱，成员投股很少，加工和营销服务能力提升难度很大；有少数发展的加工设施，主要靠政府扶持资金搞起来，这样的合作社一旦经营上出现波折，也缺乏抗风险能力，发展基础很不稳固。要做好内功，增强成员的自信心和合作社的吸引力、凝聚力和经济实力。

一是要深入开展农民专业合作社示范社建设行动。以开展这一行动为抓手，力争用 3 到 5 年时间，培育一批经营规模大、服务能力强、质量安全优、民主管理好的专业合作社，充分发挥典型引路、示范带动作用。

二是要逐步引导和动员成员多出些资。建议注意不断改进政府扶持项目资金的使用方法，如采取贴息方法，使扶持资金能更好发挥“酵母”作用，在引导合作社资本形成方面发挥更好的导向作用。

三是着力引导合作社加强产品质量管理、实施标准化生产，增强产品营销服务功能，提升市场开拓能力。

四是整合农产品营销的各类资源，搭建市区县两个层次的平台，促进“社超对接”、“社校对接”、“社院对接”。确保以农民专业合作社为主体的农产品营销体系有规范的运行机制、有专门的指导服务机构、有持续的政策扶持保障。

6. 加强培训指导和市场营销人才队伍建设

一是按照分类指导、分级负责的原则，制定培训规划，采取学历教育、远程教育和短期进修等多种形式，重点培养合作社市场营销人才，建立一支合作社专业市场营销队伍。

二是政府有关部门帮助引进人才，也可选派大学生“村官”到示范社任职。

三是按照分类指导、分级负责、注重实效的原则，制定培训规划，采取学历教育、远程教育、短期进修、参观考察等多种形式，大力加强合作社干部培训教育，重点培养合作社匮乏的市场营销人才，建立一支合作社专业市场营销队伍，紧跟市场需求变化，加大农产品的流通速度。

7. 加大宣传力度

充分利用电视广告、报纸、网络等媒体，广泛深入持久开展中央对加快发展农民专业合作社的政策导向、先进典型及普法宣传，营造良好舆论环境和工作氛围。及时总结宣传优秀农民专业合作社及其带头人的好做法、好经验、好典型，为农民群众树立榜样，让社会各界广泛知晓。同时，对合作社优质品牌产品进行推介、加强对农民专业合作社的各种优质农产品、特色农产品进行宣传，扩大社会影响，提高合作社品牌产品的知名度和影响力。

课题负责人：吴志强　北京市农村经济研究中心　副主任

课题组组长：缪建平　原农业部农村经济研究中心主任

课题组成员：缪建平　胡登州　任玉玲　韩　生　白　雪　李伟克　郑有贵　郭晓波

北京市农村集体经济有效实现形式研究报告

课题组

摘要：本研究深入探析了农村集体经济有效实现形式的内涵和外延，得出农村集体经济有效实现形式的内涵是农村集体经济制度创新，包括产权制度创新、组织制度创新和分配制度创新。农村集体经济有效实现形式的外延是指农村集体经济有多元的、多样化的实现形式，可以归纳为土地家庭承包经营、合作社、股份制、股份合作制等四种形式。研究总结了改革开放以来，北京郊区农村集体经济有效实现形式的四方面变革：农村土地制度变革、乡镇（村）集体企业制度变革、农民专业合作经济组织变革和乡村社区集体产权制度变革，提炼出目前北京市农村社区集体经济产权制度改革的主要模式包括存量资产量化型、土地承包经营权股份化型、农民投资入股型和资源＋资本型四种。分析了北京市农村集体经济有效实现存在土地征占与农民利益矛盾、内部社员利益分配矛盾、政企不分矛盾、规划造成村与村贫富差距以及区域发展不平衡矛盾，在此基础上提出北京市农村集体经济有效实现形式的创新途径，以及深化农村集体经济改革的政策建议。

一、农村集体经济有效实现形式的理论概述

农村集体经济是我国农村经济制度的主要形式。当前，农村集体经济是指在实行家庭联产承包责任制和双层经营体制改革之后形成的包括乡(镇)、村、村民小组和部分农民共同所有的农村劳动群众集体所有制经济。

所谓农村集体经济实现形式，是指集体经济组织成员筹集资金、占有生产资料、使用生产资料和享有生产经营成果的方式。简而言之，集体经济的实现形式主要指的是集体经济的产权制度，既集体经济组织成员之间的财产关系。

所谓农村集体经济的有效实现形式，是指能够有效地调动集体经济组织成员积极性、有效地保护集体经济组织成员合法利益、有效地提高集体经济的市场竞争能力、有效地提高集体经济组织成员收入水平的集体经济产权

制度。

准确理解集体经济有效实现形式的概念，有两个关键词：一个是有效，一个是形式。有效是指产权制度有效，有效的产权制度具有产权归属清晰的基本特征；形式是指产权的构成，以及由此派生出来的组织结构与分配方式的多样化形式。进一步说，集体经济的有效实现形式不是一种，集体经济存在着多种有效实现形式。一般来说，凡是建立在产权按份共有基础上的集体经济，其实现形式都是有效实现形式。

（一）内涵

农村集体经济有效实现形式的概念实质上是农村集体经济实现形式概念的创新和发展。它包括三个方面的创新内容：一是产权制度创新；二是组织制度创新；三是分配制度创新。产权制度创新主要是指完整产权的制度创新、农地制度创新、非农地制度创新、企业制度创新；组织制度创新主要是指农村新型集体经济组织与村党支部、村委会三者关系的创新；分配制度创新主要是指农民与集体经济组织之间分配方式的创新。三者之间的关系相互联系相互影响，其中产权制度创新是农村集体经济有效实现形式的核心；组织制度创新是围绕着产权制度创新开展的，是落实产权制度的组织保证；分配制度创新是创新的产权制度和创新的组织制度的表现结果。

农村集体经济产权制度创新是农村集体经济制度创新的切入点。农村集体经济发展中存在的诸多问题，究其根源来自于产权制度缺陷，即产权主体不能人格化，产权边界模糊。产权制度缺陷导致农民权益被剥夺，农民致富之路被阻碍，影响了农村经济发展和农村稳定。

中共十六届二中全会提出了产权制度改革新的发展战略："产权是所有者的核心和主要内容。建立归属清晰、权责明确、保护严格、流转顺畅的现代产权制度，有利于维护公有财产权，巩固公有制经济的主体地位"。这一改革的新思路为农村集体经济的改革提供了政策依据和发展动力。

农村集体经济产权制度创新应该朝着"劳动者劳动联合和劳动者资本联合相结合"的方向推进。创新的实质是要求将集体经济产权主体人格化，要求将模糊的集体经济产权明晰到每个农民身上。那些建立在产权明晰基础上的农村集体经济，就是今天人们所说的新型农村集体经济，是集体经济的有效实现形式的具体表现。新型农村集体经济组织是对传统集体经济组织的改革、继承与发展。新型农村集体经济与传统农村集体经济相比，既保留其合作性、区域性、综合性，又创新了内涵。新型集体经济组织与传统集体经济组织都是社会主义公有制经济在农村的具体实现形式。它们的区别主要表现在有以下四个方面：

一是产权制度发生了根本性变化。乡村集体经济组织改革后，集体资产由社员共同共有变为社员按份共有，明晰了每个社员在集体经济组织中的产权份额。同时，通过吸引股东和社会力量投资入股兴办各种企业，实现了投资主体多元化。

二是分配制度发生了根本变化。乡村集体经济组织由单一的按劳分配变为按劳分配与按股分红相结合。股东不论在哪里就业，到年底都可以凭其在集体所拥有的股份，参与经营成果的分配。

三是治理结构发生了根本性变化。农民群众真正成为集体经济的投资主体、决策主体和受益主体，成为集体经济名副其实的主人。

四是劳动用工制度发生了根本性变化。录取职工采取竞争上岗的办法。不再只是录用本组织股东及其子女。没有在集体经济组织竞争上岗就业的人员到社会上自谋职业，为促进农村劳动力合理流动提供了制度安排。

（二）外延

农村集体经济有效实现形式的外延，指的是农村集体经济有多元的、多样化的实现形式。可以归纳为以下四种形式。

第一种，土地家庭承包经营。它是建立在土地等主要生产资料仍归全体农民集体所有基础上的，土地由农民家庭承包经营的农村集体经济。它完全不同于新中国成立初期土地改革运动之后的土地为农民私有的家庭经营。改革开放后的土地家庭承包经营，从经营的组织形式看是种复归，即由家庭经营到集中统一经营再回归到家庭经营，但从所有制的实现形式看，较建国初期的家庭经营却是一种巨大的进步。它由土地集体所有只能由集体统一经营改革为土地集体所有、家庭承包经营或多种经济成分混合经营；把集体所有利于集中控制和管理的优势，与家庭分散经营利于调动生产者积极性与减少监督成本的优势完美地结合在一起。现行的土地双层经营体制，是对建立在土地私有基础上的纯粹农户家庭经营与人民公社体制弊端的扬弃。

第二种，合作社。目前主要是各类农民专业合作组织或协会。经典的合作社以社员为主体，社员作为所有者与劳动者或惠顾者身份统一；不以营利为主要目标；实行一人一票制；入社与退社自由；盈余按交易额返还。合作社是在发展和不断变化的。欧美国家，为了在激烈的市场竞争中求生存谋发展，合作社不断拓宽制度边界，改变管理方式。主要表现在营利倾向加重，因为不营利意味着不能生存，更谈不上服务；以社员入股为主的融资方式已不能满足对资金的需求，合作社转向更广泛的对外融资；雇主经营，合作社社员劳动者的身份趋于淡化；使用职业管理人员，所有权与经营权分离。合作社的发展在我国推行土地家庭承包制的基本制度下显得越来越重要，特别是土地确权工作在各地全面开展后，组建合作社或者说合作经济是提高农民组织化程度，促进农业发展不可或缺的重要组织形式。

第三种，股份制。股份制是一种联资经营的经济组织形式，它通过投资入股的方式把不同所有者的资产集中起来。股份制是一种所有权和经营权分离的经营制度；股份制以盈利为主要目标；股份制按资分红。股份制最大的优势是可以灵活有效地筹集资金实现投资主体多元化，有利于提高企业经营管理水平，优化配置社会资源。在农村集体企业改制后，少数颇具经济实力的农村企业正在逐步创造条件向股份制过渡。

第四种，股份合作制。股份合作制既不是股份制，又不是合作制，而是股份制经济和合作制经济两者优势的融合。在“合作”前面加“股份”二字，就是在“人合”的同时强调“资合”，是把股份制的融资功能和法人治理结构引入到合作经济组织中，是一种对资金、实物、技术、劳动等生产要素的新型组合。股份合作制较好地解决了农村集体经济产权明晰问题，实现了农村集体经济产权主体人格化，确立了农民的产权主体地位。同时，股份合作制通过股权设置和股权界定，能够切实地解决农村集体资产的归属和产权保护问题，特别是有利于保护农民权益。目前，农村社区集体经济制度创新最适宜和较普遍地采用了股份合作制形式。

二、北京市农村集体经济有效实现形式的实践探索

北京农村集体经济有效实现形式的实践是沿着农村集体经济产权制度改革这条主线展开的。北京市郊区采取股份合作制的形式对传统的集体经济组织进行改造，这是基层干部和农民群众在改革实践中的重大创举。1993 年，丰台区南苑乡东罗园村在乡党委的领导下，在北京市率先进行了集体经济产权制度改革试点。随后，集体经济产权制度改革在丰台区全区逐步展开。2003 年，北京市委、市政府在认真总结丰台区试点经验的基础上，印发了《关于进一步深化乡村集体经济体制改革，加强集体资产管理的通知》。2004 年，报北京市委、市政府同意，北京市委农工委和市农委印发了《关于积极推进乡村集体经济产权制度改革的意见》，进一步明确了乡村集体经

济产权制度改革的各项政策。截至2010年年底，北京市已经有1 579个乡村集体经济组织完成了产权制度改革，占北京市乡村集体经济组织的39.7%。乡村集体经济产权制度的改革和建设，是以乡村集体经济产权为依托，对集体经济组织财产关系进行有效组合、调节的制度创新。北京市坚持“资产变股权，农民当股东”的改革方向，积极推进乡村集体经济产权制度改革，实现集体经济组织产权制度由共同共有向按份共有转变，逐步实现了集体经济产权人格化，构造了产权清晰、权责明确、政企分开、管理民主的集体经济有效实现形式。

（一）农村社区集体经济产权制度改革背景

北京市农村社区集体经济组织起源于20世纪50年代初期的初级农业生产合作社。合作社建立了社员按份共有的产权制度，经营收益实行按劳分配与按股分红相结合的形式。初级农业生产合作社属于专业合作经济组织，不承担社区管理服务职能。

1956年，高级农业生产合作社取消了社员股份分红，实行单一的按劳分配制度，其产权制度安排也由按份共有转变为共同共有。1958年人民公社成立以后，实行“政社合一、一大二公”和生产大拨哄、分配平均主义，极大地挫伤了农民群众的生产积极性，严重阻碍了农村生产力的发展。

1978年12月，中共十一届三中全会的召开，吹响了农村经济体制改革的号角。1982~1984年，北京市郊区普遍建立起以家庭承包经营为主的统分结合的双层经营体制。1985年，人民公社解体。1992年，按照北京市委、市政府的指示，北京乡镇集体经济组织改称乡镇经济联合社，村集体经济组织改称村经济合作社。集体经济组织的名称虽然改了，但共同共有的产权制度没有改变。由于农村改革不彻底，集体经济依旧是产权归属不明、管理主体不清、经营效益低下、农民合法权益受到侵害，集体经济依然存在着缺乏凝聚力和活力等诸多体制性弊病。这些体制性弊病，引发了农村一系列的深层次矛盾，造成农村社会的不稳定，也制约了集体经济的进一步发展。因此，这种集体经济共同共有的产权制度，已经越来越不适应社会主义市场经济发展的客观要求，必须进行改革。

（二）农村社区集体经济产权制度改革历程

北京市农村社区集体经济产权制度17年的改革历程，经历了由试点、示范到逐步推广的发展过程。同时，改革政策由不完善到逐步完善，改革程序由不够规范到逐步规范，改革方法由单一存量资产量化到多种方法并存。

1993年，丰台区东罗园村的产权制度改革试点只是将少部分集体净资产的收益分配权量化给现有的集体经济组织成员。1995年，丰台区南苑乡果园村进行试点时，已经把量化给社员的股份变为所有权，可以继承和转让。

改革初期，股份量化对象只限定于现有的集体经济组织成员。2000～2002年，在丰台区草桥、成寿寺和石榴庄村试点时，把转居、转工人员和其他脱离集体经济组织的人员纳入进来，按照他们过去的投资和劳动贡献进行资产处置。享受改革成果的人员已经扩大到全体集体经济组织成员。

改革初期，股份量化的标准只有劳动贡献。2004年以后，农户土地承包经营权转化为集体经济组织成员的基本股。

改革初期，只采用存量资产量化型股份合作制一种形式。集体经济产权制度改革逐步扩展到远郊区县后，增加了土地股份合作型、农民投资入股型和资源+资本型等多种股份合作制的形式。

（三）农村社区集体经济产权制度改革模式

北京市农村社区集体经济产权制度改革在具体模式上，始终坚持因地制宜、一村一策。产权制度改革模式分两大类：一类是资源折股量化型产权制度改革；一类是资本折股量化型产权制度改革。在第一类中可细分为土地折股量化型和林地折股量化型；第二类中又可细分为存量资产折股量化型和增量资产折股量化型。可以说，社区集体经济产权制度改革有许多不同的模式，但都是从资源折股量化型和资产折股量化型这两大模式中派生出来的。目前，北京市农村社区集体经济产权制度改革的模式主要有存量资产量化型、土地承包经营权股份化型、农民投资入股型和资源+资本型四种：

1. 存量资产量化模式

存量资产量化型是北京市乡村集体经济产权制度改革的主要模式，对于拥有集体账内存量净资产的乡村，具有广泛的适应性。

存量资产量化型模式大体做法是：首先，进行清产核资、产权界定、资产评估、集体经济组织成员身份界定、核实人口和劳动工龄。其次，采取一次性现金兑现、量化为优先股、作为集体债务等办法，处置原始股金和历史上已经转居转工的原组织成员留在集体的资产份额。然后将剩余净资产进行股份量化，划分为个人股和集体股份两部分。集体股份一般为30%左右，个人股份一般为70%左右。个人股包括按土地承包经营权量化的基本股和按照工龄量化的劳动贡献股，一些村还发动股东投入一部分现金股。最后，民主选举股东代表、召开股东代表会议，成立新型集体经济组织。

这种模式的典型，如：丰台区南苑乡果园村，1995年采取存量资产量化的方式进行集体经济产权制度改革，组建了社区股份合作制企业。截至2009年年底，果园村集体资产总额达到21.18亿元，比1995年改革时日资产评估总额1.48亿元增加了13.3倍；集体净资产达到7.79亿元，比1995年改革时日资产评估总额1.18亿元增加了5.6倍。2009年，全村集体经济总收入6.83亿元，上缴国家税费8 000万元，农民人均劳动所得达到3.82万元，股东股金分红总额达到3 632万元。

2. 土地承包经营权股份化模式

土地承包经营权股份化模式，产生在集体经济收益较多，农户承包土地流转给集体统一经营的地区。这类地区将集体土地虚拟作价平均量化给本村拥有土地承包经营权的集体经济组织成员，集体资产和集体土地经营收入，在集体股和个人股之间按照4∶6的比例进行分配。

2002年，大兴区西红门镇西红门一村在北京市率先实行了社区土地承包经营权股份化改革，成立了股份经济合作社。具体做法，一是参照本地区国家征占集体土地的均价，将全村754亩（15亩=1公顷）集体土地按每亩6万元进行评估作价变为股本，股本总金额4 524万元。二是经过社员代表大会民主讨论决定，将全村现有545位村民中的527人认定为本村集体经济组织成员，成为股份经济合作社的股东。三是将4 524万元股本总额平均量化到527人股东名下，每个股东平均拥有股份经济合作社8.4万元股份，并颁发股权证书。四是确定集体经营收益的分配办法，年终集体净收益的40%留作积累，用于扩大再生产和集体公益事业，其余60%用于股份分红。实行社区土地承包经营权股份化改革对于保护集体经济组织成员权益，增强集体经济组织凝聚力，增加农民收入，维护农村稳定具有重要作用，受到了当地农民群众的欢迎，具有一定适应性。但是严格说，改革并不彻底。一是集体账内资产没有明晰产权；二是集体经济组织成员的劳动贡献没有得到合理体现；三是集体收益分配上带有明显的平均主义倾向。

针对这个问题，2007年，黄村镇狼垡二村进行了完善土地承包经营权股份化的工作。将集体净资产量化为集体股和个人股两种股份。集体股占35%，其股份收益用于扩大再生产和村民福利事业，其余65%为个人股份。个人股份包括土地承包经营权股、基本股（户籍股）和历史劳动贡献股三种股份。这一改革效果十分明显。

3. 农民投资入股模式

农民投资入股模式，出现在村集体经济薄弱，集体账内存量资产很少或者没有，但是有好的经营项目的地方。这些地方按照自愿的原则发动全村农民以现金投资入股，组织社区型新型集体经济组织。顺义区北郎中村在发动农民投资入股兴办股份合作制企业的基础上，于1996年组建了北郎中农工贸集团。北郎中农工贸集团总股本9 700万元。在总股本中，农户入股4 500万元，村集体入股4 000万元，吸引社会入股1 200万元。2007年，从村集体股中拿出375万元，又为每个村民配置了2 500元股金。村民的家庭收入中既有资金入股分红、土地入股分红、配股分红，又有工资和家庭经营收入，形成了稳定增长的多元收入结构。村民成为村级经济发展的投资者、经营者、受益者。房山区莲花庵村采取农民投资入股的模式，兴办社区型股份合作制煤矿，2008年人均股份分红达到7万元。

4. 资源+资本模式

北京市山区面积占到北京市总面积的62%。山区乡村集体经济实力一般较差，集体账内存量资产不多，许多村不具备进行存量资产量化型产权制度改革的条件。但是，山区集体山场等自然资源丰富，乡村旅游开发潜力巨大。

北京市密云县南石城自然村，利用本村特有的自然资源举办股份合作制旅游企业，取得了显著成效。他们的做法是：首先，将集体山场作价量化给全村集体经济组织每一位成员。其次，发动农户自愿用现金入股。然后，吸收企业和自然人投资入股。企业经营利润按照股东所持股份进行分红。经过几年的经营，全体股东的现金投入已经全部收回。

南石城村的实践证明，进行集体经济产权制度改革，形式可以多种多样。在不具备大量账内存量资产的地方，只要具备可以开发利用的资源，照样可以进行产权制度改革。推进资源+资本型股份合作制改革，关键问题是如何确定资源股份与资本股份的比例。资源股份比例过低，损害了拥有资源所有权的全体集体经济组织成员利益；资源股份过高，也会挫伤资本股东的投资积极性。

如何平衡处理好资源股和资本股的关系，2007年密云县新城子镇花园村进行了完善资源+资本型模式的试点，成立了花园旅游股份经济合作社。全村9 748亩有林山场以资源股形式全部量化给全村658名集体经济组织成员，同时吸收本村180户（占全村总户数234户的77%）现金入股36万元，集体2万元现金入股作为集体股份。股份合作社章程规定，收益分配时，资源股占51%，38万元现金股占49%。748亩农户承包土地全部有偿流转给旅游股份经济合作社，按年度分得流转收益。

花园村试点为北京市山区推进集体经济产权制度改革提供了范例。首先，在北京市率先进行了林权制度改革，集体林权全部以股份的形式确定给每个集体经济组织成员；其次，在北京市率先实现了社区合作经济组织与专业合作经济组织的对接，花园旅游股份经济合作社既是农民专业合作社也是社区集体经济组织；第三，实现了全村农户土地承包经营权的流转，为在山区扩大土地规模经营提供了新鲜经验。

（四）农村社区集体经济产权制度改革的积极作用和基本经验

1. 积极作用

推进农村社区集体经济产权制度改革，有力地推动了北京市社会主义新农村建设，促进了北京郊区社会主义和谐社会的构建，积极作用表现在以下五个方面。

一是维护了农民的合法权益。农村社区集体经济产权制度改革后，变撤村撤社为撤村不撤社，资产变股权，农民当股东。农民群众真正拥有了国家宪法赋予的集体经济民主选举权、集体经济经营管理决策权和监督权，真正成为集体资产管理主体和集体经济受益主体。涉及农民群众切身利益的重大问题，不再由上级政府包办代替，也不再由少数干部说了算，必须依照新型集体经济组织的章程履行民主决策程序。

二是强化了农村集体资产管理。农村社区集体经济产权制度改革后，产权制度变共同共有为按份共有，民主管理、民主监督成为社员群众自觉的行动。新型集体经济组织建立起法人治理结构，强化了内部监督约束机制，加强了对集体资产的管理，提高了集体资产运营效益，促进了集体经济发展。据北京市经管站2008年6月对运行一年以上的294个新型集体经济组织的调查，截至2007年年底，这294个新型集体经济组织总资产达304.6亿元，比改制前的158亿元增长了93%；集体净资产139.2亿元，比改制前的84亿元增长了66%；2007年实现营业收入94.4亿元，比改制前的48.5亿元增长了95%；实现净利润12亿元，比改制前的6.7亿元增长了79%。

三是保护和发展了农村生产力。实行农村社区集体经济产权制度改革，打消了农民群众不愿进行生产性投资的顾虑。为了发展经济，凡是已经进行产权制度改革的村，千方百计筹集发展资金，广开门路引进技术和人才，优化配置自然资源和经济资源，实现了投资主体多元化和农民就业渠道、农民收入多元化。

四是促进了农村社会稳定和谐。实行农村社区集体经济产权制度改革，普通社员与干部一样凭借劳动贡献拥有股权，妇女与男子一样凭借劳动工龄拥有股权，儿童与成年人一样凭借土地承包经营权拥有股权，原集体经济组织成员凭借其过去的投资和贡献得到集体资产份额，长期以来存在的党群矛盾、干群矛盾、转居人员与未转居人员的矛盾得到有效化解。

五是加快了城乡一体化进程。农村社区集体经济产权制度改革是农村城市化不可逾越的一道关口。农村城市化是不可逆转的浪潮，农民如何才能成功融入城市，是一个重大的课题。推进农村城市化必然要进行农村行政管理体制改革，撤村转居，使集体经济组织成员的各项社会保障与城市接轨。而成功地完成农村集体经济产权制度改革，则是进行农村行政管理体制改革的基础和先决条件。通过“资产变股权、农民当股东”，农民获得了稳定的资产性收入，成为拥有集体资产的市民，解除了农民变成市民之后，因缺乏工作技能生活无着的后顾之忧，并促进了农民就业观念的转变，加快了他们融入城市的步伐。

2. 基本经验

总结北京农村社区集体经济产权制度改革的经验，可以概括为以下四点：

一是坚持党的领导是改制工作的基本保障。北京市委、市政府为推进农村集体经济产权制度改革，多次印发文件，召开工作会议，举办干部培训班。各区县党委、政府也把此项改革列入重要日程，成立了专门的组织领导机构。这些措施是顺利开展改制工作的基本保障。

二是坚持充分发动群众是改制工作的基本方法。在农村改制过程中，要十分重视发动群众，尊重农民群众的意愿，充分调动农民群众参与改革的积极性。集体经济产权制度改革能否取得成功，关键要看社员群众的积极性是否被调动起来了，农民群众是否通过改革得到了实惠。

三是坚持因地制宜、分类指导是改制工作的基本原则。各地改革的具体形式会呈现多样化的趋势，比如：集体账内资产较多的乡村，一般采取存量资产量化模式进行改制；而集体账内资产存量不多的村，一般采取资源折股量化模式进行改制；甚至就在同一个村也出现了多种改革形式。因此，必须坚持上述改革的基本原则，改制工作才能够顺利推进。

四是坚持“公开、公平、公正”的工作程序是改制工作的基本要求。

产权制度改革是集体经济内部利益关系的重大调整。凡是成功进行产权制度改革的地方，集体净资产的清查结果、资产评估结果、改制方案的确定，企业章程的制定、农龄的核实、股份量化方案的制定以及董事会、监事会干部人选的确定等一系列重大事项，坚持广大社员群众民主和公开讨论原则；遇到问题时，坚持民主集中制和平等协商一致的公平处理原则，充分听取各方面人士的意见；对于历史遗留问题，坚持尊重历史、承认现实、面向未来的公正处理原则，实事求是地加以解决。在改革过程中自始至终坚持“公开、公平、公正”的工作程序，就能顺利实施改制工作。这是改制工作的基本要求。

（五）农村集体经济有效实现形式的变革

改革开放以来，北京郊区农村集体经济有效实现形式的变革主要涵盖四个方面：农村土地制度变革；乡镇（村）集体企业制度变革；农民专业合作经济组织变革；乡村社区集体产权制度变革。乡村社区集体产权制度变革前面已经论述，下面简要论述其他三个方面的制度变革。

1. 土地制度变革

和全国各地一样，北京郊区农村土地制度变革始于土地联产承包责任制。联产承包责任制的实质是将集体土地使用权交给农民，农民掌握土地使用经营权后，生产积极性得到极大提高，农村经济发生明显变化。但是，在具体实施中，往往存在农民土地使用权得不到完全落实的情况。因此，2004年北京市开始进行土地确权，即核实农民土地使用经营权，对土地集体使用收益以货币形式发给农民个人。然而，土地确权并没有完全解决农民的土地权益保护问题，尤其是近郊区，农村土地大部分被开发，按规定发放给农民的土地确权款额远小于土地补偿费。开发所得的土地补偿费应如何处理？在实际运作中处理方式有多种多样：有的彻底分完；有的以股权形式量化到人；有的采取土地承包经营权股份化，保证农民的土地股权收益；有的采用土地基金会的形式，即农民以土地加入土地基金会，由基金会统一经营，基金会所得土地收益按合同返还农民个人；有的以村委会出面经营土地，村民相应受益（这种做法不可取，容易导入行政运作，农民权益往往得不到保障）等。

2. 企业制度变革

乡镇（村）集体企业是指由乡村社区集体经济组织投资兴办的企业，改革开放前称社队企业。此类企业在20世纪80年代蓬勃兴起，90年代上半期大发展，90年代后半期开始逐步走向衰落。衰落的原因除了有产业层次、技术与管理水平低下，政策资金环境和市场环境发生变化等以外，体制是根本性障碍。乡镇集体企业制度变革大体经历了三个阶段：

第一阶段，20世纪80年代初引进农业联产承包责任制的做法，实行承包制，典型的形式是“五定一奖”（定人员、任务、资产、利润、消耗，超利润奖励）。承包制是企业财产使用权（经营权）的转让。这一制度的推行，使经营者拥有较大的决策权，剩余价值索取权在所有者和经营者之间分割，调动了企业经营者的积极性。但是，由于财产所有权并没有变，政企仍然不分，经营者负盈不负亏。往往是厂长负盈，企业负亏，银行负债，政府负责，造成经营者行为短期化，企业发展缺乏后劲。

第二阶段，从80年代中期开始，企业进行股份合作制改造。1985年中共中央“一号文件”对股份合作形式加以肯定，文件指出：“有些合作经济采用了合股经营、股金分红的方法，资金可以入股，生产资料和投入基本建设的劳动也可以计价入股，经营所得利润的一部分按股分红。这种股份式合作，不改变入股者的财产所有权，避免一讲合作就合并财产和平调劳力的弊端，却可以把分散的生产要素结合成新的经营规模，积累共有财产。”股份合作打破了个人财产权得不到承认、单一按劳分配、财产平均共有等弊端。推行股份合作制的企业数量在1992~1995年期间达到高峰。但是由于股份合作个人股权趋于均等，企业内激励和约束机制未能真正建立起来，因此许多企业由股份合作制转向公司制。

第三阶段，党的“十五大”以后，乡镇企业呈现出向经营者控大股的方向发展。由于经营者是企业生存和发展的关键，其贡献最大也最难监督，通过控大股把控制权和剩余索取权相联系和相匹配，较好地建立起激励和约束机制。

总之，乡镇集体企业改革主要是将单一集体产权通过转制改组变为多元化股权结构的混合经济组织，达到产权多元化、资本社会化和管理法制化。

3. 农民专业合作经济组织的变革

改革开放以来，随着农业产业化的迅速发展，与其相适应的经济组织应运而生，有独资、合伙企业，有龙头企业控股的公司制企业或股份合作制企业，也有农民合作经济组织。其中，农民合作经济组织占绝大部分。农民合作经济组织一般为专业合作经济组织。同全国大多数省市一样，北京市农民专业合作经济组织的发展经历了农民自发联合到各种组织参与，再到政府引导扶持，从分散简单到紧密成型，再到规范成熟的过程。2007年7月，《农民专业合作社法》正式施行，从法律上确立了农民专业合作社的地位，从而加快了农民专业合作经济组织的发展步伐。

截至2010年年底，北京市农民专业合作社发展到3 406个，辐射农户42.7万户，占北京市从事一产农户的66%。其合作范围从初期的蔬菜、瓜果种植和畜禽养殖领域扩展到农机、运输、民俗旅游、土地、用水等各个行业，服务内容从单纯的农业科技服务延伸到产前、产中、产后全过程；组织结构从松散型转向紧密型。大多数专业合作社成员以出资或合同方式与专业合作社形成“利益共享、风险共担”的共同体。

综上所述，北京郊区各种类型集体经济组织的主要特点包括：一是坚持产权明晰化（或相对明晰化）；二是实行“资金联合”与“劳动合作”相结合的组织形式；三是通过建立比较规范的治理结构，集体经济组织逐步实现管理民主化，农民权益能够得到一定保障。“资金联合”与“劳动合作”相结合的组织形式，被认为是新型集体经济组织的主要形式。它既摒弃“无差别共有”，克服了组织成员利益和经济组织发展联系不紧密的弊端，又避免只强调“资合”，防止了大多数农民变为被雇佣者和失去主人翁的地位。

三、北京市农村集体经济有效实现形式实践中的缺失

（一）主要矛盾

1. 城市的扩张对集体土地需求与保护农民利益的矛盾

土地是农民群众最基本的生产资料，又是维系集体经济组织的纽带。目前，集体经济组织丧失的土地所有权，都是地方政府利用政权的力量，打着国家建设用地的旗号，采取强制的手段征用的。但是实际上，所谓国家建设是个内涵与外延都有待明确的概念。一般来说，国家财政出资兴建的交通、能源、水利、文化、教育、卫生和国防等设施，具有非盈利性，可以称之为名副其实的国家建设。而在社会主义市场经济条件下，以盈利为目的的房地产开发、商业场所、娱乐设施建设都是商业行为，并不属于国家建设，不能采用强制征用农民土地的办法。

目前，广大干部、群众强烈要求政府把真正的国家建设用地与属于商业行为的土地开发区别开来，要求分享商业性土地开发的利益。但实际情况却是，农民不仅没有分享到商业性房地产开发的丰厚利益，就按国家建设征用土地理应得到的补偿也难以足额拿到。一些地方的农民丧失土地转为居民

后，脱离了集体经济组织，生产、生活安置不当。部分农民进了国有企业，由于工龄短，或者由于企业经营不景气等原因，收入不稳定。超转人员生活补贴费用太低，不足维持生活。有的自谋职业者没有固定收入来源。根据宪法，国家保障公民的财产权，而财产保障的核心在于损失补偿。由于补偿不足，农民对政府产生意见，也影响到集体经济的发展。

现在土地全部或大部被国家征用已经不仅仅局限于一个队，也不仅局限于一个村，甚至已经扩大到全乡的范围。因此，如何对农民被征占土地进行合理补偿，必须引起各级政府的高度重视，并妥善地加以解决。

2. 集体经济组织内部社员之间在利益分配上存在的矛盾

在实行一级所有、专业化管理或二级所有、专业化管理的地方，社员之间存在矛盾。由于专业化管理之前各村、各队之间经济发展水平不平衡，各村、各队社员所拥有的集体资产数量和质量是不一样的。撤村、撤队时承诺采取承认差别、量化作股的方针，至今尚未兑现。

再有就是参加集体生产劳动的社员与自谋职业社员之间存在矛盾。参加集体生产劳动的社员除了领取工资报酬之外，还为集体创造剩余价值，增加集体积累。而自谋职业的社员并不向集体交纳提留、统筹，却仍然享受集体经济组织提供的各项福利待遇和便利。形成给集体干活与为自己干活的这两部分社员之间没有任何差别的局面，造成一部分农民集体主义观念淡薄。在集体企业工作的社员并不把自己当成企业的主人，只把自己当成一个普通的雇佣劳动者，并不关心集体资产经营。工资高、奖金多就留在集体干；工资低、奖金低就走人，集体企业人才外流日益增多。

3. 上级领导要求基层干部对上负责与农民群众要求民主管理之间的矛盾

在城市化过程中，由于城乡二元管理体制还没有完全破除，乡村集体经济组织成为农村公共产品的主要供给主体。乡村集体经济组织的大量经营收益被挪作环境卫生清理、市政基础设施建设、社会治安综合治理、绿化隔离带管护、外来人口管理等本来应当属于政府负担的社会事业。在国家重大政治、经济、文化、外交活动来临的时候，上级政府都要求乡村集体经济组织提供大量人力、财力和物力。上级党委在向基层布置这些繁重任务的时候，都要求乡村党组织按照“下级服从上级、全党服从中央”这样一条党纪来无条件执行。尤其是在集体土地征占过程中，也拿这一条党纪来规范基层干部。基层干部稍有违背，就有被撤销职务的可能。造成在大多数情况下，基层干部只好违心地执行上级指示，导致集体资产大量流失、平调、挪用。

另外，在改革开放的新形势下，农民群众的产权意识、维权意识不断增强，强烈要求在集体经济组织资产管理与资产经营以及集体收益分配等环节实行民主管理、民主决策、民主监督。对基层干部在涉及农民群众切身利益的诸多问题上，只对上负责而不对下负责的行为十分不满，由此导致干群矛盾频发并日益尖锐。

4. 城乡结合部土地利用规划与保护农民合法权益之间的矛盾

按照城市建设总体规划，城乡结合部已经全部纳入城市功能拓展区。在进行土地利用规划时，列入第一道城市绿化隔离带和温榆河生态走廊的一些乡镇，土地利用规划属于全乡镇统筹安排。这就导致了土地利用性质在各个村庄之间的不平衡。有的村土地被规划用于房地产开发等商业用途，有的村土地被规划为非农产业用地，有的村土地被规划用于城市基础设施建设，有的村土地被规划用于绿地建设和生态走廊建设。规划为城市基础设施、商业开发和产业用地的，土地资源都可以转化为货币资产或者实物资产，而规划为绿地、生态走廊的土地永远不可能变现为货币资产。不同性质的土地规划带来了村与村之间严重的苦乐不均、贫富差距问题和矛盾。

5. 区域间发展不平衡的矛盾

截至2009年9月，各区县完成集体经济产权制度改革的比例为：朝阳7.8%、海淀10.2%、丰台89.5%、石景山61.5%、通州37.6%、大兴12.5%、顺义31%、昌平38.8%、怀柔80.2%、房山2.9%、门头沟8.7%、平谷12%、密云12.6%、延庆10%。进展比较慢的区县势必会影响到城乡一体化进程，影响到当地农民群众建设新农村的积极性。

（二）主要问题

1. 思想认识问题

随着经济体制改革的深入，在人们思想不断解放的同时，也确实出现了私有化、全盘西化的社会思潮。私有观念的恶性膨胀和各种腐败现象不断发生使一些人产生信仰危机，对社会主义公有制失去信心，对农村发展集体经济失去信心。很多农村地区已失去了发展农村集体经济的正面舆论环境，社会主义意识形态的衰落使很多基层干部陷入困惑。坚持集体经济常被认为是思想不解放，是“左”的表现。这种舆论环境，不但使很多基层干部不敢理直气壮地发展集体经济，也成为一些基层干部违法乱纪、化公为私的社会思想根源，导致集体经济从内部受到瓦解。

2. 管理体制问题

大多数地区集体经济制度创新尚处于起步阶段，相应的管理制度有失规范。在民主控制上，有些集体经济企业尽管制定了公司章程和管理制度，成立了股东代表大会、董事会、监事会等组织机构，但在重大决策中“三会”制度形同虚设，一些重大事项仍由村干部少数人说了算。

3. 运行机制问题

已经基本完成产权制度改革的乡村集体经济组织，内部激励与约束机制尚不够完善。甚至出现了某投资管理公司原董事长挪用巨额集体资金的恶性事件。有一些新型集体经济组织，集体股在总股本中所占比例还较大。

4. 股权固化问题

大多数股份经济合作组织的章程规定只有本村天然社员（出生和婚嫁）才能持有股权，且社员对集体资产的权利更多地表现为按股分红的收益权而非处分权。股权不能买卖、转让、抵押、赠送与继承，农民退出社区后利益得不到补偿，这使社区股权凝固，弱化了股权的资本性功能。为长期持有股权，农民放弃社区迁移，个别地区甚至出现一些游手好闲的“食利者”阶层。同时，由于社区股权福利的存在，不少地区股份合作组织不公开向社会招股集资，限制外部投资者参股分红，排斥外部资金、技术等生产要素的积极渗入，造成集体经济产业布局分散和资本规模狭小，造成合作经济组织收益增长潜力和发展后劲不足。

四、北京市农村集体经济有效实现形式的创新路径

（一）完整产权制度创新

它是指以行政村为单位，在不改变生产资料集体所有权的前提下，把社区内集体的全部财产（资源＋资产＋资金）折股量化到每个成员头上，参照股份制的组织治理结构，成立股份合作组织，保持统一经营，实现民主管理，按劳分配，按股分红。这种对完整产权进行折股量化的改革才是终极性的改革，而仅对部分产权进行折股量化的改革是不彻底的。

改革中要妥善处置集体资产。重点是对转居、转工人员滞留在原集体经济组织的资产进行妥善处置，以保护他们的合法权益，保证撤村转居工作平稳进行。明确有权享受集体土地资源的所有股东对集体土地按份共有。撤村改社区后集体土地不变性，仍归社区股份合作制企业所有，待土地征占时再

依法变为国有，以保护享有集体土地资源农转非人员的合法权益。

促进企业投资主体多元化。通过吸收社会资本参股、嫁接、重组等多种形式，优化资本结构、改善经营机制。按照现代企业制度的要求，建立规范的公司法人治理结构，提高企业的市场竞争能力。

加强外部监管。严格外部审计，力促企业依法运行。对撤制转居后的社区股份合作制企业，由本地区合作经济管理部门直接负责其外部监管工作，以及会计管理和财务指导工作。

淡化福利配股，增大现金购股。个人股份主要来自于社区存量资产的折股分配，这种个人股份要取得完备产权是很困难的，股份分配的福利性决定了它必然具有“附加条件”。以优惠的价格出售股份不失为一种良好的渐进方式，有条件的还可以溢价出售。

组建社区产权流转市场。从根本上说，就是社员股东对个人股份具有所有权，可以处置，可以流转。可流转的产权能为所有人带来收益，才会增强所有人对它的爱护和增值的激励；可流转的产权是所有人重要的表态方式，才能行使对财产托管人的监督，促使机制转换。为了增强产权的可行使性，产权流转势在必行。

（二）农地制度创新

确权确利方式。在村集体经济实力允许的条件下，村集体可以制定出鼓励确权确利的政策，制定转出户与转入户（农户或村集体经济组织）双方都可接受的流转期限，可以制定3～5年短期的土地流转期，由农户自愿将确权土地流转给村集体经营，每年每亩付给农户一定的土地流转费，村集体还可在此基础上再制定另外的补贴标准。这样既可以克服由于确权确利所付给农户的土地流转费相对固定，加上土地流转期限偏短，不利于维护农户取得与其出让土地实际收益相匹配的土地经营权收益，不利于农户长期出让其所确权的土地，又可以克服转入户（农户或村集体经济组织）因接转期限太短影响长期投资。

确权确股方式。这种把土地承包权股份化的农地制度创新方式应该成为今后农地制度创新的发展方向加以鼓励。这种制度把农户原有的对土地的实物形态拥有权转换为对土地价值形态的拥有权，使土地所有权、经营权、收益权相对分离又存在内在联系。确权确股是在原有家庭承包责任制基础上土地产权制度改革的一大进步。这种新型的农地产权制度既可以保证农民的土地所有权与经营权权益，又与农村城市化、工业化、农业产业化相适应，应该成为北京郊区今后农地产权制度创新的主要发展方向。

（三）非农用地制度创新

对非农用地确权确股，建立土地股份合作制。农用地采取土地确权，从产权制度上遏制了各种权力对农民土地权益的侵占。北京郊区非农用地巨大的地租同样诱惑着各方势力，如果不明确其产权，非农用地就会重蹈农地的覆辙。非农用地制度创新必须以维护农民利益为出发点，兼顾公平与效率，对非农用地进行土地确权，在确权基础上，采用非农用地股份合作制的形式，建立非农土地收益分配机制。从农村目前实践看，土地股份合作制方式应该构成非农地制度创新的基础，因为只有这样才能切实保证农民的土地权益，也才能使农民有效参与全程管理。

（四）企业制度创新

建立现代企业制度。要按照社会主义市场经济发展要求，全面深化乡村集体企业产权制度改革，建立产权清晰、权责明确、政企分开、管理科学的现代企业制度。要坚持按照现代企业制度管理企业，增强企业发展的内在动力，提高企业市场竞争力，增加就业岗位，促进农民增收。乡村集体企业产权制度改革有如下发展路径：

股份制。对具有一定规模、生产经营正常、经济效益较好的大中型骨干企业，应该积极采取法人参股、存量折股、增量扩股、外资入股的办法，按《公司法》的要求，改制为有限责任公司或股份有限公司。积极鼓励以优势、名牌产品为龙头、骨干企业为核心、资产重组为纽带，组建集团有限责任公司或集团股份有限公司。

股份合作制。对集体经营状况良好、基础较强，暂不具备改制为有限责任公司的中小型企业，应积极推行股份合作制。可以采取增量扩股、存量折股与增量扩股相结合及先售后股、先租后股等办法。

中外合资合作。在改制中，要继续全方位、多渠道、大力度引进外资，实行中外合资合作经营。中方出资部分，可采取集体、社会法人和自然人入股形式。

不动产租赁、动产拍卖。对原有企业资产中土地、房屋、水电设施等不动产实行租赁，组建新的法人实体。

拍卖。对一些“小、微、亏”企业，在程序规范和公开公平公正竞争前提下，可将净资产拍卖给法人、自然人或合伙组织，成为新的经济实体。

（五）组织制度创新

股东大会+董事会+监事会+集体资产管理委员会。股份合作组织和股份制组织，按照有关法律法规和现代企业制度的要求，建立股东大会、董事会、监事会。但是由于村集体经济资产属于村民共同所有，它不同于完全归个人私有的资产组成的股份制企业，在由资产代理人运营资产的同时，必须有一个集体资产所有者共同认可的组织存在，由它来与股东大会、董事会、监事会共同监管集体资产。这一共同认可的组织就是由村支部、村委会、董事会、监事会成员和村民代表共同组成的集体资产管理委员会。

社员大会+管理委员会+监察委员会+指导委员会。农民专业合作组织大多数很难离开村集体组织完全独立活动。以村干部为首的村集体经济组织介入农民专业合作组织的创立与发展有其客观必然性。最终演化为在合作经济三会基础上，引入由主管部门、村集体组织及专业人员组成的指导委员会，形成村级经济组织与农民专业合作组织并存且形成良性互动的新的组织制度。

村党支部、村委会嵌入社区股份合作组织模式。丰台区南苑乡石榴村2003年在村集体经济产权制度改革时，成立社区股份合作组织——北京市金石庄源投资管理公司，公司组织结构设立了五个部，分别是党务监察部、行政管理部、资产管理部、财务部、改制部，把原村党支部职能嵌入公司党务监察部，村委会职能嵌入行政管理部，改制部则是处理村集体经济产权制度改革遗留问题的专属部门。这种组织模式的优点是把村党支部、村委会与新型的股份合作经济组织有机地联系在一起，它们原有的职能与社区股份合作组织能较好地统一运作行使相应的职能。

农民专业合作组织、股份制企业、股份合作制企业、村经济合作社共同构成的组织制度体系模式。北郎中村的村级集体经济组织体系就是这种模式的典型代表。组织制度共同体中的农民专业合作组织、股份制企业、股份合作制企业、村经济合作社分别是村集体经济的四种不同表现形式，但四者之间又相互联系共同构成相互促进的组织制度体系，从组织制度体系看它的整体效益最大化。

（六）分配制度创新

建立增强村集体经济收入的机制。第一，建立和完善集体资产的经营机制。通过产权制度改革，使其真正成为主体多元、产权明晰、责权明确、管理科学、具有内在生机和活力的市场主体。第二，建立和完善集体资产的监督机制。明确村集体资产的管理主体，建立健全集体资产的民主管理制度，包括成员大会和成员代表大会制度、监事会制度和民主公开制度等，加大村级财务公开力度。第三，强化集体资产管理的保障机制。如“双层审计、村账托管、电算管理”的农村财务管理制度。除村集体经济组织通过改革，完善经营机制和监督机制，加强自我管理和自我约束之外，各级政府应当切实加强农村经营管理部门的机构队伍建设，使其在集体资产经营管理、指导和审计监督中发挥积极作用。第四，做好村级经济发展战略规划。根据本村的自然、社会、经济资源状况，结合市场前景预测，提出符合本村经济发展的战略规划，特别要发掘本村二三产业资源，使二三产业成为村级集体经济收入的主要来源。

强化村集体收入再分配功能。收入再分配是实现公平目标与效率目标之间协调的一个不可或缺的手段。村民们之所以能够容忍村级经济发展中各自收入较大差异的原因之一，就是他们对村级集体经济组织的再分配政策给予了较高的期望。在建立农村社会保障体系中突出村集体收入再分配的功能。首先，完善村集体土地出租收入再分配政策。应该向村民公布村集体出租土地的收入情况，村集体就出租土地收入分配的总体方案（要包括用于构建村民社会保障体系的内容）要由村民大会举手表决通过。其次，针对不同村的经济发展情况，可以确定村集体收入分配在社会保障体系中各项内容的优先序。再次，经济状况良好的村庄应该将一部分村庄福利纳入为社会保障体系，如每年发给老年人的补贴直接纳入农村养老保险账户中。最后，随着村级集体经济实力的增强，逐步提高村民的社会保障水平。

正确处理未转居农民社员与转出社员之间的矛盾。农村社区股份合作制其分配实质是按劳分配与按股分红。内部社员倾向按劳分配以降低股息，外部社员更倾向提高股息的做法。解决这个问题的根本出路，可以借鉴丰台区南苑乡石榴村对转工转居人员的股份折成现金一次性支付的做法，从根源上切断转居转工人员与集体经济组织今后的关联。

五、北京市农村集体经济深化改革的政策建议

（一）进一步解放思想，明确改革指导思想与原则

北京市推进北京市农村乡村集体经济制度改革，必须进一步解放各级领

导干部的思想。首先是区（县）级党委、政府主要领导需要进一步解放思想，克服怕乱的思想障碍，切实树立全局意识、长远意识，要把改革作为落实科学发展观，实现区域社会经济全面发展和社会稳定和谐的重要举措。

其次是乡镇党委、政府主要领导要克服怕麻烦的思想障碍，切实把推进改革作为义不容辞的责任，负起推进改革的领导责任。

再次是村党支部（总支）和集体经济组织领导要克服怕丢权的思想障碍，切实树立人民公仆意识和民主管理意识，认真做好本村的改革工作。

推进乡村集体经济制度改革，涉及广大集体经济组织及其成员之间的重大利益调整，涉及乡村集体经济经营管理方式的转变，是一项涉及面广、情况复杂、政策性强、工作量大的系统工程。在改革中，应注意遵循以下原则：

一是要坚持解放和发展社会生产力，壮大集体经济实力的原则；二是要坚持保护集体经济组织及其成员合法财产权，维护农村社会稳定的原则；三是要坚持尊重集体经济组织成员的民主权利，公开、公平、公正的原则；四是要坚持实事求是、因地制宜的原则，做到“一村一策”、“一乡一策”，根据本地实际解决改革中的问题。

（二）进一步建立健全领导体制，加强对改革工作的领导

北京市深化乡村集体经济产权制度改革，需要进一步建立健全领导体制、工作体制和督导监察体制三个“体制”。建立领导体制，包括区一级、乡镇一级和村一级的领导体制。建立区领导体制，由区委、区政府主要领导任组长的集体经济产权制度改革领导小组，做到党政一把手负总责；要明确一名主管副书记或者副区长任副组长，负具体领导责任；区组织部、宣传部、农村工作委员会、经营管理站、工商管理局、信访办办公室、公安局等相关部门主管领导作为领导小组成员，做到统一领导、分工协作。

建立乡镇领导体制，由乡镇党委书记、乡镇长任组长的产权制度改革领导小组，明确一名副职领导干部具体负责，抽调相关部门人员参加。

建立村领导体制。由村党组织书记任组长的领导小组，明确一名副职具体负责，抽调相关同志作为成员。

在北京市区、乡镇和村三级领导小组下设立产权制度改革工作办公室，抽调各个方面的专业骨干，承担起改革方案制定、宣传动员、人口清查、劳龄登记、资产清查、资产评估、股权量化、股东代表选举等工作。建立一整套“公开、公平、公正”的工作程序制度，形成一套科学、高效的工作

机制。

健全督导监察体制。在区和乡镇两级要建立起人大代表以及人大常设机构对产权制度改革工作进行督察的工作体制。在村一级要建立起农民群众代表对改革工作的监督体制。

（三）进一步完善工作机制，确保改革有序进行

北京市完善北京市乡村集体经济改革工作机制，包括完善改革的计划管理机制、动态管理机制、非常规问题处理机制、激励与约束机制等四个方面的机制。完善工作机制，使之常态化和长效化运行，确保改革顺利有序进行。

完善计划管理机制。各区（县）和乡镇，在对本地区集体经济组织发展现状进行认真分析的基础上，制定分期分批推进产权制度改革的计划。总的要求是在2013年前，全部完成乡村集体经济产权制度改革工作。各区（县）和乡镇要根据这个总体部署，制定本地区的改革计划。计划制定出来以后，要严格按照计划进行检查监督，绝不能再放任各乡村以各种理由拖延改革进程。

完善动态管理机制。在每个年度内，各个改革单位要按照产权制度改革的程序，制定每个程序工作进展期限，并对完成情况及时上报市、区（县）集体经济产权制度改革领导小组。市、区有关部门设立改革台账，对各个单位进度情况进行动态登记与监督。

完善非常规问题处理机制。各级集体经济产权制度改革领导小组和改革工作办公室，都要制定处理非常规问题的预案，及时解答群众各种诉求，对政策性较强、涉及范围较广的问题及时调研提出解决方案和对策建议。

完善激励与约束机制。市、区两级党委和政府要制定改革工作责任制，将改革任务分解、落实到具体单位、具体领导干部和具体工作人员。对完成任务好的单位和个人予以适当奖励，对未完成任务或者出现失误的单位和个人予以适当处分。

（四）进一步规范工作程序，确保改革平稳进行

部分已经进行产权制度改革的地方，由于改革程序的颠倒，导致改革成效不理想，甚至有改革失败的事例。所以，进一步推进产权制度改革，必须十分重视工作程序问题。进行集体经济产权制度改革，一般应当按照下列程

序进行：

①成立改革领导机构和工作机构；②集体经济组织召开成员大会或者成员代表大会，做出改革决议，并报上级人民政府批准；③开展集体资产清产核资和资产评估；④开展参加集体资产处置的人员登记和劳龄登记；⑤集体经济组织召开成员大会或者成员代表大会，就改革方案进行讨论并做出决议；⑥进行资产处置；⑦进行股份量化，将现集体经济组织成员的资产分别量化为集体股份和个人股份；⑧建立新型集体经济组织，召开股东大会或股东代表大会，讨论通过本组织《章程》，选举产生董事会、监事会成员；⑨按照《章程》规定，召开相关会议，决定重大事项；⑩进行新型集体经济组织的相关登记，建立相关档案。

在改革工作程序中，要特别注意两个问题：一是要先进行资产处置，将集体净资产划分为现集体经济组织成员资产份额和原集体经济组织成员的资产份额，在处置了原成员的资产份额以后再股份量化，而不能先进行股份量化，提取集体股份。否则，集体股份里面仍然包含原成员的资产份额。二是关于个人股份的转让问题。个人股东转让股份，必须是在个人股东之间进行转让，而不能在个人股东与集体股份之间进行转让。如果个人股东把自己的股份转让给了集体股，那也必须立即转让给其他个人股东。

（五）进一步明确改革政策，确保各方面合法权益

政策和策略是党的生命，也是确保改革是否成功的基本条件。进一步推进集体经济产权制度改革，要特别注意执行好以下几个方面的政策：

要合理界定集体经济组织成员身份。改革开放特别是实行家庭承包经营以后，随着农村人口流动、户籍变动、就业拓宽、土地征占，农村社区范围内人员结构、人口数量发生了重大变化。产权制度改革涉及集体经济组织财产关系和利益分配关系的重大变革，必须对现实拥有、依法拥有、希望拥有集体经济产权益的人口进行全面核查。在全面核查的基础上，按照相关法律、法规和政策进行甄别。

要在产权制度改革中切实保护村民合法权益。现在有的人对产权制度改革提出批评，认为现在的产权制度改革政策，不允许社会资本进入，背离了社会主义市场经济有关鼓励资本流动与自由组合的原则。其实，这是一种误解。乡村集体经济组织是农民群众土地联合与资金联合相结合的社区型经济组织，与其他单纯资金联合的经济组织最大的区别就在于乡村集体经济组织拥有土地资源。在实行存量资本量化型股份合作制改革中，所量化作股的只

有集体账内资产，而土地等资源性资产没有量化作股。所以，为了保护农民的土地权益，在土地没有作股的情况下，一般不能吸收社会资本进入。但是，在土地全部转化为资本以后，就没有必要设置这个限制了。在土地全部转化为资本之前，可以采取集体与社会资本共同出资，设立新的经济组织、开辟新的事业。

要处理好新型集体经济组织与村级党组织、村民委员会的关系。新型集体经济组织成立以后，就自然替代了原有的村经济合作社。村一级的组织只有村级党组织、村民委员会和新型集体经济组织了。本着精兵简政的原则，这三个组织应当实行干部交叉任职。通过这种人事安排，确保了村级各个组织既各负其责，又能心往一处想，劲往一处使，共同带领农民群众致富。

（六）制定配套措施，扶持乡村集体经济发展

一是要全面大力推进北京农村集体经济产权制度改革。这是进一步发展和巩固北京农村集体经济的基本制度保证。舍此别无他路。

二是要提高征收集体经济组织土地的补偿标准。无论是国家建设征用或者是商业开发都应当按照市场价格给村集体经济组织合理补偿。

三是要提高绿化隔离带补偿标准。绿化隔离带是国家采取强制的手段征用农村集体土地建设起来的。绿化隔离带的养护责任也属于乡村集体经济组织。最近几年来虽然提高了占地补助和养护费用标准，但是并没有解决根本问题。在绿化隔离带建设中造成的集体经济损失也仍然挂账处理。推进乡村集体经济产权制度改革，有必要对绿化隔离带地区加大扶持力度，提高补偿标准。

四是要在征收或者占用村集体土地时，给村集体经济组织留下发展空间。国家虽然规定了在征收、征用农村集体土地时可以留地安置或者实物补偿，但是没有规定具体实施办法。应当参考广州市的做法，在征地过程中明确规定留地安置的具体比例和实物补偿办法，给集体经济组织留下必要的发展空间。允许村集体经济组织依法采取自征自用的办法，对集体建设用地进行开发利用。

五是要明确旧村改造的政策。改革开放以来，先后在一些村进行了旧村改造试点。这些村在完成旧村改造以后，将节省下来的村庄建设用地，进行置换建设都市型现代农业园、工业园区或者房地产开发，取得了成功的经验。对这些经验要认真进行总结，由政府或者人大进行规范，推而广之。

六是要切实减轻乡村集体经济组织社会负担。改变现在城乡分制的公共

产品供给体制，将城乡结合部乡村集体经济承担的市政建设、市容管护、社会治安综合治理、外来人口管理等职责全部移交给市、区政府。

七是要切实减轻乡村集体经济组织税收负担。现在，国家税收征收部门，不仅征收城乡结合部乡村集体经济组织营业税、所得税，而且还对集体经济取得的土地征收收入、土地征用收入、地上物补偿收入进行征税，农民成为股东以后，年底股金分红还要向国家交税，严重挫伤了农民群众参与改革的积极性。对城乡新型集体经济组织的税收负担问题，应当进行进一步调研，提出减轻农民负担的政策措施。

八是要强化监督与约束机制。乡村集体经济组织进行社区股份合作制改革以后，体制的变化为集体经济的快速发展奠定了坚实的制度基础和机遇。而要把这种机遇转变为现实，必须进一步深化改革，才能使广大农民群众真正享受到改革的丰硕成果，才能在农村城市化过程中真正维护好、实现好和发展好农民群众的根本利益，才能真正实现农村社会的稳定、和谐。

第一，要深化企业内部管理体制改革。要严格按照现代企业制度的要求，建立股东大会或者股东代表大会、董事会和监事会等机构，严格按照企业章程规定的各个机构的权限和议事规则、程序，充分发挥各个机构的作用。一些村在改革之前存在生产队或者是分社，进行产权制度改革以后，要取消生产队或者分社这个管理层次，实行全村集体资产的统一管理与经营。切实精简管理人员，压缩管理成本。要实行政社分开、政企分开。实行社区股份合作制改革以后，作为一个企业和市场经济主体，在依法缴纳各种税费以后，乡村集体经济组织不具备行政管理的职能，不应当承担社会管理的责任，不应当分摊行政管理和社会管理的费用开支。如果在一定的时限内尚不能完全做到这一点，那也要明确划定开支范围与开支限额，单独记账。

第二，深化集体资产经营体制改革。乡村集体经济组织在进行产权制度改革后，要千方百计优化集体资源配置，努力提高集体资产经营效益。抓发展要因地制宜，扬长补短，充分发挥自己那里的优势。要把旧村改造和房地产开发摆到重要位置。同时，对有市场、有发展前景的二三产业项目，大胆投资。对集体企业具备条件的可以自己经营管理，自己没有经营管理能力的，要坚决采取租赁、委托经营等方式，发展租赁经济。自己那里已经没有发展空间的村，可以采取走出去的发展战略。在努力扩大生产经营上项目，搞外延扩大再生产的同时，要十分重视内涵扩大再生产，十分重视挖掘企业内部现有增收节支的潜力。

第三，深化集体经济劳动用工制度改革。乡村集体经济组织应改革劳动用工制度，为股东提供就业培训和就业指导，鼓励股东通过多种渠道自主就业。集体企业的就业岗位，要采取竞争上岗的办法，在同等条件下可以优先录取本组织股东就业。

第四，深化集体经济组织成员社会保障制度改革。具备条件的，要逐步实现与城镇居民社会保障制度接轨。暂时不具备条件的，要依据实际情况，量力而行，探索多种形式，为股东提供养老、失业和医疗等社会保障。

第五，深化集体经济收益分配制度和集体福利制度改革。现行的集体经济组织的分配制度和福利分配制度，从根本上来说，还带有浓厚的平均主义的色彩。一些村集体福利事项多而杂，名目繁多，而真正按照股金进行分配的比例很小。凡是存在这一类问题的地方，要逐步扩大股金分红在整个收益分配盘子中的比例，逐步缩小平均主义的各种福利性质的均补乱贴。结合劳动用工制度改革，对所属企业用工情况进行必要清理，减少臃员，提高效率。

北京市农村集体经济有效实现形式的理论概括和实践经验总结工作，具有很强的现实意义。推进北京农村集体经济产权制度改革，本质上是在促使集体经济产权人格化的转变，构建集体经济产权人格化的新机制。

这种新机制的运行，建立了集体资本经营权的委托——代理机制；建立和强化了集体资产投资责任的约束机制；建立和完善了集体企业领导人的成长与选拔机制；建立和完善了对集体资产经营者的激励和约束机制。

这种新机制的运行，把社会主义集体经济和市场经济有效地结合起来。它不但富裕了京郊农民，而且壮大了集体经济，为建设社会主义新农村奠定了更加强大的经济基础。

课题负责人：陈水乡　北京市农村经济研究中心史志处处长　高级经济师
课题组成员：黄德林　黄中廷　魏　巍　许惠渊　邢贵平
执　笔　人：陈水乡　黄德林

北京农村集体资产产权管理的典型模式

陈雪原

摘要：国有资产产权管理已经成为了共识，但是关于农村集体资产产权管理问题尚未得到足够重视，这方面的分析研究也不多见，从概念到实践都存在诸多分歧。通过对北京市农村地区近年来乡村集体资产产权管理典型案例的剖析，总结了在农村集体资产产权管理领域的七类典型模式，对未来加强农村集体资产产权管理提出了政策建议。

加强集体资产产权管理已经成为当前郊区农村工作的一项重要任务。2003 年，十六届三中全会在《中共中央关于完善社会主义市场经济体制若干问题的决定》中已经明确提出要建立“归属清晰，权责明确，保护严格，流转顺畅”的现代产权制度。2007 年，十七大报告中又重申要“以现代产权制度为基础，发展混合所有制经济”。新近颁布的《中华人民共和国国民经济和社会发展第十二个五年规划纲要》明确提出：“搞好农村土地确权、登记、颁证工作，……完善城乡平等的要素交换关系，……，完善农村集体经营性建设用地流转和宅基地管理机制”。刘淇书记在北京市 2009 年半年经济形势分析会上首次提出北京的农民是首都的市民，是拥有集体资产的市民。这些重要精神为加强农村集体资产产权管理指出了基本的方向。尽管目前“产权管理”这一术语仍有些令人陌生，但在实践中已经积累了丰富的产权管理的典型经验和鲜活素材，值得总结和提炼。

一、“农村集体资产产权管理”的基本内涵及研究的必要性

产权不等于所有权，只有在主体之间发生关系的时候才会出现产权管理问题。如养猪户与周边农户因猪圈排污产生的纠纷不是所有权的争议，而是排污权的争议。农村集体资产产权管理是指在农村经济活动中对农村集体资产产权关系变动过程的管理。具体讲是通过在产权登记、重组、转让、联合

等环节加强管理，形成规范有序科学的集体资产产权运营秩序，更充分有效地发挥产权对资产的界定功能、激励功能、约束功能和配置功能，最终实现集体资产的保值增值。因此，与乡村集体经济产权制度改革相比较，农村集体资产产权管理是一个内涵更为广泛的概念，后者更多是通过共同所有向按份共有的改革解决收益分配问题，因此，其侧重点是改革，而前者侧重点在通过管理推进发展。如顺义区的北郎中村通过产权管理不仅吸纳村民及社会资金入股，还吸收科技人员技术参股。丰台区的果园村对外来高层管理人员进行配股，这些都是农村集体资产产权管理的范畴。实际上，集体资产产权管理或者产权管理这个术语其实早就存在，氏族社会同样存在着各种类型的产权管理，因此，它几乎和人类社会发展的历史同样悠久。

具体讲，农村集体资产产权管理主要有以下三个方面：一是产权重组管理。也叫股权管理，这是产权管理的核心内容。通过产权管理，实现资产产权的新的组合，形成新的生产力，是推动经济发展方式转变的有力杠杆；二是产权交易管理。农村产权交易一般采取拍卖、招标、协议转让等方式，或采取建立各类产权交易所的方式，或者网上在线交易等多种形式。进入产权交易所的各类产权商品包括各类资产资源的产权。如林权、土地承包经营权、农村房屋产权、集体建设用地使用权、农村经济组织股权等；农村集体土地指标。增减挂钩腾出的集体建设用地指标、占补平衡指标等；产权融资抵押。包括土地承包经营权抵押、宅基地使用权抵押、非农建设用地使用权抵押、水利设施产权抵押等。产权交易管理包括产权交易平台建设、交易过程的管理和监督、交易挡案的存储和备案等。如利用现代网络技术，探索建立农村产权交易网就不仅为产权交易，也为落实产权市场管理提供了重要的平台；三是产权区域统筹管理。主要指突破村村各自为战的格局，在镇域或更大范围内通过产权联合，实现资源要素在在经济集聚点的集中配置。

然而，理论研究总是滞后于实践。长期以来，人们更多关注的是国有经济领域里的国有资产的产权管理，且已有比较成熟的法规文件和研究成果。农村集体资产产权管理研究尚不多见，在法规文件上几为空白。另外，长期以来我们大力推进的乡村集体产权制度改革有必要在新时期从集体资产产权管理的角度予以深化，以更有效地发挥改革作为发展动力的作用和功能，最终让农民在改革中获得实实在在的利益。

二、农村集体资产产权管理的典型模式

为了总结农村集体资产产权管理的主要模式，对城乡结合部、平原和山区不同区位的乡村两级集体经济组织进行了比较分析。在此基础上，总结了以下七种农村集体资产产权管理的典型模式，主要集中在产权的转让和重组领域，也包括乡镇统筹中的产权联合。至于产权交易管理，受限于实践经验的相对缺乏，暂不进行正式的模式的总结。

（一）征地中的留资产安置模式

一般征地过程中在完成了土地由集体属性向城镇建设用地属性转变后，农民便永久和所征用土地丧失了关系，这是城乡二元土地体制结构下造成的必然结果，是农民利益受到伤害的重要根源。石景山区的八角村较早探索出了在土地产权转让过程中留资产安置的做法，具有示范效应。留资产安置就是在征地过程中采取货币加实物补偿方式，而不是单纯的货币补偿。既不是一次性地将农民的土地产权全部拿走，而是为农民和村集体预留下一部分产业用地或经营性资产，提供农民和村集体在未来能够持续运营的资本。通过留资产安置，主要解决了两方面问题：一是使农村集体经济组织有了长期发展的资产支撑，失地农民从资产的潜在升值中得到更长久、更多的收益；二是失地农民用补偿的商业用房置办产业、从事物业管理，或直接出租等，从而为农民创造了就业机会，“有收入，也有岗位”，为实现了农民市民化过程中的顺利转型提供了有力的资产支撑。

（二）土地承包经营权股权化模式

北京郊区许多村的收入主要来源于土地租赁收入，但是在传统的集体共同所有的产权结构体制下，土地租金分配过程中往往容易形成平均主义、干部经济等问题，造成收益分配中的寡与不均，甚至引发农民上访事件。如何建立科学的收入分配体制机制是一个迫切需要解决的问题。昌平区的乃干屯村的将土地承包经营权入股改制的办法是一个具有代表性的经验模式。具体来讲，就是依据土地承包面积及单位面积价格（如以 5 万元/亩为标准），计算土地承包经营权的资产价值，与其他各类资产一起计入产权制度改革的资产量化范畴，并把土地承包经营权的资产价值作为土地确权股。即在个人

股里面，除户籍股、劳龄股、独生子女股外增加了一项土地确权股。土地承包经营权流转后，土地承包经营权所有者就通过土地确权股获得该份产权的股份分红收益。通过土地承包经营权股权化，建立更为科学合理的收入分配体制机制，是在土地确权基础上农民权益保障的进一步完善。将土地等资源性资产在确权的基础上纳入改制产权改革资产量化范围应是未来平原地区农村集体资产产权管理的重要方向。

（三）林权股权化模式

林场是山区农村重要的资源性资产，是农民收入增长的重要基础条件。而长期以来，由于产权不清晰，农民的爱林护林意识不强，林场资源的开发意识也非常薄弱。正是林权股份化解决了这一问题。昌平区的木厂村通过林权与集体资产同步股权化，形成了村集体资产完整的产权关系，为未来增加农民收入奠定了重要的体制基础。主要采取的形式是将林权改革与产权改革联动，将林木资源和林地资源进行量化形成资产，与积累性资产一起参加量化，完成产权制度改革。通过林场资源的股权化重组，将集体的生态林地确权到人，明显增强了爱林护林的责任意识。同时，将土地、山林等资源性资产全部纳入集体资产进行股份制改造，有利于在今后城镇化、国家征占地等问题出现时科学合理地进行资产处置，减少矛盾纠纷，保障农民权益。

（四）村企股权合作模式

农村经济的发展往往受到资金瓶颈的限制，尤其是在远郊山区，如果不能引入社会资本进行资源开发，这些资源性资产可能要继续沉睡更长的时间。通过产权纽带，引入社会资本进行联合开发是这类农村地区发展的一条普遍的经验。平谷区白各庄村与外部社会资本通过股权形式进行合作，形成了产权管理中的村企股权合作模式。主要是通过村集体以土地入股，社会资本通过资金入股的形式，组建新的股份制企业。依据股权结构共同进行经营管理和收益分红。通过村企合作，有效激活了农村的资源的潜在价值，使农村资源实现资本化，村企双方共同发挥各自的比较优势，加快了新农村建设和城镇化进程。

（五）绿隔地区农民上楼产权置换模式

绿隔地区由于受到规划等因素的影响，土地投资价值回报低，社会资金难以引入。如何降低城市化转型成本是推进该类地区城市化进程的重要条件。朝阳区的白家楼村通过产权置换的办法进行自拆自建，解决了新村建设与旧村改造问题。通过自拆自建，村级统筹的形式，建设新村社区。在农民上楼环节，采取新建社区楼房面积与农民原宅基地面积按 1：1 比例进行产权置换，顺利完成了旧村改造和新村建设。通过这种产权置换的模式，使农民利益得到有效保障的同时大幅降低了城市化的转型成本，有效改善了农民的居住环境，实现了瓦片经济的升级和规范管理，并且增加了农民收入。需要注意的另外一点是，与异地安置农民仅获得住房权益不同，完成房屋产权置换后的农民仍然利用的是村集体建设用地，这样在置换过程中不仅获得了住房，而且没有丧失自己的宅基地权益。

（六）资产产权重组类型

推进产业升级是壮大集体经济的必由之路，以产权为纽带，推进资产优化重组是加快集体经济产业升级的主要途径。海淀区东升乡的集体资产优化重组主要是通过产权关系的重组来实现的。按照专业化分工管理的基本要求，将集体经济组织下属企业资产进行兼并重组，经营效益较差的公司进行分拆，将资产和其他公司进行重新组合，形成专业化分工格局。在此基础上对新成立的各个公司按照股份合作制的要求进行产权制度改革。通过集体经济组织下属企业和资产重组，优化资源配置，明确企业间产业分工，实施分类管理，提高企业的专业化水平，促进集体经济发展。

（七）乡级土地产权联合类型

镇域经济的发展需要实现资源的集聚，变分散的各自为战的发展模式为镇域范围内的统筹协调发展模式。朝阳区崔各庄乡成立的乡土地资源联合社，实现了全乡范围内的土地资源联合，为平衡村与村之间的收益差距，实施乡统筹提供了重要的体制支撑，走出了一条全乡土地产权乡域统筹的产权管理新路。主要是按照统一开发，整合资源，专业管理的思路，所辖 15 个村以土地资源入股成立土地资源合作联社，各村根据持股比例获取相应的收益分配。所谓土地资源，主要是指各村的集体建设用地，在对这部分土地分别确权后，按本乡镇统一标准折算为在乡镇经联社的股权。通过建立土地资源联合社，实现资源在镇域范围内的统筹，有利于缩小镇域内村与村之间由于内部或外部原因造成的差距。同时，通过产权纽带，将镇辖区范围内的各村土地资源联合起来进行整体开发，有效促进资源在空间上的集聚，形成规模效应，为实现产业升级和高端化发展创造体制条件。

三、推进农村集体资产产权管理的对策思路

1. 进一步加强该领域的研究

相对于国有资产的产权管理，集体资产产权管理无论是在理论研究，还是政策研究上都十分薄弱。长期以来，在一部分农村实践和理论研究工作者的观念中，按份共有的农村集体产权制度改革几乎代替了农村集体资产产权管理的所有问题，这势必造成理论和实践之间的矛盾和问题。但也有村干部发出“改制保护了农民和集体的利益，但对于发展的贡献尚不清晰”的感叹。产权是一个十分抽象的概念，产权的功能发挥对于提高集体资产经营效益具有重大的现实意义，加强该领域的研究对于十二五时期农村经济发展方式转变，农民带着资产进城，实现共同富裕的长期目标具有深刻的理论和现实意义。

2. 在集体资产产权的摸底、确权、评估管理中要注意评估方法的创新

目前北京市的集体资产清产核资试点工作正在积极推进，但资产价值评估工作无论是制度法规、管理水平还是理论方法等方面，均与国外一些先进国家或地区有较大差距，即使和国有资产的评估管理工作也存在显著的差距。比如对评估方法的运用，国际上比较通行的收益法，在北京市还处于起步阶段，对资产评估结果的运用也有较大差异。

3. 加强产权要素重组环节，如“混合产权”的管理

混合所有制经济是集体经济组织未来发展的重要方向，会形成大量的混合产权关系。但目前有关集体资产管理的政策制度大多没有涉及到混合产权的管理问题，需要及时调整目前的管理思路以适应这种变化。一是要严格依照《物权法》、《公司法》、《民法通则》、《集体资产管理条例》等法律、法规的相关规定，对监管行为和合并报表、数据统计区别对待；二是加紧完善现有的产权管理政策法规，针对混合所有制企业产权的形态及其治理结构，研究制定其集体产权科学、有效管理的办法；三是缩短产权链条和管理级次，实现扁平化管理。

4. 加快产权交易的市场管理

“流转顺畅”是现代产权制度中有一个极其重要的方面，也应是集体资产产权管理的重要内容。一是要素产权市场交易管理。要探索通过产权交易网的形式对农用地承包经营权、非农建设用地产权、宅基地产权、林权等各类产权进行统筹管理。在现有城乡二元土地政策框架下，积极探索集体建设用地实现同地同权的政策机制；二是推进要素产权的信托化经营。通过委托－代理的形式，让更专业的经营者来经营集体资产，提高资产的经营效益；三是要加大对产权交易机构的监督检查力度。

5. 通过产权管理为乡镇统筹提供体制支撑

强化镇级统筹是未来推进城乡统筹，实现城乡一体化的一个极为重要的层面。为加强镇级统筹的体制支撑，一是要按照政社分开的原则发育和健全乡镇级集体经济组织。要按照现代企业制度完善集体经济组织的治理结构；二是要实现产权制度改革的乡村联动。产权制度改革要由村级向上延伸到乡镇，采取以土地资源为纽带的乡联社形式，为农村城镇化奠定体制基础。各村集体建设用地分别确权后，按本乡镇统一标准折算为在乡镇经联社的股权，由经联社统一整理开发建设，利益按股分配；三是要高度重视乡镇在产权市场交易中的关节点作用。在乡镇层次建立乡镇集体资产交易机构，搭建市场平台。经济联社建立土地银行、土地基金会或土地流转信托中心，作为镇域土地整理集中的载体。通过镇域产权交易中心，提高农民集体资产的抵押贷款能力，发育农村金融市场。

6. 通过产权管理实施人力资源开发

关键要搞好高层管理人员的人力资源开发，实施产权期权激励。通过期权、配股等产权工具，强化对高管人员的产权持久激励效应。在人事任命上，乡村集体经济组织的总经理等高管人员要由董事会向市场聘请职业经理人的方式任命，而不能由党委直接委派任命。

7. 建立健全产权管理制度体系

鉴于郊区近些年资产产权的经营管理情况已经发生了许多变化，要进一步修订《北京市农村集体资产管理条例》（1998 年修订），并根据新出现的各类新型的集体经济组织类型，出台更结合当前实际的集体资产产权管理的文件法规，构建集体资产产权管理的基本制度框架。

8. 建立产权管理专职机构

加快建立集体资产产权管理办公室，作为集体资产产权管理的职能部门，协调水利、林业、财政、监察、审计等部门，对集体资产产权管理进行指导监督，并逐步探索向集体资产管理委员会过渡。着力加强乡镇级集体资产产权管理工作体系建设。乡镇集体资产产权管理办公室可以联合乡、村社区合作经济组织或跨区域的专业性合作经济组织，吸收农民代表，成立包容性更强的集体资产产权管理机构，通过联席会等形式具体执行农村集体资产产权管理的工作职责。

（本文作者为北京市农村经济研究中心经济体制处，中国社科院城市发展与环境研究所博士后）

切实维护农民拥有集体资产的权益

郭光磊

摘要：农村集体资产属于集体经济组织全体成员集体所有，是发展农村经济和实现农民共同富裕的重要物质基础。加强农村集体资产管理，有利于维护集体经济组织和农民群众的合法权益，是把农民变为拥有集体资产的市民、增加农民财产性收入、推进城乡一体化的必然要求。针对北京市农村集体资产管理现状和存在问题，北京市应加快推进乡村集体经济产权制度改革，明晰产权主体；加强农村集体资产管理制度建设，强化民主监督；构建农村集体资产产权交易平台，优化资源配置；健全乡镇集体资产管理机构，规范经营管理；加强北京市农村经管队伍建设，完善外部监管。

在推进城乡发展一体化进程中，如何把农民变为有资产的市民，让农民富裕起来，建立有效的实现路径和管理制度，是我们必须面对和解决的重大现实课题。当前，北京已经进入了着力建设世界城市、加快推进城乡一体化的新的发展阶段。在新的形势下，我们必须进一步加强农村集体资产管理，大力推进农村资产配置市场化，探索农村集体资产管理信托化，完善农村集体经济组织的法人治理结构，切实保障农民的经济权益，使农民实实在在地拥有集体资产产权、参与集体资产管理、分享集体资产收益。

一、农村集体资产管理工作已取得明显成效

2009 年，北京市农村集体资产总额达到 2 972. 4亿元，比上年增长 22. 5%，人均 92 589. 6元，净资产总额 1 206. 6亿元，比上年增长 16. 7%，人均 37 585. 7元。除此之外，农村集体还拥有土地、林地、山场、水面等资源性资产。近年来，北京市不断强化农村集体资产管理工作，加强制度建设，创新管理方式，农村集体资产管理水平稳步提升，已取得明显成效。

（一）农村集体资产管理制度体系已初步构建

北京市多年来根据农村集体经济发展的情况不断出台一系列关于农村集体资产管理的地方性法规、制度和政策，已初步构建了农村集体资产管理制度体系。2000 年以后，面对农村集体资产管理出现的新情况、新问题，北京市委、市政府于 2003 年发布了《关于进一步深化农村集体经济体制改革，加强农村集体资产管理的通知》，为推进农村集体经济组织制度创新，转变集体资产经营方式提供了制度依据。2007 年，北京市委、市政府将加强农村集体资产管理列为农村基层党风廉政建设的重要内容，加大了农村集体资产的监管力度。

（二）农村集体财务管理规范化建设已全面推进

北京市农研中心经管站于 2009 年制定下发了《北京市村集体经济组织财务规范管理制度（试行）》，各区县结合本地制定了实施办法，许多乡镇、村制定了更为具体详细的规定，使村级财务管理工作做到了有章可循。为解决农村集体财务管理中存在的突出问题，北京市推行以“村账托管”为主要形式的财务管理新模式。目前，北京市已有 3 799 个村实行了“村账托管”，占北京市总村数的 95. 5%。同时，北京市农村普遍建立了民主理财小组，实行了财务公开，其中规范公开的达到 90% 以上。北京市已有 3 550 个村实行了会计电算化，占北京市总村数的 89. 2%，实现了农村财务管理手段的创新，提升了农村财务管理水平。

（三）乡村集体经济产权制度改革已取得突破性进展

北京市从 1993 年开始试点、2003 年全面推行、计划 2015 年基本完成农村集体经济产权制度改革。通过产权制度改革明晰集体资产的产权，集体资产由“共同共有”变成“按份共有”，转变了集体资产的经营方式，提高了集体资产运营效率。同时建立健全集体经济组织的法人治理结构，强化了内部约束机制，促进了集体资产的规范化管理。到 2009 年年底，北京市累计完成改革的乡村集体经济组织达到 812 家，占乡村集体经济组织总数的 19. 4%。量化资产总额 1 760亿元，已有 52 万农民成为拥有集体资产的股东，累计股金分红总额达到 7 亿元。加强了北京市农村经管队伍的建设。在北京市委、市政府的领导下，经过二十余年的努力，北京市已经建立起从市农研中心到区、县经管站，乡镇经管科三级一体的农村经管网络和工作队伍体系。这支2 000多人的经管队伍素质不断提高，作风不断加强，较好地完成了促进农村经济发展、保护农民经济利益的工作任务，使农村经管工作职责得到了有效履行和落实。

二、农村集体资产管理存在的主要问题

北京市农村集体资产管理工作虽已取得明显成效，但我们也必须认识到农村集体资产管理还存在一些问题亟待解决，需要引起高度重视。当前，集体资产管理存在的突出问题主要有：

（一）集体资产在一定程度上“三高二低”，经营效益不佳

北京市农村集体资产经营效益上存在高积累、高管理成本、高集体股“三高”以及低收益分配和低管理水平“二低”现象。北京市乡村集体经济组织因管理水平不高，经营效率不佳，导致一些资产负债率偏高、获利水平较低。2009 年北京市乡村集体经济组织负债 1 765.78亿元，资产负债率高达 59.41%，实现净利润 74.72 亿元，净资产收益率为 6.2%，总资产收益率仅为 2.5%。

（二）部分管理制度落实还不到位，监管力度不够

有些村集体经济组织的财务公开及民主理财小组等还流于形式，集体资产的承包、租赁、出让等还没有实行规范的招投标或公开竞价制度，由此导致一些基层干部在集体资产资源的发包租赁过程中暗箱操作，以权谋私、优亲厚友。这些违纪违法行为造成了集体资产流失，严重侵害了集体和农民群众的权益。最近，北京市农研中心经管站针对农村集体资产、资源在承包、租赁中存在的问题，清理农村集体经济合同 153 459份，合同总金额 558.77 亿元；清理出问题合同 25 312份，合同总金额 92 亿元，均占合同总数和合同总金额 16.5%。

（三）乡镇集体资产产权主体缺位，管理机构不健全

乡镇集体经济组织是集体资产的合法载体，是集体资产的产权主体，但现阶段北京市只有少数的乡镇集体经济组织独立存在，多数乡镇集体经济组

织已经名实皆无，乡镇集体资产产权主体长期处于缺位状态，乡镇集体资产管理机构存在缺失。

三、在推进城乡一体化的进程中，不断加强农村集体资产管理

农村集体资产属于集体经济组织全体成员集体所有，是发展农村经济和实现农民共同富裕的重要物质基础。加强农村集体资产管理，有利于维护集体经济组织和农民群众的合法权益，是把农民变为拥有集体资产的市民、增加农民财产性收入的必然要求。要适应推进城乡一体化发展的需要，进一步加强农村集体资产管理。

（一）加快推进产权制度改革，明晰产权主体

继续加大北京市乡村集体经济产权制度改革工作力度，加快改革进度。通过改革明晰产权主体，按照“资产变股权，农民当股东”的方向明确集体经济组织成员所拥有的集体资产份额，并采用现代企业制度经营集体资产，提高资产运营效率，力求建立起“产权明晰、权责明确、政企分开、管理民主”的新型集体经济组织，让集体组织成员能够充分参与到集体资产的经营管理并分享经营成果，使农民最终成为拥有集体资产的首都市民。

（二）加强农村集体资产管理制度建设，强化民主监督

依据农业部下发的《关于进一步加强农村集体资金资产资源管理指导的意见》文件精神，北京市要进一步加强农村集体资产管理制度建设，建立健全农村集体资产管理十四项制度，力求在农村集体资产管理上实现用制度管权、管事、管人。并且狠抓制度落实，确保集体资产的经营、管理、处置、分配等严格遵循相关制度。同时强化民主监督，加大监督力度，推行“四议两公开”工作法，重大事项严格履行民主程序，充分保障农民群众对经济事务的知情权、决策权、管理权、监督权。

（三）构建农村集体资产产权交易平台，优化资源配置

目前，集体资产、资源的发包、出租，集体资产变卖处置，集体工程项目等村级公共资源配置和交易，缺少正规的公共交易平台，客观上使得集体资

产、资源的优化配置不能有效实现或便捷高效地完成。破解这些问题的办法就是构建农村集体资产产权统一的交易平台，建立规范的交易市场。通过产权交易市场使得农村集体资产可以按照规定的交易规则，采取多样交易手段，在公平竞争的市场中进行公开交易，实现农村集体资产的市场化运作，以优化资源配置，增强农村集体经济发展活力。

（四）健全乡镇集体资产管理机构，规范经营管理

乡镇级集体经济组织是名副其实的乡镇集体资产的合法所有者代表以及管理机构。我们要充分认识到乡镇集体经济组织在发展农村集体经济中的重要地位和作用，强化乡镇集体经济组织的职能地位，尽快建立健全集体经济组织管理体制，实行政社分开，规范化经营管理，彻底解决乡镇级集体资产产权主体缺位及管理机构不健全等问题。

（五）加强北京市农村经管队伍建设，完善外部监管

农村经管队伍是规范管理农村集体资产、切实维护农民集体经济权益的重要力量，承担着有效监管集体资产的重要职责。要根据将农民变成拥有集体资产的市民的发展需要，加强组织领导，强化业务培训，健全管理制度，切实加强北京市经管队伍建设，努力建设一支政治素质高、业务能力强、专业知识精的农村经管队伍，不断提高履职能力。要在强化农村集体资产内部监督的同时，充分发挥各级经管机构的职能，构建有效的集体资产外部监督机制。

（本文作者为北京市农村经济研究中心主任，此文发表于《前线》2010年第9期）

市场能够解决农村资源的公平有效配置吗

郭光磊

摘要：市场、政府和社区是三种不同的资源配置机制，三种机制各存在自身的比较优势，同时也存在局限性。社区机制作为市场、政府配置机制的必要补充在农村资源配置中发挥了重要的作用，但在现有农村体制下，由于社区集权主义的存在，社区机制出现失灵，并且引发了不同程度的市场失灵和政府失灵。农村资源产权属性模糊、法人治理结构不完善、农村集体组织委托人代理人之间能力不对称、政府监督指导服务滞后是产生社区失灵的深层原因。加强集体资产管理，解决农村社区集体中的内部人控制的社区失灵问题，提高市场配置农村资源的公平效率，已经成为当前一项重要而紧迫的任务。

自党的十四大确定社会主义市场经济体制改革目标以来，市场配置资源的基础性作用不断增强。根据一般经济发展的经验，在市场经济条件下，一国经济从工业化初期过渡到中后期，收入不均等水平会经历一个由低到高再到低的倒“U”形曲线[①]，即市场配置资源最终会缩小收入不均等水平，实现资源配置的公平有效。然而，实证研究发现，北京农村地区发展已经进入工业化中后期，不均等水平应该在倒“U”形曲线的右下端，即应该明显低于全国平均水平，但实际观察发现北京农村地区不均等水平明显高于全国大部分省区[②]。这些地区发展阶段一般处于工业化中期或前期。这表明北京农村地区随着经济发展水平的提高，市场配置资源的公平效率反倒下降了。这种矛盾现象表明，还存在一些尚未被人注意的体制机制因素影响了市场公平

① 即库兹涅茨倒“U”形曲线。见［美］库兹涅茨，“经济增长与收入不均等”，《美国经济评论》，1955年3月。如果从地区角度观察收入差距不均等的变化趋势，这条曲线被称为威廉姆森倒“U”型曲线。

② 张敬石，郭沛，“中国农村金融发展对农村内部收入差距的影响——基于VAR模型的分析”，《农业技术经济》，2011年1月。数据显示，北京市农村地区内部的基尼系数为0.231，高于陕西、贵州、广西、四川等15个省区（不含西藏）的基尼系数。这些省区的经济发展水平明显落后于北京农村地区的发展水平。

配置资源机制正常作用的发挥。最近北京市委十届八次全会提出“十二五”时期率先形成城乡经济社会发展一体化新格局的历史性任务。保证市场公平配置农村资源具有重要的现实意义。

一、市场、政府与社区：资源配置的三种机制

资源配置的机制就是通过这种机制让资源要素形成不同的组合，为人类社会提供各种不同的产品。产品的性质不同，需要的配置机制就会发生根本的不同。历史上曾经出现过三种不同的资源配置的机制，各种机制都存在自身的比较优势，也存在自身的不足。

市场一直被理解为一只“看不见的手”，人们相信如果每个人在它的指挥下追逐自己的利益，就能促进整个社会公共福利的增进，实现资源的公平有效配置。但是，市场在许多情况下会发生失灵。

首先，在产品供求的宏观均衡方面。20 世纪二十年代的大萧条充分暴露了市场缺乏自我矫正机制的问题，市场信条遭到了毁灭性的打击。政府逐渐开始通过财政与货币政策这只“看得见的手”来调控资源配置，加强需求管理，实现宏观经济的平稳运行，弥补单纯市场配置资源的不足；其次，在公共产品的提供方面。市场机制的比较优势在于提供私人产品，对于公共产品的提供往往无能为力。因为让私人提供公共产品，其私人收益远远小于私人支出。政府逐渐通过税收的手段承担了如灯塔、道路，乃至国防等公共产品的支出。第三，在信息不对称条件下，市场交易成本会陡然上升，造成市场萎缩乃至消失。对此，政府通过提供正式的制度安排和加强制度落实监督来消除市场交易中的不确定因素。可见，政府可以有效解决市场失灵问题，这两只手的合理组合就能够为经济发展提供一个充分的基础。

但政府本身也存在失灵问题。政府是人民用来管理国家的代理者，要保证这种委托代理机制的完善，一个必要条件是信息是对称的，只有这样代理人的行为才是可观察的，才可以进行有效监督。但是，真实的世界里信息往往是不对称的，在发展中国家信息不对称尤为严重，导致如司法程序费用高昂，执法人员难以忠实履行代理人职责等各类政府失灵的问题。如城乡结合部一些村在新村建设过程中要自己独立解决大市政问题，不仅要投资基础设施，还要缴纳昂贵的电、气连接的接口费。我们认为这是公共产品短缺下的政府失灵的一个典型体现。结果是市场失灵与政府失灵四处蔓延。

历史上还存在第三种资源配置的机制：社区。建立在广泛而密切的个人

交往基础上的社区机制可以凭借声誉和信任的力量有效克服市场运行过程中由于信息不对称造成的道德风险，缓解了市场失灵与政府失灵同时发生的困境。社区机制主要是以密切的个人关系和公共信任为基础引导社区成员进行自愿的合作，来提供各类小范围的准公共产品，或称为“俱乐部产品”，仅供成员内部使用，典型的如社区小型水利灌溉设施的建设、经营及管理使用。

关于社区机制概念目前尚没有得到广泛的认同。但历史上对于社区机制的研究已经有了一个良好的基础。

马克思曾指出东亚地区人口稠密，社区聚居，意识形态崇尚集权，社会结构具有独特性，一边是大集权政府，一边是小自耕农社会。土地所有制形式是公有制，个人只有土地占有权，没有土地所有权，个人对共同体存在较强的依赖性。其发展将会走一条不同于欧洲的独特的道路，并将其称为亚细亚生产方式①。但同时对于社区机制持消极态度，认为传统的农村社区不是进入现代文明社会的入口。

日本经济学家速水佑次郎正式提出了配置资源的“社区机制”②，并给出了正面的评价。速水认为不同于欧美大农场下的农户零散分布，在聚居条件下，农村的社区是一个空间上不可分割的整体，农户与农户之间具有对农田灌溉的共同需求，自然而然形成了一个以血缘为纽带由熟人构建起来的社会，长幼尊卑界限分明，并在社区精英的主导下，人与人之间形成一种长期合作互助和相互信任的关系，构筑出一种以自治合作为主要特征的社区机制。通过这样一种机制可以实现社区内部资源的公平有效配置，将整个社区的日常活动运转起来，并与陌生人环境下的市场资源配置方式相互衔接。其载体就是形形色色的各类综合性的社区合作经济组织③。

社会学家费孝通刻画了中国式的传统社区的本质特征④。血缘与地缘的合一是社区的原始形态。血缘的意思是人和人的权利和义务根据亲属关系来决定，这种由血缘决定的社会地位是不容个人选择的。在缺乏变动的社会里，长幼之间发生了社会的差次，长幼尊卑界限分明，年长的对年幼的具有强制的权力。因此，血缘是一种稳定的力量，正所谓“三年不改于父之

① ［德］马克思，“资本主义生产以前的各种形式”，《1857～1858年经济学手稿》。

② ［日］速水佑次郎：“社区、市场与国家”，《经济研究》，1989年第2期。

③ 如我国台湾地区的农会，日本、韩国的农协，以色列的基布兹（更接近我国的村集体经济组织）、莫沙夫等。不作特殊说明情况下，社区合作经济组织概念上一般等同于乡村两级集体经济组织。

④ “血缘和地缘”，《乡土中国》，2007年，上海人民出版社。

道”。亲密的血缘社会里是不产生商业的。传统的集市贸易往往是在村外，各地的人到这里都是以“无情”的身份出现。因此，血缘是身份社会的基础，地缘才是产生现代契约社会的基础。从血缘结合转变到地缘结合是社会性质的重大转变，社区机制也过渡到市场机制。

然而，在现有的农村体制下，社区权力容易过分向少数人集中，自治合作型的社区机制就会逐渐演化为一种社区集权主义，一些地方的村干部变成了至高无上的村民领袖。社区合作组织受到内部人控制，丧失原本的社区合作、民主控制的性质和功能，我们可称之为“社区失灵”。

当各类商品、资源或要素的交易半径超出社区范围走向外部市场的情况下，传统的社区监督机制将被大大削弱。在社区机制与市场机制耦合的过程中，缺乏内外监督的村干部可以把自己对村集体经济组织的控制权嫁接到市场的杠杆上，放大自己的资源控制力，为自己谋取私利，市场配置资源的公平性也随之丧失，“社区失灵”引发“市场失灵”。

村干部实际上是一种双重代理人身份。既是村社区成员的代理人，又是政府在农村的代理人，负责各项农村发展政策的落实和完成。当政府不能有效监督村干部，如审计监督、财务管理等环节出现漏洞或薄弱，就为村干部谋取不法利益提供了空间，“社区失灵”引发了“政府失灵”。

二、社区失灵的深层原因

社区性质的合作组织是一类特殊的市场主体，是一种劳动者的组合。只有在满足民主控制的前提下才能正常的发挥自身的功能，在与市场机制衔接的过程中才能保证市场配置资源的公平性。因此，如果出现内部人控制，往往会发生社区失灵，进而造成市场失灵，使市场配置农村资源的公平性发生扭曲。有必要解析一下社区失灵的深层原因：

政社不分的体制框架造成集体经济组织的弱势地位。改革开放以来，我国由计划经济体制向市场经济体制转轨。不同于东欧和前苏联，这是一场渐进式改革。即，在维护强势阶层对存量资源控制权的前提下，通过增量改革实现各阶层利益的增进，获得民众对改革的拥护和支持。结果把难改的领域留在后面，改革越往后难度和复杂程度越大。在农村地区突出表现为未完成政社分开，村党支部，尤其是村委会与村集体经济组织性质混淆，越俎代庖。强势阶层依靠特殊的政治地位，将村务决策程序替代农村集体经济组织的决策程序，对农村集体的土地、资金等稀缺要素资源进行垄断控制，随着要素市场发育这种控制权会得到进一步强化，导致市场化越前进，资源配置越不公平，收入差距拉得越大。由于是渐进式改革，法律法规往往跟不上现实的发展，社区合作机制的发挥长期处于无法可依的境地，为这些人钻法律空子创造了条件。一些地方村干部一言堂，社区机制下的互助合作演变为个人的强权。

农村资源产权的集体属性造成所有者缺位。产权功能在于界定、约束、激励和资源配置，不同产权结构功能表现迥异。在郊区乡村集体产权制度改革和林权制度改革过程中，一些地方林地、山场等资源性资产没有确权到户或到人，维持着传统集体产权的体制结构。一些集体经济组织改制后由于个人股份兑现等原因，也出现集体股一股独大的现象。在这种产权结构下，集体组织成员关心集体经济的个人收益小于个人成本，致使组织成员缺乏对集体资源配置过程中进行监督的内在积极性和自觉性，形成所谓的“所有者缺位”。集体资源的实际控制权往往会旁落到少数村干部头上，滋生干部贪污腐败，造成对社区集体组织成员福利的损害。

法人治理结构不完善造成信息不对称。改制主要是完成从共同共有产权结构向按份共有的产权结构的转变，健全集体经济组织法人治理结构是改制后更重要的任务，其目标是形成一个有效获取代理人信息的委托—代理机制。截至 2010 年年底，北京市完成改制的集体经济组织达到 2 484个，占北京市总数的 59.6%。预计今年基本完成改制任务。然而，一些已经完成集体资产改制的村，由于未能建立真正科学有效的法人治理结构，委托—代理机制尚不完善和健全，董事会、监事会与经理人之间缺乏强有力的监督制衡。村集体组织成员作为委托人无法观察和监督代理人的实际行为，村干部作为代理人形成对信息的垄断。如果集体经济组织经营效益变差，组织成员分红减少，委托人无法得知是由于市场环境变差，还是由于代理人不努力或出现违纪行为，形成信息垄断条件下的社区失灵。如管理上不能做到民主监督、民主决策；分配上不能按股分红，甚至多年不分红；资产收益管理不规范，寅吃卯粮以及财务管理制度不落实等。

农村集体组织成员文化素质偏低形成能力不对称。目前 85% 的郊区农村劳动力文化水平在初中以下，普遍缺乏现代企业经营管理的理念和知识储备。2007 年北京郊区 40 村调研发现，北京市郊区村支部书记学历 90% 在高中以上。两类群体在文化素质水平上形成了倒置。在社区习惯和风俗的作用下，大多数普通的村民存在对社区领袖的依赖心理，并将这种依赖延伸到上级政府。而且，农民长期以来形成了小富即安的心理，容易满足的情况下，不愿对村级事务去据理力争。即使建立了现代产权制度和健全的法人治理结构，由于自身能力水平的限制，在对集体资源进行管理的具体实施过程中会使得现有的制度和体制功能效率下降，市场配置资源的公平和效率也难以得到有效保障。

政府监督指导服务滞后造成组织管理者缺乏外部约束。外部监督不力是造成社区失灵的另外一个重要原因。政府对农村社区集体资产的监督指导服务效率较低，对侵犯乡村集体资产的行为监督力度不够，对于资产清查发现的问题缺乏进一步严肃的处理。农林水利等农村集体资产管理职能部门之间缺乏工作协调机制，农村集体资产监督工作体系有待加强和健全。农村经管部门在对农村集体资产审计监督、财务制度落实、资产清查与统计管理、农民干部经营能力培训、农村产权交易市场管理等方面存在诸多薄弱环节。

三、加强集体资产管理，提高市场配置资源的公平效率

近年来，随着郊区工业化、城镇化进程推进，农村集体资产规模不断壮大。2009 年年底，农村集体资产总额达到 2 972. 4亿元。其中，村级集体资产总额达 1 604. 7亿元，村均 4 020万元；乡镇级集体资产 1 367. 7 亿元，镇均 7. 1 亿元。此外，还拥有大量的土地、林地、水面等资源性资产。加强集体资产管理，解决农村社区集体中的内部人控制的社区失灵问题，提高市场配置农村资源的公平效率，已经成为当前一项重要而紧迫的任务。

深入推进政社分开。政社分开的目的是尊重市场经济规律的要求，让乡村社区集体经济组织作为市场主体进行独立决策。关键环节是理顺村党支部、村委会和村合作社之间的关系，防止村务决策程序代替村集体经济组织决策程序。乡镇级集体经济组织要结合自身实际，建立科学决策程序，健全市场主体地位。按照社区性合作性质，将传统的社区机制在市场经济条件下找到新的实现形式，并成为市场提高配置资源公平效率的微观支撑。

建立现代产权制度。适应郊区城镇化进程加快，城乡融合度加大，产权交易活动日益活跃、日趋复杂的新形势，按照“归属清晰，权责明确，保护严格，流转顺畅”的要求，建立农村资源的现代产权制度，明确社区合作组织成员的所有者地位，为市场公平有效配置资源创造微观制度条件。对于改制后的新增资产要积极探索组织成员的共享机制，维护社区集体组织的长久稳定。

完善法人治理结构。完善法人治理结构就是让农民掌握农村集体资产资

源的控制权，形成民主决策，民主监督的体制机制。加强管理，完善法人治理结构，是随着北京郊区集体经济组织产权制度改革的陆续完成，壮大集体经济面临的新课题。集体经济组织属于以土地为纽带形成的社区性合作经济组织，需要按照合作经济的规范制度来进行完善和健全。法人治理结构的完善不在于建立多少个“会”，关键是形成科学有效的委托—代理机制，让委托人能够有效地观察和监督代理人，让代理人有积极性去为社区合作组织的每一个成员去谋福利，避免代理人的机会主义行为。让社区合作组织成为农民实现共同富裕的组织载体。

加大培训力度。关键是让社区合作组织成员形成现代企业经营管理的理念，如产权管理的理念、监督制衡的理念、公平竞争的理念等。同时，提高组织成员的专业技能和各项知识储备。加强集体财务会计人员、民主理财小组成员、审计人员等管理人员的培训。加强经营管理人员的培训，熟悉合作社规范化管理的各项财务、规章制度，掌握市场经济条件下壮大集体经济的管理技能。加强对合作社社员的培训，了解金融、保险、行销、农业种养殖技术等专业知识；要培训经管系统的集体经济管理人员，提高执行力。

加强政府代表公共利益的监督。要加快建立以制度管理、产权管理、财务管理和市场管理为主要内容的农村集体资产的监督指导服务体系，为市场公平有效配置农村资源提供有力保障。实施制度管理，重点是建立健全农村“三资”管理制度、民主决策和民主管理制度、农村干部的廉洁自律制度和新农村建设资金专项管理制度。在产权的重组、产权交易以及产权的乡镇统筹等方面加强产权管理。加强财务管理和审计监督，进一步健全“村账双审”、“村账乡托管”、“专储账户”制度，推广在线审计，加强内部审计和直接审计。加强要素产权市场交易管理。要探索通过产权交易网的形式对农用地承包经营权、非农建设用地产权、宅基地产权、林权等各类产权进行统筹管理。要在乡镇层次探索建立乡镇集体资产交易机构，搭建市场交易平台。要加快建立集体资产管理办公室等专业化的农村集体资产管理工作体系。资产管理办公室将来要向农村集体资产监督管理委员会方向发展。

（本文作者为北京市农村经济研究中心主任）

关于加快转变北京郊区农村经济发展方式若干问题的思考

郭光磊

摘要：推进中国特色新型城镇化是北京建设世界城市的内在动力，是率先实现城乡一体化新格局的基本途径，应成为转变北京郊区农村经济发展方式的总的统领。转变北京郊区农村经济发展方式应以产业高端化为主攻方向，通过科技支撑，在郊区农村的一、二、三产的高端发展上下工夫；通过体制创新，改进资源配置，提高要素利用效率；同时要优先关注生态环境的建设和保护，优先关注资源的节约与有效利用，正确处理城市化与资源环境之间的矛盾。转变郊区农村经济发展方式需要战略措施予以推进，要建立城镇、规划、土地、金融、科技、组织、资产管理、公共服务、生态建设九大支撑体系，实现各项措施的体系化和措施之间的有机组合。

十七届五中全会指出加快转变经济发展方式是我国经济社会领域的一场深刻变革，必须贯穿经济社会发展全过程和各领域。农村地区转变经济发展方式，既是农村产业的高端化，又是农村经济体制改革的深化，也是最大程度增加农民收入，保障农民利益，其核心是走中国特色新型城镇化道路。刘淇书记提出首都农村是北京新的战略发展空间；首都农民是拥有集体资产的市民；首都农业是都市型现代农业。加快北京郊区农村经济发展方式转变，要进行深入系统的理论探索和实践推动，为“十二五”推进城乡一体化进程布局谋篇。

一、转变郊区农村经济发展方式是战略需要

转变郊区经济发展方式是适应工业化、城镇化新阶段，抓住郊区发展新机遇，开创郊区发展新局面的战略需要。

（一）郊区经济发展进入新阶段

转变农村经济发展方式是北京郊区经济进入新阶段的必然要求。北京郊区在整体上已处于上中等发达国家水平（人均 GDP 在 3 000 ~ 10 000美元）。2008 年 13 个郊区县人均 GDP 达到了 6 500美元。2009 年，北京市人均 GDP 达到 10 070美元，已经提前完成了《北京市总体规划》2020 年目标，不断向发达国家水平迈进；北京郊区工业化处于技术集约化阶段。纽约、伦敦、巴黎、东京等国际大都市制造业都经历了向中心城集中、再分散和在郊区再集中的过程。2010 年 1 ~ 5 月 10 个远郊区县规模以上工业总产值增长 33.7%，远高于北京市平均 19.6% 的增长水平。2008 年，郊区三次产业产值结构为 1.8 ∶ 26.8 ∶ 71.4。根据钱纳里的划分方法，郊区工业化正在由高加工度化阶段向“技术集约化”阶段（即人均收入 4 960 ~ 9 300美元，一产比重小于 10%，二产比重维持在峰值水平）过渡，属于工业化的中期向后期推进阶段；北京郊区城镇化进程进入高速上升阶段。北京市当前的城镇化率（85%）主要由外埠人口推高，远郊区城镇化潜力巨大。2008 年，10 个远郊区县的平均城镇化率仅为 47.8%（全国为 46.6%），部分区县只有 30% 多，总体上处于城市化曲线的高速上升区间；北京郊区改革更趋复杂化。到今年 9 月份，郊区乡村集体改制累计完成 1 006个，占北京市的 24%。农村产权交易市场发育、集体资产上市等诸多新问题，使农村改革的复杂程度进一步加深。

（二）郊区经济发展面临历史机遇

建设世界城市为当前北京郊区提供了重大的历史性机遇。农村地区日益成为城市发展的战略腹地。北京市人口分布不均衡，中心城区人口密度达到 22 549人/平方公里，而远郊区县的延庆县仅 144 人/平方公里，是中心城区的 0.6%。随着世界城市建设步伐的加快，中心城区的产业和功能势必寻求新的发展空间，郊区的战略地位将日益突出；郊区经济总量将快速提升。未来郊区将形成若干个规模性的现代制造业和服务业中心。到 2020 年，预计将实现北京市规划工业总量翻两番，达到 4 万亿元，并直接带动万亿规模的生产性服务业发展；郊区农民市民化进程将进一步加快。未来几年将会有七八十万农民转为有资产的城镇居民，农民收入不断增加，城乡社会融合不断加快。

（三）郊区经济发展面临的艰巨挑战

当前郊区经济社会发展的基础并不牢固。城乡差距在多层面发展。若到2020年实现城乡绝对收入均等，农民收入的年均增速应在17.2%～19.3%。而2009年，农民收入的同比增幅只有11.5%。农户之间的收入差距也十分显著。2010年第一季度，占农户总数20%的相对低收入户人均现金收入1 230元，约为郊区农户平均水平的1/4；产业结构低端。北京市农业生产仍未完全摆脱小、散、低状况，农业规模化组织化程度低，农民缺乏定价权。如规模以下生猪生产占近1/3，经营20亩以下耕地的种粮农户及企业比重达71.31%，种菜农户及企业比重为52.47%。加入合作组织的农户占一产农户比重40%左右，与国外80%的水平差距悬殊。2009年北京市农业劳均产值不到0.8万美元，而日本、韩国2002年的劳均产值就高达5.7万美元和1.9万美元。城乡结合部地区存在大量的缺乏规范管理的“瓦片经济”，像东升科技园那样的高端物业服务业尚不多见。小城镇产业园区建设缺乏高端产业集群培育。土地利用粗放。土地城镇化快于人口城镇化。2000～2008年，郊区小城镇镇区面积占镇域面积比重（5%）远远高于镇区人口占镇域人口比重（0.24%）。农村住宅建设的容积率一般只有0.15～0.3。粗放利用土地导致郊区耕地迅速减少，已经由1995年的39.4万公顷下降到2008年的23.2万公顷，年均下降4%。土地利用粗放是低成本的工业化、城镇化道路的必然结果；失地农民就业问题突出。北京郊区农村劳动力85%的文化水平在初中以下，劳动技能单一，缺乏竞争优势。随着征地拆迁，失地农民就业难问题日益突出，出现“有收入无岗位”现象；农民城镇化滞后。城乡二元经济社会体制尚未发生根本性改变，农村集体资产资源市场化程度低，限制了农民进城步伐。

二、转变郊区农村经济发展方式的战略重点

转变农村经济发展方式，要着眼于建设“人文北京、科技北京、绿色北京”全局，突出创新驱动、内生增长，农业就是要加快高端化，农村就是加快城镇化，农民就是要加快市民化，集中力量，聚焦中国特色新型城镇化、经济产业高端化、要素高效集约化和环境生态化等四大战略重点。

（一）以走中国特色新型城镇化道路为总统领

推进中国特色新型城镇化是北京建设世界城市的内在动力，是率先实现城乡一体化新格局的基本途径，应成为转变北京郊区农村经济发展方式的总的统领。要重视人口和资源要素的在农村地区本地的集聚。我国农村地区人口稠密，不可能依靠城市带动解决所有问题。既要重视大中城市作用，加快农民向大中城市转移，还要关注农村自身发展，通过小城镇与新农村建设实现农村自身的要素集聚；要发挥建设世界城市发动机的作用。当前北京郊区的城镇化水平与全国基本持平，加快城镇化潜力巨大。郊区有270多万农村人口，按每增加一个城镇人口带动10万元城镇固定资产投资计划，如果有100万农民转为市民，就会有1 000亿元的投资空间；要破除城乡二元体制。走新型城镇化道路，要彻底破除户籍、社会保障、社会管理等二元体制，加快城乡一体化进程；要加强社区集体经济组织的支撑。乡村两级社区集体经济是农民实现共同富裕的动力机制和重要保障，是实现农民带着资产进城的组织载体。要通过社区集体经济组织创新，实现乡村联动，推动人口、土地、资金等资源要素在城镇的聚集。

（二）以产业高端化为主攻方向

产业高端化就是突出科技支撑，由粗放式的投入驱动向内涵式的创新驱动转型，是转变发展方式的主攻方向，郊区农村的一、二、三产都要在高端发展上下工夫。

农业的高端化。一是发展技术密集型农业。籽种农业、精品农业、设施农业是郊区农业转变发展方式的重要方向。要着力加快农产品加工业品牌建设；二是根据社会性需要来挖掘农业新价值。实现农业的五化：文化化，传承传统农业文明，通过文化创意开发，创造新的经济价值，充分发挥农村的文化软实力，如延庆豆画，密云紫海香堤等；环保化，把农地作为永续经营的土地，追求农地环境的质量；教育化，把水里的鸭子、岸边的柳树转化成鲜活的教育题材；观光化，提高乡村旅游档次，加快产业间融合；休闲化，让农地农村成为我们美好的生活空间；三是壮大农业产业组织体系。龙头企业、专业协会与专业合作社等是农产品营销的主要载体。要积极发挥社区合作组织的综合服务功能。要加强农业科技推广服务体系建设。农产品行销流通体系建设要由农超对接逐渐向农民自建连锁超市方向发展。创新农业融资体系建设，增加农村金融市场有效供给。

农村第二产业的高端化。一是加快技术创新步伐。发挥地域科技资源优势，加快工业产业升级，提高加工制造业的增值程度和技术含量，大力发展现代制造业、高新技术产业和都市型工业；二是推进产业集聚。要重视小城镇在承载中心城产业和集聚当地产业的双重支撑作用。把农村工业化和城市郊区化紧密结合起来，以重点镇为基点，通过产业集聚发挥“1＋1＞2”的规模效益；三是淘汰落后产能。退出那些和城市功能定位不和谐的高污染、高投入、高能耗项目。

农村第三产业的高端化。一是提升郊区的生态服务价值，促进郊区生态服务业发展。加快乡村旅游业的产业升级。按照沟域经济的发展理念，进行科学的区域规划，细化乡村旅游业的不同业态，积极推动产业融合；二是推动生产性服务业在郊区的大发展。要提升文化创意产业、物流业、会展业等重点行业的发展水平。

（三）以加快体制创新为强大动力

通过体制创新，改进资源配置，提高要素利用效率。土地要素利用效率的提升。一是建立土地集约利用的体制机制。统筹协调解决农民上楼、产业发展和资金平衡，核心是保障农民为主体地位，保护农民进行土地开发的积极性；二是寻找科学的土地开发建设模式。开发商主导的城市建设造成大量遗留问题，低端的“瓦片经济”升级是必然趋势。去年，通过土地储备方式，实现了大望京、旧宫等地的城市化改造，通过自拆自建的方式，实现了北坞、高碑店、白家楼等村的建设改造，这些经验需要深入总结；三是征地拆迁补偿要协调各方面利益。要切实保障农民的利益主体地位。绿隔地区占而不征问题需要通过创新发展方式来解决；劳动要素利用效率的提升。“减少农民，富裕农民”是提升劳动生产效率的基本途径。要千方百计促进农民非农就业转移。特别是重点小城镇，要发挥解决当地农民就业问题的重要作用。激发郊区农民的创业热情。要加快农民转居，提高社保与民生保障水平；资本要素利用效率的提升。郊区农村集体资产近3 000亿元，平均每个行政村7 466万元，利用空间巨大。总的思路是实现资金、资产、资源资本化。

（四）以生态环境建设为重要着力点

未来北京将建成世界城市，成为世界交流的重要城市，要更加重视生态环境建设。进一步加强生态环境建设。加大公共财政的支持力度。要按照《北京城市总体规划》修编的要求，优先关注生态环境的建设和保护，优先关注资源的节约与有效利用；正确处理城市化与资源环境之间的矛盾。充分考虑资源环境承载力，全面推进土地、水、能源的节约和合理利用。健全激励和约束机制，树立绿色、低碳发展理念，加快构建资源节约、环境友好的生产方式和消费模式。实现人口的合理布局；推进生态产业化运作。以节能减排为重点，大力发展绿色经济、循环经济、低碳经济，促进经济社会发展与人口资源环境相协调，走可持续发展之路。

三、转变郊区农村经济发展方式的战略措施

转变郊区农村经济发展方式需要战略措施予以推进，要建立城镇、规划、土地、金融、科技、组织、资产管理、公共服务、生态建设九大支撑体系，实现各项措施的体系化和措施之间的有机组合，形成一股合力，力求在"十二五"期间郊区农村转变经济发展方式有实质性进展。

以新城和小城镇为重点培育多层次的农村城镇支撑体系。在中心城、新城周边，镇核心区和新农村社区等三个层次上，以11个新城和42个重点小城镇为重点，建立健全郊区农村的新城镇体系，实现大中城市带动和小城镇带动与新农村社区带动的有机结合，共同加快城乡一体化进程。要加强镇级统筹，探索通过保留农民土地承包经营权，宅基地置换小城镇住房，土地股份联合社等形式让农民带着资产有组织地向小城镇转移。

以镇域规划为重点健全和完善城乡规划支撑体系。要抓住今年的规划评估及"十二五"城乡系列规划编制机遇，更新规划思路，统筹考虑不同类型区域的城镇化进程和产业布局。提高包括新城、小城镇以及新型农村社区在内的城乡规划体系的协调性和可操作性，强化镇域规划的承上启下功能，实现规划"六统一"。一些镇域详规尚未完成的乡镇要加快进度，保障高新产业技术项目在郊区的顺利落地。

以非农建设用地流转为重点推进土地政策创新支撑体系。首先是要完成对非农建设用地、宅基地及山场、林场、滩涂等各类资源性资产的确权工作，在此基础上建设多形式的农村产权交易中心。通过乡镇土地资源股份联合社等形式，打破村与村之间各自为战的格局，实现农用地、建设用地和宅基地在镇域范围内的优化统筹配置。村企合作过程中，在进行土地一级开发后的招牌挂环节，尝试推广定向招标方式让利于民，落实农民的利益主体

地位。

以社区性金融供给为重点建立农村金融市场支撑体系。扩大和深化金融综合改革实验区，发展小额贷款、村镇银行、资金互助社等多种形式的农村中小型金融机构和社会公共投资机构。刺激本地内生性金融组织发育，积极探索乡村社区在发展农村金融市场中的积极作用，构建需求导向的农村金融组织体系。

以高端技术为重点建立科技支撑体系。充分发挥北京的科技资源优势，加大科技投入，建立健全产学研科技合作平台，提高科技转化率，推进产业高端化进程。农业领域要集中力量加快种业技术进步，加快世界种都建设。观光休闲农业要眼光瞄准国际化大市场，吸收尖端技术，加快升级改造。第二产业发展要着力培育像美国硅谷那样的具有强大辐射带动能力的高科技产业集群。研发和推广交通、物流、金融、信息等领域关键技术，拓展郊区生产性服务业发展新空间。

以新型集体经济组织为重点培育组织支撑体系。加快集体经济产权制度改革。建立现代企业法人治理结构，总经理等高管人员要采取由董事会向市场聘请的方式任命；通过按股分配，形成公平、透明的收入分配机制；发挥乡镇统筹优势，建立乡镇经济联合社。可以在各村集体建设用地分别确权后，折算为在乡镇经联社的股权，由经联社统一整理开发建设；要加快社区集体经济组织的地方立法工作。还要加强专业合作经济组织建设，发展超市农业，加强职业农民培训。支持对当地有带动作用的龙头企业大力发展农产品加工业。

以强化经管职能为重点健全农村集体资产的监督指导服务支撑体系。强化农村集体资产监督职能，农民的集体资产应加强专业化的纵向监督、指导和服务，加强农村经管体系建设；强化监督指导职能，要加强和完善各项法规建设。一些不适应当前发展情况的法律法规要及时进行修正。加强对农村集体产权制度改革的指导工作；强化服务职能，帮助集体经济组织依法规范合同，签订合同，履行合同，调节处理合同纠纷。

以保障和改善民生为重点建立郊区公共服务支撑体系。就业是最大的民生，要坚持就业优先原则，加快农民非农转移，特别是千方百计地保障失地农民不失业，不能让农民成为有收入无岗位的无业流浪者。要进一步加快农民市民化进程，推进城乡社会保障并轨的步伐，实现城乡公共服务均等化。加大收入分配调节力度，坚定不移走共同富裕道路，让农民与市民共享发展成果。

以生态建设为重点建立绿色生态支撑体系。强化生态涵养功能，加大生态涵养补贴力度。做强沟域经济，加快永定河等绿色生态带建设，创建国家级生态区，提高北京的生态宜居水平；加大力度发展循环经济，推动节能减排、污水收集、生物质能源开发等工作，逐步退出产能低、污染严重的工矿企业；探索碳汇生产、检测、交易运作模式，尝试碳汇资产市场交易，实现农村经济低碳发展。

（本文作者为北京市农村经济研究中心主任）

警惕对农村集体资产的侵夺

张英洪

摘要：集体资产是农民的宝贵财富，是农民走向共同富裕、实现全面发展的可靠保障和物质基础。但由于认识不足、改革不力以及制度建设滞后等多种因素的影响，农村集体资产不同程度地存在被公共权力不合理、不适当使用，被市场资本掠夺以及被少数乡镇干部、村干部集权侵占的现象，极大地损害了农民的经济权益，应进一步推动农村产权制度改革，量化农民集体财产，推进民主管理，加强对于农民集体资产权益的保护。

在当代中国，农民的最大特点和最大优势就是拥有集体资产。集体资产是农民的宝贵财富，是农民走向共同富裕、实现全面发展的可靠保障和物质基础。由于认识不足、改革不力以及制度建设滞后等多种因素的影响，农村集体资产存在被侵夺等严重问题，极大地损害了农民的经济权益。对农村集体资产的侵夺主要有以下三个方面。

一、公共权力的损害

实践表明，公共权力的不合理、不适当使用，会给集体资产造成重大损失。例如，一些地方在机构改革中，忽视或撤并集体经济组织，造成集体经济主体缺位，平调了集体资产，造成集体资产流失。又比如政府在征地拆迁中，低价征收农村集体土地，然后高价拍卖，剥夺了农民分享土地增值的收益，造成大量失地农民。再比如在旧村改造和城镇化中，一些地方以宅基地置换城镇住房的方式，强制农民集中上楼，实质上大规模剥夺了农民的宅基地用益物权。

二、市场资本的掠夺

很多地方为了推动当地经济发展，大力招商引资，一味为资本保驾护航，虽然促进了经济发展，但却造成严重的社会不公、生态破坏，以及对公私财产的掠夺。当前的最大问题是资本与权力的“联姻”。在以资本为主导的土地流转、集体企业重组、房地产开发、旧村改造、新农村建设中，贪婪的资本卷走了大量集体资产，严重损害了农民的经济利益。

三、基层干部的侵占

由于基层民主制度建设的滞后，农民难以充分行使对集体资产的所有权、管理权、收益权和监督权，大量的集体资产实质上掌握在少数乡镇干部和村干部手中。在一些地方，少数基层干部侵吞、私分、挪用、挥霍集体资产的手段层出不穷。有的与投资开发商合谋共同瓜分侵吞集体资产，有的私自出卖集体资产中饱私囊，有的强制收回和流转农民承包地，有的强占和侵夺农民的宅基地，有的将集体财产视为自己的小金库大肆挥霍浪费，有的对集体资产的经营管理不负责任，造成了“三高两低”等问题。农村集体资产经营管理存在的高积累、高管理成本、高集体股“三高”以及低收益分配和低管理水平“两低”现象，反映了对出资人的不尊重，损害了农民的集体资产权益。

面对这些问题，应进一步推动农村产权制度改革，量化农民集体财产，推进民主管理，加强对于农民集体资产权益的保护。

（本文作者为北京市农村经济研究中心社会处副处长、研究员、博士，此文于2010年11月4日发表于社会科学报）

第三篇

都市农业——在探索中寻求突破

世界城市建设背景下农业信息化发展模式研究

课题组

摘要：本研究从北京建设世界城市的背景和战略要点出发，提出北京都市型现代农业应实现从“农业信息化”到“信息化农业”的历史转变。农业信息化的落脚点和基本核心是用信息技术对传统农业生产方式进行的改造；信息化农业反映了基于现代信息技术和新兴的信息服务手段，对农业生产目标在定位和模式上的重新思考。研究深入分析了信息化农业的内涵、特征，以及北京市信息化农业的发展现状和建设中存在的问题，总结了世界范围内信息化农业建设的国际经验，提出北京向信息化农业转型，符合城乡一体化总体战略，有利于促进产销衔接、改善农民就业结构、促进现有信息工程施展功效等作用，具有战略意义；对信息化农业的服务和预期效果进行了梳理，明确了信息化农业的发展和管理目标；通过建立以信息化元素及应用、信息技术及服务、信息化农业主导组织为三个维度的信息化农业三维模式图，探讨信息化农业建设的基本策略。

一、北京世界城市的建设背景及战略要点

（一）北京世界城市建设战略的背景

2009年12月底，“世界城市”一词首次出现在北京市市委书记刘淇的工作报告中，报告提出北京要“瞄准建设世界城市”。北京市政协主席阳安江在2010年1月宣读的报告中也提出，市政协要着眼于建设世界城市的长远方向，更加关注经济发展方式转变和产业结构优化升级。根据北京市政府2010年1月发布的《政府工作报告及计划报告、财政报告名词解释》，“世界城市”是指国际大都市的高端形态，对全球的经济、政治、文化等方面有重要的影响力。目前公认的世界城市有纽约、伦敦、东京。其具体特征表现

为国际金融中心、决策控制中心、国际活动聚集地、信息发布中心和高端人才聚集中心。

《北京城市总体规划（2004～2020）》指出北京的城市定位是：国家首都、国际城市、历史名城和宜居的城市。从这个总体规划的定位可以看出，世界城市将成为北京城市功能提升中的核心目标；国际化、历史名城和宜居性，也将成为北京世界城市建设中着力强化的方向。

以北京奥运的成功举办为标志，北京市的发展已进入了“人文北京、科技北京、绿色北京”的新阶段。世界城市建设目标的提出是有战略意义的新方向。它意味着北京将充分利用信息技术革命、知识社会环境和丰厚的人文、科技资源，实现跨越式发展；意味着北京将充分利用世界经济政治格局变化，重心东移的机遇，充分提升北京的城市形象和国际影响力；意味着北京将在人均 GDP 突破 1 万美元的历史条件下，建设成为城乡一体、社会和谐、宜居永续、魅力传承的新型大都市。

（二）对北京世界城市建设战略的解读

《中国信息社会发展报告 2010》指出，相比于其他地区信息社会发展水平指数大多在 0.3～0.6 之间，北京和上海的信息社会发展水平指数都超过了 0.7，处于由工业社会向信息社会的转型期。在转型期内，北京的世界城市建设将会对信息化发展提出更高的要求，需要更为坚实的通信和信息技术支持，需要以更全面优质的、以全体公民为本的信息服务体系为依托。正确理解世界城市的含义，进行农业信息化模式的设计非常重要。以下是我们对一些值得关注的、与信息化相关的战略要点的解读。

1. 北京将建设全要素的城市管理体系

数字化将使北京城市管理的组织化程度空前提升。成为世界城市的北京将以“数字空间”为中心，建立覆盖各类空间、经济、社会等城市要素的数字化城市管理体系，运用信息技术加强和集成城市空间、市政基础设施、智能交通、安全监控、水资源监控、生态环境监控、能源监控、重点区域监控等城市功能，通过合理建设规划、智能化改造、精准服务工程等，全面改善城市的面貌和环境，实现城市的智能运行、精细管理与无缝监控，解决超大型城市面临的发展难题。

2. 信息化、网络化成为城市运转、经济运行和市民生活的重要特征

北京市运用信息的能力也将极大增强。城市建设将以“数字市民”为中心，建立覆盖城乡、惠及全民的便捷数字化社会服务体系，运用信息技术

加强和集成各类社会服务，普及政府网上办事、远程医疗、远程教育、电子商务、国际化信息服务、数字家庭服务等数字化服务体系，同时提高服务的覆盖面，提高服务质量和速度，降低社会服务的成本。

3. 信息技术对服务体系、管理体系、指挥体系提供全面支持

信息化将深入渗透到城市经济生活中，成为政府机构集中进行资源协调调度、社会安全监管、生命线保障和各种应急指挥的核心管理平台；各个政府机构之间信息资源共享，业务无缝连接，形成统一运作的联动体系；政府和服务对象（企事业单位）之间的关系获得明显改善，重要的信用管理、市场化运营、组织创新、供需衔接等生产服务的效率明显提高；不仅硬设施完备，而且软环境一流，在信息资源丰富性和信息服务适宜性上，满足国际化服务环境的要求。北京将充分发挥首都信息化的基础优势，并使它转换为城市经营和管理的优势。

4. 世界城市将极大推动城乡互联和城乡一体化覆盖

信息技术在改善城乡分割的二元结构上将发挥至关重要的作用。在地理自然分割的城市和乡村地区之间建立强连接纽带，推进城乡一体化的进程，促进城乡良性互补、可持续发展协调环境的形成。比如：建成城乡一体化的高速宽带信息网络，实现光纤到企入户，实现主要城镇区域的随处接入、移动互联无线宽带覆盖和高清交互有线电视网络普及；加快城乡市场的衔接、生活消费的衔接、教育人文服务的衔接等；用基本信息服务的标准化、均等化和长效化，推进城乡一体化发展的进程。世界城市的建设将推动城乡数字鸿沟的缩减而不会使之扩大。

5. 通过权威的信息资源开发与信息服务创新占领信息制高点

北京的首都特色决定了它也是中国权威的政治、经济和各种社会信息的中心点和制高点。北京不仅仅要与中央部委、管理机构和新闻单位等紧密合作，开发高质量的信息资源和信息服务项目，而且要依托中关村国家自主创新示范区、商务中心区、总部中心等，在企业创新支持和产业发展环境建设上尽快升级，加快发展高端信息服务业，为形成以北京为核心的京津冀都市圈、环渤海经济圈等方面作出贡献。

综上所述，北京的世界城市建设战略，意味着北京作为世界最大的发展中国家的首都、作为传承中华文化的名城、作为社会经济改善最为明显的特大都市，将通过信息技术、信息内容和信息服务的全面融合，使自己的综合竞争实力在国际上获得有效提升。

（三）北京世界城市建设对农业和农村建设的要求

对北京世界城市建设战略的解读，也促使我们重新审视北京都市型现代农业和新农村建设的各项任务。在“建设世界城市”的总目标下，我们需要重新认识首都的“三农”建设基础，加快转变京郊农业和农村的经济发展方式，促进城乡经济社会一体化发展新格局的形成。为了表达方便，我们用一个较新的概念——“信息化农业”来表述符合城乡一体化建设要求的、与新的世界城市建设目标和当代信息技术的应用趋势相配套的，北京市未来农业信息化发展的新阶段。这个概念与农业信息化的概念并没有根本性的区别，是与农业信息化有所区别又良好衔接的概念。

二、从农业信息化到信息化农业

（一）信息化农业的内涵

如果说，农业信息化的落脚点和基本核心是用信息技术对传统农业生产方式进行的改造，信息化农业反映了基于现代信息技术和新兴的信息服务手段，对农业生产目标在定位和模式上的重新思考。它更加适应当前农业产业领域不断拓展的现实，可以用来反映农业信息化发展的较高阶段。北京郊区的农业目前已经从第一产业逐步拓展延伸到了第二或第三产业。农业不再是一种商品化和组织化程度很低的行业，农产品不再是一种附加值很低、品牌化程度很低的粗制品，务农不再是一种几乎不需专业技能培训的“与生俱来”的职业，农用地不再是一种只提供原始物质产品的粗放资源，“农作物种植”不再以耕地、沃土等为先决条件，农村不再是人均收入较低的区域。这不仅仅是现代生产技术、经营技术、加工技术等对农业进行改造的结果，更是现代信息技术深入地渗透和融入农业，使农业和农村发生了根本性变革之后的状态，即所谓的“以 IT 为基础的农业（IT-based agriculture）”的高级阶段。

它至少由三个方面的推力促成：

第一，信息技术的发展。信息技术对传统产业的渗透能力很强，农业也不例外，从原材料的采购到田间种植，再到农产品的销售，无不有信息技术的渗透，这符合所有产业发展的总趋势，是信息产业创新能力的体现。信息技术的普及，深刻改变了多个产业的运作流程和商业模式，促进了各种不同组织的转型。IT 已经从支持要素逐渐成为基础要素，从“最好有”变成“必须有”。例如，在农产品质量监督过程中，农产品溯源是其中的一部分，而要实现农产品溯源，就必须利用现代信息化网络技术这个“必须有”的基础要素，构建农产品溯源系统，通过该系统，政府监管部门可以对农产品生产和销售的整个过程进行监督。

第二，中国农业向高级阶段的发展。组织化程度、商品化程度、科技水平、智能化都全面提高，北京条件更好。北京的农民专业合作社起步较早，各方面政策也较为完善，组织化程度较高，这有利于提升农业的规模化和产业化效益。同时，基于各个合作社自身特色的“农家乐”以及各种充满创意的农产品加工品，极大地丰富了农产品市场。另外，在北京市级农村“数字家园”带动下，到 2009 年年底，北京市由市、区县两级建设的农村“数字家园”达到 789 个，覆盖北京市 19. 9% 的行政村。其中由区县自筹资金建立的农村“数字家园”370 个，占总数的 46. 7% ，这为北京农业提供了良好的信息化保障。以上这些使得农业的目标从解决温饱变为多元化，向高级阶段迅速发展。

第三，创新的推动。创新在不同产业间的扩散和应用引发了技术溢出与融合，使不同的产业彼此之间的交互性和互联性得到加强，从而促进了产业间的融合。另外，由于产业融合给传统产业链带来冲击，经营中的不确定性不断增强，为减少经营活动受外界不确定因素的影响，开展基于价值链的纵向整合尤为必要。同时，随着人民生活水平的提高，新的消费需求不断出现，这些都促使新的产品、业态、目标、领域、形式出现。在北京市郊区，由于经营创新及市场需求的推动，都市农业、生态农业、立体农业、创意农业、庭院农业等新的组织形式和经营业态已经遍地开花。

认识决定成败，理念不同，在信息化推进过程中成效相差甚远。目前，京郊农村信息基础设施建设不断加强，农村信息服务呈现出以互联网、广播网、电视网、电话网和无线电网为载体，网站、电子商务、广播电视、电话语音、手机短信、视频专家在线等多平台共同运作的局面。在不断探索和采纳那些能够提高生产效率和管理质量的新技术、新方法的同时，要善于把握应用新技术所带来的经济模式上的变化。信息化能够打破传统的生产流程和组织模式，创立适应现代社会发展的新的产业链和工作方式。因此，我们认为使用“信息化农业”这个概念更为清晰，对于人们认识上的转变更有帮助。在研究信息化应用实践时，对管理创新的思考不容忽视。只有将注意力放在新技术所带来的工作变革、机制创新和应用推广上，才能够抓住信息化推进工作的本质。

（二）信息化农业的特征

经过初步分析，我们认为信息化农业的主要特征包括以下一些方面。

1. “民以食为天”基础坚实

信息化农业是农业在信息技术支持下，从传统的第一产业向二、三产业延伸。它可能会极大地改变一些传统的农业观念、农业生产模式或农村经济的组织模式。这里我们不打算具体探讨。但是需要指出，这种转变并不是没有基础的。信息技术在这里并不是万能的，农业作为第一产业的地位并没有被取代，而是以此为基础获得了进一步的发展。这种发展需要在人们对粮食安全、食品供给等基本需求满足之后才会提出，才会实现。北京市的农业发展是符合这个前提的。

2. 与其他产业的合作关系更为直接，产业边界相互融合

产业融合可以看作是不同产业或同一产业内的细分行业在技术创新与放松管制的基础上相互交叉、相互渗透，逐渐融为一体，形成新产业形态的动态过程。随着现代市场经济的发展、生产力水平的提高，尤其是农业产业化进程的加快，信息技术对农业的影响日益凸显。农业必须密切关注相关产业的动向，追随信息技术应用和发展的新趋势。发达国家早已在第一产业中，密集应用电子信息技术控制农作物生长过程，而且还利用计算机等手段，获取农业生产资料和农产品市场信息，信息化农业快速发展。以“鲜花之国”荷兰为例，荷兰花卉出口占世界出口总量的60%以上。荷兰花卉业的成功有许多因素，其中最具特色的是它高度的专业化生产、科学的栽培技术和高效的花卉拍卖体系。荷兰花卉种植采用大量先进的栽培管理技术。花卉温室里的供水、供肥、温度、湿度、日照率、空气中的二氧化碳含量等都由计算机控制，无土栽培技术，滴灌、微喷灌及与“潮汐式灌溉系统”相结合的水肥管理，均以信息技术为基础。

3. 与城市同步发展，关系更为紧密

推进信息化农业是统筹城乡发展、促进和谐社会建设的重大举措。信息化农业的发展将使按需种植、订单农业、创意农业等先进方式及早实现。城乡之间信息衔接和共享将使产业链、供需链、服务链相互衔接，削减城乡收入、消费、服务、生活方面的差别，促进农村市场开拓和城乡协调发展。在城乡二元结构和数字鸿沟的影响下，目前中国建设和谐社会的重点和难点在

农村。借助于网络技术可以建立城乡之间的信息传递互动、交换的平等关系，提升农村发展的速度，缩短城乡间的贫富差距；借助通讯技术，可以使城乡居民直接分享各种技术知识与市场信息，引导农民改变传统的生产生活方式，促进农民享受现代社会文明的成果，推动科技、文化、社会事业的发展。在信息技术发展规划和设计方面，必须注意城市与乡村的同步建设，使乡村跟上城市的节奏。为了缩减不必要的数字鸿沟，甚至需要乡村有更快的发展速度。

4. 农业信息的服务特征明显

到了信息化农业时代，借助信息技术来管理生产过程及销售过程的功能应基本开发到位，具有无限开发空间的是农业产业服务功能的强化和支持。针对农业产业化层级的提升，通信网络和应用信息系统所能提供的信息服务功能不断增强，信息服务的内容和形式不断推陈出新，对农业的支持更为全面和深入。比如：生鲜农产品供应链的完善、农产品全程配送服务，覆盖乡村各个角落的 LBS 服务（定位服务，Location Based Services）等，都会成为农业信息服务发展的重要领域。LBS 是一种移动通信与导航融合的服务形式，可通过移动终端和移动网络的配合，随时确定移动用户的地理位置，并为用户提供最有用的服务信息。LBS 与“云计算”相结合、与创意农业相结合都会创造出新的信息化农业服务形式。

5. 信息化充分发挥引领作用

在信息化农业时代，信息化除了作为基本支持平台，支撑着现代农业组织的运作之外，还会发挥创新主导作用，引领农业产业链创新、城乡建设的创新、农业服务模式的创新等一系列创新。应关注现代信息技术装备农业的长期过程，了解中国农业产业整体素质逐步提升的演进过程，全面提高中国农业的效益和内在竞争力。

（三）北京信息化农业的发展现状

1. 农村信息基础设施建设取得了一定成果，平台基础比较扎实

一是农村信息网络的建设。根据郊区各区县农委提供的最新数据显示，截至 2009 年年底，广播（电话）覆盖率，13 个郊区县基本实现 100%；有线电视覆盖率，除延庆、昌平、密云、朝阳（未报）外，其他 9 个区县均实现 100%；网络覆盖率，除丰台区和朝阳区未报外，其他 11 个郊区县均达到 100%；网络入村率，除朝阳区（未报）和顺义区外，其他 11 个郊区县均达到了 100%。

二是基层信息服务站点的发展。根据简单累加计算的结果，近年来，郊区农村基层已建设各类信息服务站点10 680个。包括农村党员干部现代远程教育站点4 233个、农产品市场信息服务站点150个、农业科技远程教育站点452个、农村“数字家园”站点823个、农村文化信息资源共享站点3 118个、爱农信息驿站1 504个、政务公开触摸屏站点400个。

三是农民信息终端的建成。信息终端是农民获取信息、提升信息能力的重要指标。根据区县农委上报数据显示，截至2009年12月，每百户家庭电视拥有率均超过100%；每百户家庭固定电话拥有率，均超过50%，其中通州区、延庆县、大兴区均达到或超过100%；每百户家庭移动电话拥有率，除海淀区低于50%，其他区县均超过50%，其中延庆县、平谷区、怀柔区、顺义区均超过100%；计算机户均拥有率，除丰台区、大兴区、通州区超过50%外，其他区县均低于50%。

2. 涉农公共信息服务应用已有初步成效，开始深入到农村生产和生活的各个方面

（1）北京现代农业信息网

按照“221行动计划”要求搭建的北京现代农业信息网，从2005年改版升级到现在，历经了5年，随着功能的完善，信息资源逐步丰富。到2009年年底，北京现代农业网直接管理的信息资源5万余条；会员企业较为关注的中长期分析预测信息7 654条；注册会员达到2 260家；累计发布供求信息58 525条。

（2）北京移动农网

北京移动农网自2007年开始建设以来，经过设备部署、系统培训、典型示范，应用工作逐年推进。2009年，北京移动农网按照开拓创新、深化应用的原则，郊区各区县有关部门积极推进，完成了大量卓有成效的工作。截至2009年年底，13个郊区县共安装信息机222台，农信机3 810台，发送实用短信1 037万条，服务用户38万，信息发布的及时性、准确性、针对性进一步提高，取得了良好的服务效果。

（3）多个综合信息服务平台

“12396”北京新农村科技服务热线是北京市科委农村发展中心与北京市农科院信息所共建的面向北京“三农”开展信息服务的综合服务平台。2009年，8月上旬开通至今，登录点击数已达到24.6万人次，日均点击量近2 800人次；同时通过电话、视频和网络为用户提供自动答疑服务3 859人次，由专家进行人工咨询服务245人次，日均咨询量超过30人次。此外，

还有前面谈过的农业资源管理决策系统（即“221 信息平台”）；2006 年通州区率先试点建设，2009 年年底投入运行的农村土地流转信息平台；覆盖 192 个乡镇和 4 017个村集体经济组织的农村管理信息系统平台；2009 年 10 月完成的农村党员干部现代远程教育平台等多个信息服务平台工程。

（4）乡（镇）网站建设

截至 2009 年年底，郊区 13 个区县 183 个乡镇（地区），共有 127 个乡镇建设了独立域名的网站。其中，能够正常进行信息更新维护（每月至少更新 1 次）的乡镇网站 69 个，占 54%。127 个有独立域名的乡镇网站合计更新信息 12 331条，平均每个乡镇更新信息 97 条。

（四）目前北京信息化农业建设中的问题

1. 认识上有待改善，需要对信息化农业目标和作用做出明确思考和表述

信息化农业是国家信息化总体战略的有机组成部分，其根本目的是增强综合国力和国际竞争力。就北京而言，无论是《2009 年北京市农村信息化发展报告》，还是《都市型现代农业服务体系调研报告》，对于北京市信息化农业（或农业信息化）的目标均未做出清晰、准确的描述。对目标缺乏描述往往反映了人们对发展远景和努力方向的思考还比较模糊，或者缺乏统一认识，这会在很大程度上影响对信息化农业的规划和建设。从现实看，它也关系到对一些“尝试探路者”的定位。比如，我们在大兴区看到的“任我在线”的农产品电子商务模式，在电子商务平台、社区店和团购终端组织、配送中心建设等方面逐步配套，虽然市、区政府对企业提供过很多支持，也看好该企业的发展方向，但如何认识这类模式的价值潜力和示范效应，是否需要更加到位的推广和服务政策，还需要进一步明确。

本项研究试提出，北京市信息化农业的基本目标应该是促进世界城市的建设，利用信息技术，从根本上提高京郊农民的营农能力，有效转变京郊农村营农的地位和状态。这里的“营农”并不仅仅指传统的种养殖业，或者随城市扩张而弃农经营它业；而是指与世界城市建设相配套的新型都市化农业和现代化乡村发展，包括新型城乡互补关系和“天安农业”等高水平的物流服务商。信息化对京郊农业、农民和农村都将起到重要的支持和引导作用，可具体表现为：促进现代农业科学技术和农业科研成果的推广和普及，提高农业生产和经营效益；实现资源高效配置，提升农业产业结构，发挥农村经济的比较优势；加快乡村建设，改善乡村服务，提高北京市的整体形象

和国际竞争力。

2. 涉农信息资源相对分散，有重复建设，需要有效整合

目前北京市相关涉农单位均建有自己的应用系统和互联网网站，但各部门、各单位之间的沟通和配合不够默契，基本以项目为导向，造成了资源的浪费，不利于资源的充分利用。例如，12396 和 12316 服务热线在提供新品种新良种信息服务、农业生产技术咨询服务、农产品市场信息咨询服务、农业政策法规信息咨询服务、农村生活常识信息咨询服务、与专家的双向视频诊断服务方面存在不少重复。此外，涉农信息资源相对分散，资源没有整合，农民无法通过相对集中的网络平台和接收手段获取自己需要的信息。对消费者而言，也存在类似情况。比如利用百度搜索“北京农家乐”后，排在前五的网站为：www. sharina. com. cn、www. bjyxh. com、www. bjxmhotel. com、www. bjlyxg. com、www. bjyinghuayuan. com。这些网站都是自主建设，对北京部分郊区农家乐的介绍，信息资源相对分散，并且存在重复建设，人们对网站的权威性无法判断，网站对城市消费者休闲农业的消费需求的服务明显没有到位。

3. 城市和乡村的信息化建设仍有明显差距

以企业管理为例，城市各类企业的认证和入网管理相对严密，有比较完善的信息平台。“十一五”期间，北京市发布了《“十一五”期间北京工业企业信息化发展规划》，开展国有大中型企业领导人信息化技能培训和现场经验交流，组织 100 家商业企业上网，筹划建立了不同类型的中小企业信息服务平台，开展了中小企业信息化建设咨询、诊断和前期试用工作。相比而言，乡村的农业合作组织信息化基础仍旧薄弱。比如：北京顺义的绿奥蔬菜合作社成立已有七年，是集蔬菜生产、加工、配送、采摘、餐饮、垂钓为一体的农业合作组织，拥有良好的物流配送设施和规范化运作流程，但是仍然用手工方式进行管理。再比如，城市商业和服务企业对其产品和服务的质量检验、经营者和消费者行为稽查水平都高于对农家店及农贸市场流通的管理；目前的区县数字全覆盖工程、网格化管理系统、数字化社会救助信息系统和社区卫生服务系统等，也都从城市率先起步；城市居民的医保信息系统已完成硬件升级和软件功能更新。总之，城市和乡村的信息化建设差距依旧明显。

4. 缺乏整体性设计

由于缺乏整体性设计，北京市农业信息工程建设后期缺乏运营维护，许多的后续工程无法与前面的建设项目衔接。项目建设不少，但累积的效果尚

不明显，正如一些人所描述的，出现了 1 + 1 <2 的情况。比如：蔬菜物流配送系统的产品和作业编码基本由企业自主进行，缺乏统一性设计，如果要使用统一的信息共享平台及电子商务系统，可能会出现对接难的问题；京郊的“农家乐”虽然已经遍地开花，但基本靠农民自己摸索和自发管理，对怀柔“不夜谷”农家乐的调研发现，从住宿规范、服务内容、质量、规章到该上哪个网站做广告，都凭借机遇或外部的主动营销，没有来自政府的实质性规划和引领。民俗性的项目建设长期归农委系统管理，但旅游执照、经营执照的办理属于工商部门，这种分头管理模式尚无法覆盖到许多新兴的农业经营形式（如农家乐）。各部门都在设法管自己的份内事，信息却不共享，没有跨部门的管理流程，许多事项也就无人去管，导致许多事务缺乏整体统筹和规范化管理。

5. 缺乏持续性管理机制

长期以来，政府工程重建设轻运营，缺少有效的后续管理。根据《2009 年北京市移动农网工作总结》，2006 年～2009 年，北京市针对移动农网项目仅发布了两个正规文件，对项目的运作资金、工作人员、奖励机制等方面均未进行过深入研究，没有北京市性的统一要求，区县推动此项工作缺乏有力的政策支持和执行依据。另外，《2009 年北京市移动农网工作总结》还指出，到 2009 年 10 月，13 个郊区县中有 5 个区县农信机停、撤机现象，超过了农信机安装量的 50%，个别区县（丰台、平谷）停机率达到 80% 以上。农业信息化工程的持续性亟待加强。

针对上面的现状和问题分析，我们下面将比照国际经验，分几个部分，对北京市世界城市建设目标下农业信息化（暨信息化农业）的建设策略做出一些理论性的探讨。

三、北京世界城市战略与信息化农业发展的关系

（一）世界城市及信息化农业建设的国际经验

对现有文献的搜索中，我们没有找到直接讨论世界城市与信息化农业建设关系的研究主题，但是对一些相关国际经验的研究对我们有很大启发。可以看到，目前公认的、较知名的世界城市建设都经历了较长的历程，目前都有强大的第三产业支撑，商业、贸易、金融、证券、房地产和信息咨询等行业蓬勃兴起。城市功能多元化，城市既是科学技术中心，也是商业中心、金

融中心、信息中心、文化中心、交通枢纽和行政中心。从世界城市建设的轨迹看，经济的快速发展使得中心城市的辐射力变得异常强大，但牺牲环境、牺牲未来、牺牲乡村的模式并不利于城市本身。世界城市的发展都会注重未来，注重与周边乡村关系的改善，城市和郊区乡村的环境会同步发展并融为一体，形成城市和乡村居住区互补、服务及消费环境互利、市场和资源设施互助等新的格局；会借助总体规划统筹城乡两极，并通过建设一体化的交通系统、社会服务和通信保障等使城乡享受到同样便捷的服务。在世界城市发展过程中，乡村的优势得以保留和弘扬，传统乡村和传统农业也围绕城市建设得到改造，依托于城市的科技、人才、资金、市场优势，向都市型农业逐步转型。农业生产高度集约化，并具有生态保护、休闲娱乐、旅游观光、教育创新等多种功能。

1. 伦敦和纽约

伦敦和纽约都是最为知名的世界城市。纽约有33%的人口是在国外出生的，伦敦有27%的人口来自国外。

以伦敦为例，1940年前后，为了控制城市工业对人口的吸引和集聚作用，疏散中心区工业和人口，伦敦市制定了著名的“大伦敦规划”，把伦敦分成四个区域，围绕城市核心区外依次分为内城、郊区、农业区。规划保持了郊区地带的原状不变，并在农业区范围内分散建立新城，既实现了人口的城市化，又避免了城市人口拥挤和无序发展，创造了良好的城市环境和乡村风貌。伦敦的核心区人口、大伦敦区人口和通勤人口的比重大体维持在1:1:1.5，实现了城乡合理分布。这使得伦敦有能力作为世界城市以高质量的服务设施，特别是贸易和金融设施吸引全球投资和国外移民。目前，伦敦的新一轮规划要求按照“花园城市”的模式建设新城镇，努力将发展活动引导到那些社会和经济衰退的地区、以及有潜在发展机遇的地区，最大限度地保护生态环境，减少对农业资源的占用。城市区域内严格限制土地和自然资源的占用，限制对绿色空间的侵蚀。显然，伦敦在可持续发展和低碳城市建设等方面继续发挥着领跑者的作用。

纽约的世界城市名片标识至少有两个：一个是当今世界上最大的经济中心，另一个是联合国总部所在地。从现有学者的研究看，纽约在从荒凉小村勃发为世界中心城市的过程中，港口贸易的发展、工业时代资本积聚、1898年五个区合并、农业劳动力大量转移、国外移民不断涌入等都是推手。进入19世纪中期，纽约已成为集金融、贸易、旅游、文艺于一身的世界大都市，大厦林立，人口猛增；与此同时也面临着噪声、交通、住房、大气污染等诸多问题。此时，纽约市开始用城郊化的策略取代原先的城市化策略。一是城市居住功能郊区化，20 世纪 50～60 年代将大量居民由纽约市中心移往郊区；二是城市商业功能和产业功能郊区化，在纽约郊区城镇建立大型购物中心等，并将工厂企业搬到郊区；三是建立边缘城镇，由小城镇集合成为新的大城市带，减轻中心城市的压力。政府通过大规模援助公路建设，实施有利于郊区发展的住宅政策等措施，引导纽约市向外围延伸扩展，与郊区边缘城市共同构成大都市圈。有关专家认为，这一趋势将在未来 20 年中使美国的农村地区城市化，这种城市化的对象不是城市本身，而是目前已经存在的农村集镇。以纽约为代表的城市化迅速改变了美国农村的传统社会结构，美国家庭农场的数目越来越少，出现了新型的、只利用业余时间营农的美国农场。美国农场人口的就业结构和收入结构发生明显变化，农业生产过程高度机械化和自动化。近年来，纽约市为解决人口不断爆炸情况下的粮食短缺问题，还在寻找新的科技解决方案，力求在城市里发挥出农业的功能，重复利用自然资源和生物降解各种垃圾，成为 21 世纪城市的典范。

从伦敦、纽约等城市的发展路径看，城市经济的快速发展都与农业环境的变化存在密切联系，在世界各国可持续农业实践中产生了多种模式多种概念，如有机农业、生物动力农业、生态农业、持久农业和精准农业等。同时现代农业除传统功能外，更是发挥农业净化环境、美化环境和湿地涵养水分的作用，并与城市绿化一起构成生态城市的一个组成部分。

2. 东京

作为日本行政中心的东京在二战后迅速膨胀，人口、产业过于集中，形成了明显的“东京都一级依存”的模式。这不利于分散地震等自然灾害的风险。为此，日本政府先后颁布了多部法律和五次经济圈规划，把核心城市的部分职能分散到周边城市，东京作为核心城市发挥金融中心的主要功能，区域内各城市具有明确的职能分工与合作体系，形成多中心的特色产业集群模式。

农业一直是世界城市中不可缺少的组成部分。《东京农业振兴计划》通过休闲农业的推进、市区农田的保全和活用、农业多面性功能的发挥，确立了都市农业在东京市可持续发展中的地位。东京的都市化农业具有多种功能：（1）提供都市居民所需的生鲜农产品，东京有 12 000公顷农地，27 000 户农家，其中专业农家占 15%，这些农家提供了约占东京批发市场 50% 左右的蔬菜。（2）绿地的功能，有关调查显示，临绿地的住宅估价高，农地因有耕种活动估价更高。(3) 防灾及灾害发生时的疏散空间。(4) 市民农园、学童农园等为市民接触农业提供了最佳的场所。(5) 农地为未来都市发展预留空间。(6) 农业在都市中属最佳职业之一，在多样化的职业中农业是最有趣和最有活力的产业。(7) 农地是弥补都市设施单一化的重要空间。(8) 在建设有“农”的都市理念中，农业以其重要角色给都市带来温馨和魅力，而被称为“后花园”。从现代化都市的建筑、文化、景观、公园绿地、行道树、休闲生活广场、田园等多方面的综合需求来看，没有农业的都市势必缺乏生机与活力。

3. 韩国

据2009年农业部信息中心赴韩国的考察，从2001年开始韩国政府分阶段进行信息化农业建设项目。该项目建设目标是建立城乡统筹的网络基础，缩小城市和农村之间的数字鸿沟，开发地区特色鲜明的农渔村发展模型，提供均衡发展的机会，从而提高农渔村居民的生活质量，打好自立经济基础，打造农渔村地区信息化的标准模型。在信息化示范村统一开发新农村的村级信息化服务模式、技术应用平台、资源整合方式等。示范内容包括：按照统一部署建设村级信息化体验示范，为此专门设立了一个信息化村事业运营服务组织，并增强其农业信息服务意识，完善服务手段，提高服务质量；建立了统一的信息化村门户网站，整合涉农的科技知识、政策法规、市场需求、就业渠道、农产品电子商务、农产品质量追溯、“农家乐”旅游以及文化娱乐等涉农信息资源；探索新农村信息化建设的长效发展机制，培育城乡一体化的综合信息服务业务，推动韩国农村信息化和城乡一体化建设。韩国农业信息化的发展历程积累了很多成熟的经验和做法，对我国农业信息化事业的发展具有借鉴意义。

上述一些国际经验表明，世界城市的崛起和发展离不开城市的带动作用，但农村绝不能仅作为“后备空间”沦为城市膨胀中的牺牲品。如果走“单边模式”去单纯地扩张城市，不顾周边和农业环境，必将适得其反，城市也反受其害。城市周边、郊区农业与大城市必须要配套发展。同时，在城市发展过程中，城乡居民的经济和生活差距不应该被拉开过大，而是一个相互影响，水涨船高的过程。就农业而言，农业的生产功能可能会弱化，同时休闲度假、保护生态、丰富生活等功能将迅速提升，与城市的发展节奏和依赖关系也会更加紧密。

（二）北京向信息化农业转型的战略意义

1. 信息化农业将使北京一流的信息化条件从城市延伸到农村，为京郊农业的发展打下新的基础，这符合城乡一体化的总体战略

一流的信息化条件是北京世界城市发展的基础。第一，高性能信息基础设施无所不在，将全面支撑城市的经济社会运行；第二，信息资源的供给和服务充分，与信息相关的高端生产性服务业成为战略性支柱产业；第三，信息产业的创新能力和服务能力不断提高，为经济社会发展提供持续的动力；第四，信息化渗透到城市经济生活的每个方面，信息化、网络化成为城市运转、经济运行和市民生活的重要特征；第五，形成信息安全一流的可信城市，切实保障经济和社会信息化应用安全。这些基础设施的建设和使用周期很长，都需要统一设计和适度超前地规划。北京市有必要对城乡的信息基础设施进行同步规划、同步设计和同步建设，才能满足未来国际金融中心、决策控制中心、信息发布中心等世界城市高端功能的建设需要。

2. 北京周边农业的产业化水平将会全面提升，除了食品提供关系之外，将会与城市消费市场建立更多种类的产销和供求衔接关系，产业向服务提升

北京市农业生产管理一方面包括农田基本建设，农作物栽培管理，农作物病虫害防治，畜禽饲养管理，养殖管理等传统的方面。在城乡一体化市场下，信息化农业将把信息和知识作为新的资源要素融入到农业生产的各个环节，引导、控制并改变土地、劳动力和资本等传统要素的集约程度和配置关系，提高农业的生产和运作效率，避免低质量农产品和服务的出现，避免数量上的大起大落。另一方面，信息技术融入到农业产业化的经营过程中，利用计算机管理和决策支持系统，建立农业信息网络服务体系，可以及时捕捉和分析市场需求，减少决策失误，降低管理成本和风险，按照市场需求选择生产和销售农副产品，解决农业企业管理效率低、市场调控不及时等问题，最终实现管理科学化、合理化和最优化。除农产品生产场所外，还成为休闲场所、度假胜地（中短期和长期）、旅游的好去处，并成为城市居民大量居住的场所。

3. 信息化农业有利于提高广大农业劳动力素质，改善农民就业结构，增加农民收入

农村劳动力自身的素质是影响农业发展、农民增收的一大障碍。农民素质越高，对信息和市场的把握能力越强，增收的可能性就大。随着信息化农业的建设和完善，各种先进、易用的信息技术工具使农民更容易掌握多方面

的科学文化知识和生产技能；更方便更及时地了解市场的变化，提高农民的市场竞争意识和科技应用水平。同时，信息化农业会推动北京市城市周边各类相关农业企业的发展，在京郊农村提供更多就业机会，使北京周边农村的就业结构发生变化。农村就业市场的拓宽和农民就业结构的改善，无疑会促进农民收入的增长。北京市京郊农民失地速度很快，就业安置压力历来就大。但由于北京外来人口增长更快，京郊农村剩余劳动力转移显然不能都去挤农民进城这条窄路。通过新兴农业产业的发展来吸纳劳动力转移就业，使城乡环境同步改善，是拓展收入来源的新出路。例如，课题组调研的北京"不夜谷"农家乐合作社，理事长单淑芝在通过网络宣传扩大自身业务的同时，解决了300多农民的就业问题，同时带动村里二十多户更好地发展了农家乐，显著提高了农民收入。

4. 信息化农业将更充分地利用和发挥已有的信息化投入，使现有的信息基础工程进一步施展功效

信息化农业需要信息网络、服务组织、信息资源等几方面的工作彼此配套，被形象地称为"路"、"车"和"货"的配合。北京市13个郊区县信息化基础设施的"路"已经铺就；"车"和"货"的配套开发就成为下一步的目标。这种配套可以以一些重点"路段"为先导进行，比如"数字家园"工程。自2006年至今，在北京市农委、市经信委的联合支持下，市城乡经济信息中心分三批开始建设市级农村"数字家园"试点，由市级出资为每个"数字家园"配备5台计算机以及相关网络设备。第一批建设79个，第二批建设140个，第三批建设200个，截至目前共建设市级农村"数字家园"试点村419个，覆盖北京市13个郊区县，占北京市行政村的10.6%。在市级农村"数字家园"带动下，部分区县为满足农民对信息化的需求，自筹资金建设农村"数字家园"。据统计，目前北京市由市、区县两级建设的农村"数字家园"达到789个。覆盖北京市19.9%的行政村。其中由区县自筹资金建立的农村"数字家园"370个，占总数的46.7%。在数字家园的带动下目前具备政务光纤网络接入能力的村已经达到95.3%，基本实现"光缆入村，网络入户"。在通信路径畅通、终端工程完备的情况下，如果能够很好地扩充信息服务内容，将明显提升这些基础性工程的效果。

5. 实践中，京郊农业各种创新形式已经出现，代表着新的发展方向，亟需高层引导，顺势而为

随着经济的发展，人民生活水平的提高，传统农业仅仅提供粮食、蔬菜等生活必需品的功能已经不能满足人们日益增长的对生活质量的追求。兴起

于20世纪90年代发达国家的创意农业、休闲农业，新世纪初已在全球蓬勃发展，不仅成为发达国家推动经济和社会持续发展的新引擎，也被认为是发展中国家实现经济转型和跨越式发展的重要战略。北京城市居民在得到物质满足后，也有到京郊旅游，放松身心的精神需求。为了满足这种需求，京郊采摘型休闲农业、民俗型休闲农业以及各种创意农业先后出现，这些都是可以产生巨大经济效益的财富市场，具有巨大的发展潜力和效益空间，亟需政府部门进行引导，使其顺利发展。有些合作社的理事长作为领军人物自发的进行了有益的尝试，并且得到认可，政府部门也进行了宣传，给予了精神鼓励和支持，但合作社的下一步发展就遇到了具体问题。比如课题组调研的北京不夜谷农家乐合作社在进一步的发展中，就出现了人流、车流拥挤和电力不足两大问题。这些问题可能在其他的农家乐发展中也会出现，需要长远规划，及时总结经验，提前准备。

（三）北京信息化农业的发展目标

从前面的论述中不难看出，对于北京市实施信息化农业，政府层面还缺乏统一的规划与整体设计，没有明确的发展和管理目标。这其中的原因是多方面的，理论方面的原因是对信息化农业的概念还有待厘清，信息化农业建设本身也有复杂性，包含了信息化技术及服务支持、信息化农业的主导组织及其作用、城乡关系和产业组织变动、服务市场和服务对象等多方面因素，观察角度多样，与传统的政府部门职责划分和政策管理目标并不一致，很有必要找到一个便于统一观察和描述的角度或思路。

“以人为本”是中央根据新形势和新任务的要求提出的重要执政理念和行动纲领，是我国经济社会发展的基本指导方针，是实际工作中必须不断贯彻落实的基本原则。服务导向离不开人。人是所有生产、生活和社会服务的对象，也是信息化服务的对象。信息化农业作为我国农业发展的重要手段，其发展应当始终贯彻“以人为本”的方针，针对不同的信息服务对象提供相应的服务，要分析不同的身份、特征、场所、生存或活动状态下人（人群）的信息活动需求，考察信息服务的满足情况，解读和设计相应的信息化农业建设目标，并作为今后考核效果的依据。因此，我们试从不同身份的“人”的角度来分析和认识信息化农业的目标。

从世界城市的建设目标出发，可以对信息化服务的人群进行分类。我们根据北京市的情况，将不同的人群分为“居住者”、“生产者”、“旅游者”、“创造者”、“管理者”等类别。北京实施信息化农业的预期效果为：一方面，了解不同人群在城市中的主要活动，给予相应的信息服务，满足信息服务需求；另一方面，帮助“管理者”发现和抑制不良的、负面的东西，实现“宜居”、“宜访”、“宜投资”、“宜举办各种大型、常规的、开发性的国际活动”等具体目标。利用表1的格式，对信息化农业的服务和预期效果逐步梳理，可以明确信息化农业的发展和管理目标。通过在表1中增加人群类别（如“国际投资商”等），还能使我们对目标有更为具体和全面的描述。

表1 北京信息化农业的发展和管理目标

面向的人群	提供的服务	预期效果
生产者	政策，法律法规，公共服务和应急信息	使得生产者知法、懂法，及时应付灾害天气、紧急事件
	科技和知识服务，新品种、新工艺、新项目介绍，培训	提高生产者素质，改善技术，鼓励创新
	生产组织，经验交流，设施和服务支持	使生产者更加科学地从事生产，提高农产品产量和质量
	农产品价格、销路、供求等信息	加快农产品流通，减少中间环节，提高生产者收入
居住者	日常农产品销售，新产品推介，多样化服务消费	买到价格合理、新鲜、放心的农产品，用到优质的农业服务项目
旅游者	旅游知识、接待服务指南、食宿预定、LBS	方便、快捷地找到想去的地方，并能得到满意的服务
管理者	农产品质量追溯、信息有效采集和管理、公共信息监控	改善服务，有效决策，及时发现和抑制负面效应
创新者/企业家	需求信息、市场信息、投资信息	通过各种不同的创意，生产新的产品、满足不同人群的需要

（四）实现对世界城市目标的支持

要实现北京市信息化农业的目标是一项系统性的工程，不能零打碎敲地去做，要有许多的工程相互配套，一步一步地贯彻才能够完成。

1. 改善信息化农业基础设施，实现农业信息服务与农业产业化发展基础完美配套，无虚接、无遗漏、无伪劣

农业的信息化和产业化一直是相互促进和相互推动的关系。随着农业产业化和农业信息化的发展，农业信息化对农业产业化的促进作用和农业产业化对农业信息化的推动作用都增大。随着北京都市型现代农业的发展，北京农业产业化、信息化进程也进入快速发展阶段，在政府的鼓励和引导下，各种新型的产业化形式如：“龙头企业＋协会＋农户”、“龙头企业＋合作社＋

农户”相继出现并表现出巨大的生机，信息化基础设施也在快速建设中。为了北京农业的长期较快较好发展，应建立农业信息服务与农业产业化发展基础完美配套，无虚接、无遗漏、无伪劣的目标。

2. 充分发挥信息技术支持对农业生产形式变化的引领作用，发展信息化农业经营的新模式，紧密衔接城市需求

北京市信息化农业建设在于能够打破传统的工作流程和管理模式，在农产品生产、流通以及休闲农业等领域创立适应现代信息社会发展新的工作方式和工作流程。北京在进行信息化农业实践时，应将注意力放在新技术所带来的工作变革、机制创新与应用推广上。

3. 强化信息化农业的服务功能，实现农业信息服务全覆盖，“无所不在、无时不在、无处不在”

世界经济论坛的调查报告认为移动 ICT（信息和通信技术）是影响各国网络准备的关键因素，开发移动电话、无线网络、多渠道接入的公务潜能，可以促成移动政府和“无所不在”的服务供给模式的实现。北京在进行信息化农业建设时，服务方面最终应达到农业信息服务全覆盖，实现“无所不在、无时不在、无处不在”。例如：休闲农业利用 LBS 服务可实现实时信息提取和发布，对于消费者：随时可方便快捷地找到自己希望看看、走走、住住、玩玩的地方；能够获得可信的、集中的、标准化的、到位的信息，无伪劣、拥挤，并可以通过网络查看虚拟展示；可随时随地登录移动或有线网，建立联系，甚至从事商务活动；发现问题可及时联系相关的管理、服务者。

四、信息化农业建设模式和基本策略

（一）信息化农业建设的三维模型

可以从信息化元素及应用、技术及服务支持、信息化主导组织三个方面定义和分析信息化农业的建设模式。信息化元素及应用主要指：农业生产、食品安全监察、农业技术服务、农产品销售加工、观光农业、创意农业、电子政务等；技术及服务支持主要指：网络服务、报纸广播电视等传统媒体、移动通信、数据库和应用信息系统等；信息化主导组织主要指：农户、合作社、涉农企业、专业服务组织或中介、区域合作组织、政府等。信息化农业的建设问题可以由这三个维度构成的空间模型来表示。

信息化农业的三个维度都有各自独立的发展路径，例如：信息化主导组

织从改革开放后的农民独立经营到农民专业合作社再到联合社等。信息化技术以及信息化元素及应用亦是如此。虽然三个维度有各自的发展路径，但三者也是相互关联的，最终目标是深度融合达到较理想的状态，即：通过现代信息技术，信息化主导组织实现其对农业生产、经营的各个领域管理网络化。本研究认为要达到深度融合的较理想状态，北京的信息化农业发展要经历四个阶段，第一阶段是北京各区县或者有能力的合作社、涉农企业自身进行的一些信息化硬件与软件建设。第二阶段是在北京市政府的引导或直接投资下，建设的一系列信息工程。第三阶段是农民以个人或服务组织的形式，利用信息工程发展自身业务，将自身业务与信息工程融合。第四个阶段是高度融合阶段，这一阶段实现农业基础设施装备信息化，农业技术操作全面自动化以及农业生产、经营管理的网络化。

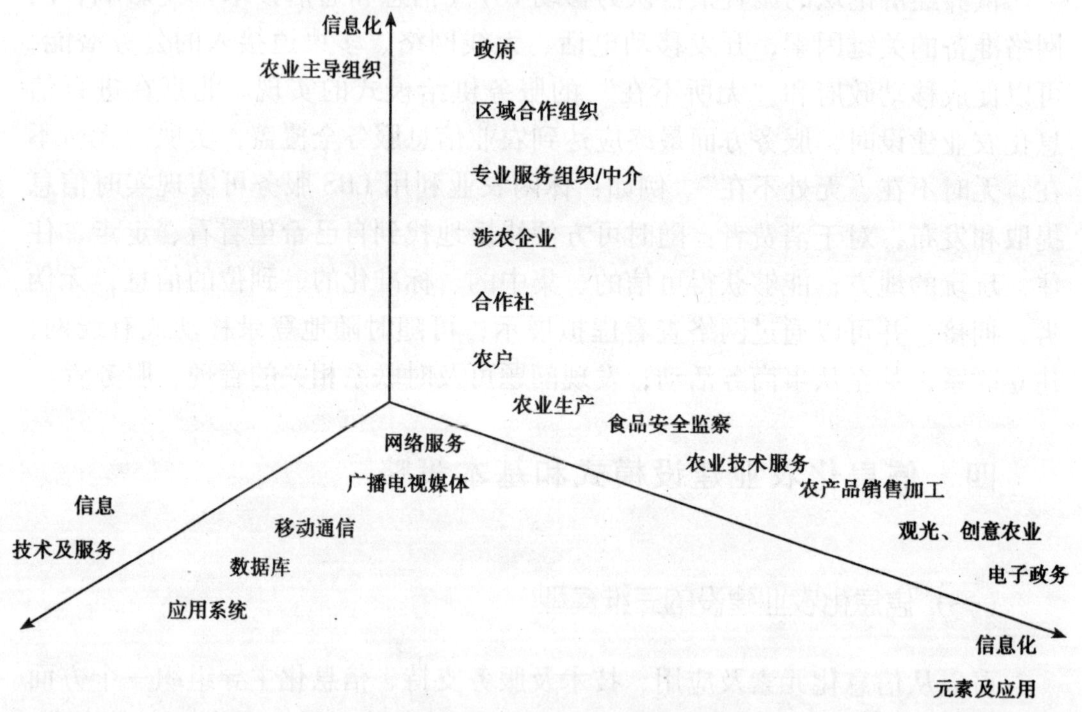

图1　信息化农业三维模式图

图1是信息化农业的三维模型示意图。可以对该模型的立体空间进行整体分析或分块考察，对维度进行灵活组合。例如，我们可以对信息化元素及应用进行自由细分及组合，将其归纳为三个基本类型：电子政务（包括信息门户、食品安全追溯）、电子商务（观光农业、交易平台、农超对接）、电子社区（智能农业设施服务、生产合作社、远程教育）等。以此为基础，可

以进一步讨论和研究信息化平台共享或信息服务支持的共性。

同时，我们还可以利用该模型具体分析信息化农业的演变和可行模式。以观光农业为例，北京市观光农业目前涉及的主导组织主要是农民个人，所采用的信息技术主要是传统媒体，包括电话、报纸、广播、电视和有限的网络。未来应该向政府引导和多种技术支持的方向发展。反映在模型中就是从图 2 中的 A 变为 B，项目在三维空间中延伸了。其中，政府主要起到监督、引导和规范作用，合作社和农民个人是运营主体，传统媒体和网络服务相结合用于宣传和业务服务支持，移动技术尤其是 LBS 技术使得观光农业可以实现实时信息提取和发布。数据库可对相关信息进行储存，便于经营者使用和政府监督。要使观光农业的消费者可以通过网络查看虚拟展示，能够获得可信的、标准化的、到位的服务信息，方便快捷地找到自己希望看看、走走、住住、玩玩的地方，可随时随地登录移动或有线网，从事休闲或商务活动，发现问题可联系到相关管理者。

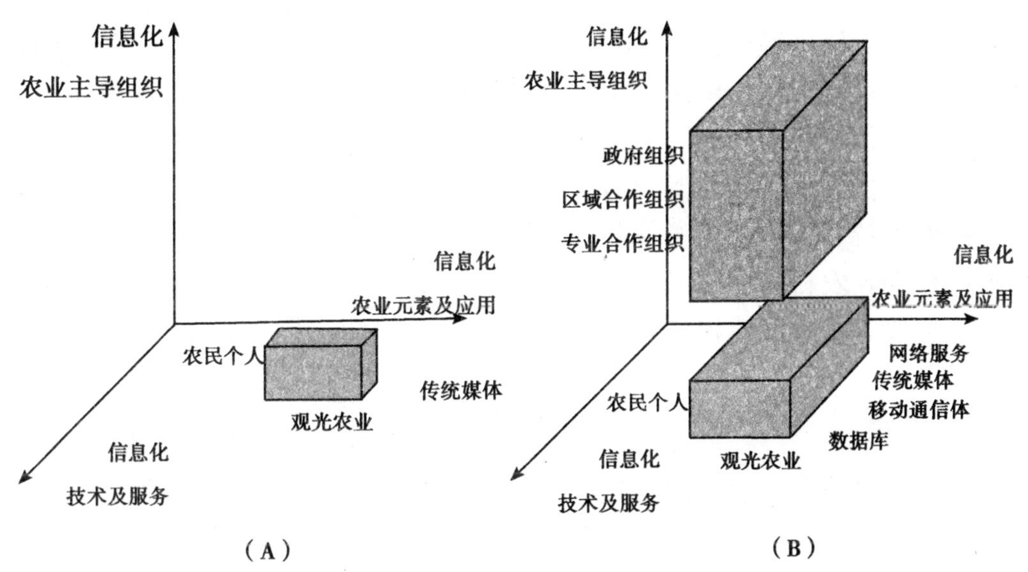

图 2　传统与未来信息化观光农业模式

利用这个模型，还可以进一步从组织、技术和应用三个方面讨论适宜的组合关系和模式，探讨信息化农业建设的基本策略。

（二）建设策略一：注重顶层设计规划，明确目标和基本模式

当今的信息平台往往具有多种功能，同时涉及几个甚至十几个部门，因此，在平台的设计和运营上，应更加注重顶层设计，明确目标和基本模式。

以北京市农委重点建设的“221 信息平台”为例，221 信息平台是在市信息化领导小组的统筹指导和统一部署下，由市农委、市经济信息化委、市科委、市发展改革委、市财政局、市统计局、国家统计局北京调查总队、市水务局、市园林绿化局、市农业局、市农研中心、市农科院共 12 个单位，统筹规划建设而成的。221 信息平台不是某一个部门的信息平台，而是相关委办局共建共享的信息平台，是市政府的“三农”综合平台。因此，在平台设计和运营上应注重顶层设计，尤其突出其整合性。

因此，221 信息平台应主要实现四大功能：一是通过信息平台，客观生动地展现北京都市型现代农业的特点和特色；二是通过农业生产布局现状和适宜性评价等多种形式的决策模型和功能系统，辅助支持北京市农业产业发展决策，科学规划农业产业布局；三是对先进实用技术和名特优新产品进行传播推介；四是促进市场信息发布和农产品流通，在传统产业、休闲农业、农产品营销等方面提供网上网下、城乡信息与业务融合的互动交流服务。

各乡（镇）政府应在农业和农村工作主管机构内设置专职或兼职岗位。加强村级 221 信息平台信息员队伍建设，可以将各村大学生“村官”助理纳入到村级信息员队伍中来，也可以设置村级信息员公益岗位，统筹负责农村各类基层信息采集工作。郊区各区县、市级各相关单位要结合实际，制定有利于平台推广应用的激励政策和保障机制，进一步扩大推广应用的受益面，有效支持和保障此项工作的开展。督查考核部门也应将 221 信息平台推广应用作为新农村建设督考工作重点，纳入年度绩效和工作考核范围，切实加大督促检查力度，确保信息平台推广应用任务的完成。

（三）建设策略二：现状梳理，认清主要的问题和难点因素

政府应对信息化农业的现状进行梳理，尤其是那些具有增长潜力的新项目。我们在对顺义县国际鲜花港的调研中发现，作为一个集高档盆花的生产、研发、交易，露地花卉优新品种的展示和都市型农业休闲观光为一体的都市农业新实体，该项目的市场定位很高，但是仍旧无法摆脱传统农业项目的脆弱性，项目的涵养期长而观光消费期短，明显受季节限制。这使企业的发展面临着无法摆脱的潜在风险。再如京郊各个区县的观光游和农家乐项目，都有哪几种组织形式，有几种业态，目前的经营状况和质量水平，所遇到的矛盾和问题等，都需要认真关注。

很多由农民自主开发的新兴服务项目和经营实体，在规模化以后都会遇到和城市的联系问题和消费市场的衔接问题、支付问题、竞争问题、投入问

题等，一些深层矛盾会逐渐暴露出来，进入到了需要政府发挥作用，进行必要的统一管理的阶段。我们对“不夜谷”农家乐的调研中看到，农民自主发展的农家乐就遭遇到城市资本投入的直接冲击，分散化的农家乐基础其实很薄弱，在强势的商业资本投入面前明显处于劣势，农民对此有忧虑。信息化农业发展要上规模上档次，跟上世界城市建设的节奏，必须从有利于农村建设的总目标出发，加强各种经营项目的组织化程度，改变各政府机构多头管理，信息彼此隔绝，无法有效管理的弊端。要通过梳理来发现问题和难点因素，提供及时服务和监管，这是北京信息化农业顺利发展的有效保证。

（四）建设策略三：政府项目筛选和支持方向

政府需要从世界城市建设的方向出发，积极寻找和确立信息化农业的支持方向。我们在研究中也发现了一些值得政府关注的、富有潜力的重点项目，包括：专业性的农产品物流服务和电子商务、合作社信息化、休闲农业的 LBS 服务、应用 Web2.0 的多渠道电子政务以及农业信息采集和生产经营管理系统等项目。

1. 农产品物流服务和电子商务

世界城市建设会从根本上改变北京市农业服务组织的形式，使之更加符合城市菜篮子工程、食品安全工程等的要求。新型的农产品物流服务商是其中之一。我们对北京市昌平区小汤山的天安农业有限公司进行了考察，了解到了蔬菜物流服务商的组织形态和业务模式。我们发现，天安农业这样的服务商已成为北京城市蔬菜物流的关键环节，在平衡市场、衔接产销、保证服务质量、提高生产组织化程度等方面，均有明显的主导作用。这类企业自主运营，内部的信息化管理水平比较高，对农民及合作社的辐射力很强，在产业链组织方面的作用和功能值得政府关注和挖掘，并提供支持和管理。一些富有眼光的科技企业在农产品电子商务领域也开发出了一些实用性的电子商务平台。比如：北京“任我在线”打造的第三方电子商务服务体系，包括电子商务直销支撑系统、电子商务平台、社区服务站以及物流配送四个方面，可实现信息服务、交易服务、仓储服务、验收服务、配送服务、结算服务、信誉查询服务等功能，并在大兴区试点成功。北京海雷信息技术有限公司开发的农产品质量追溯管理系统也有了 100 多家用户，取得了良好的效果。这样一些电子商务和应用信息系统已经可以提供“农超对接”全过程的实践，对其效果及时总结，并关注政府前期一些成功的信息化工程如何开展实体运营，可以有效降低信息化农业建设的总成本，提高信息化投资的有效性。

2. 合作社信息化

根据统计，截至目前，全国农民专业合作社近30万家，平均每月增长一万家，成为发展农业现代化的重要动力。合作社发展到一定程度后会形成大的联合社，甚至成为地域联合社。互联网作为社会经济和生活发展的重要组成部分，也必然为农民专业合作社发展提供巨大的空间。农业网站服务形式不再只是展示合作社形象的基本功能，而是依托信息网络的先进的工具和服务方式（比如ERP系统），为农民合作组织的经济职能、金融职能、技术推广职能、保险等职能，提供“网上联合社”、“合作社长社区”等网络服务。网上联合社将已有的合作社领导或者网上建店的会员横向联合起来，构成联合社，进而发展成地方性的联合社，可以提高农民进入市场的组织化程度，扩大品牌营销规模，抵御市场风险。有别于政府信息或经管组织在省、地、县、乡设立的机构，网联社除了帮助入网的合作社信息采集、发布维护网站外，对内通过信息平台管理各合作社的生产、销售、财务、培训、分红、个人账户等，对外促进合作社的销售渠道拓展、产品推介，品牌宣传，横向和纵向业务协同，增强合作组织的管理水平。

3. 休闲农业的LBS服务

覆盖乡村各个角落的LBS服务（地理定位服务，Location Based Services）是一种移动通信与导航融合的服务形式，可通过移动终端和移动网络的配合，随时确定移动用户的地理位置，并为用户提供最有用的服务信息。LBS与云计算相结合、与创意农业相结合都会创造出新的信息化农业服务形式。利用LBS服务，以GIS电子地图技术为基础在电子地图上标出各个旅游景点及旅游线路，再在旅游景点附近按地理位置标注附近各农家乐所在位置，可以对各种不同接待服务内容（如：采摘、食宿、烧烤等）在电子地图上进行筛选。消费者可实现实时信息提取和发布，随时可方便快捷地找到自己希望看看、走走、住住、玩玩的地方；能够获得可信的、集中的、标准化的、到位的信息，无伪劣、拥挤，并可以通过网络查看虚拟展示；可随时随地登录移动或有线网，建立联系，甚至从事商务活动；发现问题可及时联系相关的管理、服务者。此外，政府应对利用休闲农业的评价板块进行炒作的行为进行适时监控，以实现提供信息的真实、可靠。

4. 应用Web2.0的多渠道电子政务建设

建设方便、快捷的政府电子政务平台是农业信息化重要的组成部分。电子政务平台要正确解读多方需求，不仅仅要满足政府对农业监管的要求，而且要获得农产品生产和经销企业的支持，并切实保护农产品消费者的利益。还需要设计覆盖全北京市，对农产品全过程、全方位统一监管的系统建设方案，并保证方案的高适应性和有效性。对于农业电子政务，政府要从两个方面为农民参与提供新的起点：其一，利用最新的 ICT 技术支持农民电子参与；其二，利用多渠道第三方服务提高农民、市民的电子化参与性和包容性。新近产生的网络工具（如：Web2.0）的确能为农民电子参与提供新的平台，扩大对农民、市民的交流，包括互动论坛、博客、移动网络、呼叫中心、网上社交网络平台等，通过第三方服务引入 Web2.0 技术，可以帮助政府做好信息互动和服务工作，使农业信息的价值最大化。北京市政府信息化的普及和建设过程中，第三方企业已开始承担越来越多的工作，较为深入地参与到各类政府信息服务系统的开发、维护和运营之中，因此，农业就显得非常紧迫。

5. 农业信息资源采集和生产经营管理系统

一个区域级农业信息平台的搭建需要满足两个前提条件，首先是建立区域内完善的农业生产与经营信息采集系统；其次是该平台在区域内不同层次可实现系统内部以及跨部门的共享，比如，与质检、社保、水利等机构的信息互联互通。其中农业信息的全面、快捷采集是后面处理的前提条件，也是管理决策正确性的有效保证。北京 221 信息平台新一轮的推进过程中，需要在内部各部门中消除“信息孤岛”，更要建立起北京全方位的农产品生产经营管理系统，建立起更加有效地农产品市场信息采集分析系统。从北京天安农业发展有限公司较为完整的信息系统来看，企业选定了固定的农户、合作社、农业企业、批发市场等作为观察对象，首先，由合作社或者农业企业派出调查员收集各农户的土地种植信息，包括具体到农户的生产规模、终止日期、收获日期、施肥记录、用药记录、收成预测等，并由每个技术人员通过手持 PDA 把各种信息，如地块/温室编号、日期、农药施用量、施用方法防治对象和操作者等传送到生产部的服务器，保存为田间档案。采集系统使数据反馈周期由 10 天缩短为实时传输更新，并与质量追溯系统结合，有效地提供了蔬菜质量安全信息。北京“任我在线”也开发了农户端农业信息采集系统，农民可以将每天的田间状况、农药施用量等上传到服务器，从而实现农业信息的采集和汇总。这些从田头到合作社，再到社区超市和消费者的农产品信息平台，不仅满足了企业本身业务数据的收集，而且有可能为农产品监管提供翔实的监测档案，最终也能为公民生活提供食品安全的服务信息。221 行动计划的真正目标并不是信息化，而是居民的民生，因此信息应用系统也应该追求一种终极的人文关怀精神。

课题负责人： 曹四发　北京市农村经济研究中心副主任

课题组组长： 李伟克　原农业部信息中心副主任

课题组成员： 李伟克　赵　苹　焦守田　曹四发　马俊强　白　晨　吴　玥　骆　毅　李　莉　宋艳波

建设世界城市背景下的北京都市型现代农业研究

课题组

摘要：2009 年，北京市提出建设世界城市的概念，在北京建设世界城市的目标定位下，北京都市型现代农业可形成四种定位，即农业经济管理控制中心建设、农业国际事务协调中心建设、农业科技研发创新中心建设和农业文化创意产业中心建设。本研究分别针对以上四种定位，对世界城市背景下都市型现代农业不同定位的建设条件、建设内容及模式、路径进行了系统研究，并提出建设世界城市背景下的北京都市型现代农业发展的政策建议。

第一部分 绪 论

2009 年 12 月 24～26 日，中共北京市委十届七次全会召开，刘淇明确指出北京要瞄准建设国际城市的高端形态，以建设世界城市的高度，加快实施人文北京、科技北京、绿色北京发展战略；随后的 2010 年 1 月 25 日，刘淇在参加东城区代表团小组审议时，向代表们详解了北京发展“世界城市”的原因和发展目标。对于“世界城市”的内涵，刘淇说，北京建设世界城市，其内涵是符合科学发展的，具有人文、科技、绿色三个方面，同时要有别于纽约、东京等世界城市，“我们要学习他们，但不能照抄，北京要发展社会主义的世界城市。”“过去我们定位北京，都是站在当时的角度为未来谋划，这一次提出建设世界城市，不但给首都进行了重新定位，而且这个定位还是站在未来谋划今天。”

按照首都“新三步走”的战略部署，奥运后北京已经初步具备建设世界城市的基础条件，进入国际化进程加速发展的新阶段。这个新阶段的标志是：第一，建设经济管理控制中心。世界城市首先体现了很强的世界经济管理和控制的能力。一是总部经济。企业总部集中了企业价值链的高端环节，承担发展战略的制定等决策职能，对分散于各地的机构和经济活动具有管理和控制的职能；二是世界城市的金融服务业非常发达，纽约、伦敦和东京就是全球三大金融中心，具备为企业或市场的全球运营提供服务、管理和融资的能力。第二，国际事务协调中心。随着越来越多的国际经贸、卫生、环境、安全等领域的双边、多边国际协商活动在世界城市举行，世界城市成为全球性问题解决的聚会地、协商地和各种政治力量的角逐场。第三，世界知识创新中心。世界城市具备具有全球影响力的科技创新中心，全球高端人才创新创业的聚集区，世界前沿技术研发和先进标准制定的引领区，国际性领军企业的发展区，具有全球影响力的高技术产业的辐射区，体制改革与机制创新的实验区。“世界知识创新中心”还包括以下几内容，拥有高速通讯网络和“智能信息城”、创意成为最能体现城市竞争力的核心价值；适合创业的软硬环境等。第四，世界文化中心。后工业社会一个显著的特征是非物质生产性趋势十分明显。这意味着，文化不再仅仅是依靠社会资助的精神产品，而是城市经济发展的新动力。“成为世界文化中心的基本条件是：通过创意与体验扩大本土文化影响力，是著名的国际旅游、国际会展、国际教育城市；通过影视、戏剧、舞蹈、音乐、视觉艺术、时装等表现形式形成独具优势的文化品牌和文化产业；打造世界顶级的适宜于生活、工作、娱乐的文化消费和时尚文化氛围。”

北京市农业自20世纪80年代来，经历了城郊型农业、都市农业、都市型现代农业发展阶段。农业是基础，北京市农业始终以北京市城市建设和发展为终极需求。2009年，北京市提出建设世界城市的口号，预示北京市农业发展步入新的发展历程。

北京大学教授李国平在世界城市研究中指出世界城市正在经历由静态转向动态的过程，我们认为，北京市委书记刘淇提出的要把北京建设成一座世界城市，标志着这种转变。从上述世界城市所具备的特点管理控制中心的职能、金融中心的职能、全球信息中心、文化魅力和功能、高新技术制造业和都市型工业的主导产业体系。我们认为北京市都市型现代农业也需要由静态向动态转变，配合北京市世界大城市的建设。一方面保留其已经具备的功能，另一方面必须向世界城市条件下农业具备的经济管控，事务协调，知识创新，文化创意中心功能方向发展。

事实上，北京市都市型现代农业已经从静态形式向动态形式转变。比如，会展农业的出现（顺义花卉博览会），昌平世界草莓大会，丰台种业大会。2010年6月30日在北京召开的第三届国际生物技术和农业峰会上，来自生物技术和籽种产业的各界人士达成了一个共识，作为国家首都和农业总部聚集地，北京应瞄准农业科技发展的“战略高地”，大力发展籽种产业，把北京打造成“农业硅谷，籽种之都”。因此我们有理由认为在21世纪建设世界城市条件下的北京都市型现代农业建设是适应新形式条件下的一次产业升级与转化，是实现北京都市型现代农业从初级向高级形式转变的契机。因此，配合世界城市建设，我们认为，北京市的都市向现代农业应该向着促进北京建设世界城市的方向发展，发挥北京世界城市建设的优势，大力建设首都世界城市背景下的适应世界城市发展、体现世界城市特点的都市农业发展模式。最终使得北京都市农业融入到北京世界城市的建设中。

世界城市的建设，提升了北京市的城市功能，从世界城市标志性的功能特征看，如管理控制中心的职能、金融中心的职能、全球信息中心、世界文化中心、高新技术制造业和都市型工业的主导产业体系，这些全新的概念，及时提升城市建设的概念，也是都市型现代农业建设的有利条件，我们认为北京都市型现代农业建设与世界城市建设内容是齐肩的，北京在发展世界城市的同时，也应该发展世界城市的都市型现代农业，如世界现代农业建设管理控制中心，世界现代农业金融服务中心。世界现代农业国际事务协调中心，世界现代农业世界知识创新中心，世界现代农业的生态观光旅游文化中心，包括世界现代农业的国际观光旅游、国际会展、国际农业科学技术及管理的教育的这些概念，在北京都市型现代农业建设基础上以及中国为世界最大农业生产国的背景条件下，是完全可以打造的。

第二部分　建设世界城市背景下的北京都市型现代农业建设背景分析

一、北京建设世界城市的内容

世界城市的特点归纳起来有四点。第一，经济管理控制中心。世界城市首先体现了很强的世界经济管理和控制的能力。一是总部经济。企业总部集中了企业价值链的高端环节，承担发展战略的制定等决策职能，对分散于各地的机构和经济活动具有管理和控制的职能；二是金融服务经济，纽约、伦敦和东京就是全球三大金融中心，具备为企业或市场的全球运营提供服务、管理和融资的能力。第二，国际事务协调中心。随着越来越多的国际经贸、卫生、环境、安全等领域的双边、多边国际协商活动在世界城市举行，世界城市成为全球性问题解决的聚会地、协商地和各种政治力量的角逐场。第三，世界知识创新中心。世界城市具备具有全球影响力的科技创新中心，全球高端人才创新创业的聚集区，世界前沿技术研发和先进标准制定的引领区，国际性领军企业的发展区，具有全球影响力的高技术产业的辐射区，体制改革与机制创新的实验区。“世界知识创新中心”。还包括以下几内容，拥有高速通讯网络和“智能信息城”、创意成为最能体现城市竞争力的核心价值；适合创业的软硬环境等。第四，世界文化中心。后工业社会一个显著的特征是非物质生产性趋势十分明显。这意味着，文化不再仅仅是依靠社会资助的精神产品，而是城市经济发展的新动力。“成为世界文化中心的基本条件是：通过创意与体验扩大本土文化影响力，是著名的国际旅游、国际会展、国际教育城市；通过影视、戏剧、舞蹈、音乐、视觉艺术、时装等表现形式形成独具优势的文化品牌和文化产业；打造世界顶级的适宜于生活、工作、娱乐的文化消费和时尚文化氛围。”

二、北京建设世界城市的机遇、模式和路径

（一）北京建设世界城市的重大机遇

世界经济政治格局变化和重心东移，为北京建设世界城市提供了历史良机。2008 年以来的国际金融危机，不仅导致了全球经济的衰退，更重要的是必然引发世界经济格局的变化。以“金砖四国”为代表的新兴市场经济在世界经济格局中的影响和实力加速上升，并在后危机时代占有更大的发展先机和空间。世界金融体系正在重建，世界经济政治格局正在重新洗牌，中国有理由成为国际金融新秩序中的主角之一，并逐步走向世界前台发挥其大国作用。大国崛起中的中国城市有条件、也有必要承担全球经济引领者的职能，从而释放中国的大国影响力和控制力。与此同时，金融危机也将催生新一轮的技术革命和带来世界经济新一轮高速增长期，在这个过程中，必然会在世界经济增长最快的地区迅速出现一大批具有实力的城市，中国应该抓住这一难得的机遇建立具有国际影响力的世界城市。北京、上海、香港必将伴随经济全球化、金融全球化的趋势脱颖而出，成为一批新兴的世界城市。

北京奥运会的成功举办，奠定了北京建设世界城市的坚实基础。北京奥运会的筹办和举办，不仅提升了首都城市的综合竞争力，也极大地提升了首

都城市的国际影响力。奥运会给北京、中国和世界留下了独特的精神财富和物质财富，特别是“绿色奥运、科技奥运、人文奥运”三大理念转化为“人文北京、科技北京、绿色北京”三大发展战略，成为北京建设世界城市的基本内涵和鲜明特色。

人均 GDP 突破 1 万美元，标志着北京城市发展进入了一个新的战略转型期。2009 年，北京实现地区生产总值 11 865.9 亿元，比上年增长 10.1%，人均 GDP 首破 1 万美元，按照世界银行划定的最新标准，北京开始步入中等发达富裕城市行列，也标志着北京跨入国际城市门槛，这使得北京发展国际城市的高端形态——世界城市成为可能。同时，这也意味着北京进入了城市发展新的战略转型期，后工业时代经济结构将成为发展主流，服务经济和总部经济主导城市发展。

（二）北京建设世界城市的模式选择

正在崛起的发展中国家需要世界城市的支撑。世界城市是全球生产网络、全球经济网络中的一个重要节点。顺应经济全球化和金融全球化的大势，发展中国家如果没有世界城市这样的节点，发展就没有支撑，崛起就失去依托。当然，在发展中国家建设世界城市也是对世界城市发展轨迹的一种挑战。伦敦、纽约、东京等世界城市，都是在完成工业化、成为成熟市场经济、进入发达国家行列以后发展和成长起来的。目前，很多发展中国家已经开始在发展过程当中谋划建设世界城市，正在寻找自己的发展方式和发展路径。对于中国来说，在工业化、城市化推进中建设世界城市，更需要创新性、跨越式发展的路线图。

发展中国家建设世界城市需要构建世界城市区域体系。世界城市建设有多种模式：强化国际化因素和市场力量的“自然发育模式”、依托国家崛起因素和政府力量的“规划推动模式”等。但不管哪一种模式，世界城市的发展都不能靠单个城市的发展，而是整个世界城市区域的繁荣。对于任何一个发展中国家来说，首要考虑的还是发展，发展不是一个城市的发展，而是要通过强化中心城市功能带动一个更大区域的繁荣，甚至引领整个国家的发展，在这个意义上建设世界城市才具有战略意义。因此，发展中国家建设世界城市需要构建世界城市区域体系。北京建设世界城市，必须以北京为中心，形成一个辐射能力强、开放程度高、具有世界影响力的城市极点；围绕北京、天津两核心形成一个功能完善的城市区域，并以此建构一个密切互动的京津冀经济圈一体化发展格局。

（三）北京建设世界城市的发展路径

加快建设国际政治中心。在世界政治经济多极化的格局下，以国际组织为主体的第三方力量对国际政治的影响力将不断扩大。集聚这种第三方力量，凸显大国首都的国际政治功能，集中释放国际影响力，是北京世界城市建设的重中之重。

加快建设国际文化中心。北京建设世界城市，要充分施展历史文化古都魅力，切实保护好历史文化街区，切实保护好城市文化遗产，不断提炼和弘扬城市核心价值，提升城市文化品位，增强文化软实力。更为重要的是，挖掘和传承奥运文化遗产，积极实践“人文北京、科技北京、绿色北京”三大战略，不断加强中外文化交流，形成世界文明融合与多元文化中心。

加快建设国际科技中心。以中关村国家自主创新示范区建设为切入点，加快建设具有全球影响力的科技创新中心。要转化一批国际领先的科技成果，培养和聚集一批优秀创新人才，特别是产业领军人才，做强做大一批具有全球竞争力的国际化企业，培育一批国际知名品牌。积极探索海淀、昌平、石景山行政资源整合，推动设立中关村科技新区。加快构建产学研相结合的科技创新体系、知识产权体系和国际科技创新综合配套改革政策体系。

加快建设国际金融中心。金融是全球经济政治的核心元素，也是区域经济发展的动力。紧紧抓住资本和市场两个要素，实现资源在全球范围的优化配置，不断发挥国际金融中心的辐射力和影响力，提升国家金融决策功能和国际金融服务功能，从而形成对京津冀、环渤海、东北亚区域发展的强大支撑。国际金融中心是北京建设世界城市的核心。必须以更加开放、更加国际化的视野，从更高层次上谋划国际金融中心的空间布局、服务功能和支撑体系。特别是以 CBD 作为北京国际金融中心主要承载区，统筹规划、优化布局、提升功能，形成金融功能区与金融后台服务区布局合理、功能互补的一体化格局。避免功能同质、各自为政、多头发展、恶性竞争的局面。

加快建设国际航空和国内陆地运输中心。当今世界正在经历一个临空时代、高铁时代和远洋时代。建立一种国际化的、立体化的交通体系，才能对战略性资源、战略性通道实现有效影响和控制。北京经济实力雄厚，国际资源流量与交易巨大，但是在国际航运方面也有薄弱环节，如机场能力不足，缺乏港口功能等。弥补这些缺陷，必须加强与天津的合作，特别是利用天津机场、天津港口优势形成功能互补、市场互联的一体化机制，共同推动和建设北京国际航运中心。

三、世界城市建设的内容

（一）经济管理控制中心

经济管理控制中心。世界城市首先体现了很强的世界经济管理和控制的能力。一是总部经济。企业总部集中了企业价值链的高端环节，承担发展战略的制定等决策职能，对分散于各地的机构和经济活动具有管理和控制的职能；二是世界城市的金融服务业非常发达，纽约、伦敦和东京就是全球三大金融中心，具备为企业或市场的全球运营提供服务、管理和融资的能力。

跨国公司在世界城市聚集规模及其趋势，标志着城市的高端竞争力水平，纽约、伦敦、东京是跨国公司或跨国银行总部或地区分支机构最集中的地区，纽约、东京和伦敦三大都市圈的 GDP 总量均占本国 GDP 总值的 15% 以上。对全球的资金、技术和人才的流动具有极强的吸引力，经济总量在所在国家、地区乃至全球都有相当大的比重。

（二）国际事务协调中心

随着越来越多的国际经贸、卫生、环境、安全等领域的双边、多边国际协商活动在世界城市举行，世界城市成为全球性问题解决的聚会地、协商地和各种政治力量的角逐场。

国际事务协调中心功能的发挥不仅有利于世界城市提升其国际服务品质和国际影响力，还可以带动相关产业发展，产生更好的规模效应和聚集效应。纽约市政府调查数据表明：纽约为联合国每投入 1 美元即可获得 4 美元的收益。通过国际组织入驻和举办承办大型国际会议，可获得大量最新信息和日后的长远回报，带动旅游、传媒、信息、广告、运输等相关产业的发展。

（三）世界知识创新中心

世界城市具备具有全球影响力的科技创新中心，全球高端人才创新创业的聚集区，世界前沿技术研发和先进标准制定的引领区，国际性领军企业的发展区，具有全球影响力的高技术产业的辐射区，体制改革与机制创新的实验区。“世界知识创新中心”。还包括以下几内容，拥有高速通讯网络和

“智能信息城”、创意成为最能体现城市竞争力的核心价值；适合创业的软硬环境等。

（四）世界文化中心

1. 世界文化传播中心

后工业社会一个显著的特征是非物质生产性趋势十分明显。这意味着，文化不再仅仅是依靠社会资助的精神产品，而是城市经济发展的新动力。“成为世界文化中心的基本条件是：通过创意与体验扩大本土文化影响力，是著名的国际旅游、国际会展、国际教育城市；通过影视、戏剧、舞蹈、音乐、视觉艺术、时装等表现形式形成独具优势的文化品牌和文化产业；打造世界顶级的适宜于生活、工作、娱乐的文化消费和时尚文化氛围。”

进入后工业社会，世界城市的非物质生产性特征即：文化型、消费型、宜居型、生态型发展趋势十分明显。世界城市的文化中心地位不仅体现在其丰富的文化资源，如文化遗存（包括工业文化遗产）和历史古迹，还表现在其教育研究、传媒娱乐以及时尚文化的影响力。

2. 世界会展经济

从整体上看，国际会展业当前的发展水平与发展格局同世界经济发展总体状况是基本一致的。大多数发达国家拥有开展展览活动的良好基础，办展经验丰富、品牌展会众多，会展业竞争力强；随着世界新经济秩序的逐步建立和各国科技水平的普遍提高，国际展览业将呈现出以下发展趋势。第一，专业化、国际性更强，规模更大。第二，展览企业并购、联盟、集团化趋势增强。第三，新技术的应用，网络展览方兴未艾。第四，展览新军的崛起，举办国家更加多元化。

3. 创意产业

从世界范围来看，“创意产业”代表了未来知识经济产业发展方向，并满足人们精神文化等高级化消费需求的产业，特别是文化创意内容对传统产业的渗透优化会产生高附加值，因此成为西方发达国家为振兴经济占领未来竞争高点而争相优先发展的新型产业。

4. 旅游休闲观光

体验经济就是通过创造一种难忘的经历，从而满足人们情感、娱乐等精神需要为目的的一种经济形态。作为世界城市的全球大都市，几乎都是现代体验之都。这些城市聚集了全世界50%以上的人口，而且这些世界城市几乎都是所在国家或地区的政治、经济、文化中心或交通、通讯枢纽。这些城市是世界休闲、娱乐业最为集中的地方，也是全世界休闲、娱乐业消费人群最为密集的地方。

四、世界城市农业发展的两种不同模式

（一）都市型现代农业发展模式

世界城市是城市发展的高级形态，对全球经济、政治、文化等方面具有重要的影响力。传统上，纽约、伦敦、东京、巴黎是公认的四大世界城市。2010年，北京市政府工作报告中首次提出"世界城市"的建设目标。四大世界城市的农业由于其各自不同的发展背景，形成了自身的发展模式，对于建设"世界城市"北京下的北京都市型现代农业有一定的参考与借鉴作用。

近年来，发达国家的都市农业在充分发挥其高投入、高科技、高产值的优势，巩固其经济功能外，将更加注重都市农业的生态功能，以此满足人们生活水平不断提高后的精神需求，强调都市农业的多功能发展。主要体现在都市农业的功能多元化、经营国际化、产品多样化和质量标准化。都市农业已成为世界各国在不同农业基础和社会发展背景下，为实现城乡社会和谐发展的一种最普遍的形式。然而，各个国家由于农业基础、城市特点及其发展的轨迹不同，都市农业有着不同的发展内容和模式。

1. 纽约模式

最大限度挖掘农地资源。为避免城市土地资源影响农产品质量，城市农业推广组织随时对用于耕作的土地进行检测监测，将城区内和城区间的闲置地块及废弃的足球场、棒球场逐步开发为耕种土地；在核心城区内将现代农业生产与楼宇建筑设计相结合，通过垂直种植美化城市景观。近年来，纽约楼顶农业风行，成为颇具特色的现代农业创新模式。

注重生态环境，实施退耕还林。20世纪初期，美国出现了严重的经济衰退，大批农场破产，土地荒芜，在这种情况下政府采取了退耕还林政策，对纽约州的生态环境产生了巨大而深远的影响。森林面积的增加，从根本上恢复了原有的生态平衡，全州到处青山绿水，环境优美，野生动物种类和数量也在不断扩大，过去濒临灭绝的北美白尾鹿，现在随处可见。这些森林已经成为对青少年进行环境教育的基地，也是人们野营、滑雪、狩猎、垂钓等休闲度假、生态旅游的好去处。

庭院生产满足多样化特色农产品需求。纽约涌现出一些小型的以社区支

援农业为主要模式的家庭农场，农场尽最大努力为市民提供安全、新鲜、高品质且低于市场零售价的农产品，社区为农场提供了固定的销售渠道，做到双方互利。社区支援农业型家庭农场大部分由城市低收入群体社团来经营，为低收入者提供了就业增收渠道，保障城市农产品质量安全。目前至少有24个蔬菜农场，为6 500个遍布纽约市5个区的会员服务。在2005年，纽约市有37个社区支援农场，现在则有61个。

建设农业教育基地，发挥农业的教育功能。如纽约布鲁克林小学与加州大学伯克利分校合作建立“农业校园”。校内建立了可移动的种植和养殖共同发展的循环系统，学生的艺术、数学、历史和科学等科目的课程都将在学校里授课，校园的发展目标是最终成为一个针对环境和农业的研究中心。德国模式：德国都市农业属于生活社会功能型的都市农业，主要形式是休闲农庄和市民农园。市民农园是利用城市地区或近邻区之农地、规划成小块出租给市民收取租金，承租市民可在农地上种花、草、蔬菜、果树等，让市民享受耕种与体验田园生活以及接近大自然的乐趣。

2. 巴黎模式

法国都市农业属于环保生态功能为主的都市农业，是以大田作物为主，采取较大规模的专业化农场生产，这就突破了自给自足的生产，而突出农业的生态功能，利用农业把高速公路、工厂等有污染的地区和居民分隔开来，营造宁静、清洁的生活环境。巴黎的都市农业对城市食品供应的功能并不明显，巴黎的各种食品供应，主要经过四通八达的高速公路网，由全国各地乃至欧洲其他国家完成。除农牧业生产外，农业对生态、景观、休闲和教育方面的功能比较显著，即利用农业限制城市进一步扩张；利用农业作为巴黎市与周边城市之间的绿色隔离带；利用农业把四通八达的高速公路、工厂等有污染的地区与居住区分隔开来，营造一种宁静、清洁的生活环境，成为城市景观的组成部分；或者种植新鲜的水果、蔬菜、花卉等居民需要的产品，有的作为市民运动休闲的场所，还有的作为青少年的教育基地。

家庭农场是巴黎大区农业的主要组织形式。农场可以子承父业，但继承者必须接受过农业教育，并有在其他农场工作的经历。农场的耕作，有的由农场主亲自完成，有的农场主基本不参与生产，由雇佣专职的农场经理来进行耕作活动。农场的规模较大，农场主年龄以中青年为主。据统计，目前35～54岁的中青年主持的农场占农场数的49.3%，占农场土地面积的55.8%。农场主可以参加农业合作社，合作社主要是为农业工作者提供生产服务。比如机器使用合作社主要为各家农户提供各种农业机械服务，加工销售合作社主要帮助家庭农场完成农产品的加工或销售。

家庭农园　法国的家庭农园类似于德国的市民农园。家庭农园不同于传统农业，其主要作用：一是安排就业；二是充分利用土地；三是供市民休闲体验活动；四是作为城市的景观。农园一般设在距市区较近，交通、停车都便利的地方。租种农园的市民，需要加入家庭农园协会，交纳入会费，并按面积交租金；委托农园主作业的，还要另付费用。家庭农园的土地，有的属于家庭农园协会，有的是国有土地，有的是租用私人土地。目前，在欧洲发达国家以及我国台湾，无论在大城市郊区还是小城镇都可以见到这类农园。

教育农场　是由政府向土地所有者租用土地，然后将一部分作为农业部门所属培训中心的教育农场，或者辟为“自然之家”教育中心，另一部分再租给农业工作者耕种。有的农场规模有上万亩土地，其中开设了供学生和游人免费参观的牛圈、挤奶室等设施。这些教育中心的经费一般要自行解决，主要是通过农业和土地的经营取得收入来维持教育设施。

自然保护区　目前，法国有明确规定的30个自然保护区，据说覆盖了国土的10%。自然保护区分为两类：一类是国家保护区，设在人烟稀少的山区和岛屿，保护区内一般没有村庄，全部由国家财政支持。一类是由各大区管理的保护区，主要是保护环境和文化遗产、景观遗产，还要保护村落和农业，这类保护区内允许有农业村庄存在。保护区的功能首先是保护，然后是经济开发，包括开辟游客观光游览的场所。巴黎大区有2个所属的自然保护区。譬如，巴黎西南30km的上谢夫勒斯谷自然保护区，建于1985年，包括23个村镇，300km^2。其中40%是农业用地，47%是森林，其他是道路、房屋等用地。据该保护区的负责人介绍，保护区内的农业分为两类，一类是产业化的农业，主要是大田作物；一类是园艺农业，主要是蔬菜等副食品。保护区的农田不允许被随意侵占。

巴黎每年3月份举行的国际农业博览会有“巴黎最大的农场”之称，已经成为巴黎市，乃至法国城市经济发展的助推器，目前已举办了47届。其主要起到了农产品宣称、农事教育、农产品质量评比、经济拉动等功能和效应。每届展会能够获得近5 000万欧元的门票收入，而且博览会给法国农户、政府及巴黎城市餐饮、旅游等带来的间接收益难以估量。

3. 伦敦模式

打造“绿色城市”。作为“最适宜居住的城市”，伦敦在城市生态建设和绿地建设上，取得了举世瞩目的成就。早在1991年，伦敦城市公共绿地面积就已达17 245公顷，人均公共绿地面积24.64平方米，绿地覆盖率

42%，住宅、道路和商业建筑等地面绿化达到37%，而公园、居住区花园和农地等地面绿化占63%。城市外围建成了环城绿带，绿带里不准建筑房屋和居民点。这样，不仅阻止了城市的过分扩张，又作为农业、游憩区，保持了原有小城镇的乡野风光，并通过楔形绿地、绿色廊道、河流等，将城市的各级绿地组成了网络。

建设多种形式的生产农场。伦敦的食品供给体系可持续性较差。据统计，伦敦蔬菜和水果的进口依存度分别为29%和89%，为提高城市食品供应安全性，伦敦拥有面积高达首都地区面积125倍的所谓“生态足印”，包括65个城市农场、1 200处社区公园、约70家学校农场及30多万个划拨地块等，能提供约40%的农产品供应，且生产出的有机、绿色食品安全可靠，可在一定程度上满足城市居民的农产品需求。

利用农业循环开展废物处理。伦敦的农业可以在市政府的废物处理战略中发挥关键作用，如有机废物的循环利用，减少了市政府潜在的废物处理和填埋成本，储水、废水处理设施和调配系统的需求减少，为政府和私营部门进一步降低相关的成本。这样每年可为地方当局节省大约6 600万英镑（折合1.1亿美元）有机废物（主要通过填埋）处理费用。

开展特色种植。伦敦的非正规作物种植促进了城市的经济及其可持续发展，保障了家庭的粮食安全。据估计，伦敦有大约3万名小块地生产者，种植的各种蔬菜年产出达746万吨。另外，还有很多人在自家的后院或窗台上种作物。伦敦的都市农业特色就是开展小生境种植和水果、蔬菜、鸡蛋、奶制品、家禽、肉、鱼的生产。荷兰模式：荷兰都市农业是以创汇经济功能为主的都市农业。主要是以园艺业和畜牧业为主的出口型农业。荷兰借助于发达的设施农业，集约生产经营花卉、蔬菜及奶制品，使其人均农产品出口创汇居世界榜首，成为世界都市农业的典范。荷兰都市农业重点发展具有设施园艺技术辐射、园艺产品集散、农业生态观光功能和地区专业分工的都市农业生产体系。

4. 东京模式

农业结构以蔬菜生产为主。东京郊区农户建设企业化现代农业，以生产蔬菜为主，为市民提供优质新鲜的时令蔬菜，同时也保留一定规模的畜牧生产，为有机蔬菜生产提供重要的优质堆肥供给源。据统计，东京蔬菜的自给率为6.1%，而牛奶、鸡蛋的自给率分别是3.4%、1.4%，肉类的自给率只有0.5%。

观光休闲农业蓬勃发展。东京观光休闲农业十分发达，主要包括综合性观光农场、观光农园、民俗农庄、教育农园等多种方式。如东京农业公园内容就十分丰富，蔬菜、水果、花卉、树木均可入园。农业公园一般有3个特点，一是发展特色农产品，二是采用先进农业技术，三是发展农产品加工工业。

积极发展“城市农业”。随着农业用地的减少，利用科技手段开发的“高楼田地”和“地下室农场”实现了科技手段发展“城市农业”，将农业生产引入城市绿化。如日本电信电话公司在公司总部大楼楼顶引进了红薯种植，有效缓解了城市热岛效应。通过温度和光照模拟，写字楼的地下室也被改造成室内农场，提高了空间利用效率。

建设学校农园，发挥农业的教育功能。很多日本城市家庭把子女送到郊区农户家寄宿并参加农业劳动。如东京都自1992年起由市教委、农协、农户三方合作兴办了面积约10公亩的学校农园，成为学生教授农户指导，体验农事作业的场所。目前学校农园已由最初的4所发展为13所。总而言之，发达国家和地区的都市农业主要有3类不同的模式：第一类是以经济功能为主的模式，以美国大西洋沿岸的巨型都市农业带为代表，该模式在生态经济系统中强化人的主动性而弱化自然环境的能动性；第二类是以生态功能为主的模式，以欧洲城市为代表，如德国、英国主张的森林城市等，该模式强调人与自然环境的和谐相处。要求政府通过制定一系列法律、规章制度和政策措施来规范都市农业的发展；第三类是兼顾生态和经济功能的模式，以日本和新加坡为代表，这种模式强调运用先进的科学技术和耕作技术，把农业生产寓于城市生态环境建设之中，从而提供一定量的农产品和完美的公共产品。

5. 意大利模式

近年来在欧洲兴起的短链食品模式是建立在本地化食品的基础上，即指利用本地原料和生产资料生产、在本地消费、并能促进本地农业发展和就业的食品。其中的“短”字不只是指空间距离，还意味着各类信息都是透明和可见的，即通过中间环节的尽可能减少来确保消费者尽可能了解食品生产和流动过程的全部信息。如：意大利都灵市有一家名为Sotral的公共餐饮的可持续配送企业，主要为学校、医院、政府等公共机构提供午餐配送服务。可持续餐饮中所包含的短链食品思想就是尽可能地减少食品生产和运输过程中的能量消耗，从而减少CO_2排放，主要手段之一便是采购本地化的原料，采用绿色的运输方式。这种方式类似我们北京的都市型农业，它充分利用市场经济规律，开发细分化市场，主攻高端消费者群体，同时利用了政府等公共部门所具有的引导或者控制市场消费方向的手段，企业的服务对象多是当地的学校、医院、政府机构等，他们有能力来采购具有可持续性的食品。

（二）农业企业总部模式

1. 加工型农业企业总部——澳大利亚农业

澳大利亚是世界上农业生产大国和出口大国，农业现代化程度很高，40万左右的农业人口大约40%的农业产出即可满足国内需求。20世纪90年代以来，澳大利亚农产品出口收入占农业总产值的60%至70%，2000年达到275亿澳元（约150亿美元），成为国家外汇收入的主要来源之一。特别是羊毛、牛肉、小麦、糖、奶制品、水果等农副产品的出口在世界农业初级产品的出口市场中占有相当大的市场份额。

发展现代农业必须走产业化经营之路。农业产业化经营，国际上一般称之为“Agricultural integration”，是现代化农业生产的一种综合经营体制。这种体制能在更大范围内和更高层次上实现农业资源的优化配置和生产要素的有机结合，其本质是通过建立与市场经济相适应的农业产业化体系，利用现有农业资源优势，以市场为导向，以科技为依托，发展生产，并与农产品加工、流通等环节紧密结合起来，进行实现产学研二结合、农工贸一体化的经营格局。澳大利亚农业产业化经营体制形式上大同小异，基本上是协会模式。即以经营某大宗农畜产品加工或购销业务的“协会”为核心，吸收附近农户和相关企业自愿联合组成“生产基地”，通过股份制结成“风险共担、利益共享”的利益共同体；在地方协会巩固和发展的基础上，各地协会自愿按产业联合，逐步组成由地方到全国的联合会和行业协会。以奶制品的产业化经营为例，首先是通过股份合作制形式将澳分散的1.3万多个天然奶牛场和近百家奶制品加工企业联系在一起组成无数个地方协会，实现一定规模的生产、加工、销售一体化经营。同时，各地协会联合成立了反映整个奶制品行业利益的联合会及下属的3个行业协会，分别是澳大利亚奶制品同业生产者联合会、奶制品产品联合会、奶制品市场联合会；从事产品研究与开发的奶制品研究与开发公司，以及从事销售的澳大利亚奶制品销售公司。

由此可见，澳大利亚通过实行农业产业化经营，将产加销各环节联结为纵向一体化的产业链，形成了新的运行机制、积累和发展机制，形成了聚合规模经济，比较好地解决了分散的小农户整体地进入社会化大市场的问题。澳大利亚这种农业产业化经营的模式与加工型农业企业总部的形态和功能比较吻合。

2. 市场型农业企业总部——荷兰农业

荷兰国土狭小，资源贫乏，是典型的人多地少国家。但是荷兰农业发达，是在世界上占有重要地位的农业强国，在世界农产品市场上占有十分重要的地位，尤其是在鲜切花、花卉球茎、观赏树木的贸易中，荷兰一直是最大的出口商，占全世界的60%左右，每年为荷兰带来了60亿美元的收入。荷兰有非常完整的鲜花销售体系。位于荷兰阿斯米尔镇的阿斯米尔花卉拍卖市场，迄今为止是世界上最大的花卉拍卖场所。南美的一些国家，如哥伦比业、厄瓜多尔以及非洲的埃及等51个国家向该市场供货并销往国际市场。该市场注册的购买商有1 300户，每天约完成55 000笔交易，经拍卖市场拍卖的产品由出口商出口到84个国家和地区，花卉出口都是通过该市场来完成的。荷兰有较好的市场管理模式和手段。阿斯米尔拍卖市场是种植者利益的联合体。发展新的交易模式和方法，为购买商提供更大的方便。用高品质产品、低成本服务树立市场形象，为市场营造一个良好的氛围。提供良好的物流服务。对一些市场准入条件较高的国家（如日本），邀请其检验、检疫机构派员长期入驻市场提供服务。全年不间断地为购买商提供品种备注服务，并尽量降低服务价格以保持竞争优势。从荷兰的阿斯米尔拍卖市场可以体验荷兰在发展其农业产业的时候，运用了市场型农业企业总部的形式，为该国的农业生产者带来了丰厚的效益，带动了该国农业的良性发展。

3. 科技型农业企业总部——以色列农业

以色列国土面积为210万公顷，可耕地面积仅为44万公顷，占总面积的20%，而可耕地一半以上的土地还需提水浇灌，因此其农业生产以高效的农业灌溉闻名于世。除此以外，更值得一提的是以色列现代化的品种与种子商品。

以色列十分注重开发研制作物新品种，他们集中了大批优秀的遗传学家、工程学家，在国家农业科研院所、私人种子试验室、各大专院校的农业系等单位指导着众多的科研人员。他们利用生物遗传基因和其他手段，不但培育出品质优良、抗病抗虫、适和当地自然条件的种子和种苗，还以先进的栽培技术指导农民种植。以色列的大田作物几乎都是优质高产。如棉花，每平方米可产优质皮棉0. 37吨，可制成0. 12吨纤维，每个劳动力每年生产价值10万美元的棉花。由于以色列高度重视超常品种的研究，从而构成了从品种到商品的现代化生产过程。每个品种的优质高产，带来了十分显著的经济效益，农产品不仅满足本国消费者的需要，还大批出口欧洲、北美乃至远东市场。以色列每年出口价值6亿美元鲜活农产品和6亿美元的加工食品，每年农产品出口环节得到的利润达1.5亿美元。

以色列也十分重视农业技术推广，从政府的官员、科技人员到农民，都认为推广工作是农业和农村发展必不可少的重要组成部分。以色列研制推广先进农业技术特别注重综合组装配套，他们把一些现代化科技最大限度地综合开发用十农业。如温室加滴灌，就集中了工程学家、材料学家、机械学家、农学家、光学家、电子学家、经济学家和工人、农民的集体智慧。一个电脑控制系统就把温室和灌溉、施肥、防病治虫等生产工艺组装进去了。据沃尔卡尼中心农业科研组织有关负责人介绍，以色列在研究推广方面国家每年投入8 000多万美元，相当于国民生产总值的3%。这些经费主要用于开展综合配套的协作攻关，创办试验、示范基地，推广综合配套技术。以色列目前已建立起由政府部门、科研机构和农民合作组织紧密配合的研究体系。他们的科研项目直接来自生产实际，并由生产部门提供科研经费及试验基地，由农业部下属的农业研究组织来承担，一旦取得成功，通过农技推广服务站举办培训班，建立示范点，进行实地推广，所创利益由生产部门和科研部门双方分成。这种以生产引导科研，科研和生产相结合的农业科研推广体系具有很强的经济价值和实用价值。

以色列通过对农业技术的研究、孵化和推广，并用优质农产品和技术成果的形式对国际市场输出，获取了丰厚的利润回报，有效推动了本国农业的发展。这种农业发展的形式带有了浓重的科技型农业企业总部的色彩。

五、世界城市建设与都市型现代农业的关系

都市型现代农业则是强化世界城市功能的有力支撑。从农业和城市发展的依存关系来看，都市型现代农业并不特指某个农业形态，而是强调农业和城市共生的发展理念。都市型现代农业“依托城市、服务城市”，与城市的整体发展密切相关，是一种与城市经济、文化、科学密切相关的农业现象，是城市化高度发展的产物，是一项技术、资本与劳动力三重密集型的产业，蕴涵着巨大的创新空间，其创新机制的运作与成效最终取决于城市的综合实力。同时，都市型现代农业不仅能够提升城市总体的生产、生态、生活这“三生”功能、而且可以通过提供食物安全、劳动就业、生态保障、休闲娱乐和科技示范等多个平台来实现和巩固中心城市的辐射带动力，它对于强化

世界城市功能的支撑力不可低估，它也因此被视为提升地区农业竞争力的新机制和重要方式。

目前，北京农业产值占整个国民经济的比重越来越低，随着城市化的快速发展，直接发展种植业和养殖业的空间越来越小，北京都市型现代农业的方向必然要与世界城市方向定位相吻合，要与城市经济体系融为一体。要强调服务功能，为全国农业提供服务平台；对世界而言，要增加开放度，向国际化发展。因此，在建设世界城市的新视角下，都市型现代农业在布局、形态、功能以及生产诸方面将具有新的特征。

第一，作为世界城市地区，北京都市型现代农业应该是全国农业的经济管理控制中心，即在世界城市背景下，北京都市型现代农业应该具有农业总部和农业金融中心的特点。

第二，北京作为国家的首都，在建设世界城市的背景下，北京都市型现代农业是一种开放的、国际化的农业。应发挥北京都市型现代农业的竞争优势，形成巨大的物流、商流、信息流，在全国起到示范、辐射、带动作用。所以北京农业更应该凸显其在农业事务中的协调作用，所以在世界城市的发展要求下，北京的都市农业应该发展为具有农业事务协调基地职能的农业。

第三，北京都市型现代农业是一种集约化、现代化农业。都市型现代农业代表着当今我国最高水平的农业生产力。作为世界城市地区，其农业的技术装备应明显高于全国，同时也应是农业技术的研发中心。所以北京都市型现代农业会是农业科技研发创新基地。

第四，北京都市型现代农业是一种形态多姿的农业。在世界城市社会生产力和科学技术高度发达的条件下，农业将迅速与其他产业渗透、融合。从纵向看，农业与农产品和食品加工业正在渗透、融合，并带动着农业专业化、基地化、产业化的发展。从横向看，农业与旅游、教育、文化各业正在逐渐渗透和融合。为适应城市居民休闲、娱乐和体验等精神文化需求，不断拓展农业内涵，充分利用农业自身特点，积极发展创意农业、农业会展、观光、农村休闲、产品采摘、农事教育、生产体验以及垂钓等多种农业衍生产业，由单纯提供物质性产品向精神性产品延伸，使都市型农业逐步成为城市居民观光、休闲、体验和接受农事教育的重要领域，成为农业文化创意产业中心。

第三部分　建设世界城市背景下的北京都市型现代农业建设内容及模式

一、农业经济管理控制中心建设内容及模式

（一）农业总部

1. 农业总部的类型

（1）农业企业总部

对于农业企业总部的理解可以从企业价值链的角度来进行。“价值链”概念是由美国哈佛大学 Michael E Porter 教授于 1985 年在其著作《竞争优势》中提出的。价值链理论认为：在企业的经营活动中，并不是每个经营环节都创造价值或者具有比较优势，企业所创造的价值和比较优势，实际上是来自于企业价值链上某些特定环节的价值活动，这些真正创造价值的、具有比较优势的经营活动，才是最有价值的战略环节。随着企业的成长，企业所形成的具有比较优势的价值活动也在不断得到强化，这些价值活动对企业发展起到了决定性的作用，这就要求将某些价值活动以总部的形式分离出来。

通过对价值链功能的分析可以将企业总部分为以下六类：

第一，生产总部。主要包括原材料储运、生产制造和产成品储运功能。生产总部是生产型企业发展的中心，其主要任务是保证完成生产而进行各种组织、协调活动。

第二，营销总部。主要包括市场与销售功能。营销总部是企业与市场相结合的纽带。其主要任务是收集市场信息、产品营销管理等与营销相关的各项活动。

第三，采购总部。主要是实现采购功能。采购总部对于非一体化的企业来说是维持企业正常运行的基础。其主要任务是购入企业生产所需的各种生产和非生产性资料。

第四，研发总部。主要是实现企业技术开发功能。研发总部是企业为获得在技术方面的持续领先优势而设立。其主要任务是跟踪行业最新技术动态、研发适用于本企业的新产品和技术。古普塔和埃罗拉对公司总部在技术

开发上的角色进行了分析，认为公司总部的角色分为三类：完全分权（技术管理职责全部分散给各个 SBU 在技术管理中公司总部不起任何作用）、公司总部作为“知识经纪人”（即将技术管理职责分散给各 SBU，公司总部在 SBU 技术开发中扮演一种积极促进的角色，并在外部技术内部化和技术在不同 SBU 之间传递的过程中充当经纪人）、公司总部作为“知识创造者”（即总部直接负责技术开发，SBU 依赖公司实验室的技术开发）。

第五，管理总部。主要包括人力资源管理、基础设施管理功能。管理总部是实现企业内部资源的合理配置并规划企业未来发展等功能的一个部门。

第六，综合总部。包括企业价值链的多项功能。综合总部集投资、开发、营销、生产、技术、采购、财务、人事、管理等决策于一身。

（2）农业基地总部

农业基地总部的核心是服务经济。企业总部通过对各种产业的专业化需求，促进关联产业的发展；同时，总部的技术、信息、文化等溢出效应以及总部的知名度、市场拓展能力都将使外围关联产业从中受益。总部经济的发展不仅带动相关制造行业的发展，而且对于服务业，特别是知识型服务业的发展更具有重要作用。具体来讲，围绕企业总部，将形成较为完整的知识型服务业体系，即以银行业、证券投资业、信托业、保险业、风险投资业为主的现代金融服务业；以咨询服务、会计服务、法律服务为主的专业中介服务业；以会展服务、国内外机构服务、政府服务为主的会展与机构服务业；以科研服务、技术服务、测试服务为主的研发与技术服务业；以医疗服务、保健服务为主的医疗保健业；以高等教育、民办教育、培训服务为主的教育培训业；以传媒业、出版业、设计业、广告业、体育业为主的文化传媒业。总部经济通过促进现代服务业的发展，从而促进了城市的产业结构向高度化方向演进。

（二）农业金融中心及模式

1. 农业金融衍生品交易服务中心

金融远期、金融期货、金融互换及金融期权。

2. 农产品期货交易中心

大豆期货，玉米期货，小麦期货等。

3. 农业证券交易中心

主要是向企业提供公开筹集企业营运所需的资金。

4. 农业银行服务中心

包括：货币政策；信贷政策；利率政策；再贴现政策；公开市场业务政策；金融监管政策。

二、农业国际事务协调中心建设内容及模式

（一）国际政府和组织模式

政府间国际组织：成员都是主权国家或其他成员不必为主权国家的国际组织（像欧盟和世界贸易组织）。从法律角度来讲，政府间的国际组织必须有一部公约作为基础，并且有一个法人。

非政府间国际组织（NGOs）：任何国际组织，凡未经政府间协议而建立，均被视为是为这种安排而成立的非政府国际组织。包括独立组织，民间组织，第三部门，志愿协会。根据性能，国际组织可分为综合性（即一般政治性的）和专门性两种。

综合性组织。如联合国，成员具有普遍性；兼有政治、安全、经济和社会发展、科技文化合作，以及人权保护等多种职能。这类的组织是允许所有国家加入的。

全球专门性组织。具有某种特定功能，故又称功能组织。最典型的是联合国的专门机构，还有如国际劳工组织、世界卫生组织、世界贸易组织等。这类的组织同样是允许所有国家加入的。

区域综合性组织。具有政治、安全和社会经济功能的地区性组织。如美洲国家组织、欧洲共同体和东南亚国家联盟等。这类组织是接受世界上，某一地区或大陆的成员加入的。

区域专门性组织。可分为经济贸易、军事同盟、科技文化等类别。此外还有北大西洋公约组织、华沙条约组织和经济互助委员会等少数组织，虽都具有专门功能，但其成员国并非严格以地区而是以社会制度、意识形态以及军事战略关系为分野的。这类组织是否属于地区性组织，在国际上尚有争议。这类组织同样也只是接受世界上某一地区或大陆的成员加入。

（二）联合国粮食及农业组织模式

联合国系统内最早的常设专门机构。其宗旨是提高人民的营养水平和生

活标准，改进农产品的生产和分配，改善农村和农民的经济状况，促进世界经济的发展并保证人类免于饥饿。粮食及农业组织的成立先于联合国本身。第二次世界大战爆发后，经当时的美国总统罗斯福倡议，45 个国家的代表于 1943 年 5 月 18 日至 6 月 3 日在美国弗吉尼亚州的温泉城举行了同盟国粮食和农业会议。会议决定联合国粮食及农业组织建立一个粮食和农业方面的永久性国际组织，并起草了《粮食及农业组织章程》。1945 年 10 月 16 日，粮食及农业组织第 1 届大会在加拿大的魁北克城召开，45 个国家的代表与会，并确定这天为该组织的成立之日。至 11 月 1 日第 1 届大会结束时，42 个国家成为创始成员国。1946 年 12 月 16 日与联合国签署协定，从而正式成为联合国的一个专门机构。截至 1985 年年底，共有 158 个成员国。中国是该组织的创始成员国之一。1973 年，中华人民共和国在该组织的合法席位得到恢复，并从同年召开的第 17 届大会起一直为理事国。该组织的最高权力机构为大会，每两年召开 1 次。常设机构为理事会，由大会推选产生理事会独立主席和理事国。至 1985 年年底，理事会下已设有计划、财政、章程及法律事务、商品、渔业、林业、农业、世界粮食安全、植物遗传资源等 9 个办事机构。该组织的执行机构为秘书处，其行政首脑为总干事。秘书处下设总干事办公室和 7 个经济技术事务部。总部自 1951 年起迁往意大利罗马，此外还在非洲、亚洲和太平洋、拉丁美洲和加勒比等地区设有区域办事处，在北美（美国华盛顿）和联合国（美国纽约和瑞士日内瓦）分别设有联络处。

三、农业科技研发创新中心建设内容及模式

（一）自主创新模式

自主创新模式是指创新主体以自身的研究开发为基础，实现科技成果的商品化、产业化和国际化，获取商业利益的创新活动。引进、利用国外的先进技术是改造传统产业落后技术、缩小差距的“便捷”选择，但过分依赖国外先进技术就会陷入“引进、落后、再引进、再落后”的恶性循环。鉴于南通市传统产业大中型企业技术创新的现实状况和能力，相当一部分企业在近期甚至今后相当长一段时间内，要以渐进性创新为主，通过不断积累经验，蓄积力量，逐渐向自主根本性技术创新转变。只有这样，才能在一定时期内独立控制某项产品或工艺的核心技术，从而形成较强的技术壁垒，使自己在激烈的市场竞争中掌握主动权，占据有利地位。

（二）模仿基础上的二次创新模式

模仿创新模式是指创新主体通过学习模仿率先创新者的方法，引进、购买或破译率先创新者的核心技术和技术秘密，并以其为基础进行改进的做法。实践证明，引进技术是那些技术落后、自主技术创新能力不强的企业，在较短的时间内提高自身技术水平，缩小与先进企业技术差距的行之有效的途径。从由国外大型企业掌握关键核心技术的传统产业领域来看，南通市中小型企业需要紧密围绕市场，将模仿创新与自主创新相结合，实现科技创新与市场的互动。一方面以出让市场为代价，进行技术引进，换取发达国家的先进技术，同时在消化吸收的基础上对技术进行改进、模仿创新，再去开创国内的乃至国际市场；另一方面仍然不放弃进行自主创新，充分发挥企业的科技创新主体作用，在努力发展第二代工业体系的同时，积极参与信息技术产业的发展。通过兼顾模仿创新与自主创新，实现质量与数量并重，并进入到以提高质量为主的创新集成阶段。

（三）合作创新模式

合作创新模式是指企业间或企业与科研机构、高等院校之间联合开展创新的做法。传统产业由于市场竞争和技术竞争非常激烈，产品生命周期和技术寿命越来越短，技术创新尤其是重大技术创新的投入、风险和难度越来越大。而依靠一个企业自身的力量往往很难突破技术创新过程中的重大技术难题，承受相应的巨大投入与风险。这就促使越来越多的类似与万达锅炉这样的企业，利用与高校、科研机构、同类企业之间相互的优势来共同面对市场的多变性，共担风险，加快技术创新的速度，以适应市场需求和技术竞争的需要，增强企业的竞争优势。实践中，企业合作创新的具体组织形式有合同创新模式、项目合伙创新模式、基地合作创新模式、基金合作创新模式和研究机构合作创新模式。其中基金合作和研究机构合作属于实力雄厚的较大型企业的科技创新模式。

四、农业文化创意产业中心建设内容及模式

（一）创意农业

1. 创意农产品

首都高端消费市场要求农产品满足多样化消费需求，普通农产品注入科

技、文化内涵就会身价倍增。具体来看，京郊农产品创意分为以下几种类型：（1）废物利用型，将农业或生活的废弃物，通过巧妙的构思，制作成实用品或工艺品。如门头沟麦秸画、蝶翅画，大兴的蛋壳画，平谷桃木工艺品，通州区的熏蚊草等。（2）用途转化型，通过改变某种农产品的常规用途，赋予其新的创意。如延庆豆塑画，色彩斑斓的盆景蔬菜、盆景水果等。（3）形色创意型，通过对农产品进行外形和色彩等方面的创意，就产生出了令人耳目一新的产品。如大兴的"金猪西瓜"、"水晶西瓜"。依托北京当地农业资源而创意设计的农业旅游产品，成为国内外观光游客的挚爱，促进了农民增收，更成为北京都市型现代农业的夺目名片。

2. 创意农耕文化

农产品需要创意，农业生产过程、农业耕作活动同样需要创意。当科技和文化创意作为两大引擎，在赋予农业深刻内涵的同时，农业已不只是一种产业经济，而是一种高度的农业文明展示。在京郊密云、顺义、怀柔和房山进行的玉米迷宫种植试验，通过不同时期作物生长的变化，按照事先设计的方案，利用玉米秸秆种植"迷宫阵"，建造适宜人们旅游观光、休闲度假的新场所，使市民、青少年体验农业文明，接受农耕教育，进行旅游观赏，将"都市"与"农业"真正融为一体。同时，提供相关产品的销售、农作物采摘等多项服务。以"玉米迷宫"为主题开发多种休闲和旅游产品产生的直接收益约是玉米生产价值的20～50倍，直接的受益者是农民。此外，各种农业主题公园，比如南瓜园，把世界各地、各种色彩的南瓜都集中在一个地方，不仅可以体验农产品的丰富内涵，还可以起到教育和示范的功能。

3. 创意农业产业形态

北京郊区通过创意农业，带动一批产业的兴起，创造出超出传统农业几倍甚至几十倍的价值。如朝阳区蟹岛绿色生态度假村将生态循环农业的设计创意做成一个年产值几亿元的大产业；怀柔区的虹鳟鱼一条沟是以虹鳟鱼、金鳟鱼、鲟鱼等冷水鱼养殖为中心建立起来的集烧烤、吃农家饭、住农家院、爬野长城、骑马为一体的综合性观光旅游景区；昌平区小汤山农业园区利用科学技术将南方生长的水果引种京城，使北京市民吃上北京产的香蕉、火龙果；平谷区通过科技手段将桃树培育成盆景装点居室；延庆县柳沟村利用传统的豆腐加工技术，迎合市民追求安全、养生的需求，创意出远近闻名的豆腐火盆锅盛宴；顺义区万科农业园将土地租给城里的市民，圆了城里人的农夫梦，农民也实现了从生产者向管理者的角色转变。

（二）旅游观光农业

丰台模式：结合其作为北京南部物流基地和国际国内知名企业代表处聚集地的功能定位，以卢沟桥、北宫森林及青龙湖等历史文化和生态休闲旅游资源为核心，大力发展红色旅游、都市农业观光和都市休闲度假旅游，成为城区西南部休闲娱乐中心。

通州模式：作为北京重点发展的新城之一和首都“一轴两带”发展格局的重要节点，借助城市综合服务、行政办公、商务金融、文化、会展等功能的形成，大力挖掘与利用运河文化旅游资源，强化运河沿岸景观设施建设，形成以运河风光游览和滨水休闲度假为特色，现代娱乐、商务会展等功能完备的京东文化旅游中心。

顺义模式：利用其作为北京市新的现代制造业中心和空港物流中心的产业特色，结合新城发展定位，重点开发商务旅游、会展旅游、体育休闲和度假旅游，构筑服务设施完善、基础设施配套的旅游产业服务中心。

昌平模式：利用其高新技术产业的发展以及丰富的旅游资源条件，提升休闲度假旅游产品档次，完善休闲农业设施配套，大力发展现代娱乐和温泉度假旅游，结合昌平中心城镇建设，增强旅游服务功能，成为区域性旅游服务中心。

大兴模式：利用丰富的都市农业资源，提升农业观光和休闲度假旅游的产品档次，完善现有休闲旅游区的配套服务设施建设。

平谷模式：结合其作为首都生态涵养发展区的定位，利用丰富的果品资源和自然山地风光，发展自然观光和休闲农业旅游，完善郊野生态休闲度假旅游功能。

怀柔模式：结合其作为首都生态涵养发展区的定位，充分发挥和利用良好的生态环境优势，在提升休闲度假产品和乡村旅游产品发展水平的基础上，推动生态旅游、会议培训旅游的发展；完善怀柔中心城镇旅游服务功能和游览功能，成为区域性旅游服务中心。

密云模式：结合其作为首都生态涵养发展区的定位，充分发挥良好的生态环境优势，提升休闲度假旅游产品档次，推动乡村旅游和生态旅游的发展，完善密云中心城镇旅游服务功能和游览功能，成为区域性旅游服务中心。

延庆模式：结合其作为首都生态涵养发展区的定位，充分发挥生态环境的优势和夏季气候相对舒适的优势，大力发展生态旅游，提高夏季避暑休闲度假旅游和冬季冰雪旅游产品档次。

房山模式：充分发挥自然景观和历史文化旅游资源优势，在提升观光旅游产品档次的同时，推动地质科普旅游、根祖文化旅游、宗教文化旅游和康体休闲度假旅游的发展，拓展旅游城镇的综合服务功能。

门头沟模式：结合其作为首都生态涵养发展区的定位，充分发挥自然景观资源和历史文化资源优势，在提升观光旅游产品档次的同时，推动宗教文化旅游、康体休闲旅游和红色旅游产品的开发，建设特色旅游城镇。

第四部分　建设世界城市背景下的北京都市型现代农业建设实践

2009 年，北京市提出建设世界城市的概念，世界城市建设将赋予北京市巨大的发展空间，其建设潜力将是巨大的。在理论上，北京市建设世界城市的定位已经明确，即：建设经济管理控制中心。一是总部经济，二是金融中心。建设国际事务协调中心。建设世界文化中心。包括创意与体验，国际旅游、国际会展、国际教育城市等表现形式。在实践上，各区县根据自身条件，初步进行了北京世界农业建设实践。

一、农业经济管理控制总部

（一）农业企业总部

在过去的几年中，为配合北京市国际都市和奥运城市建设，农业生产领域提出了北京市都市农业建设和北京市都市型现代农业建设目标。北京都市型现代农业是都市农业建设的升级和转化。世界城市建设条件下的都市型现代农业面临又一次的升级与转化，这一次转化无论在概念上还是在形式上是全新的，可遵循的路径不多。然而，北京市在都市型现代农业建设中，有意无意间遵循了农业总部建设的路径，形成了一些创造性的模式，使北京市农业总部建设，出现了新气象。如朝阳区在建设农业总部过程中，大力培育方圆平安、蟹岛、格林万德等初步具备农业总部特征的龙头企业，按照“有限区域，无限发展”的思路，把集团总部、行政总部、研发总部、加工总部、营销总部设在朝阳，把生产基地向外转移，建成了区域性的“农业总部”。

首都农业集团是北京市著名的农业企业集团，全资及控股企业64家，中外合资合作企业26家，境外公司2家，公司在畜禽良种繁育、养殖、食品加工、生物制药、物产物流等方面具有行业明显优势，已形成从田间到餐桌的完整产业链条，拥有5家国家级重点农业产业化龙头企业和“三元”、“华都”、“双大”三个“中国名牌”及一批著名商标，并与多家国际知名企业建立良好合作关系，已经初步形成具备中外农业经济管控的企业总部。

事实上，北京市农业总部建设无论在内容还是在形式上要宽泛的多，只是建设者们并没有意识到他们的行为正是建设农业总部的实践。在某种意义上，都市型现代农业建设的部分高级形式本身就体现了农业总部的形式。实践指导理论是我国农业发展的特征，农业总部建设也不例外。从实践到理论的飞跃，将会增强农业总部建设的自觉性，有利于加快农业总部建设的步伐。总体看，北京已在如下领域建设了农业总部。

1. 农业企业总部

北京市共有农业产业化龙头企业368家，其中销售收入亿元以上的龙头企业有73家。农业产业化龙头企业固定资产总值达到181亿元，年销售收入418.5亿元。龙头企业的净利润从2000年的9亿元增加到目前的31.5亿元，增长2.5倍。2008年，市级农业产业化龙头企业收购郊区农产品价值56亿元，提供就业岗位7.64万个，带动农户增收14亿元。北京市农业企业将不仅要面向首都市场，还要面向全国市场和国际市场，将逐步形成具有对国内外农业经济管控能力的农业企业总部。

2. 种业企业总部

北京市已经发展了包括优质粮食种业总部，特色种业总部，包括优质出口豆类种业，优质专用甘薯种业，优质专用马铃薯种薯业，特色优质西甜瓜种业，食用菌种业，中药材种业，蔬菜花卉种业，包括优势蔬菜籽种业，花卉种苗业的企业总部。

3. 基地企业总部

北京第一批跨区县合作的“海淀－密云”、“西城－门头沟”、“朝阳－延庆”三个产业共建基地2010年正式挂牌，这是未来北京市奇迹企业总部发展的新增长点。这次挂牌的三个产业基地有明确的产业定位，“海淀－密云”定位为研发总部；“西城－门头沟”定位为高新技术产业；“朝阳－延庆”定位成新能源和环保产业。围绕产业定位，结对区县进行产业合作，合作期限是5年。

乘2012年昌平第七届世界草莓大会东风，昌平区选派了20名草莓种植专业技术人员和农民技术员赴西班牙学习草莓生产的先进技术与管理经验；继2008年与荷兰马克公司、伏莱特公司分别就百合生产技术和种球繁育技术签约并引进相关技术后，今年该区又将以百合花为代表的花卉产业纳入“引智工程”的范畴，为北京盛景苑花卉公司申报了“百合切花生产和种球繁育先进技术引进”项目。目前，该区已建成百合花种球生产基地和宿根百合制种基地，建成了占地2 486亩的百合花日光温室大棚1 557栋，其中620栋已投入生产，全区共有百合花从业人员860多人，人均年收入在万元以上。

4. 物流企业总部

北京二商集团有限责任公司是以食品冷链物流、食品制造、肉类屠宰加工、现代分销与专业市场为主导产业，以食品科研、教育、信息技术以及房地产开发经营、酒店服务、物业管理为重要支撑的大型国有企业集团。集团主要生产经营猪肉、牛羊肉及其制品，禽蛋制品，海鲜及制品，糖、酒、烟、茶，腐乳、酱油、食醋、调味品、糕点、水果、蔬菜、酱菜、豆制品、饮料、冷藏设备等20多个大类万余种商品，其中，王致和腐乳全国产销量第一，产品遍布全国30多个省市、自治区并出口20多个国家和地区，是极具发展成为具有中外管控能力的农业物流企业总部。

（二）农业金融总部

1. 农业金融证券总部

2010年，北京市积极培育26家涉农企业上市，其中有19家企业已经开展了上市工作。这26家企业中国家级重点龙头企业有9家，市级重点龙头企业有17家，拟上市企业2009年平均销售收入8.56亿元。目前拟上市的26家企业中，已改制准备进入辅导期的有3家企业。其中新发地农产品公司计划今年8月份进入辅导期；北京九州大地生物技术集团公司计划今年下半年进入辅导期；北京绿富隆农业公司计划2011年进入辅导期。此外正处于改制阶段的有12家，占总数的46%。其中北京二商集团公司为子公司改制上市，计划今年下半年进入辅导期；北京百花蜂产品科技发展有限公司进度较快，计划今年5月份完成改制，随后进入辅导期；北京三元种业公司由于今年1月华都肉食品公司资产并入，因而推迟到年底完成改制进入辅导期。北京金路易速冻食品有限公司和北京申安食品有限公司准备今年启动上市工作；今年尚没有上市启动计划的有5家。北京市农业金融证券总部正在形成。

2. 农业保险总部

2007 年 5 月开始建立政策性农业保险制度。截至 2009 年 5 月，北京市累计实现保费收入 6.05 亿元，参保农户 39.25 万户次，为北京农业生产提供保险保障 149.24 亿元，赔付支出 3.47 亿元，受益农户 11.8 万户次，为稳定农民收入、保障都市型现代农业健康发展发挥了积极作用。2010 年，北京农委与瑞士再保险股份有限公司和中国再保险（集团）股份有限公司签署政策性农业再保险合作协议。北京市政府将直接出资为在北京从事政策性农业保险的保险公司购买再保险，在发生巨灾损失的情况下，再保险公司将直接向保险公司支付赔款，为其提供保障。这项协议主要为畜禽、果树和农作物提供针对传染病、畜禽疾病、雹灾、洪涝、风灾、暴风雨等风险的保险，覆盖约 40 万农户。

市农委代表市政府作为投保人，将北京市农业保险业务作为统一整体，直接出资向再保险公司购买再保险。经办北京市农业保险业务的保险公司分别核算赔付率，任一保险公司赔付率超过 160% 后，可直接向再保险公司索赔。北京市在全国率先通过政府直接购买再保险，创新了政策性农业再保险的运作方式，逐步形成具有对国内外农村金融管控的农村保险总部。

此前，北京市实行的政策性农业保险，主要由人保等 3 家保险公司承保，保险公司承担赔付率在 160% 以下的风险，赔付率 160% 以上的风险则由政府承担。根据此次签订的再保险合作协议，由保险公司承担当年农业保险赔付率 160% 以下的风险，赔付率超过 160% 的风险由政府承担。其中赔付率 160% 至 300% 的风险，由政府购买再保险的方式转移；保留农业巨灾风险准备金应对赔付率 300% 以上的风险。

3. 农业投融资总部

2010 年，北京农业担保有限公司挂牌成立。去年底，北京农业投资有限公司成立；下一步募集设立北京农业产业投资基金。三家机构全部设立之后，北京市农业投融资平台将全面搭建完成。北京农业担保公司的相关组建工作由北京首都创业集团有限公司（首创集团）负责，首创集团作为北京市政府授权投资机构，负责整个北京市农业投资融资平台的搭建工作，集团在去年底出资 10 亿元组建了该平台的第一个机构北京农业投资。该集团今后还将负责筹办北京农村产业投资基金，逐步形成具有对国内外农村金融管控的农业投融资总部。

4. 农业期货总部

丰台已成为我国最大的种子研发总部，成功举办了世界种业大会。同时，在建设世界种业农业基地总部过程中，通过世界种业大会，成功地构建了中国种子期货交易平台，实现了农业生产总部向金融总部的跨越。

5. 农业信贷总部

北京农村商业银行制定《全力支持首都新农村建设的实施意见》，出台九项战略新举措，实施全行支农业务战略转型，全面积极大力度地满足首都城乡经济社会一体化发展的资金需求和金融服务需求。这九项举措分别包括：实现支农业务由“支持三农”向“支持城乡经济社会发展一体化”的战略转型；加强与政府部门的沟通协作，提高支农金融服务的针对性和有效性；确保涉农贷款优先投放，积极满足农村改革发展中的资金需求；积极调整信贷投向，重点加大对城乡经济社会发展一体化项目的支持力度；大力推进银政、银农、银保“三个”合作，探索首都农村改革发展新模式；全面开展金融创新，切实做好对农户及涉农企业的金融服务；继续推进信用户、信用村、信用镇“三信工程”建设，进一步优化农村信用环境；加大金融基础设施建设力度，优化京郊地区金融支付环境；提高风险控制能力，确保涉农业务持续健康发展。

截至2008年9月末，北京农商行涉农贷款余额达434.83亿元；农户贷款余额达43.26亿元，较2005年9月末的15.88亿元提高1.72倍。该行相关负责人表示，九项举措的出台，必将进一步发挥北京农商行首都金融支农主力军作用，对农业增产、农民增收、农村繁荣、城乡经济社会一体化发展起到积极促进作用。预计到今年年底，北京农商行涉农贷款余额将达437亿元，稳居北京银行业首位，农业信贷总部逐渐形成。

二、国际农业事务协调组织基地

“北京都市型现代农业海外人才创业园”。2010年，丰台区王佐镇建立了“北京都市型现代农业海外人才创业园”，通过创业园的建设，吸引海外高层次农业人才来京创新创业，促进国外先进技术、管理经验与北京农业科技资源有效结合，提升北京现代农业科技水平，形成具有影响国内外的农业事务协调的组织总部。

首都籽种产业科技创新服务联盟。首都籽种产业科技创新服务联盟由从事籽种研发、应用、推广和营销的企业、高等院校、科研院所和科技服务机构组成。联盟将通过组织开展籽种品种展示、培训和宣传工作，形成一批种业新品种试验研究、示范展示和繁育基地；组织开展种业交易、信息发布、金融服务、产业论坛等工作壮大首都籽种服务业；开展新品种、新技术应用和产业化推广，加快京郊种业新品种更新换代，带动农民增收。此外，联盟还将以国际合作为突破口，通过为籽种企业提供高质量的服务，吸引更多的国内外高水平种业公司在京建立总部及研发中心，把北京培育成为国内外种业公司研发总部的聚集地。此外，北京种业交易中心正在建设中，为国内外种业企业来京发展提供展示、交流及交易平台。

延庆建成国际薯业农业基地。根据2010年2月签署的国际马铃薯中心亚太中心建设东道国协议，亚太中心总部（延庆）将承担马铃薯应用技术研究，并承担实验楼、资源中期保存库、国际专家工作站、田间试验设施和基地等工程、设施建设。目前，建筑面积10 200平方米的中心办公大楼和建筑面积2 827平方米的马铃薯种质资源库主体工程已基本完工。中心建成后，国际马铃薯中心将赠送1万份马铃薯种质，以此为基础，中心可开展马铃薯新品种的培育。

低碳农业企业农业基地。昌平区与德中经贸合作中心配合，为小汤山农业园草莓基地引进了德国“太阳风”温室低碳采暖空调系统，并正式投入使用。“太阳风”温室低碳采暖空调系统技术，是吸收国际先进技术理念、利用高科技手段创新的温室可再生能源系统。该系统可以使太阳能和地暖能等低碳经济中的重点可再生能源有机地结合，并加以充分利用，使温室大棚在不使用煤炭、天然气等能源采暖的情况下，起到保温防潮的作用，为设施农业稳产、高产和节约用地提供了可靠的技术支持。

三、农业科技研发创新基地

种子研发基地。北京市已经启动了汇集国内外56个科研单位、450名院士专家的农业生物技术孵化器建设。目前，正在重点开展小麦、玉米、蔬菜等新品种的选育，已培育出抗旱玉米、超高产二系杂交小麦等一批新成果。未来还将围绕DH单倍体育种、转基因育种等形成一批具有自主知识产权的种质资源和育种材料，成为具有世界影响力的生物种子研发总部。

国家现代农业科技城。科技部与北京市政府举行了共建国家现代农业科技城签约仪式，通过5至10年时间，将共同合作把农业科技城打造成全国农业科技创新中心和现代农业产业链创业服务中心，为全国现代农业发展提供技术引领和服务支撑。北京市聚集了61%的国家重点农业试验室，约有24%的涉农国家工程技术研究中心，同时还有众多全国一流的农业高校、院所，具备了开展农业新品种、新肥料、新农药、新技术和新农机具研发，农业高端产业和农产品加工业培育，以及涉农高端人才培养的优良基础。

此次建设的科技城，突破了原有农业科技园区技术示范、成果转化、生产加工的传统模式，将以现代服务业引领现代农业，通过科技与服务结合，实现产业、村镇、区域整体功能的突破与升级。通过资本、技术、信息等现代农业服务要素的聚集，形成“高端研发、品牌服务和营销管理在京，生产加工在外”的现代农业产业模式。科技城将采取“一城多园”布局，以“五个中心”为平台，以“多园”为载体，形成“中心”与“园区”互动、科技城与外埠园区网联的发展格局。“五个中心”包括农业科技网络服务中心、农业科技金融服务中心、农业科技创新产业促进中心、良种创制与种业交易中心和农业科技国际合作交流中心。“多园”是指在科技城内建设若干特色鲜明、专业性强、辐射面广，具有现代农业高端形态的特色园区。先期将选择昌平小汤山国家农业科技园区、顺义国际鲜花港等作为“多园”试点。农业科技城建成后，将为农业科技创新创业提供产权交易、投融资服务、现代物流、会展交流、高端人才培养等高端服务。同时，引进国内外企业、科研院所和高校在科技城建立总部研发机构，打造总部企业密集的产业经济中心，带动区域经济增长。

四、农业文化创意产业中心

（一）会展农业基地

1. 种子会展基地

目前北京市已建成了海淀、丰台两个种子专业市场，入住企业 98 家，主要经营蔬菜种了，年交易额达 3 亿元以上。北京丰台种子交易会已连续成功举办 12 届，目前已成为国内最具影响的种子交易会，每届参会企业达 1 000 家，交易额达 6 亿元左右。该交易会已成为了解我国蔬菜种子生产供应和价格变化的“晴雨表”。海淀区在北方种业市场的基础上融资 15 亿元正在筹建“北京中关村种业科技交易中心”，将有力地推动北京“三中心一平台”。

2. 花卉会展基地

顺义区在建设农业总部过程，积极引进具有世界影响力的花博会，极力打造顺义农业会展总部，逐步形成具有管控中外花卉能力的农业企业总部。从 2010 年起，北京三年内将建成 20 万亩籽种田，五年内发展至 35 万亩，籽种农业将为京郊农民创收 4.2 亿元。北京今年将在顺义建成 10 万平方米的国际种业交易中心，为国内外种业企业来京发展提供展示、交流及交易平台。预计 2010 年的交易额便将达到 100 亿元。北京市也将成为全国乃至世界的籽种交易中心。

3. 草莓会展基地

第六届全国草莓大会暨第四届中国（北京·昌平）草莓文化节宣布，第七届世界草莓大会将于 2012 年在北京昌平区召开。为迎接第七届世界草莓大会的召开，昌平区将在立汤路的北端建设占地 500 亩的草莓主题公园，以此展示国际、国内的优新草莓品种和不同栽培方式、栽培技术，传播草莓知识和草莓文化。预计草莓产业将给农民提供 1 万多个就业岗位。北京昌平区是中国草莓重要产区之一，草莓种植面积达 4 500亩、日光温室近 2 000 栋，年产草莓 250 万公斤，为农民增收 4 000万元。世界草莓大会被称为"草莓界的奥运会"，是全世界草莓界的最高级别盛会，每四年举办一次，草莓会展总部逐步形成。

（二）创意农业基地

1. 朝阳建成 11.7 公里农业走廊，昔日的农田经过改良，种上了历史悠久的传统国兰珍品；原本荒芜的土地，被改建成一个个生态园。朝阳区以全长 11.7 公里的京承路都市型现代农业走廊为载体，规划建设了富通花卉生态园、朝来农艺园鲜切花种植基地、全美樱桃园等 13 个都市型现代农业项目，总占地面积 5 902亩，建成后预计年收入可达 3.3 亿元，同时可为当地农民提供就业岗位 2 736个，创意农业总部逐渐形成。

2. "紫海香堤" 多元创意组合模式

"紫海香堤艺术庄园"（以下简称香草园）位于北京市密云县古北口镇汤河村，其核心区占地面积 300 亩，主要种植了薰衣草、紫苏、马鞭草、洋甘菊等世界 200 余种珍贵香草品种，是北京市规模最大、品种最全的香草种植园，是一个集养生、度假、休闲、体验、艺术创作、婚纱摄影、影视拍摄为一体的综合性都市型现代农业观光旅游区，也是集"现代都市型农业"、"情景式休闲度假"与"文化创意产业"三位一体的文化旅游模式。香草园以创意为切入点，以爱情为主题，通过对香草文化的包装和利用，极力塑造普罗旺斯式的浪漫氛围，打造"长城脚下的普罗旺斯"，创造了创意农业产业发展的一个新模式。

3. “植物迷宫”等景观农业创意模式

景观农业就是利用多彩多姿的农作物，通过设计与搭配，在较大的空间上形成美丽的景观，使得农业的生产性同人们的审美性结合起来，成为生产、生活、生态三者的有机结合体。这种新型的农业景观除了满足生产功能之外，还发挥了农业的生态功能和景观功能，同时带动了乡村旅游的发展，有效地促进了农民经济收入的大幅增加。位于昌平区小汤山镇土沟村的四季蔬菜观光主题园——“京承碧园”利用四个温室设计了春意盎然踏青园、姹紫嫣红瓜果园、金秋十月赏菊园、寒冬保健菜园四个景观园和一个蔬菜迷宫。

4. “波龙堡酒庄”等产业融合创意模式

创意农业既是产业融合的产物，也是产业融合的表现形式。北京波龙堡葡萄酒庄、北京张裕爱斐堡国际酒庄、通州桑瑞生态园等就是产业融合创意模式的代表，集一产种植（或养殖）、二产加工、三产旅游（或餐饮）为一体，不断提升产品的附加值，从而将利润放大，获得三次产业的综合收益。

5. “平谷桃产业链条开发”的创意模式

平谷区位于北京市东部，是桃的优势种植区域。平谷区依托桃种植、桃加工、桃文化，从桃子开花到结果，从果实食用到桃树废弃物利用，贯穿了桃产业发展的整个链条，开发形成了“两节两品三养生”的系列产品，成为消费者心中不可替代的独特的“平谷鲜桃”区域农业品牌。

6. “十里山水画廊”等空间集群发展创意模式

这种模式是将多个创意农业项目集中在一起，形成创意农业项目空间集群，成为一个区或一条带，充分显示了创意农业的恢弘气势。如延庆千家店的“百里山水画廊”、怀柔的凤山百果园区和雁栖不夜谷等，就是以沟域或交通廊道为单元，以其范围内的自然景观、文化历史遗迹和产业资源为基础，以特色农业旅游观光、民俗文化、科普教育、健身娱乐、养生休闲等为内容，通过对沟域或廊道内部的环境、景观、村庄、产业进行统一规划，建成内容多样、形式不同、产业融合、特色鲜明的具有一定规模的创意产业集群。这种模式的优点是能够将小规模的创意农业项目通过集聚而放大，形成统一的品牌，增强创意农业品牌的竞争实力。

7. “大兴农业”等区域品牌开发模式

品牌创意也是创意农业的一种重要形式。在发展都市型现代农业的过程中，各区县都十分重视农产品品牌建设，如大兴西瓜、怀柔板栗、平谷大桃等农产品品牌在北京乃至全国已具有一定的知名度，但以区域农业为整体进行品牌创意和包装的“大兴农业”区域品牌开发模式，集合了多种品牌创意，提升了区域农业的整体形象。

8. “公园式农业”主题创意发展模式

作为新兴的农业旅游形态，农业公园兼具农业的内涵和园林的特点，它是按照公园的经营思路，在农业生产中融入城市公园的元素，将农业生产场所、农产品消费场所和休闲旅游场所结合为一体，从而使农业具有旅游观光、科技示范、休闲购物、怡情益智等多种功能。通州的南瓜主题公园、昌平的香味葡萄园、北京特菜大观园、怀柔的城市农业公园等，都是这种模式的代表。

9. 农业过程利用型

截取农业生产环节和销售过程中有趣的一面（或有感官刺激、或有教育意义的一面）并展示出来，供城市市民和游客参与，从而提高农产品的知名度，提高农民的收入。如延庆县柳沟村利用传统的豆腐加工技术，迎合市民追求安全、养生的需求，创意出远近闻名的豆腐盛宴——“火盆锅”，一年迎接八方来客近 40 万人。还有密云的鱼街、门头沟的樱桃园等。

10. 废弃物利用型

将农业或生活的废弃物，通过巧妙的构思，制作成实用品或工艺品。如用废弃的鱼骨作画；用农作物秸秆作画，编织草鞋、手提袋、动物、宠物篮、杂物篮等；用树叶或树枝粘贴写意画；用鸟蛋或禽蛋壳做工艺品（花盆、彩绘、蛋雕等）；用树根做根雕等；用贝壳做各种造型的工艺品；用核桃壳、杏核、桃核等做雕刻工艺品；用玉米苞叶、松果、棉花壳等做干花等。如平谷区的桃木工艺品、门头沟区的麦秸秆画等。

11. 用途转化型

改变某种农产品的常规用途，赋予其新的创意。如通常用来食用的各种豆类，可以用来制作画、小饰品，如手机链、项链、手链、脚链、门帘等；通常长在田间可供食用的果树或蔬菜，可以将其微型化，做成观食两用的盆果、盆菜，如朝天椒、彩色西红柿、彩色茄子、五彩椒、盆栽草莓等；用干谷穗做干花等；通常用来治疗疾病的中药材，可以用来做画；经过剖光和防水处理的五谷谷粒，通过巧妙的构思，粘贴在一起，则可成为一幅精美的图画；木材做木炭画等。如延庆县豆塑画，平谷区通过科技手段将桃树培育成盆景装点居室等。

12. 文化开发型

乡村节庆开发应是创意农业的一个重要内容，通过节庆活动的组织，可以提高农业生产者的凝聚力和团队合作精神，也可以在本地掀起旅游农业的高潮，促进农产品的市场销售。如门头沟区依托古老的人文资源，开办了戒台寺丁香节、潭柘寺玉兰节、琉璃文化节、灵水秋粥节、灵山西藏风情节、妙峰山庙会、北京永定河文化节等10多个人文文化节庆活动。平谷依托优美的自然风景举办了“北京平谷第二届国际养生旅游文化节”。

13. 农业生态修复功能开发型

生态修复是指在特定的区域内，依靠生态系统的自组织和自调控能力与人工调控能力的复合作用，使部分或单独受损的生态系统达到相对健康的状态。北京市门头沟区“生态修复科技综合示范基地”是全国首家生态修复科技综合示范基地，自2005年生态修复工作以来，累计投入了1.6亿元，先后与中国科学院、清华大学等13家科研机构、高校合作，采用挂网喷附、保育基培养、植生袋、无土碎石边坡灌浆技术等先进技术手段，重点对煤矿废弃地、采石场、旧灰窑、砂石坑、边坡、湿地六大区域实施了生态修复试验工程，修复总面积超过100万平方米，恢复景观和植被后，先后建成休闲公园、果园和特色种养殖基地，初步实现了生态修复与改造环境、发展经济有机结合，有力地促进了经济发展，成功地将生态修复的公益性向区域发展的推动力方面扩展，实现了生态修复向生态产业的转变。

（三）旅游观光农业基地

北京观光农业的发展从20世纪80年代后期开始起步，由于观光农业迎合了都市人亲近自然、休闲娱乐的消费心理，越来越多的城里人愿意到农村“吃农家饭，品农家菜，住农家屋，干农家活，娱农家乐，购农家品”，巨大的旅游市场需求使得观光农业蓬勃发展，北京已有民俗旅游村316个，民俗旅游接待户13 819户。2005年北京观光农业的年收入约为30 795万元，其中以产品的收入所占的比例最大，占总数的40%左右，服务收入次之，约30%，门票收入位于第三。北京市旅游观光农业总部逐渐形成。

第五部分　建设世界城市背景下的北京都市型现代农业建设路径

一、农业经济管理控制中心建设路径

（一）北京建设农业总部的路径选择

1. 不断引进国内外农业龙头企业

北京农业要把握当前的时机，进一步集聚有实力的农业龙头企业，吸引他们在北京设立全国性总部或地区性总部，形成集聚优势。包括吸引那些可能与北京本地企业形成直接竞争的农业龙头企业，如乳业、食品业、水产业、出口贸易业的国内几大巨头；吸引那些有农业经营版块，或者投资农业关联项目经营的大中型企业，如超市连锁企业、投资控股企业、物资供应企业、旅游休闲企业等。力争通过若干年的努力，在北京形成一个生产基地遍布全国或华东地区，市场网络连接国内外的农业总部企业集群。这一集群的主体将是那些来自全国各地，具有竞争实力的农业龙头企业或农业关联企业。

2. 积极培育农业龙头企业

目前，北京已形成农业产业化龙头企业420家，其中国家级龙头企业11家，市级龙头企业36家。对于这些农业龙头企业来说，来到北京，一是取得更多的信息与机会，二是奠定更强的企业核心竞争力，后者的基础就是技术与人才。对北京来说，仅仅局限引进是不够的，要“引得进，留得住，养得大”，要让这些农业龙头企业确立更强的核心竞争力，建立起具有强有力的技术研发体系与人才队伍，这样才能充分吸收和利用北京特有的城市资源，增强农业龙头企业的可持续发展能力，并在北京集聚，形成农业总部效应。

3. 走商贸之路培育市场实力

北京所拥有的港口优势与大市场优势为商贸企业的成长壮大提供了很好的条件。本地的农业龙头企业要取得长足发展，必须扬商贸之长避农作之短，积极利用本地化的优势培育市场实力。要把握生产基地外迁的基本趋势，调整经营策略，从生产型向经营型转变，先稳固、拓展北京及周边市场，成为一个更具商贸特征的农业龙头企业；然后再进一步从市场经营向品牌经营转变，着重于奠定核心技术、扩大社会认知、延伸市场网络、提高市场占有率，力争取得竞争中的垄断性地位。要配合经营策略调整，实施人才强企战略，建立以商贸人才为核心的经营管理队伍，尤其要建立一支能够走南闯北、敢于竞争、忠于职守、与企业共发展的创新型商贸人才队伍。只有建立强有力的网络优势、品牌优势、人才优势，北京的农业龙头企业才能游刃于“两种资源”、“两个市场”，掌握调整主动权，在农产品经营价值链上占据有利环节，获取更多利益，支持长期发展。

（二）北京建设国际金融中心的路径选择

金融是现代经济的核心，世界各国都高度重视发展金融业。就目前来说，发达国家在国际金融市场中占据主导地位，其服务对象也主要面对发达国家和一些比较大的发展中国家，但还有许多发展中国家所需要的国际金融服务并不能得到充分满足。中国是最大的发展中国家，得到广大发展中国家的信任和支持，北京应该充分利用这个优势，以面向全球特别是广大发展中国家的国际金融服务需求为目标，从参与构建完善国际金融市场体系的思路出发，加快推进北京金融要素市场建设，力争尽快建设成为国际金融中心。

如：建设北京大宗商品交易所。近年来，北京在要素市场建设上成就斐然，相继组建了北京产权交易所 、北京石油交易所、北京环境交易所、中国国际版权交易中心、北京华彬艺术品交易所、国家粮食交易中心、中国技术交易所、中国林权交易所、北京金融资产交易所等，中国文化产权交易所和中国知识产权交易中心也正在筹备成立中。但是，这些要素市场主要面向国内，而且侧重在产权交易上，而非经常性的金融商品交易，很难发挥金融市场价格发现机制的功能，对于提升国家议价能力没有显著增益。北京要建设国际金融中心，就应当积极抓住当前我国希望增强大宗商品价格定价能力的机遇，充分利用北京大型国有企业集中、管理机构集中、行业协会集中的优势，充分发挥我国重友谊、守信用、不干涉他国内政的良好国家形象，加快建设包括粮油等大宗商品在内的金融交易市场，积极创造条件和营造良好的交易环境，吸引全球的买家卖家共同参与，特别是要大力支持和帮助广大发展中国家积极参与国际大宗商品交易，提升他们在大宗商品交易中的议价能力，为他们的大宗商品进入全球市场提供良好的通道和争取公平的交易价格，力争把北京建设成为具有世界影响力的大众商品交易中心。

二、农业国际事务协调中心建设路径

1. 提高政府服务效率，降低政府服务成本

政府要退出竞争性领域，建立政府与企业间的对话机制，进一步精简机构，精简行政审批项目，减少行政审批环节，提高政府服务水准和效率，促进政府由“管理型”向“服务型”转变，降低政府服务成本，以求为企业提供高质量的服务。

2. 改善市场环境，降低农业龙头企业总部进入成本

要建立公正、透明的法律环境，要尽快建立能与国际接轨的市场运行规则，统一市场准入与退出机制，营造公平的市场竞争条件。通过发挥市场机制的作用，实现生产要素的优化配置，加快城市信息化和信息产业建设，加大商务信息资源的开发应用力度，为跨国公司及国内企业集团总部进入北京提供完备高效的信息服务。加快提升北京国内和国际金融中心地位，使之能适应北京总部经济发展战略的需要，使北京的总部经济互相辐射、互补互利、共同发展。

3. 提高社会服务效率，降低生活服务成本

打破原有不合理的基础服务业的部门行业垄断，降低相关行业的社会服务成本，提供第一流的社会服务。发展总部经济的关键是吸引现代服务业的高端人才，人才的集聚与城市的生活环境（表现为生活成本与生活质量）密切相关。要适度控制生活服务成本，降低子女受教育、医疗服务等服务价格，着力增强北京发展总部经济的竞争优势。

4. 大力发展农业服务业

要借助北京综合服务的功能优势，大力发展为农业服务的服务业，包括农产品期货交易、物流、研发、人才开发等，以服务优势吸引更多的农业龙头企业总部进入北京。

三、农业科技研发创新中心建设路径

1. 按照建设国家农业知识创新体系的需要，统筹规划，调整专业、学科结构，改变不适应农业生产、经济和国际科技发展的需要

在北京的国家和地方两级科研机构要针对各自的发展目标，加强关系国计民生粮棉油肉等专业建设；加强生物遗传学、动植物生理学、生态

学、动物病理学、动植物营养学、农业昆虫学、农业土壤学、农业微生物学等，同时要重视和加强新兴学科、交叉学科和综合学科建设，包括农业生物技术、信息技术和农业资源环境学、农产品贮运加工和食品学、农业系统工程学、农业宏观经济学等，逐步形成与国际接轨、专业学科布局比较合理的国家、地方两级专业、学科创新体系。

2. 建立国家农业知识创新体制

北京市要与农业部属的中国农业科学院、水产科学研究院、热带作物科学院和国家林业局属的中国林业科学研究院横向联合，在优化结构、转岗分流的基础上，组建北京国家级农业科技研发创新基地。

建立农业科学研究中心。北京在现有的农业科学院和林业、水产科研机构基础上，优化结构，分流人才，恢复并建立具有区域特色的大区农业科研中心，具有面向北京市的区域性职能，分别隶属市政府和中国农业科学院双重领导，并作为国家农业知识创新体系的重要组成部分。

3. 建立地方农业技术创新体制

北京市政府和所属农业科学院、畜牧、水产和林业科研机构合并，并吸收部分有优势和特色的县级农业科研机构，在优化结构，分流人才的基础上，组建北京市农业技术创新中心。

4. 建立农业知识转化新体制

市级农业、林业、水产科研机构和农业技术推广单位，以及农业研究会（协会）等民间组织，是农业知识转化与应用的主体，重点要瞄准有应用前景的先进农业实用技术，进行第二次开发创新研究与推广，促进农业可持续发展。

5. 在组建国家知识创新体系基础上，深化改革、转换机制，管理创新，加快现代农业科研院所管理制度的建设，逐步形成具有北京特色新的管理模式

调整科研机构的方向和任务。根据国家农业发展战略目标和国际农业科技发展动向、趋势，进一步调整并明确国家和地方农业科研机构的研究方向和重点任务。国家农业知识创新的科研机构，主要从事农业基础性研究、重大科技攻关任务、重大战略性研究，重点解决我国农业和农村经济发展中的基础性、方向性、战略性、综合性、关键性重大科技问题。地方农业技术创新的科研机构，紧密结合本地区资源特点和重大科技问题，重点开展农业应用研究、重大开发研究和战略性研究，解决农业和农村经济发展中的综合性、关键重大科技问题。

四、农业文化创意产业中心建设路径

（一）创意农业建设路径

北京农业的创意途径是提高创意农业四种附加值的途径，即进行科技创意，提高创意农业的科技附加值；进行文化创意，提高创意农业的文化附加值；进行服务创意，提高创意农业的服务附加值；进行生态创意，提高创意农业的生态附加值。

1. 科技创意

农业科技创意既包括有形的科技创意，也包括无形的科技创意。中国传统农业的精耕细作就是农业科技创意的精华，现代农业的科技创意更加丰富，如精准农业、智能温室等，改变了传统农业的生产手段。

2. 文化创意

农业文化包括农耕文化和游牧文化。其中以农耕文化更为丰富和悠久。农耕文化内容可分为农业科技、农业思想、农业制度与法令、农事节日习俗、饮食文化等。由于我国地域广阔，地理条件差异大，加上农业发展历史悠久，逐步积淀形成异常丰富的农耕文化。农业文化创意是北京创意农业的最主要途径。

3. 服务创意

现代农业不再局限于传统的种养殖业，而是包括了生产资料生产工业、食品加工业等第二产业和交通运输、技术和信息服务等第三产业的内容。农业为人类社会提供衣、食、住、行的产品服务，同时也为人类社会提供生态服务，提供生活和休闲服务。创意农业更主要的是为人们提供精神服务和精神享受。

4. 生态创意

农业的生态创意包括景观创意和生态功能创意。如利用水生植物进行水质净化；利用色彩丰富的农作物进行大型造景；发展阳台农业、楼宇农业等，则是农业微生态功能的创意。发挥农业绿化、美化、净化的生态，注重农业的“绿色”GDP，让城市天更蓝，水更清，环境更优美，生活更美好，农业效益更高，农民更富裕。

（二）会展农业建设路径

1. 会展农业要坚持走市场化道路

国际会展业的经验表明，要使会展农业具有较强的生命力，必须坚持走市场化道路。从20世纪90年代至今，全国有多个地区举办种交会，目前华北地区只有北京种交会一家比较成规模，且持续时间较长。这主要源于北京种交会坚持走市场化道路，坚持商业化运行，而政府的职能主要集中于引导和服务。北京市昌平区的草莓大会、顺义区的花卉博览会等会展农业也应该坚持走市场化道路，让市场决定办会的方向，政府立足于引导和服务。会展农业要坚持走专业化道路根据市场覆盖范围或产品的性质，会展业可分为专业性（垂直性）会展和综合性（水平性）会展。随着经济的迅速发展，参展商对市场细分的需求越来越迫切，综合性的会展已不能满足参展商的要求，专业性的会展成为主流。西方发达国家的会展已经完成从综合性会展向专业性会展的转型。北京种交会在发展过程中坚持走专业化道路，吸引了越来越多的知名专业企业参会。其他农业会展应该借鉴这一经验，走专业化道路，向高精尖而不是大而全的方向发展。

2. 会展农业要坚持走国际化道路

信息资源在会展农业中起主导作用，高端、前沿的信息对会展农业的发展层次至关重要，因此会展农业必须向国际标准看齐，吸收全球信息。无论是开创期货交易平台，还是创建田间展示基地，种交会都在向国际标准看齐，不断吸收国内外先进的办会理念，不断向世界一流的种子交易展示会迈进。首都是国际化城市，拥有大量的信息资源和智力支持，具备吸收国际先进理念和创新的条件，会展农业要抓住这些优势，打造国际化一流会展。

（三）旅游观光农业建设路径

1. 营造社会时尚旅游氛围，打造现代休闲消费理念

首先，各级政府应在政策、机制上积极引导和扶持。制定出台扶持乡村旅游发展的相关优惠政策和措施，建立“以旅助农”“以城带乡”的长效机制，设立专项发展资金，纳入财政预算，大力扶持休闲农业项目的发展，让新农村建设的政策惠及乡村旅游，进一步带动和推进新农村建设。其次，旅游、农业等相关部门，要明确发展休闲农业是现代旅游产业的重要组成部分，应用新思维、新机制、新手段推进旅游休闲农业的发展。按照“差异就

是旅游资源”的思路，围绕各种特色农业旅游产品，创新设计丰富多彩的活动载体，吸纳社会民间资本参与，发展农村第二、三产业，提高农产品附加值和农民收入。第三，新闻媒体要加大对旅游休闲农业的宣传力度，开办专栏、专题节目，介绍国内外旅游休闲农业发展趋势和人们时尚休闲消费的新观念，以舆论引导市民从城市走向农村，拥抱大自然，释放城市紧张生活所带来的压力。

2. 统一城乡旅游发展规划，促进城乡旅游协调发展

一是旅游管理部门应结合市发改委、农工委，针对北京市旅游休闲农业大部分还只限于浅层次开发，规模小、档次低、经营粗放、文化内涵弱化等薄弱环节，制定和完善城乡统筹的整体旅游发展规划。通过规划有序推进，使北京市旅游休闲农业向规模化、标准化、多极化、特色化的发展模式迈进。二是发展乡村旅游，要以城镇体系规划为指导，紧紧围绕满足城市居民精神消费需求，统筹规划北京市历史文化遗产、民族民俗文化和风景名胜区资源，系统安排旅游村镇布局。或建设好旅游商品一条街，将历史文化与现代休闲娱乐紧密地有机结合，增强现代旅游休闲消费吸引力。三是结合北京市旅游景点面广、分散的特点，打造点与点互动、面与面协同的旅游休闲发展的新格局。

3. 创新多形式的活动载体，打造丰富多彩的旅游产品

一是结合市民不同层次的精神享受需要，先吸引本地人走出来参与。可在城郊区域推出假日农夫、市民小菜果园等形式，租给城里人耕种；二是让他们体验原始的水车老牛、石磨石碾、种瓜点豆，或传统的豆腐、香油、食品加工小作坊等实际操作。三是打造丰富多彩的旅游休闲产品，提升北京旅游市场的生命力和吸引力。结合本地资源优势，创造条件与北京大旅游圈对接。

4. 加强人才培养，强化旅游休闲农业

人才支撑一是建立有北京特色的旅游休闲农业职业培养体系，市政府应鼓励院校开办旅游管理专业，或增设关于旅游休闲农业的实用化课程，重点招收本地农村高中毕业生，并研究制定毕业生回乡从事旅游休闲农业开发的扶持政策。二是积极吸引外地专业人才和管理人才，招贤纳士，为北京市旅游休闲农业发展提供人才保障。三是旅游管理部门要联合农牧、林业、海洋、餐饮服务等管理部门，组织对北京市旅游休闲农业的从业人员进行培训和现场技术指导，提高他们的自身素质、经营能力和服务水平。四是旅游管理部门要联合农业、商业、工业等部门，每年要有重点地组织有旅游资源的

县、区和相关乡村人员到广东、山东、浙江、江苏、福建等休闲农业发达的地区，走出去参观见学，更新理念，学习经营方式，发挥自身优势，来提升北京市旅游休闲农业发展的水平，把旅游休闲农业做强做大。

第六部分　建设世界城市背景下的北京都市型现代农业发展对策建议

一、农业经济管理控制中心建设建议

（一）农业企业总部

1. 科学规划合理布局

总部在选择区位的过程中，首要考虑的是当地资源秉赋情况，那些与企业总部资源需求相吻合的区域将最有可能吸引总部。因此，北京在规划农业总部区域的时候，必须有序发展不同类型的总部经济，即在农业生产加工比较发达的地区加强加工型农业企业总部的培育；在科技研发能力比较强的区域加强科技型农业企业总部的培育；在市场发达、信息丰富的区域加强市场型农业企业总部的培育。

2. 优化环境

提高政府服务效率，降低政府服务成本。政府要退出竞争性领域，积极发展社会中介等服务组织，建立与在京跨国公司地区总部、外商投资企业之间的对话机制；进一步精简机构，精简行政审批项目，减少行政审批环节，提高政府服务水准和效率，促进政府由“管理型”向“服务型”转变，降低政府服务成本，以求为企业提供高质量的服务；大力支持北京总部经济促进中心发展，扩大其促进总部经济发展职能，使之成为北京政府相关部门服务总部经济的综合性平台、政府与企业总部间沟通的交流平台，推动北京总部经济快速、健康发展。

改善市场环境，降低农业龙头企业总部进入成本。要建立公正、透明的法律环境；要尽快建立能与国际接轨的市场运行规则，统一市场准入与退出机制，营造公平的市场竞争条件。通过发挥市场机制的作用，实现生产要素的优化配置；要加快城市信息化和信息产业建设，加大商务信息资源的开发应用力度，为跨国公司及国内企业集团总部入京提供完备高效的信息服务；加快提升北京国内和国际金融中心地位，使之能适应北京总部经济发展战略的需要，使北京的总部经济互相辐射、互补互利、共同发展。

提高社会服务效率，降低生活服务成本。打破原有不合理的基础服务业的部门行业垄断，降低相关行业的社会服务成本，提供第一流的社会服务。发展总部经济的关键是吸引现代服务业的高端人才，而人才的集聚与城市的生活环境（表现为生活成本与生活质量）密切相关。要适度控制生活服务成本，降低子女受教育、医疗服务等服务价格，着力增强北京发展总部经济的竞争优势。

3. 构建北京农业总部发展对策

北京在构建农业总部平台的时候，不管是对外埠农业龙头企业入驻北京，还是现有的北京农业龙头企业来说，要做到“招得进，留得住，养得大”，非常关键的一个因素是政策因素。这些政策因素包括财政金融政策、土地供给政策、税费优惠政策、品牌扶持政策、人才引进政策等。

4. 创建国家级农业创新区

北京发展农业总部不能一下子全面铺开，要选择一些农业经济条件比较好、农业产业有集聚、有特色的地方成立一些先行区，并形成项目聚焦、政策聚焦，全力推进该区域发展。

（二）农业金融中心

1. 确立北京建立农业金融中心的定位

在综合衡量北京金融发展的历史基础、现实状况、客观比较北京发展农业金融中心的条件。通过政策文件等对北京建立农业金融中心进行定位，通过正确的定位，有利于各种资源向北京农业金融的建立涌入。

2. 优化北京建立农业金融中心的环境

优化政策环境，北京要根据北京农业金融发展的特点，不断优化北京农业金融中心的政策环境。优化人才环境，人力资源是发展北京农业金融中心的核心资源，为金融人才的引进提供便捷的条件，优厚的待遇。优化市场环境，一是完善农业期货市场的建立，二是推动北京农业保险中心和再保险中心的建立和完善。

3. 鼓励农业金融创新

当前金融系统的弱点固然是多方面的，但对具体金融行为管制过死，缺乏国际通用的金融工具是重要原因之一。伦敦之所以成为欧洲和世界的金融中心，除了有强大的经济后盾外，创新地运用各种金融工具、多样化的金融产品是它至今仍保有活力的重要原因。另一方面，自由本身不意味着放纵风险，金融系统有其固有的投机性，有时甚至远远超出理性范围，因而监管部门的重要任务之一就是建立严格的信托责任和风险预警机制，防止伪造信息投机，及时提示系统风险。

4. 持续强化投融资市场体系建设

加快建设多层次、多元化的首都投融资市场体系。通过构建和强化投融资平台，完善公共政策的导向机制；通过促进各类交易中心发展，形成优化资源配置的市场机制；通过积极参与多层次资北京市场建设，形成促进企业良性发展的长效机制。

二、农业事务协调基地建设建议

1. 提高政府和相关农业部门对农业国际事务协调中心的重要作用的认识。

2. 在首都建立全国性的农业事物协调中心。

3. 大力宣传，积极引导更多的国际性组织入驻北京农业，引领支持全国农业发展。

三、农业科技研发创新中心建设建议

（一）完善体系

建设新型农业科技创新体系。以深化农业科研体制改革为基础，尊重农业科技工作的基本规律和自身特点，以提高科技创新能力和效率为核心，通过重大科技基础设施投入和科技创新项目的带动，以任务带团队，以团队促网络，以网络建体系，优化配置农业科研机构和相关农业高校的科技资源，建设基地。

（二）创新机制

完善财政科技经费投入与绩效考评机制。完善分工协作和联合攻关机制。建立团队与人才队伍培养机制。建立成果分类评价与快速转化机制。探索建立农科教、产学研紧密衔接的新机制。建立农业科技合作与交流机制。

（三）完善激励政策，落实相关法规

完善相关优惠政策。落实在农业科研、教学、推广机构在金融信贷、成果转让、技术培训、技术咨询、技术服务、技术承包等方面的政策，鼓励工商资本、民间资本和外商资本投入农业科技，逐步形成多元化、多渠道、高效率的农业科技投入格局。建立科研、教学、推广单位、企业的科研基金、推广基金制度和农业科技服务收购制度，鼓励科技人员开展科技创新、技术推广服务和成果转化工作。

鼓励龙头企业开展技术创新。落实鼓励企业开展技术创新的各项政策，引导各类农业企业加大技术研发投入，开展技术改造和技术创新，使其逐步成为研究开发投入、技术创新活动和创新成果应用的主体，形成一批食品加工、生物制剂、新材料、新能源等科技产业。鼓励农业企业、农业科技中介、农民合作组织等与农业科研院所以多种形式合作开展科技创新活动。

四、农业文化创意产业中心建设建议

（一）创意农业

1. 政府应鼓励大力发展创意农业

政府在创意农业发展中将更多扮演“助燃”的角色。主要表现为制定创意农业发展战略和规划，确定政策导向，搭建平台，为创意农业产业提供发展空间和物质条件，吸引更多的人来投资。要使创意农业成为推动郊区新农村建设、农业结构调整升级和功能改变、经济发展方式转变的着力点之一。在创意农业发展中，政府的作用不可或缺。郊区创意农业的健康发展，政府要搭建平台，推动创意农产品与消费市场有效对接，如：经常举办创意农业发布会、主办休闲农业创意大赛等。发展创意农业更重要的是紧紧围绕产业升级和结构调整，将创意融入农业文化与新农村建设之中。要鼓励农民充分利用既有农业资源，发挥独特创意、创新，开发具有生产、生活、生态内涵并富含地方特色的创意产品，藉以提升农业产品的价值，增加农民收入，活跃农业经济，创造优质的消费市场和就业机会。

2. 创意农业必须形成规模效应

应该把载体建设作为发展创意农业的一个重点，积极推进创意农业园区建设、创意农产品开发，使创意农业成为首都城市功能的一个新亮点。各区县在发展自己创意农业的同时，一定要注意协调发展，要有自己的特色和定位，改变追求数量忽视质量、品牌的落后观念，努力培育有自己特色和创意的区域创意农业品牌。新创意会衍生出无穷的新产品、新市场和创造财富的新机会。要认真研究如何把创意转换成经济价值并形成规模。

3. 创意农业的关键是构筑产业链

发展创意农业的核心是要构筑创意农业的产业链，并尽量拓展延伸，以形成规模，获得最大经济效益。只有促进创意成果转化为经营资源，通过向传统产业的渗透和产业链的整合与延伸，进行深度开发，才能充分获取创意农业的产业效益。目前郊区创意农业缺乏的是一条符合市场规律的完整的创意农业产业链，因此，必须提高创意农业与其他产业的关联度，使创意农业对推动郊区经济发展、增强农村创新活力、提升城市消费和文化产业发挥应有的作用。

4. 推进以研发设计为主的创意农业项目建设和创意农产品的开发

利用花卉种苗基地等产业基础，筹建“创意花卉园”，在观赏花卉的同时，对其他特性如食用、药用、做香料等方面进行开发和研究。要赢得广阔的市场就需要注入新的创意。向广大群众传播花卉文化，提升人们的花卉消费意识和花卉欣赏品位，也应作为花卉产业的题中之意。围绕这个主题，开展相应的讲座、现场表演、各类评比，都能深挖花卉的文化内涵，提升花卉产品的艺术附加值。

5. 培养专业创意开发团队

要大力培养农业创意开发的专业团队，从项目策划、价值分析、市场定位、设计建造、招商营运方面，为创意农业的发展提供智力支撑。运用创意产业的专业技术，开发具有知性之美的体验农业产品。同时善用农村的文化资源，对之进行深耕细作式的发掘，不断拓展创意农业，形成一个创意涌现的都市型现代农业格局。

（二）会展农业

1. 引导并规范农业展览市场。理顺管理体制，在国家有关会展业管理规定的框架下，农业主管部门，应利用其行政力和号召力，委托农业会展行业协会或成立专门会展管理机构，对农业展览市场进行宏观调控。研究制定农业会展业发展的长期规划，完善相关的支持政策、措施，建立多部门联动的工作机制，明确部分分工，加强行业管理与指导，开展农业类展会资源整合。

2. 优化资源，培育龙头行业展会。一是要内容创新。二是要形式创新。三是要整合资源，加强合作。

3. 提高整体认识，扩大产业链，引导产业升级。以农业会展为引领，以行业展会为平台，带动农产品加工、贸易和物流配送等行业全面发展，加快农业会展与旅游服务业和文化节庆活动的融合，全面提升农业会展水平。

4. 搭建农业会展网络平台，提高信息化水平。完善会展信息收集、传递、处理各环节的电子化和自动化，提升服务水平。

5. 制定农业会展人才培养规划，加强专业会展人员的业务培训，加强农业会展理论、特点、规律的研究，开展农业类展会统计工作，制定科学的会展业统计分析指标体系。提高农业展会的专业化、国际化、现代化水平。

（三）旅游观光农业

1. 因地制宜，合理布局

旅游观光农业是在具有观光条件、区位和接近旅游市场的地区才能获得发展。所以，观光农业的发展更具有条件的限制性和地区的选择性，发展观光农业必须因地制宜，合理布局。要有利于特色农业的优质高产，与高效农业生产基地的经营相一致；要满足旅游者寻求新的旅游空间，回归大自然，向往田园之乐的愿望；要服从北京总体旅游规划，有利于生态环境保护，促进北京旅游可持续发展。

2. 百花齐放，突出特色

观光农业存在和发展的基础是独特的农业自然资源和社会文化资源，加上农业生产本身具有强烈的地域性、季节性，所以发展旅游观光农业应当根据本地的农业自然资源、农耕文化、农业生产条件以及季节特点，从“土”字上出发，在“新”字上下功夫，在本地自然资源的基础上，突出特色，这是发展旅游观光农业的根本所在。北京温暖适宜的气候，适宜种植，北京要发展旅游观光农业，正好利用花卉、苗圃的可展示性的优势，作为旅游观光农业的项目，并在新、奇、特上下功夫。从花卉、苗圃的品种、栽培到布局都要别出心裁，体现特色。只有新颖、奇异、特别的园艺才对游客有吸引力。

3. 加大投入，促进发展

旅游观光农业一般从传统农业发展而来。要使这一转化顺利实行，需要进行道路、电力、管网、绿地等配套基础设施建设和观光农业项目的修建。加大投入是为观光农业发展创造良好的外部条件，扶持有市场潜力的精品观光农业项目，培植观光农业获得自我发展的能力，使后期能减小投入或者不投入。在投入渠道上，可随着观光农业的发展和农民收入的稳步增加，逐步引导农民成为投资主体。

课题负责人：张秋锦　北京市农村经济研究中心副主任
课题组组长：刘　树　北京市农村经济研究中心产业经济处副研究员
课题组成员：黄德林　蔡松锋　李向阳　王方君

北京农村信息化如何促进农村产业发展研究

课题组

摘要：本研究从基础设施建设、涉农公共信息服务、应用系统等方面分析了北京市郊区农村信息化发展现状，总结了农村信息化产生的成效，提出北京市农村信息化存在的问题主要是建设与应用的脱节，特别是为农业生产与经营服务的信息技术应用尚处于起步阶段，应用的深度和广度不够。研究借鉴国内外农业生产与经营信息化实践与模式经验，结合农村信息化发展趋势，提出以信息化促进农业产业化的对策措施，并以农民专业合作社为研究对象，设计了北京农民专业合作社信息化应用解决方案。

一、农村信息化发展现状

（一）农村信息基础设施建设

根据郊区各区县信息办（信息中心）农委提供的最新情况，截至2009年年底，除延庆75个村、门头沟16个村、顺义55个村、朝阳40个村尚未接通政务专网光纤以外，北京市3 955个村委会，具备政务光纤网络接入能力的村达到95.3%。

1. 农村信息网络

从10个远郊区县的信息网络建设情况看，在应用需求的推动下，以光纤网络为主体的农村信息基础设施发展较快。

（1）农村信息化基础网络

在市、区（县）各级政府和社会各界的共同努力下，北京市农村信息化基础网络建设迅速，以光纤网络为主体，已经基本实现了“村村通”。

广播电视部门积极努力，解决了部分郊区县偏远农村电视信号弱问题，完成了部分村广播电视系统升级改造工程，解决了数万农村住户电视质量不好的问题，提高了山区农民广播电视收听收看的质量和效果。截至2009年年底，北京市农村广播综合覆盖率99.94%，农村电视综合覆盖率99.97%，农村有线广播电视用户数为56.94万户。

在农村光纤网络已基本实现“村村通”的基础上，2009年市政府启动了《北京信息化基础设施提升计划》，确定于2009~2012年期间，投资1 000亿元，确定了将北京建设成“城乡一体化的数字城市、资讯获取便利的信息城市、移动互联的网络城市、信息新技术新业务的先行城市、信息安全水平一流的可信城市”的总体目标，到2012年，农村家庭用户互联网带宽将超过20兆，农村企业用户互联网带宽将达到100兆，农村信息化基础设施建设将实现跨越式发展，处于国内领先、国际先进的水平。

（2）政务外网

政务外网是根据“数字北京”总体要求建设的专用网络，在郊区和农村信息化建设中具有十分重要的地位和作用。目前，北京市10个远郊区县政务外网的建设运行主体均为本区县政府。建设方式均采取政企合作的方式。运营方式分为以下几种情况：

①政府部分投资，与企业网络同缆不同芯，只接入村委会，不包括农户的宽带接入，每年由区县财政集中支付网络带宽使用费和运行维护费。顺义、通州、大兴3个区均采取这种方式。

②政府租用企业网络组建政务专网，只接入村委会，不包括农户的宽带接入，按照节点数量统一支付费用。密云、怀柔、昌平、房山、门头沟5个区县采取这种方式。

③政府与企业洽谈制定区域性统一的接入费用标准，企业负责网络建设与运营，确保信息网络的区域覆盖与接入能力；政府负责基层农民培训和应用推广，争取较大规模的用户入网使用。平谷区采取这种方式。

④政府投资、企业建设的信息网络。网络的产权归县政府，各乡镇、村在县内使用无需支付使用费。企业使用时，还应该向政府指定的专业部门交纳相应的费用。目前，在北京市郊区各区县当中，延庆县采取这种方式。

（3）移动农网

北京移动农网是中国移动通信集团北京公司参与、服务于首都新农村信息化建设的具体项目。在市政府领导的关心支持下，根据市农委、市信息办的工作部署，从2007年3月开始全面实施。具体内容是：根据北京移动公司在北京郊区移动信号区域覆盖率99.95%和郊区农民手机拥有率相对较高（60%~80%）的实际情况，采取“有线信息网络+信息机（农信机）+无线移动信息”模式，搭建北京移动农网信息平台。四级所需硬件设备（包括市农委、郊区各区县农委、每个乡镇各一台信息机、每个村委会一部农信机），由北京移动免费配备。主要功能包括：第一，信息发布。可以方便地实现村域范围、乡镇范围、区县范围和北京市农村范围的手机短信群发功能，直接将信息发送到最终用户手中。第二，移动政务。通过移动农网的无线服务功能，可以实现市、郊区各区县、乡镇和村委会等不同层级的移动办公，满足移动终端与信息网络之间的会议通知、政务信息浏览、事务信息查询、重大突发事件应急处理等远程移动需求。对于突发性事情，如洪水、泥石流等突发自然灾害预警较为有效。负责人在外地时，还可通过 PDA 手机远程登录信息机，向相关镇、县及下属村民发送预警信息，通知其提前做好准备。

到目前为止，市级涉农各部门和 13 个郊区县共安装信息机 222 台、农信机 3 810台，年发送实用短信 1 000万条以上，服务农户 38 万。

2. 基层信息服务站点

据简单累加计算的结果，近年来，郊区农村基层已建设各类信息服务站点 10 680个。包括农村党员干部现代远程教育站点 4 233个、农产品市场信息服务站点 150 个、农业科技远程教育站点 452 个、农村“数字家园”站点 823 个、农村文化信息资源共享站点 3 118个、爱农信息驿站 1 504个、政务公开触摸屏站点 400 个。

3. 农民信息终端

截至 2009 年年底，郊区农村每百户农民家庭拥有计算机 58 台、移动电话 212 部，彩色电视机 138 台（见表 1，表 2）。

表 1　3 000户农民家庭主要信息终端拥有情况

年份	移动电话（部）	彩色电视机（台）	家用计算机（台）
2000	14	107	7
2001	30	112	12
2002	52	116	16
2003	77	116	22
2004	102	119	27
2005	139	129	36
2006	161	131	41
2007	182	134	46
2008	201	137	52
2009	212	138	58

注：数据来自《北京统计年鉴 2010》，P218。

表2　新农村常住户每百户主要信息终端拥有量

	彩电（台）	固定电话（部）	手机（部）	电脑（台）
合计	105	72	112	16
朝阳	104	44	141	24
丰台	107	60	140	29
海淀	116	73	143	41
门头沟	100	74	74	10
房山	105	82	99	9
通州	105	82	100	14
顺义	110	9	117	14
昌平	110	67	126	20
大兴	106	76	114	13
怀柔	104	74	94	8
平谷	106	89	102	7
密云	97	74	82	5
延庆	96	69	76	4

注：数据来自2006年年底第二次《农业普查数据资料汇编》，P148。

（二）涉农公共信息服务

涉农公共信息服务的内容很多，木发展报告以农业生产和农村经济为主。服务的对象既包括居住在农村、从事农业生产经营活动的农民，也包括此外的所有城乡居民。农民需要了解城市和市场需求信息，城市居民也需要了解农产品安全生产、民俗旅游、观光休闲和农产品市场价格等相关信息。

1. 涉农公共信息服务的形式

广义的信息发布具有多种多样的形式。具体到北京市农业和农村公共信息服务的发布形式来说，主要是以下几个方面：

（1）网站

初步统计，具有独立互联网域名的市级各类涉农公共信息服务网站达100个以上，内容涉及电子政务、农业技术、市场信息等方面，主要网站的年总页面点击量达数千万人次。

（2）电视

电视媒体具有直观、生动、形象等多种信息传播优势。2002年以来，在北京市委农工委、市农委的统筹领导下，市农业局具体组织实施，在郊区各区县普遍开展了电视发布农产品市场信息工作。随着郊区农民对信息需求的增多，电视发布的形式逐渐丰富，并出现了一些品牌性的电视节目，如大兴的《都市田园》、房山的《三农零距离》栏目，深受京郊农民的欢迎。目前，每年通过电视发布农产品市场价格信息达60多万条次，发布市场分析预测信息1 000多篇次，制作农业技术、供求等电视节目超过1万多分钟。

（3）报刊

在建设现代农业信息传播体系的同时，传统媒体在农业信息发布中的作用依旧明显。市农业局信息中心、新发地农产品批发市场等单位，与京郊日报、北京农业等平面媒体合作，定期发布农产品市场行情与分析信息，年均发布信息200多篇次。

（4）语音

“12316”是全国农业统一公益服务专用号码。“北京12316农业服务热线”，是按照农业部要求，贯彻北京市委市政府关于“加快发展都市型现代农业”的指示精神，结合北京市实际，建立的新型农业信息服务平台。目的：一是维护农民合法权益；二是提供农业信息和开展生产技术咨询指导；三是提供领导决策信息。功能：一是受理农资打假等投诉举报案件；二是提供农业信息、技术、政策和法律法规专家在线咨询服务；三是提供互联网（www. bj12316. gov. cn）的信息浏览、查阅，包括政务服务、行政办事、科技服务、郊区资源、质量追溯、市场服务等信息。

北京农业科技110服务热线，是为不具备上网条件的农民提供一个利用普通电话就可与网络互连互通、及时获取科技信息的便捷通道。热线以专家坐席接听和手机短信回复为主要服务方式，主要提供新品种新良种、科学种养知识等科技服务，热线包括科技信息7万多条。热线开通以来，共为10万人提供了有效的信息咨询服务。农技110热线探索出低成本推进农村信息化的有效模式，提升了农业科技信息服务的实效性和快速反应能力。

2. 涉农公共信息服务的内容

经过多年的建设和积累，北京市涉农信息服务资源由早期的工作动态信息，逐步扩充为农业生产、市场、科技、农资、企业、专家以及政策、质量安全等多种信息资源门类，农业信息应用系统达到27个、数据库达200多个。

（1）农业生产信息资源

北京农业生产信息资源主要包括粮经、畜牧、蔬菜、水产、农机、兽医、能源等七个行业。2008年，经过系统整理，北京市农业局全部生产资源包括了7个类别、25个小类，共27万多条数据，信息总量达2.74G字节。另外，建立了京郊农业企业数据库（包括农产品加工企业、生产基地、专业合作组织），共收集北京市500多家规模较大的涉农企业信息。在农业3S信息资源方面，为市政府提供设施农业、可再生能源、畜牧养殖、种植业分布共54个图层，并向市信息办申请开通了北京市地理空间数据库共享服务系统，共享北京市一级3S信息资源。

（2）农业市场信息资源

北京农业市场信息资源主要包括北京市农产品批发市场行情信息、外省市农产品批发市场行情信息、国际农产品价格以及上市量信息与农资市场信息。尤其是在农产品批发市场信息资源建设方面，每日收集北京市20多家农产品批发市场蔬菜、水果、肉蛋、水产、粮油五大类农产品900个品种的行情数据，其中：水果类118种、蔬菜类170种、肉禽蛋类146种、水产类279种、粮油类184种，采集各个品种的最高价、最低价、中间价、本地上市量和外地上市量等多种信息。2008年，年信息采集量达1 200多万条，是当初1990年市场信息采集量的120多倍。目前，信息积累量已达4 000多万条。

（3）农业科技信息资源

北京市农科院信息所按照“需求导向，优势互补，集聚资源，共建共享”的原则，建立了北京市数字化农村科技信息资源中心，目前已拥有130余万条数据、近200个数据库的12大类数据库群；同时，整合了4 000余个职业技能和实用技术培训课件、1 000余种电子科技报刊、10万册电子图书以及多种类型的数字化农村科技信息资源，数据总量达10T字节，相当于5 500万册图书、100个中型图书馆的藏书量。中心还对海量信息统一组织管理，构建了科学的知识导航系统，形成结构合理、管理科学、媒体多样、反应迅速的公益性农村科技信息资源保障体系，成为北京市农村信息化建设重要的信息源头。

（4）农业专家信息资源

目前农业专家数据库已收集了北京市各农业科研、教育单位1 181名农业专家的相关信息，涉及果树栽培育种、作物栽培育种、农田水利、水土保持、示范推广、畜牧兽医、林业、园林、土壤肥料、奶牛育种、牧草栽培育种、鱼类养殖繁殖饲养、粮油及经济作物耕作、蔬菜栽培育种、植物病虫害的防治、标准化技术、园艺植物设施、生物学研究、农产品贮藏加工、微生物农业应用、机械化技术等诸多领域。

北京市农业专家学历情况为：博士以上学历的占15.8%，硕士学历的占16.3%，大学本科的占56%，大专占9.2%，中专学历的占3.1%，高中及以下学历的占0.5%。职称分布：教授级专家占8%左右，副教授级专家占4%左右，研究员级专家占9%左右，副研究员级专家占9%左右，高级工程师级专家占13%左右，高级农艺师级专家占20%左右，高级畜牧兽医师级专家占7%左右，高级讲师3%，中级职称占27%。

（5）农村政策信息资源

农村政策法规数据库收集了1949年新中国成立以来，农林方面相关的政策法规，为相关部门决策和个人查询提供权威的政策法规数据资料，并包含大量涉农维权案例，对农民的生产趋利避害、降低风险，提供充足参考资料。目前数据量已近5万条。

（6）民俗旅游和观光农业信息资源

以市农委和市旅游局权威发布的乡村旅游服务信息为主，北京主要门户网站都有相应的信息栏目和服务热线。2009年，北京市共有民俗旅游接待户8 705户，从事民俗旅游接待的人数19 790人，当年民俗旅游接待人次13 931 183人次，民俗旅游总收入60 895万元；北京市观光农业园1 294个，其中市级观光农业示范园65个。这些民俗旅游接待村（户）观光农业园的交通路线、民俗特点、参考价格、周边景区等情况，都可以从公共互联网网站中查询。

（三）主要应用系统

由于信息化所具有的基础性和广泛性，因此，凡是具有面向基础的行政审批、事业服务职能的机构，都直接或间接地建设了信息化应用系统，这些系统既包括按中央有关部委要求开发建设的全国性系统，也包括市级部门建立的北京市性应用系统，还有郊区各区县根据各自需要开发建设的本区县应用系统。在这些系统中，比较重要的系统包括农业资源管理、农村管理信息化、农村党员干部现代远程教育系统等。

1. 农业资源管理决策系统

2003年6月，北京市成功抗击“非典”疫情以后，市政府主管领导提出，新形势下促进北京市现代农业和农村经济的进一步发展，要按照“221行动计划”的思路推进。其主要内容是“摸清资源和市场两张底牌，加强资金和科技两支撑，建设一个综合信息平台”，简称“221行动计划”。其中，两张底牌、两个支撑都要通过信息平台的快速通道予以体现和反映。

以“221 行动计划”信息平台建设为契机，北京市农业和农村信息化建设迅速推进。其中，以地理信息系统（简称 GIS）全球定位系统（简称 GPS）和遥感（简称 RS）应用为基础的农业资源管理决策系统建设，在北京都市型现代农业中的标志性作用初步显现。从 2003 年下半年到 2008 年，“221 行动计划”信息平台经历了农产品产销信息网、北京现代农业信息网和市级农业资源管理决策系统建设的发展阶段。

（1）市级农业资源管理决策系统

进入 2008 年以后，“221 信息平台”建设进入了从区县分别建设农业资源管理决策系统到建设市级农业资源管理决策系统的新阶段。2008 年的“221 信息平台”建设，从内涵和目标上又有新的拓展和加强。市农委确定由市城乡经济信息中心作为主承单位，市农科院农业信息技术研究中心负责技术开发和技术支持。在工作目标上，主要是在整合各方面涉农信息资源的基础上，搭建一个北京市范围的可查询、可分析、可决策的综合信息平台。目前“221 信息平台”资源整合总体进展顺利。到 2008 年年底，15 个市属委办局、13 个郊区县向市级“221 信息平台”提供了 105 个大类、490 项，约 100 亿个汉字存贮空间的数据，并在此基础上，开发了综合性分析、三品基地、种植业结构、特色农产品等 4 个样板模块和 27 个专题 225 个图层的内容，具备查询、展示、统计等功能。

（2）北京现代农业信息网

按照“221 行动计划”实施要求，北京现代农业信息网由市级八家相关单位、郊区各区县政府共同主办，突出政府支持、会员制运作、统筹直辖市联合共建，农商对接，应用为主的特点，开发形成了信息查询、网上宣传促进农产品销售、即时通信、个性化服务、全民服务、决策支持等综合服务功能。北京现代农业信息网共有一级栏目和频道 37 个，二级栏目 90 多个，热线链接和共享信息涉及国际、国内、市内、各郊区县等广泛范围。在个性化等服务功能方面，针对会员发布的每条供求信息，绝大多数都通过平台得到了相应的匹配信息，最高的一条供求信息匹配了 300 多条相关信息。在管理功能方面，通过对 1 000多家会员的注册资料进行逐条核对，每个区县都可以很方便地得到本地区的会员情况。

北京现代农业信息网数据库直接管理的信息资源 49 000余条；会员企业较为关注的中长期分析预测信息 2 900多条；截至 2008 年 12 月 15 日，市级平台正式会员达到 1 886家，其中，海淀 266 家，平谷 243 家，大兴 218 家，昌平 146 家，房山 142 家，怀柔 125 家，密云 122 家，顺义 102 家，通州

112 家，延庆 84 家，朝阳 55 家，丰台 54 家，门头沟 53 家。按行业分类，农民专业合作组织 560 家，机关团体 352 家，龙头企业 284 家，标准化生产基地 231 家，种养大户 103 家、观光园区与配送中心等类型会员 314 家。累计发布供求信息 30 375条，其中与一站通交换供求信息 5 555条。从品种上看，蔬菜类 10 290条，占 33.88%，果品类供求 6 227条，占 20.50%，畜禽产品和肉蛋奶类 2 126条，占 15.6%，园艺花卉、籽种、观光休闲类 1 701条，占 12.5%。

2. 农村管理信息化系统

农村管理信息化以村级为依托，以农村会计核算和农村财务为切入点，以农村经营管理为核心，通过统一的网络版软件介质，对农村基层组织（主要是乡村两级集体经济组织）的人、财、物和社会事务进行全方位、综合性信息化管理，主要包括经营管理（其中包括会计核算、农村财务管理、集体资产管理、农村经济报表管理，农村合作组织管理、农村审计等）、人口管理、资源管理、党群管理、社会事务管理、档案管理、村务财务公开等八个功能模块。在此基础上，逐级将这些基层基础的动态数据信息传输到上级部门，为其及时、准确掌握农村经济和社会事业发展情况提供科学决策依据。这些信息的具体内容主要包括以下十八个方面：农村人口信息；农村劳动力就业、失业及培训信息；农村土地构成及土地承包、租赁、征占信息；农村合作经济组织信息；农村集体资产、农村财务收支信息；农村经济收入、效益信息；农民收入水平及低收入村、低收入户、低收入人口信息；农业生产结构、农村产业结构信息；乡镇企业信息（集体部分）；农产品成本、价格、效益信息；农村民俗旅游信息；农村科技、人才信息；农村固定资产投资信息；农村文教、卫生资源信息；农村党群信息；农村社会保障信息；农村财政转移支付资金信息；其他社会管理信息。

3. 农村党员干部现代远程教育系统

按照《北京市农村党员干部现代远程教育工作实施意见》（京办发[2008] 6 号）要求，北京市农村党员干部现代远程教育工作从 2008 年全面铺开。在北京市委组织部、市信息办、市农委、市发改委、市财政局、市农林科学院以及各区县相关单位积极配合下，扎实推进现代远程教育工作。农村党员干部现代远程教育系统以已经建设运行的农民远程教育系统为工作基础，由市农科院信息所负责建设和运行维护。目前，已在北京市 183 个乡镇的 3 955个行政村建设终端站点 4 233个，为基层农民提供全方位、多层次的综合信息服务，每年培训农民 100 多万人次，传播农业科技上千项。

（四）农村信息化的主要成效

1. 基本实现“光缆入村，网络入户”

2006 年北京市委、市政府印发的《关于统筹城乡经济社会发展，推进社会主义新农村建设的意见》（京发［2006］3 号），在主要文件的 39 个重点问题中，第 22 个专题是农村信息化工作，明确提出了“光缆入村，网络入户”的工作目标和要求。

截至 2008 年年底，在各级政府、企业和社会各界的共同努力下，郊区各区县信息办（信息中心）、网通公司（现改名联通公司）、歌华公司密切合作，光纤网络已经在 95.3% 的村委会具备接入能力。由于大多数郊区县都采用“政企合作，同缆不同芯”的建设方式，因此，在村委会具备光纤网络接入能力的同时，农户的网络入户率也与此相对应；以网通公司的数字环路技术（ADSL）和歌华公司的有线电视为主体，北京市郊区农村的信息网络农户接入能力推算在 95.3% 以上。

2. 基本实现政务公开与网上审批

通过市级涉农各部门的政务公开网站和各郊区县人民政府政务网站建设，基本形成了互通互联、整合资源、网上咨询、网上审批等职能。市级涉农部门、郊区各区县政府及其办事机构的职能任务、机构设置、联系方法全部在互联网上公布，种子、农药、化肥的经营资格，畜禽养殖场设立审批、饲料企业年审年检、饲料添加剂生产许可证等，都已经可以在网上办理。郊区企业、农民和城市居民逐渐享受到更为方便、快捷、准确的信息服务。

3. 信息服务促进农业结构调整和农民增收致富

一般情况下，由于信息化应用所具有的基础性、战略性和长期性，信息设备购置投入本身的收入回报和经济效益难以量化。但信息技术应用和信息化普及，对于经济发展、农民增收的作用是显而易见的。这可以从新闻媒体的公开报道和典型事例看出来。以下是几个具体事例。这样的事例在郊区各区县都有反映和报道。

（1）大兴区网上农产品销售额达千万元

2008 年，在大兴农业信息网、北京现代农业信息网及一站通农村供求信息全国联播分别发布各类供求信息 2 万条，成交信息 206 条。同时，通过大兴农副产品电子商务交易体系，共实现农产品销售 1 475吨，成交额达到 1 000余万元。另外，榆垡镇西黄垡村 80% 以上的西甜瓜都是通过网上销售的，2008 年平均通过网络销售西甜瓜 700 余吨。

（2）镇罗营桃园村利用网络销售大桃创造利润达50万元

截至目前全村共有30余户安装了电脑，建成了京郊第一个电脑网络村，并建有桃园村自己的主页。桃园村利用网络信息平台，增加大桃销售量，扩大知名度。2008年桃园果品销售协会接到供求信息300余条，招来城里采摘游客200人次，销售大桃100万公斤，网络销售创造利润达50万元。通过互联网桃园村已经与哈尔滨、长春、沈阳、广东、上海、北京城区等40余家批发商和各大商超建立稳定的供销关系。提起网络销售果品，村民们都说："网络营销为我们桃园村插上了致富的金翅膀。"

（3）延庆移动信息平台促进农民增加收入30万元

2008年7月初是东羊坊、三里庄等村银红杏获得大丰收的季节，400余亩杏基地总产量达200万公斤，但是销售成了难题。一是限制外地进京运货车辆，本地货车停运，同时又分单双号。本地车出不去，外地车进不来。二是农民销售信息渠道不畅通，找不到销路，愁坏了果农。北京绿富隆蔬菜专业合作社了解到这一情况以后，立刻赶到现场，看到的是落地的红杏，痛心之极，立刻利用移动农网信息平台向市、县各地大量发送信息进行宣传，3天时间为果农销售银红杏5万公斤，实现收入14万元。

利用移动农网信息平台向京客隆等超市和人民大学等大中院校推销蔬菜、蛋类及干鲜果品等各种农副产品，为社员解决了销售难的问题。其中销售备用菜12万公斤（包括土豆、西红柿、圆白菜、大白菜等），实现总收入为15.9万元。

（4）网络平台助通州区上万亩土地经营权流转

近年来，通州区农村土地流转呈现加速态势。目前，全区现有承包经营土地54万亩，农村集体土地承包经营权流转面积累计达到18.9万亩。为解决农民流转土地信息不畅，流转规模过小等问题，这个区投资30万元，搭建了土地流转平台。向全国开放的信息平台，吸引来天南海北的农业企业和农业能手在通州"圈地"。经过筛选，这些"圈地"发展的项目，主要以大规模设施农业或观光农业为主。截至目前，仅已成形的项目中，规模达500亩以上的就有17家，300至500亩的135家。原来全区农村土地流转费最高为每年每亩216元，有的甚至是无偿流转。有了网上平台后，村民想流转土地，只要把信息登记上网，就可在家坐等"买家"了，平均每天都会接到二三人联系土地流转事宜，既不用求人，也不花钱。村民有了更多选择，流转费也提高到每年每亩500至800元。

(5) 密云县庄稼汉写博客半年收入20万

在密云县新城子镇花园村，就有这么一位叫李振新的农民，在自己年届4旬之际，成为了“博客”族的一员，不仅如此，他还通过博客，将自己家的民俗小店成功地宣传了出去，仅2007年“十一”黄金周他家就接待游客300多人次。

酒香也怕巷子深，此话一点不假。李振新2004年办起了“梦缘民俗客栈”。虽然村庄风景秀美，小店环境也不错，但由于地处偏远，几年来生意一直冷冷清清。2007年3月，一次偶然的机会，他从村里的一个大学生那里得知了“博客”。虽是庄稼汉出身，但老李想法很前卫，正在自学大学的他，两年前就买了电脑，也会些简单的打字。在大学生的帮助下，他很快就在网上注册并开通了“雾灵梦缘客栈”，拥有了自己的博客，并凭着那股子凡事爱琢磨的劲头儿，学会了怎样发帖子，回帖子，贴照片。

越来越多的网友都通过“博客”认识了李振新和他家的民俗客栈。“梦缘民俗客栈”周周爆满，仅6个月的时间，就有3 000多京城游客慕名而来，为他带来了20多万元的收入。下一步，他还打算投资20多万元再盖十几间小木屋，扩大规模，接待更多的游客。

4. 利用信息网络为农村重大突发事件处置服务

北京郊区疫病防控信息系统由市信息办、市农委、市卫生局联合负责，系统有效覆盖了13个郊区县的218个乡镇、办事处（其中，乡镇193个，办事处20个、开发区5个）、4 767个村、居委会（村委会3 995个，居委会等772个）、530万常住人口。这套系统不同于市卫生部门的疾控处置系统，是一套情况反映和督察检查的工作系统，起点在村，总控在市。

面对高致病性“禽流感”的袭击，市农业局、市信息办等相关部门在较短的时间就部署完成了禽流感防控信息系统，将乡镇畜牧兽医站、区县兽医卫生监督检验所、公路（铁路、航空）兽医卫生检疫监督站、市畜牧兽医总站、市兽医卫生监督所检验所等235个相关单位，都纳入到这个系统的实时监控之中。

（五）北京市农村信息化发展过程中存在的问题

北京市农村信息化发展过程中存在的问题主要是建设与应用的脱节问题。尽管各级政府和相关部门高度重视、大力支持农村信息化建设，但由于管理体制不完善和农村经济发展相对不足、农民收入水平相对较低，导致北京市也存在着较为明显的城乡“数字鸿沟”问题。具体表现包括以下几个方面：

1. 农村信息化管理机制不完善，整体效率不高

近年来，北京农村信息化建设吸引了各级政府和社会各界力量的广泛参与。但从整体上看，还缺乏有效的统一的组织领导，存在着明显的“上强下弱，上多下少”、各自为政、重复建设、信息孤岛等问题。相关市级机构以及各专业部门都在推进涉农信息化，各有侧重，难以形成合力，各个区县推进的力度也不尽相同。这就导致农村信息化的整体推进缺乏统一协调，各个区县农村信息化发展不均衡，重复建设现象较为突出。另一方面有的乡镇甚至缺乏专门的农村信息化管理机构和人员，农村信息化建设基层实施力量偏弱。农村的信息网络建设维护、应用系统推广使用、信息化培训和日常管理等工作大部分由区县来承担，为乡镇、村和农民专业合作组织、农村企业、农民服务的专职信息技术人员严重不足。

2. 农村实用信息设备少，使用资费偏高，农民获取和利用信息的能力偏低

近年来，北京市不断加强市、区、镇三级农村信息化基础设施建设，信息传输的通道已经比较畅通，但是在信息渠道的两端，即“最初一公里”和“最后一公里”则十分薄弱，信息供给与需求之间不能实现有效对接。

目前，北京市区县一级的信息化应用已较普遍，但乡镇以下的信息网络不发达，纵向应用多，横向使用少；基层信息化设备缺乏。相对于农民的收入而言，价位在几千元的计算机、数字电视等适合农业特点的技术产品还属于奢侈品，农村地区信息网络使用价格也相对偏高，这导致农村家庭电脑拥有率和家庭上网率偏低。

由于传统农业的产值低、农村经济欠发达、农民收入不够高，导致农民信息意识、网络意识、数字化观念不强，农民自身对信息化的投入积极性不高。与此同时，农民缺乏足够的获取相关信息的知识与技能，而针对农民的信息培训以及适合农民实际需求的信息产品与应用系统也供给不足。

3. 农村信息资源深加工不够，涉农信息服务针对性实用性不强

在农村信息资源总体上处于“上多下少、城多乡少”的情况下，虽然区县以上层级的信息资源虽然比较多，但缺乏加工分析，导致符合农事和市场规律，满足城乡居民生产和生活实际需求的实用信息不足。涉农信息缺乏解释、分析和中转传输的权威环节。

4. 农村信息化应用效果不明显，信息化的支撑作用不强

目前北京市农村信息化推进，政府需求的主导作用较强，而基层需求的

拉动作用不足。区县以上各部门希望通过信息化建设改善管理、提高效率、科学决策的需求强烈。乡镇以下部门和机构则较少享受信息化的好处，更多地承担着信息化的数据采集、录入任务，被动建设，疲于应付。这种上情与下情的不对应，导致北京市农村信息化建设项目多，但信息化应用效果不明显，信息化在都市现代农业、新农村建设方面的支撑作用不强。

二、以信息化促进农业产业化的客观依据

农村信息化是指通过对信息和知识及时、准确、有效的获取、处理、传播和应用，把农业信息及时准确地传递到农民手中，实现农业生产、管理、农产品营销信息化，大幅度提高农业生产效率、管理和经营决策水平的过程。农村信息化不仅使得农业产业化发展有了充足的信息源和便捷的交流渠道，也为农业经营中的产业联结和管理提升提供了有效的技术手段，对农业产业化有着重大的促进作用。

（一）信息化转变农业产业化宏观管理方式

农业产业化是一项关系到整个国家农业现代化目标实现的重大工程，需要政府进行宏观调控与帮助，而农业的信息化发展可以为政府提供便捷而高效的宏观管理模式与手段，借助于信息技术实现农业产业化管理方式的重大转变。如法国农业部植保总局建立的全国范围的病虫测报计算机网络系统，可适时提供病虫害实况、药残毒预报和农药评价等信息；我国江苏省通州市农业局根据中国农业信息网的信息，在市场实地调研基础上，筛选、论证了高效生产项目、优质新品种、实用新技术、立体种养模式、招商引资等农业信息，由农业局集中发布，供广大农户选用，收到了很好的效果。

（二）信息化拓展农业产业化活动空间

推进农村信息化绝不仅限于信息网建设，它不仅可以带动农业信息硬件、软件建设，还可以拉动农业信息服务，进一步推动收集、加工、处理、分析以及农业信息中介、网上农科教育、网上农产品交易、网上结算、订单农业、物流配送等一系列农业信息活动。农业生产经营者可以打破传统资源约束，根据市场的需要，以信息、技术和知识为纽带，建立各种灵活多样的农业经营实体。特别是伴随着农村信息化形成的农业信息服务业将成为农业

产业活动的有机组成部分，通过推动农业劳动力转移，促进农民增收，成为我国农业农村经济新的增长点。

（三）信息化增强农业生产经营能力

农村信息化使信息和知识作为新的资源要素，融入农业产业化的各个环节，引导、控制并改变土地、劳动力和资本等传统要素的集约程度和配置关系，农业生产、加工、流通等领域的科技和知识含量将显著增长，从而极大地提高农业生产经营能力。同时，应用信息技术管理农业资源，比起传统的技术和方法来说，具有成本低、效率高、资源利用率高等众多优点，可以大幅度和高效率地开发利用各种农业资源。如美国建立的农田灌溉自动决策系统，可以充分提高水资源利用效率，投资与效益比率高达 1∶250。

（四）信息化提高农业经营管理水平

信息技术融入到农业产业化的经营过程中，对农业经营管理产生的影响极大，它通过计算机管理决策支持系统，可以及时进行模拟决策，以减少决策的失误、降低管理成本与风险；通过进入乡、县、省乃至全国和全球的信息网络，可以及时了解市场信息、政策信息，按照市场需求选择生产和合理销售自己的产品；通过进入外部的信息网络，广泛获取各种先进的科学技术信息，选择和学习最适用的先进技术，装备自身。如我国智能化农业信息技术应用示范区，通过推广农业专家系统，两年间指导农田面积达 3 796万亩，增加产值 23.3 亿元，节约成本 6.4 亿元，受益农户达 548 万户。

（五）信息化提高农产品市场流通效率

市场不对称主要是信息的不对称，造成农产品的供需失衡和农业资源的浪费。保证农业信息畅通，有利于实现市场供需平衡，促进农业生产要素的合理流动；有利于降低农产品交易成本，促进农产品的商品流通，克服低层次的农产品相对过剩；有利于推动农民面向市场，增加农民收入。如从 1998 年 11 月到 2001 年 9 月底，浙江省衢州市各级“农技 110”发布网上招商信息 5 746条，达成协议 253 个，争取网上订单 1 449个，成交额 3 090.05 万元。大约 8 万人通过“农技 110”帮助找到信息、项目或避免假信息损失，产生直接经济利益 9 000余万元。

另外，信息化还有助于促进农业产业化生产结构的调整，有助于提高农业产业化过程中的生产基地和龙头企业的信息水平和效益等。总之，信息化与农业产业化的结合，必将极大地加快我国农业产业化的进程，实现农业由传统产业向现代产业转变。大力发展农村信息化，实现以信息化加快推进农业产业化进程，已成为当前我国农业发展的迫切要求。

三、国内外农村生产与经营信息化实践与模式发展

我国农村信息化建设虽然取得了一定进展，但与推进农业和农村经济结构战略性调整，以及促进农产品竞争力增强、农业增效、农民增收的客观需要相比，还存在较大差距。特别是为农业生产与经营服务的信息技术应用尚处于起步阶段，应用的深度和广度不够。

（一）农村生产与经营领域信息化的重大意义

农村生产与经营信息化主要是将农业产销活动网络化，来提升农业传统生产与市场经营的现代化水平，其领域包括：农民专业合作社产销管理、农产品质量履历和追溯管理、农户经营财务管理系统、“农家乐”旅游服务、鲜活农产品“农超对接”的电子商务服务和信息交换等应用。其核心是搭建一体化的新农村生产与经营服务综合信息体系，在此基础上运行各类农村基层生产与经营业务。通过农产品电子商务减少流通方式中大量的中间环节，实现企业—企业、企业—消费者的直接交易，从而最大限度地降低经济活动中的交易成本，提高经济运转的效率和效益。随着我国农业产业结构逐步调整，农民收入中直接从农业生产得到的比重下降，产后加工增值比重加大，各种商业服务、副业和服务产出加大，农业产业化的信息服务要求也更加突出。涉农群体对信息服务方式的需求发生了新变化，特别是种养大户、购销大户、农民专业合作社、农业龙头企业等农业生产经营主体，急需通过电子商务等手段及时获取市场行情，降低营销成本，提高生产经营效益。但是，优势农产品、产业化、特色农业、观光农业等，这些经济活动的商务信息服务要素多不在农业，农民成为社会信息服务体系中最庞大的市场信息服务对象群。近年来，随着农业互联网的普及以及农村网民数量的增长，全国各地建设的各类涉农网站中，农村产销信息服务所占比重呈直线上升趋势。据“农业网站百强评选”统计，2004 年参评的 433 家农业网站中提供电子商务服务比例为 11.4%，到 2008 年已经上升到在 1 458 家参评网站中占 67.5%。

农村生产与经营信息服务平台对农产品供应链的支持，从目前看还是局部的、零散环节的，基本属于农村信息化的项目，是信息技术的应用问题；但从长远看会带来农产品产供销模式的深刻变动，推动企业经营商业模式的更新。当前农业部门的信息化除了信息基础设施的建设外，政府需要通过规划架构，建设一个综合性的农村生产与经营信息服务支持系统，来提供信息网络传播。2007年，国家发改委和国务院信息化办联合编制的《电子商务发展“十一五”规划》提出了“按照政府推动与企业主导相结合、营造环境与推广应用相结合、网络经济与实体经济相结合、重点推进与协调发展相结合、加快发展与加强管理相结合的发展思路”，为引导信息技术推动农村产业化组织的业务和政府服务创新，促进经济增长方式的转变，增强政府的公共服务能力，搞活农产品市场流通和促进农产品销售提出了具有方向性、建设性和操作性的指导意见。

农村生产与经营信息服务平台搜集的数据实时提供了农产品动态生产与交易信息，不仅可以及时为农民提供信息服务，指导经营和生产，而且可以为政府宏观经济决策提供精准依据。除此之外，根据平台的记录可以对农产品流通全过程进行追溯，提高农产品交易整个过程的透明度，有效促进农产品质量安全的监控工作，从而有效控制产品的质量。因此，各级农业部门都应当十分重视农村生产与经营信息服务系统应用，积极摸索和开发农村生产与经营信息服务方式，进行研究，加快建立现代化农业生产与经营的新型业态。

（二）我国农村综合服务信息系统和体验中心建设的对策

农村综合服务信息系统建设的总体性架构恰逢其时，从中国的现实出发，中国农村综合服务信息系统建设应该体现：“一、二、三”的建设方针，即“一个打通”，打通农村基层“最后一公里”的通信、网络与信息资源的互联互通平台；“二个关注”，要关注社会管理信息和关注公众民生服务的信息资源开发与管理；要实现“三化目标”，即综合服务信息系统建设的层次集成化、服务业务协同化和城乡公共服务一体化目标。

（三）打通农村“最后一公里”的通讯网络与信息资源平台互联互通

从总体上说，农村综合服务信息系统的建设领域包括计算机网络技术、通讯技术、信息资源管理技术这些资源的融合，是一个路和车的问题，有路没车和有车没路都不行。要构成高效、顺畅的综合服务信息系统，路的通法和车的配备会有多种不同的配套方式，信息资源可以在顶层设计和整合，依靠扁平化技术体系把信息纵向推送下去。然而这样的信息系统往往是静态化的信息服务，且由于在顶层部门利益和体制割裂，信息整合相比基层的难度要大，所以，农村综合服务信息平台建设可以先打通农村“最后一公里”群体通讯、网络和信息资源横向互联互通的应用。

几年来，我国农业信息网络的建设成绩斐然，充分利用了农业电子政务建设的成果，建成了农业部与全国各省农业厅（局）之间的通讯专网，农业部政务外网通过计算机联网可延伸到各省农业部门，可实现包括网络视频会议在内的高速优质的信息交流。同时，以中国农业信息网为国家农业核心网站，已经建成集30多个专业/行业网站和各省（区、市）农业网站为一体的农业系统服务网站群，并初步完成以省农业信息网为核心整合网站群的建设。网络环境的完整性提供了一个四通八达的基本通信和网络环境，与之配套，网络数据资源的开发和分布也进一步提升水平。以纵向延伸为主的信息化工程建设，虽然提供了良好的网络技术环境和网站门户，但由于过于传统的信息化顶层开发方法，仅对重点数据资源实施集约化的开发和管理，且传统的技术开发有明显的应用领地，需要较为长久地局限在其发源的领域，造就其具特色的产业或待技术成熟后才能逐步扩散，因此信息系统建设无法及时解决实际用户的需求，无法避免零散开发、重复建设，因资源冲突或恶性争夺所导致的资源开发成本加大，包括越来越明显的运营成本、占用成本、用户搜寻成本等问题的增多。解决这一问题，需要打破常规信息化思路，从底层梳理信息化业务，以农村乡村为中心进行总体框架和顶层设计，打通农村乡村信息化的互联互通的通讯、网络和信息资源平台，加快农村的应用信息系统开发与使用，特别是统一开发、运营农民专业合作组织社社相连的工作平台，将农村地区一家一户的经营，由‘点’到‘面’，形成一个“互联互通网络”。依据“平台上移、服务下移”的方针，首先，采用云计算等先进的网络技术，通过政府电子政务投资建设的门户平台为龙头，统一组织建设农村综合服务信息系统，分工维护，逐渐推进，争取建设一个信息系统，构造一条农村服务协同业务线，产生一条共享信息流，为政府门户网站增添一项服务功能。其次，在新农村建设总体规划中，建立一批农村信息化体验中心，提供农民端到端的信息技术体验示范，强化合作组织业主将信息技术融入其团体经营的意愿，加速农村信息源头农业资源配置的导向性信息流的效率，使农业生产和市场经营更适时、适路和更有效率，使基层产业化组织能利用信息技术自主、动态的解决产销活动中的知识传播问题。

（四）建立政务支持、商业促进与民生服务的信息内容体系

要从管理社会和建设服务型政府的指导思想出发，统筹政府的业务，在整体规划的基础上，打破部门、系统界限梳理业务流，设计农村综合服务信息平台。从信息功能定位上看，农村信息系统应该具有政务支持、商业促进与民生服务等多种功能，是一个复合的系统。因此，要在农村信息系统建设中实现“二个关注”，即关注开发社会管理信息服务和关注公众民生服务的信息。

中国农业的信息化，恰逢中国社会的转型时期，恰逢中国农业（和几乎所有的传统产业）向产业化、市场化、国际化快速发展的时期。这个时期赋予农村信息化的使命是多重的，既要借助最新的信息技术平台，把政府工作推到网上，提高政府社会管理的效率；也要借助这一平台，创建新的市场交易环境；还要借助这一平台，向农村和社会用户提供公益性的民生服务。复合性体系对服务的内容、形式、质量等都有各自的要求。可能某些要求会具有一致性，而另外一些要求可能会彼此冲突，因此需要预先进行全盘考虑。比如：在信息收费问题上的冲突会比较明显。冲突的合理解决，需要我们对网络平台的商业促进功能和社会服务功能进行多方面的权衡才行（表3）。

表3　农村综合服务信息平台总体建设典型业务分类

服务类别	信息分类	服务对象	合作方	典型业务
政务支持	政策法律、法规信息	普通农户	政府	政策法规宣传、民意调查
	应急信息	普通农户	政府、相关部门	灾害天气、紧急事件通知
民生服务	文化教育	普通农户	教育、科研、文化	科学常识、文化、教育知识、农村娱乐
	农业生产	普通农户、大户	农业局、农技站、合作社	新技术、新品种、远程诊断
	食品安全	普通农户、城市消费群体	政府、相关部门、供应链	乡镇生资服务、质量追溯信息、食品流通信息

（续表）

服务类别	信息分类	服务对象	合作方	典型业务
商务促进	农产品购销	普通农户、大户、合作社	农超对接企业	农产品价格、销路、供求等信息
	农村休闲旅游	农民、农村村镇、城市居民	政府、企业、居民	旅游知识、接待服务指南、食宿预定
	新型物流	大户、企业、合作社	物流、第三方服务、市场	农超对接、票务服务、电信资费、农资下乡配送
	劳务信息	农民工、招工单位	政府	本地务工需求、就业推荐信息

从农村信息综合服务平台建设的历程看，以往以“政务支持”因素为主驱动的色彩相当明显，依托“金农工程”等电子政务项目从农业部到省地县乡，各级政府网上办公已经有了一个高效、坚实的新平台。“政务支持”功能体现比较突出的一项是灾害、预警信息的发布和预警机制的支持功能，比照发达国家，我们在这方面还有许多改进的余地。比如：灾害信息、市场突发性信息的识别捕捉和分析处理，预警应急服务程序的流程等，都还不够完善，从信息发布到决策支持和采取行动之间的全程通路还有待打通；再从“三聚氰胺”毒奶粉事件来看，农业部门面临着食品安全的工作压力，管理工作范围已经不再仅是行业管理部门，而是重要的社会监管部门之一，为此，农产品质量安全追溯涉及政府必须建立管理社会的信息系统，必须建立双向的信息渠道系统，融合采集与服务为一体，实现有组织、有制度、自动化的收集农村信息，从而为政府政策制定和应急管理提供必不可少的重要决策依据。而相比之下，关注民生服务的信息服务也需要提到日程，农业信息系统的“商业促进”功能刚刚显露头角，还有待进一步引导和强化。比如利用农业部的“一站通”网上商机服务系统和中组部远程教育网络成交了大量的农产品交易，商业促进功能现实的例子，体现着国家信息基础设施建设的程度，是国家农业市场化推进中重要的一个步骤。“民生服务”功能目前还比较薄弱。

（五）多级层次的扁平化，配以多元融合的信息系统集成化目标

从地理范围上讲，中国农村综合服务信息平台将有国内最大的用户覆盖面，并可能因此成为最具特色的全程信息服务通道。目前这一服务体系是一

种政府建立的沿线性方向延伸和多级展开的形式。这种形式与行政管理的层级关系是一致的。电子信息服务渠道从信息传递的角度更倾向于一竿子插到底，采用减少中间环节的沟通方式，可能会与规定环节的行政管理体系发生一些摩擦。就现阶段而言，支持政务体系和政府服务功能而言是管理方便、也比较容易实施的理想结构。因为它有现成的行政结构为依托，可以充分地借助现有结构的塑性，最为迅速地形成自己的骨架，为今后的拓展打下稳定的基础。但是，这种层级化体系不宜作为农业信息服务网络最终的目标结构，行政体系线性延伸所导致的局限性比较明显或集中的表现，是个性化服务和共同性服务的选择问题，对应体制层次去构建信息系统也是不经济的。比如人们的信息共享需求是灵活的，需求会连带出现，往往会在不同的服务方式（个性化的、共同性的）间跳跃，而传统的信息服务渠道或手段是独立而分散的，需要人们自己去选择和分别利用，并付出转换成本。

现代的信息服务网络所具备的最重要的能力是提供了渠道整合能力和服务集成能力。这种整合能力是一种新的资源，从能力上说，它必须突破原有的渠道、级别、范围的局限，从一个宽泛得多的角度来调度资源，为用户服务，而不是仅仅把原有的服务内容变得完善些、理想些。如果该用户使用了网络信息服务，但是网络只不过相当于让他用新的手段（或省一点钱）来打电话或翻书，网络的意义就很有限。在这里，网络至少应该帮助他找到最适宜的专家来解答问题，同时又不浪费该专家为其他人服务的时间；从社会成本的角度看，网络服务又应当是经济有效的，无须用户付出更高的选择成本。因此，农村生产与经营信息服务平台可以给用户的，不是简单的“电话+书本”的拼盘，而是建立在共同性的、标准化的信息服务基础之上的、个性化的综合服务平台。

这种网络应该具有什么样的结构，是一个需要深入分析的问题。应该说，多级结构是必需的，但是单向展开为主的、具有一定行政约束的、或者说刚性的多级结构不足以支持多种多样的个性化信息服务。因为它把资源和服务路径相对固定住了。从这个意义上说，应该从挖掘、分析、归纳用户需求入手，对线性结构进行适当的扩展和延伸，形成更具灵活性的、具有多维端口的、多向延伸的服务体系；同时，还应该在线性延伸结构平台上进一步展开，支持独具特色的多条线性延伸结构服务体系的运作，使之形成有机的整体，从而更有效地发挥现代农业信息服务网络的潜力。在搭建完善各种信息基础平台的同时要关注信息的收集和整合，尤其是分散的农业信息。

农村信息化是一个产业链，涉及各级政府和涉农部门、涉农企业、运营商以及农户等各类主体，包含网络覆盖、平台建设、业务产品、组织推广、终端、资费、渠道建设等相关关键环节。具体见下图：

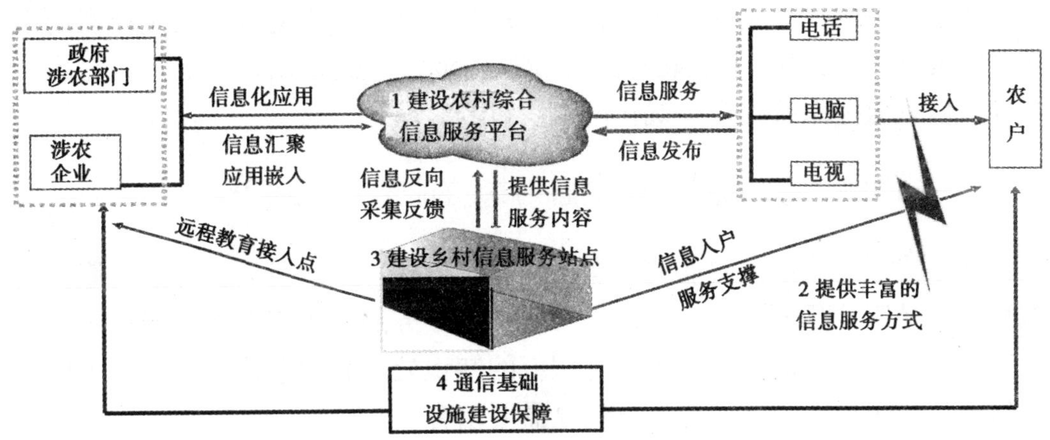

图1　农村信息化应用的产业链

从上述的产业链中可以看出，现阶段农村信息化重点是信息基础设施的融合和信息资源的整合，即为农民提供信息资源相关的内容、信息资源整合、信息网络扩大、信息终端普及等方面服务。目前这个不断完善的产业链，可以广泛应用各种信息技术，所以农业产业化对信息产业的需求拉动很强。为此，可以明确承载信息业务的电信运营商体系可作为农村综合服务信息平台的企业实施主体，由于其组织体系呈现出树状层次，为此，政府与作为农村信息化的主力军之一的电信运营商合作，实现两个树形体系的融合建设，可以联合各信息主体，加强对农业信息的整合力度，提供高质量实用信息，满足不同部门、不同行业、涉农企业、合作组织、农户等不同客户的信息需求。因此电信运营商应积极与各行业、部门开展合作，整合信息资源，探索、创新商务模式及技术方案，共同搭建、完善农村生产与经营综合信息服务平台。

此外，农产品生产与经营是关系民生尤其是农民利益的基础产品，农产品产业链建设除了政府支持之外，我国目前的条件下，产业链上下游经营主体的合作尤为重要，激活企业组织的积极性，培育城乡一体化的、贯穿从田头到餐桌的农产品物流第三方服务组织，有重点地切入农村生产与经营的信息服务，这是农村信息化成功不可忽视的条件。根据“政府主导、多方协同、市场运作、资源整合、共建共赢”的原则，2008 年商务部和农业部联合下发了《商务部　农业部关于开展农超对接试点工作的通知》（商建发［2008］487 号），提出积极发展农产品现代流通方式，探索城市支持农村的有效途径，引导大型连锁超市直接与鲜活农产品产地农民专业合作社对接，即“农超对接”模式。该模式是基于国内大型连锁超市和农民专业合作社的近年来取得的快速发展提出的，在农产品流通过程中起着连接生产者与消费者的桥梁纽带作用。“农超对接”新型商业模式的提出，为运行农村生产与经营信息服务系统提供了优化的组织机制。

（六）信息服务、教育和科技推广并重的业务协同化目标

这一特征是从中国农业的现实出发而提出的。虽然我们一再强调服务的概念，但是服务是要以需求为前提的。信息服务的价值实现或者消费不同于一般物质产品，它需要信息用户有相应的知识处理和信息接受能力。中国农村信息化的历程不长，用户市场明显需要培育。

一是现有用户的素质需要改善和提高。这不是一个简单的任务。从高校的教育实践看，那些从小就接触网络，甚至在计算机屏幕前“泡大”的城市学生，和那些对计算机设备十分陌生的农村学生之间，在入学时信息技术知识上的差别就比较明显。从总体上看，来自农村的学生要缩小差距，成为能够积极使用和利用网络资源的用户，往往需要付出更多的艰辛。因此，农村生产与经营信息服务平台，在网络和信息服务产品的设计上，一定要关注和适合农村、农业用户的知识水平，了解用户在知识上的差距，通过有效的网络教育服务形式弥合、并且缩小已有的差距。

二是潜在用户市场需要开发。随着农民成为社会信息服务体系中最庞大的市场信息服务对象群，农业信息服务的潜在用户市场极为巨大，但无论从经济性出发还是从可行性出发，都不能简单地将网络终端所及的所有人群都当成潜在用户。如果不分青红皂白，试图“一网打尽”，无疑会使信息服务体系的建设陷入黑洞，造成资源的无端浪费。我们的任务是要发现有价值的潜在用户群体，集中力量开发，使他们成为信息服务网络的实际用户。那些有能力利用所获得的信息进行正确决策，或有能力处理信息，对他周围的人有正面影响力的，有望实施带动效应的潜在用户群体，比如农民专业合作社、种养殖大户、农村经纪人最值得关注，应当成为优先开发或重点支持的对象。

从长远来看，教育功能和科技推广功能实施水平必将影响未来农村综合信息服务功能的发挥。要针对网络初始用户多的特点，提供简化、方便的入门服务。农民对信息终端的需求也十分突出，它必须具有两大特点：功能强大，有声有色；价格便宜，容易操作。农民最迫切需要的信息终端是一种特

制的“傻瓜式”智能终端，目前，我国的手机用户已超过7亿部，手机在农村的普及率已接近50%。相对于固定电话和语音服务，手机短信服务更方便快捷，不受时间和地点限制，得到广泛应用，也受到欢迎。调研结果表明，在农户常用的几种信息获取渠道中，手机短信的使用频率仅次于电视和报纸杂志，高于固定电话和互联网。特别是3G时代逐步临近，手机服务支持的各种消费将进一步刺激农民的手机使用。同时通过移动通讯，也可以及时把农村的信息传到政府各部门，增强政府与农民的互动，在“移动+宽带”的农村综合信息服务平台上，政府强化服务和监管的目标都可以得到实现，因此手机终端的开发具有重大意义。农村综合服务信息平台需要运营商、终端设备制造商和农业部门联合攻关，在综合现有各种终端优点的基础上，设计开发出一种能满足农民需要的、质优价廉的、简便好用的终端产品，以及提供在此基础上可扩展的服务业务。

（七）实现政府与企业双向进入公共服务的城乡一体化目标

我国农村信息化建设与推进社会主义新农村建设关系重大。近年来诸多政府部门都积极推进农村信息化，同时众多企业也在农村实施各种竞争的信息服务平台，在农村信息化产业链上出现了多元化、多层次、多形式，政府公益性服务与市场商业性服务“交替”运作的竞争格局。但是，由于缺乏统一协调，这些项目之间不能实现统筹兼顾，尚未形成合力，都面临着可持续发展后劲明显不足，信息服务方式难于提高质量的问题，可见的品牌服务寥寥无几。

具体分析差距：一是尽管目前产业化对农村信息化的需求很强，众多的厂商在探索用市场化开展农村信息服务，但他们面对的是上游强势的电信运营商，未定型的信息服务产品，尚待建立的信息内容体系建设和不尽完善的商业模式，所以至今为止，农村信息化基本上是公益性的，其标志之一是资本市场还没有进入农村信息化市场，多数信息化项目不得不由政府项目支持；二是目前许多农村信息化试点工程，启动资金由行政划拨，许多信息化工程仅是停留在政绩工程上，没有建立完善的公共服务机制，很多项目政府投入形成的公共品与市场化的服务之间互相排他，不利于引入政府与市场合作的运营机制，形不成可持续性发展的模式，因此，需要在追求公平与效率之间寻求平衡点；三是农村信息化正处于电信运营商积极融合推进的历史机遇期，目前需要创新一种新机制，建设一个综合成本较低，能满足农民多元化的信息需求“一网多用”的平台。这种融合工作还在试点，目前现有的几种模式，有各自的局限性，难以简单地在各地复制，如果以企业为主体的增值服务产业，其规范化和推广协调困难，难免不会退出市场。

需要指出的是，农产品产销与其他行业不同，受高度分散、专业复杂、自然灾害影响较大等条件限制，农业是一个“无时、无处不在生产和交易”的行业，农业的产销服务信息资源开发比其他产业要复杂、困难得多。随着经济全球化的发展，农业所面临的市场问题更加广泛，农业市场信息的收集耗费资源庞大，市场信息系统必须连续不断地提供信息，每天、每周要永不停止地将信息发布下去，完全由企业来承担是不合理和不可行的，只有在政府确认具有其长期运行的资金后，才可以启动市场信息系统。事实上在大多数西方国家，市场信息服务系统属于公共品的范畴，政府从农产品流通利税中提取一定比例作为基金，委托政府或中介机构来运行，企业以这种机制参与公共品共享与传播，这种局面将会持续很多年。在推进农业公共信息服务和市场服务时，还应充分考虑我国国情。我国与西方国家不同，我国经济的“二元结构”现象，不仅体现了城乡之间的差别，而且也凸现了农业市场化中“二元信息不对称”的窘态。从田头到餐桌是一条很长的供应链，来自城市的农产品销售、农民工就业和投入品的信息是农村市场经济所需要的，同时，城市居民所关注的食品安全信息源头又在农村。随着农民收入中各种产业化、特色农业、观光农业和劳动力转移等经济活动收入比重的提高，农民成为社会服务体系中最庞大的市场信息受众群体，第三产业的信息增值服务向政府组织提出了需要，但城乡之间信息没有形成统一交换的信息内容体系，要在城乡的“二元结构”中实现信息对称，中间专业组织和信息传播机制是十分复杂的。各级政府部门以往在城乡间商品交换和农村市场组织资源发展方面起着促进作用，所以在信息流渠道建设一体化方面起主导作用也不容置疑。还应当指出，使市场信息对称和市场透明化，是市场经济效率的基础，是任何一国的政府的己任，而且政府部门自己本身就是农业和涉农数据服务最大的投资、生产和使用者，所以政府信息组织不仅承担电子政务信息化建设，而且需要承担产业电子商务领域的信息服务的推进责任，政府部门主导的农村综合信息服务平台建设，其基本取向也应当是公益性服务和以社会效益为主面向广大农村群众的事业，即使是有一些公益性行为不尽人意，也需要牺牲一些效率性，与公平之间保持平衡性。实际上，在经济相对落后的农村实行信息市场化，要靠内容或服务收费，短期是不容易实现的，在政府不承担一分钱的情况下，追求信息化经济效益，是一种泛市场化的思潮，这种模式具有较大的政策风险，在教育和医疗卫生改革中出现过较大失误的现象。还必须看到，目前政府公共服务产品多数集中在城市，造成了城乡巨大的信息化差异。所以党的十六大以来，中央提出要破解城乡二元经济结构，加快推进城乡信息公共服务一体化的目标，是落实城乡基本公共产品和公共服务均等化、引导社会资源投向农村，加快实现农业增长方式的转变的实际需要，各级政府和相关部门应积极对待。

实行农村生产与经营的信息公共服务城乡一体化，要针对近年来农村信息化服务独特的创意发展模式和机制进行总结，大体上是三种类型模式和关键经验：

第一种是农村信息化是经济发展的战略动力，政府在信息技术应用上扮演主导角色，实施财政支持的政府全权运营的公益性信息服务（如信息服务站模式）。随着城乡统筹和反哺农业的政策不断发展，特别是落实农业推广机构的基层组织建设任务，政府将不断加大其财政投入，以此类型保证农民能够获得基本的信息服务，如农业政策信息、市场分析预测信息、农业科技知识等信息服务，并且辅助政府在农村开发信息资源，在农村信息服务事业中发挥好主导和引导的作用。但政府全权运营的信息服务，在许多实践中失败率较高，主要是体制机制问题，所提供的单一的、标准化的农村公共品，不能满足信息产品多样化需求，也容易造成供给的低效率，所以必须与时俱进地进行创新。近年来专业协会和农民专业合作组织的迅速发展，他们也负有提高会员生产技术和增加收入的责任，而且可以开展经营活动，有一定的经济收入，服务内容更侧重于提高会员的生产技术水平和帮助会员增收，服务范围覆盖到会员生产的产前、产中和产后，因此协会和合作经济组织如果从当地政府部门、网络、信息服务站等获取有关公共服务信息，对信息进行筛选、分析形成会员所需的服务信息，并提供给会员，同时会员也可以直接向协会和合作经济组织反馈所经营的农产品信息，就能增加政府向会员提供信息服务的资源，因此“政府信息部门＋合作组织＋农民”这种联合模式具有很强的信息化可持续发展能力。

第二种是政府可以通过国营的电信运营商等为农村用户创造更多的信息化价值，实施“政府＋企业”模式，统一实施政府补贴或委托企业承担公共品服务。电信运营商等国企发挥着关键作用，他们可收取一般性的信息服务成本，即农民能够享受价格优惠的半公益性信息服务。政府搭台、企业唱戏，优势互补，该类型运转的体制机制方面有较好的灵活性和适应性，目前有发展的良好预期。这种模式的定位仍然是公益性或准公益性的，其原因是企业的一部分成本或收入来源于政府资源。所谓公共品，并非是不收费，而是不以盈利为目的，是指产品消费上的非竞争性，占有上的非排他性物品。公众可以同时消费公共品，相安无事，若要排斥外人消费，须花费很大代价。农村公共信息品的供给者包括政府、企业和社会非盈利组织，政府成为供给主体，原因在于市场缺乏提供非盈利性公共品的动力，对于盈利性公共品如果完全由市场提供，也存在偏离公共政策目标的风险，所以农村信息服务应当是以政府为主体，社会共同参与的公共事业。

第三种是政府、企业和社会力量紧密合作，积极推进的商业化农村信息服务。其信息化投资主体都是企业，信息资源开发和服务行为等成本一般为企业自行负担，信息服务有很强的针对性、专业性、技术性和与生产经营经济效益密切相关的风险性。目前，该类型虽已成功产生、但数量有限，依靠企业自身积累成长艰难，这主要是因为中国农村信息服务市场发育还处在初级阶段，还不够成熟，作为市场经济的重要要素之一的资本市场未进入农村信息化领域。从长远来看，商业化类型的信息服务个性化和可持续发展的机制比较好，但在市场实体成为信息服务供给者时，一旦政府提供的公共产品和服务增加，企业提供的商品数量就可能减少，因此政府应当采取以“市场换投资”的方针，放开一部分有效益的信息化领域，由企业按照 BOT、BOOT 等方式实施基础实施的建设，以孵化市场实体发展。

三种类型的农村信息服务方式，具有鲜明的互补性，目前在中国都很重要，也都需要扶持。温家宝总理最近在中央经济工作会议上提出：“要加快推进社会事业领域改革。在改革中处理好政府和市场、公平和效率、尽力而为和量力而行的关系。调动全社会的力量，共同参与社会事业发展。要把维护社会事业的公益性、保障人民群众基本公共服务需求作为政府的主要职责。把应该由社会和市场发挥作用的事情真正交给社会和市场。通过发展相关产业，满足多层次、个性化的需求。要进一步放宽准入，调动全社会参与社会事业发展的积极性。由政府保障的基本公共服务，也要深化改革，提高绩效。要鼓励社会资本投资建立非营利性公益服务机构。各类社会机构和企业愿意参与基本公共服务的，只要具备资质、符合条件，就应当鼓励进入。有效动员和综合利用社会资源来加强和改善基本公共服务，提高服务质量和效率。”

我国农村信息化起步晚，尤其是偏远的地区，农村电脑普及率非常低，农民利用信息技术的意识非常薄弱，为此有必要对农村信息服务公共品生产与使用建立起完善的制度机制，解决由国家和企业共同建立农村信息公共服务的筹资机制问题。首先政府依然是信息化公共品筹资的主体，要提高国家和地方农村财政在农业信息服务公共品供给中的供给能力，切实增加向农村信息化倾斜的资金，建立农村公共信息服务专项资金以及从各种农业补贴项目中安排一定基数资金，支持各种社会力量主动服务“三农”信息化。但与计划经济时期主要责任人的身份不同，政府不再承担所有的筹资，而是根据供给原理，有选择地承担信息化公共品的筹资。政府遵循市场机制的原则，充分发挥非政府部门的作用，自己则集中力量完成那些依靠市场机制解决不了，难以获得直接经济效益的公益性筹资。同时面对日益增多的多元化服务，为了避免市场无序化、竞争与排他性，夯实政府与企业双向进入农村信息化服务的基础，对以公益性、准公益性为基本特征的信息化项目，政府部门着重于改善同运营商和民营企业之间的信息化工作关系，尝试由政府制定优惠政策，确定公营与私营统一的农村信息化发展使命，把建立稳定农产品市场的信息服务基金作为积极引导社会资源投向农村的重要工作内容。仿照韩国、日本、欧盟等多数国家“反哺农业”的做法，引导企业从利润或农产品流通税中提取一定比例作为信息服务补贴（一号文件规定了不超过年度利润总额12%的部分准予在计算企业所得税前扣除），形成政府拨款、运营商投资、企业多方筹资，共同建设城乡公共信息服务一体化的农村综合信息服务的机制。

政府和企业共同出资建立的农村公共信息平台及发展信息服务的机制，应包括：

（1）农村公共信息服务体系建设过程中信息的采集、整理，加工和发布。主要包括：采集国内外相关部门、城乡市场和指定行业企业的产品、销售、出口、进口和价格等相关数据和信息；根据特定目标进行专项调查，农村领域相关的经济、法律、法规等信息采集；对所采集数据真实性稽查，对合格数据进行规范化加工、整理、数据库存储；通过设计模型、专家评价系统等方式，对取得的数据进行科学分析和预测；对经加工和分析的数据进行发布等。

（2）授权单位为实施农村公共信息服务而进行的信息系统、网站等相关信息传播体的建设、运营及维护。

（3）农村公共信息收集及推广的能力建设，包括：为公共信息的提供及使用者给予必要的帮助和开展查询、咨询服务；对公共信息服务项目进行必要的宣传及推广活动。其他相关的公共商务信息服务。

为落实今年中央1号文件关于农村信息化建设的要求，应在全国范围逐步开展城乡公共信息服务一体化的农村综合服务信息平台和农村信息化体验中心建设工作，近期的工作重点可以是：鼓励有关政府职能部门共同授权的专门机构，依托金农工程、文化信息资源共享工程、农村党员远程教育工程等涉农信息化基础条件，综合利用多种网络资源（电信网、广电网和互联网）、多种终端（手机、电视、电脑）以及市场化的信息资源，统筹开展新农村信息化体验中心建设和运营服务。利用农业部优质农产品基地、绿色食品生产基地等项目建设，将农产品生产的产前、产中、产后诸多环节有机地结合起来，解决农业生产与市场信息沟通问题。农民、合作社可以通过互联网平台把农产品直销给团体、个人消费者或零售企业，并由第三方服务组织建设线下服务系统对农产品进行包装，配送。政府与市场实体按需协同信息化系统，面向农户和农业企业，提供农产品供求、农产品质量追溯、农产品交易及相关物流、农村休闲旅游、农村金融服务，农业政策、农村科技推广、气象服务等综合信息服务。同时及时搜集应急信息或稳定农产品的市场流通等农村信息，从而为政府政策制定和应急管理提供重要的决策参考。

（八）韩国农产品生产与经营信息系统建设的启示

韩国信息化村庄建设的成功经验，吸引了来自日本、马来西亚等国家的访问学习。韩国面积虽然不足10万平方公里、人口不到5 000万人，但他们也是以农立国、深受中国传统文化影响、具有典型东方文化的国家，与我们是近邻。目前基础条件、经济实力、人口素质都不错，信息化村建设已经开展了9年，其具体做法及经验值得我们做一些借鉴。

1. 基础设施是推动农村信息化发展的前提

目前韩国农村信息基础设施建设已位居世界前列，居民家庭计算机普及率达到90%，农村 ADSL 普及率达到90%以上，农民随时可以上网。在信息化村庄的建设项目中，政府投资为具备条件的农渔民家庭配置计算机等信息化设备，提高计算机普及率和上网率。良好的信息基础设施环境，为韩国农村信息化事业的发展打下了坚实的物质基础。

我国农村信息化基础设施已经初具规模，政府和电信运营商加大了建设力度，但基础设施落后仍制约农村信息化的发展。

2. 总体规划是农村信息化成功的关键

韩国的农村信息化建设是在总体规划框架内逐步推进的。中央政府负责制定总体规划，各级地方政府负责制定个性化的实施方案，有明确的职责分工，明确的任务目标。有了总体的目标，按照要求，各级政府齐心合力，各司其职，扎实、稳健地逐步共同推进农村信息化建设。

我国农村信息化建设目前存在总体规划不足，各政府部门、各涉农企业都在推动农村信息化，但之间缺乏整体规划，各自投资，存在重复建设问题。建议政府部门增强农村信息化和电子政务规划设计的深度和广度，由农业部牵头，联合其他涉农政府部门、电信部门以及其他社会力量，洞察用户需求，共同制定农村信息化的近期以及长远规划，明确各自的职责和任务，推进我国农村信息化建设。

3. 教育培训是促进农村信息化发展的保证

韩国政府非常重视对农渔民的教育培训工作，政府每年投资必要的资金对农渔民进行各种培训，培训内容包括网络、计算机、互联网等基本知识，如何通过网络获取和发布信息，如何通过网络进行电子商务交易等。培训工作是持续性的，根据农渔民的个性化需求，及时进行培训，提高了农渔民的素质，激发了他们利用信息技术指导生产和销售的兴趣，为促进农村信息化发展提供了保证。

我国农村信息化起步晚，尤其是偏远的地区，农村电脑普及率非常低，农民利用信息技术的意识非常薄弱。农村信息化培训工作应该常态化，让农民增强接触网络意识，通过生动有趣的方式吸引农民利用电子商务进行农产品交易。韩国的经验证明对农民的培训工作是必须的，政府应该拿出一定的资金用于对农民的信息技术培训。

4. 生产与经营服务是农村信息化服务工作的重点

韩国农产品电子商务取得了比较明显的效果，有一条重要的经验，就是电子商务平台实现了农产品生产信息管理系统与商务经营信息服务的结合，而在电子商务服务中，嵌入农产品和“农家乐”的品牌设计理念和服务，引入第三方的实体公司或中介组织开展运营服务，包括开展品牌宣传、物流配送等，使信息化村、农村数字家园、“农家乐”观光旅游、农产品供求、农产品展示等静态的信息化项目，变成电子政务信息服务整合的关键把手。不仅如此，还实现了政府部门之间、政企之间的协同性，实现信息、服务流程和系统平台的共享，使农民利用统一所有电子政务和电子商务部门的信息服务的网络环境，安全、便捷地接触到营销洽谈体验，足不出户就能使用移动、数字、语音等信息技术销售农产品或招来观光客，并获得更好的价钱。

四、以信息化促进农业产业化的对策措施

（一）信息化促进农业产业化的对策措施

以信息化促进农业产业化的关键在于农村信息化建设。在推进信息化建

设、以信息化手段推动产业化发展的过程中，需要各级政府，农业、信息、科技等相关部门以及全体农民的共同参与。

1. 充分发挥政府的引导作用

信息化与农业产业化的结合是一项综合性、技术性、政策性、超前性都较强的工作，政府的组织、引导、协调，推动十分重要。政府应在支持公益性的农业信息数据库建设和信息传播工作的同时，广泛调动包括企业在内的各种社会力量参与信息化建设的积极性，培育市场化运行机制，通过机制创新促进农村信息化产业的形成和健康发展。由于不同地域有不同的农业发展特点，需要走不同的农业产业化路子。因此各级政府、部门要通过加强部门之间的整合力度，充分调动和发挥中央、地方各级政府在组织、投入和管理等方面的作用，做到统筹规划，协调管理，实现信息与产业的力量集成、优势互补、资源共享。要勇于牵头，抓住最急迫的问题，通过典型示范等手段，提出有效的解决办法，切实发挥其在信息化与农业产业化建设中的整合、协调和推动作用。同时，要建立健全有关农村信息化的法律法规，搞好标准化建设，提高信息的准确性和权威性。

2. 加强农业信息网络基础设施建设

农业信息网络是农业信息的载体和渠道，是农村信息化的根本保证，也是推进农业产业化的重要力量。建立基于多种传媒（计算机网络、通讯、视听等载体）网络的农业技术推广系统，发展现代化的宽带、高速农业信息网络应是我国当前农村信息化建设的重要内容之一。我国必须加大农业信息网络基础设施建设的力度，尽快建成相对完整的省、地（州、市）、县、乡、村五级农业信息网络体系。要加快信息网络软硬件设施的更新换代，加强各种农业适用数据库的研制与开发，建立并完善包括农业自然资源信息、农业生产管理信息、农产品市场信息、农业科技信息、农业实用技术及科研成果等数据信息在内的各种类型数据库，并注意根据农业产业化的需要更新其内容。要充分利用现有广播电视网络、电话网络和卫星传输网络等信息传播媒体，围绕建立农产品市场体系、实施农业产业化经营、推广先进农业技术等方面，积极开展广泛的信息服务，把有效的政策、科技、市场等信息，通过各种途径送到农户手中，真正发挥信息资源的巨大价值。

3. 构建适合国情的农业产业化信息服务体系

我国农业产业化发展尚处于起步阶段，为保证实用的科技、市场、产品等信息能为当前条件下的农民和农业发展所用，需要建立一些专职机构、发展一些专业人员为广大农户提供高效、专业的信息服务，通过他们对信息进行分析、加工工作，进行深层次挖掘开发，利用“平民化”、“傻瓜型”的信息系统，通过声、图、文并茂的生动形象的方式，将经过处理的有用信息送到农户手中，方便用户使用，以保障农业信息体系能够提供大量经过筛选的、符合农民需求的有效的信息资源。同时应大力支持多种形式的社会化服务组织，如农村专业协会、政府行政人员或科技人员下海创办的中介机构、经纪人、信息服务站等，并使这部分有活力的中介服务组织发展壮大。要通过建立起不同类型的农村信息化的实验示范基地，进行实验示范基地的现场宣传和样板展示，扩大推广面积和辐射范围，以此来全面推动中国农村信息化的进程。

4. 开发和推广新的农业适用信息技术和信息技术产品

国家要采取切实措施，鼓励各农业部门、科研院所、大专院校、企业或个人对农业信息技术和产品进行研究开发，如在经费、信贷等方面给予一定的扶持，在实验设施方面提供方便，对农业信息技术的发明、革新与推广有突出贡献的给予相应的奖励等。在开发方式上，要鼓励科研单位与农户、企业的互助合作，联合开发出真正适用的先进信息技术与产品；在产品类型上，要鼓励在传统稻麦棉基础上，发展多种特经作物的信息技术产品，在种植业基础上，发展养殖业，加工业等多种行业信息技术产品。要作好农业信息技术的宣传推广工作，在培训推广的基础上，采用网络技术、多媒体技术、典型示范、直接参与应用等多种方式推广，在以科研机构、大学院校推广为主的基础上，鼓励各级技术单位、中介力量、企业以及先进个人的参与。同时要加大对科研推广的投入，鼓励多种形式的集资渠道，采取切实手段构建财政、信贷、企业和个人资金、外资等多元化的投入体系。

5. 加快培养农村信息化人才

农村信息化建设，信息技术人才是关键，它迫切需要培养造就一大批既懂现代信息新技术，又了解农业产业化生产经营的复合型人才。因此，一方面要求各级政府部门的有关领导、农业科技人员和广大农民必须有较强的信息意识，充分利用农村现有的农业信息基础设施和农业信息资源，学习和消化先进的农业信息技术，用于指导生产和发展生产；另一方面要加快农业信息技术人才的培养，各农业院校应建立农业信息的专业，开设农业信息技术与管理的课程，或者举办农业信息技术培训班，培训各种水平的农业信息技术人才。有条件的职业中学、农业技术学校也应开设计算机及其应用课程和农业信息检索与服务课程，利用继续教育、短期培训等形式对农业科技人员、农民技术员和文化程度较高的农民进行培训。

（二）我国农产品生产与经营信息系统总体建设方案选择

1. 基本框架与特点

针对农业部、省信息中心管理范围的金农工程、三电合一项目、新农村信息化示范及农产品电子商务等农村基层应用的信息系统建设，借鉴韩国农村信息化的实践经验，从理论依据、运行机制、操作方式等几个方面探讨农村生产与经营信息化的总体设计。本研究的农村生产与经营服务综合信息系统（以下简称 APMIS 系统）将大大弥补农业部和省延伸到农村的信息网络系统的缺陷，克服依靠独立于经济实体服务的数据中心和网站，不能对快速发展变化的农业生产和经营情况进行信息服务的体制机制，建立本系统将对此情况解决具有重要的政策和实践指导意义。

新农村生产与经营信息服务模式及系统建设的主要目的是：建立农村信息化村级体验示范，这是利用信息技术推动“市场 + 农民专业合作社 + 农户”一体产业化模式的创新，是增强政府的公共服务能力，健全强农惠农服务体系，推动资源要素向农村配置的具体实践，是落实社会主义新农村建设和反哺农业优惠政策的工作载体。其实质是对农产品生产和销售整个供应链信息流的优化。在这个信息化模式中，政府、运营商和企业，利用自身产销信息、管理、技术等方面的优势，参与农业生产、加工、流通以及“农家乐”等商务促进的全过程，为农产品从田头到餐桌的经营提供技术、信息和营销等一整套服务，从而在综合信息服务平台做纽带基础上，逐步融合农村乡村一级信息化业务系统。

2010 年，《中共中央国务院关于加大统筹城乡发展力度进一步夯实农业农村发展基础的若干意见》的一号文件，对农村信息化工作提出了：“推进农村信息化，积极支持农村电信和互联网基础设施建设，健全农村综合信息服务体系”。多年来，农业部和各涉农政府行业联合电信运营商开展了多项重大工程和活动，大大推动了农村信息化的进程，在信息化基础设施和基本应用等方面已取得了一些阶段性的成果，从而形成了农村信息化服务体系多元化、多层次、多形式的特点。总体而言，APMIS 系统的数据管理架构，是为了健全农村综合信息服务体系，在融合以往各部门独立建设和运行农村信息系统的基础上，针对农产品生产与经营中非常重要的基础数据进行资源开发，按需协同相关数据，建立农村生产与经营的综合信息服务平台。信息流通过农户访问到农业部信息中心的国家农业数据中心的门户系统，通过农业部信息中心交换到有关涉农企业、地方政府等的农业生产与经营综合信息服务平台。

APMIS 系统服务的相关主体主要是从事农产品生产经营活动的生产经营者，包括农户、农业企业以及农村专业合作组织，以及相关政府相关部门。农业部门的信息中心将承担 APMIS 的建设和维护，负责信息的定期和不定期采集和发布信息。各级农业部门负责协调生产基地、农民专业合作组织、信息服务机构和第三方电子商务服务组织，通过公共产品和市场项目示范，深度开发获得综合服务，并促进信息化向广大农户和涉农企业及相关主体的推广和传播，使相关信息服务能够及时、准确、统一地传播到相关主体。

围绕农产品生产与经营，信息系统目标是减少鲜活农产品产销过程的中间环节，让农民增收，让消费者获益的最终目标，探索鲜活农产品电子商务模式，农产品生产与经营信息系统的总体框架如图 2。

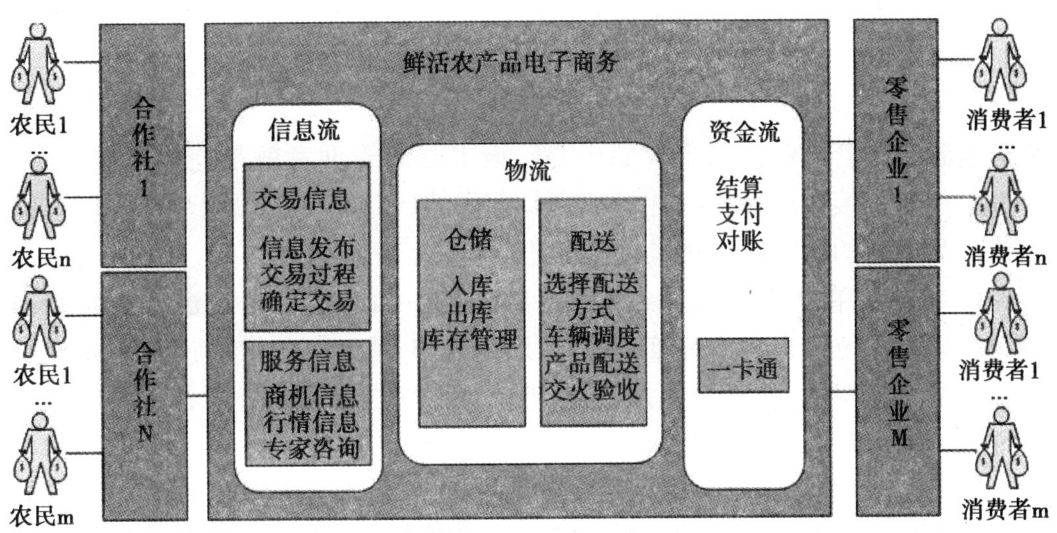

图 2　生产与经营信息系统总体模型

根据总体框架，农产品生产与经营信息系统中的业务角色包括农户（农产品生产者）、合作社（销售代理商）、交易管理单位、批发市场、信息提供单位、仓储管理单位、配送单位、托管银行、零售企业。

（1）农户：在本示范项目中具体指鲜活农产品的生产者，他们必须成为合作社的社员后，与合作社签订了销售协议后，才能完成产品销售活动。是产品品牌的拥有者。

（2）合作社：以农村合作社和生产大户为代表的供货方，合作社负责管理合作社成员即成产农户，代理社员通过电子商务交易平台，进行鲜活农产品交易。合作社必须成为交易平台的会员后方可在平台上进行交易。交易过程主要包括在电子商务交易平台商进行鲜活农产品信息发布，并接收成交确认消息。同时合作社负责组织农产品的包装，有条件负责交易前后的农产品运输。是销售品牌的拥有者。

（3）交易管理单位：负责保证公平、公正、公开的交易秩序，吸收交易会员，向交易双方提供交易信息并完成交易的撮合，负责完成交易双方的资金结算，是交易平台的责任主体。交易管理方在交易及结算过程中收取必要的佣金。

（4）批发市场：作为一个第三方的交易管理单位，在电子商务平台上完成电子化交易。

（5）信息提供单位：信息提供单位负责向交易管理单位提供会员关注的信息，由交易管理单位发送给会员或合作社中的社员。信息包括市场行情、供求、农业科技、气象等信息供应商，其中市场行情信息是交易双方报价时的重要参考依据。

（6）仓储管理单位：为降低交易风险，合作社可将要交易的农产品提前运送到交易管理单位指定仓储中心，该中心的管理者就是仓储管理单位。管理单位负责接收产品实物并保证交易期间的产品质量，代理交易管理单位完成产品实物的出入库管理及库存管理。

（7）配送单位：交易成交后，可以选择不同的配送方式进行产品实物配送。配送单位负责将产品实物从 A 地送达 B 地，并交货验收后完成配送过程。配送单位的选择可以由交易管理单位代理指定配送公司，也可以通过竞价方式选择合适的配送公司。

（8）托管银行：托管银行是与交易管理方签订委托协议的第三方商业银行，交易管理方和交易双方在托管银行开设账户，存放交易双方的保证金及交易金。托管银行接受交易管理方交易的指令向交易双方划款，为交易管理方计提佣金。引入托管银行可保障交易双方的资金安全。

（9）电信运营服务商：电信运营服务商是为农产品电子商务交易提供无线接入方式的服务提供部门，交易双方可以利用手机以及其他无线移动通信装置实现鲜活农产品电子交易过程。

（10）零售企业：是以大型超市、饭店、团购、个人消费者为代表的，在交易过程中的买方。零售商成为交易管理平台的会员后，可以在交易平台上发布购买信息，并接收成交确认信息。

根据农村生产与经营业务对信息化的需求，借鉴韩国农村信息化村的信息系统架构经验，我国农村生产与经营服务综合信息系统的应用系统和体验中心包括：农民专业合作社产销信息管理系统、农产品质量履历和追溯信息管理系统、农户经营账簿信息管理系统、“农家乐”信息服务系统、鲜活农产品“农超对接”的第三方电子商务服务系统和公共服务信息交换系统等应用系统组成（图3）。

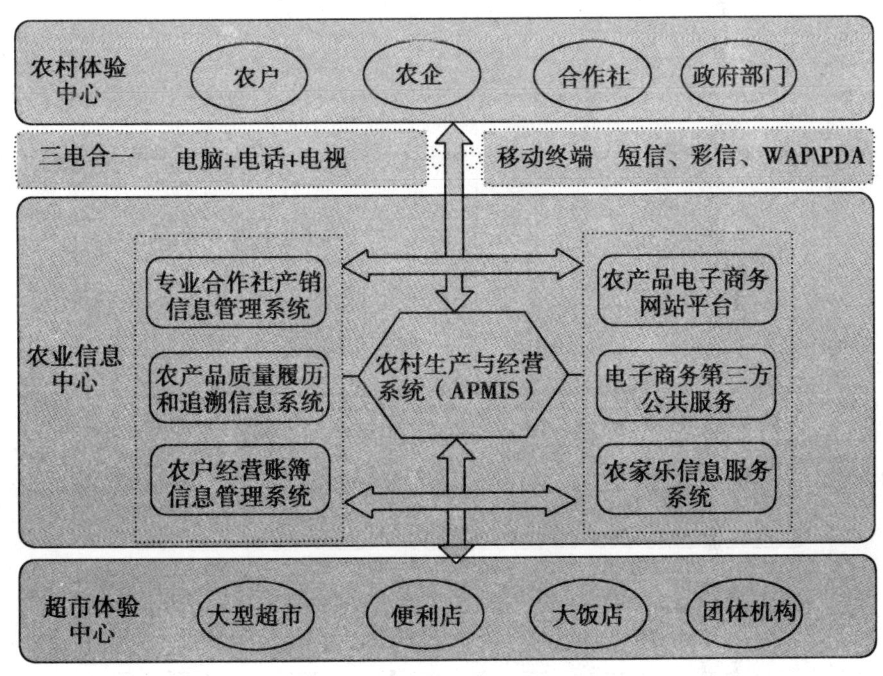

图3　生产与经营信息系统架构

将选择优势农产品生产基地、固定的农村信息化示范村和农民专业合作组织，建立农村生产与经营综合信息服务平台和信息化村体验中心。首先设计村级信息化的应用系统和网页，包括自然资源、生产、销售、农产品质量追溯和参与合作社的社员、商品等的基本情况；其次，在农业系统12316的热线服务体系协调下，通过电话、手机短信、互联网、12316热线服务和实地等服务方式，灵活地获得和提供有关农村生产与经营、“农家乐”旅游、农产品质量安全追溯、农业科技等信息服务，对信息化村体验中心和农民专业合作组织进行及时的生产与营销管理、农产品质量追溯和电子商务跟踪服务；第三，通过逐步架构和融合农村基层生产与经营业务活动中的各类信息服务系统，利用短信、网络等信息交换方式，及时搜集应急信息或稳定农产品的市场流通，实现有组织、有制度、自动化的收集农村信息，从而为政府政策制定和应急管理提供重要的决策参考。

（三）电子商务网站建设基本框架

农产品电子商务网站总体框架采用面向服务的理念设计，用五层两翼图形式描述系统总体结构，说明系统实现运转状态应具备的所有条件。系统运行时详细设计如图 4 所示。

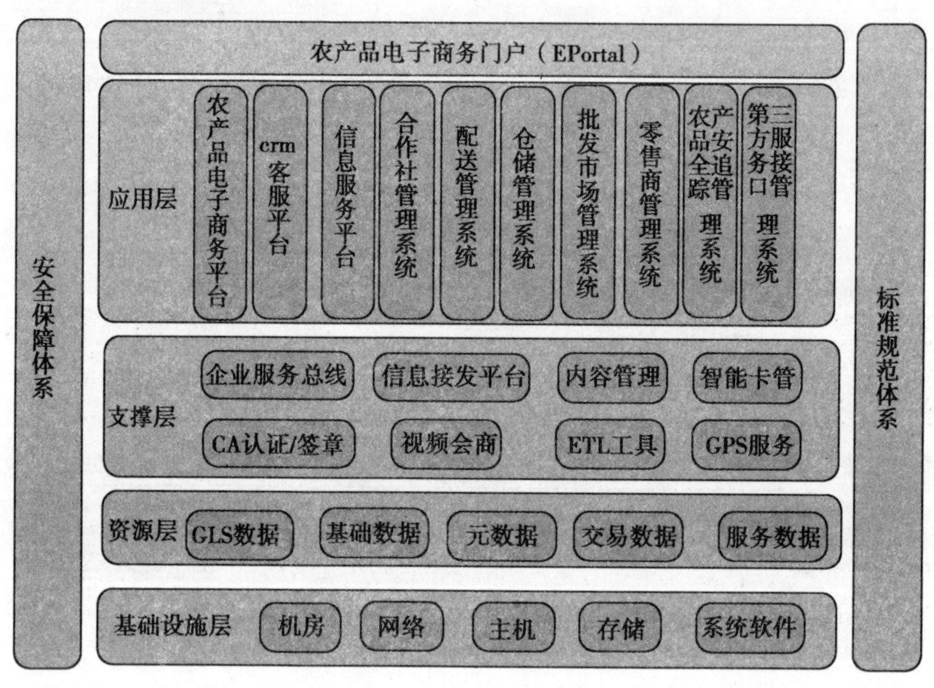

图 4　农产品电子商务系统总体架构

1. 农产品电子商务网站综合门户

统一门户为用户提供统一的、多渠道、个性化的方式访问电子商务交易平台的信息和服务。建成统一的内网门户，通过门户中业务协同应用模式，提高交易处理能力，完善业务处理流程。门户要对建设的系统进行集成，把应用系统纳入到门户的统一管理，并实现各应用系统的单点登录。同时，门户建设要为后续的系统建设提出门户标准和规范，实现与后续建设系统的无缝集成。

2. 业务应用

商务网站遵循面向服务的设计理念实现整个业务领域的建模分析，在此基础上建立随需而变的业务应用体系，主要建设三个平台，即电子商务交易平台、CRM 客服平台、信息服务平台；五个终端系统（即：合作社管理系统、仓储管理系统、配送管理系统、批发市场电子交易系统、零售商管理系统)，建设一个农产品全程跟踪系统和一个第三方服务管理接口系统。

电子商务交易平台是一个公开、公正、公平的电子化交易平台，实现会员下单委托、交易撮合、交收业务管理，实现交易合约管理、货款清算和货物交割业务管理。CRM 客服平台管理电子商务交易平台中的会员及合作社下的社员，包括交易双方、服务商、产销地批发市场，起着发展会员、管理会员、为会员提供视频、语音等技术支持的作用。信息服务平台实现科技、气象、供求等信息采集，加工后向会员及农村合作社下的社员提供信息订阅服务。

合作社管理系统面向农产品交易链的最初环节—农产品生产者，在此系统中，合作社向前管理农户生产，向后与零售商与第三方服务公司联系，将农产品销售出去。

配送管理系统主要在交易后提供物流配送。通过提供更多、更便捷、更低价的服务可提高电子商务平台的竞争力，降低交易双方的成本。

仓储管理系统主要提供交易过程中多个环节的仓储管理。用来代储实物产品。

批发市场电子交易系统是合作社与市场、市场与零售商之间的桥梁，是电子商务平台的一个实体交易机构。批发市场也是电子商务示范模式中的一个第三方交易管理单位实例。同时，批发市场反馈的交易信息和市场行情信息是鲜活农产品交易过程的重要的参考信息，是鲜活农产品行业价格的晴雨表。

零售商管理系统实现大型连锁采购商交易后分拣、配送功能，把已采购的农产品按下属分支机构的需要分别配送。

农产品全程跟踪系统实现某一个件产品从生产到仓储、从交易到流通领域链条的过程跟踪，可实现农产品的回溯，为政府部门食品安全监管提供支持。

第三方服务管理接口系统给除物流、仓储、批发市场、零售企业以外的其他第三方服务模式管理系统接口。

3. 应用支撑

应用支撑层是保证各业务系统运行的公共资源，包括企业服务总线、短信接入平台、内容管理、智能卡管理、CA 认证/电子签章、视频会商、ETL 工具、GPS 服务等。

4. 数据资源中心

数据资源中心是系统的核心资源所在。该层主要负责接受上层对数据库操作的请求，实现对数据库的查询、编辑、修改和更新等功能，并向上层返回运行结果。同时存储各类业务信息的数据资源中心，对外提供数据服务。从逻辑上将数据分为 GIS 数据、基础数据、元数据、交易数据、服务数据五部分。

基础数据进行单点统一维护管理，统一编码、统一维护、统一发布，其他应用到基础数据的系统通过基础数据平台获取，保证基础数据在所有系统中的唯一性和一致性。在实现基础数据共享的同时，提高数据维护水平，缩短基础数据更新周期，减轻维护工作量。基础数据维护平台的数据应用当前考虑两大方面：现有系统基础数据的统一、将来新建系统基础数据支持。

元数据是对将内外交换和展现的数据统一的描述方式，元数据的格式规范是系统间公认的，系统之间以元数据为线索访问系统内的服务数据。

交易数据是指交易过程中产生的应用数据，包括行情、委托、协议、竞价等数据，是业务处理逻辑访问和加工的数据。

服务数据是指内部系统间和外部系统交换的原始数据，与交易数据有部分重叠，当交易数据变为外部系统所需数据时，交易数据同时也成为了服务数据。服务数据是用元数据来描述，与元数据记录一一对应。

5. 基础设施平台

基础设施平台主要为示范项目整体提供硬件支撑环境，主要是支撑上层软件运行的硬件及网络设备，包括网络系统、主机系统、存储系统、备份系统、信息安全系统、IT 运维系统等多个部分，针对服务器平台完成相应的指标分析、方案规划和设备选型建议。

6. 安全保障体系

信息安全与运维管理是整体解决方案中不可缺少的一部分。信息安全系统设计为安全基础设施、网络安全、资源安全、应用安全、桌面安全几个层次，还包括安全管理与安全审计。其中安全基础设施包括安全信任机构与系统安全；网络安全侧重于信息传输的机密性、完整性和不可否认性，防止信息传输过程中的窃听和泄漏；资源安全包括数据资源的安全性、数据访问、传输以及提取的安全性；应用层安全保证业务操作主体的可信性、可审计性以及不可抵赖性，以及用户身份管理等。

7. 标准与规范体系

标准规范体系包括业务模型及业务标准、工程建设技术规范、数据规范以及基础数据库标准，同时还包括和规范标准相关的操作指南，以指导并规范系统工程的实施。业务领域涉及许多重要环节，覆盖范围广，为保证业务的高效顺利开展，需要建立完善的标准规范体系，其中信息化建设方面标准规范的建设更是重中之重。忽略标准规范体系建设，将会导致资源的重复开发，影响资源的共建共享，限制业务的发展。

本项目开发将严格遵循农产品交易管理标准规范体系。一方面，系统开发遵循标准和规范，其规划和建设需要标准和规范进行指导；另一方面，标准和规范的制定和维护离不开应用系统的实践，标准和规范必须符合应用系统的实际需求，随着应用系统的不断建设，标准和规范也要根据应用系统的开发经验不断完善。

（四）“农家乐”旅游网站的基本框架

针对现在国内“农家乐”宣传中存在的宣传影响范围小造成“农家乐”经营被动、宣传内容表现形式单一导致农家特色吸引弱、宣传信息单向传递导致游客参与互动性差等问题，提出建设专题的“农家乐”网站来宣传“农家乐”旅游业，以促进“农家乐”旅游业快速发展，优化“三农”服务。“农家乐”旅游网站框架（图 5）。

按功能划分，“农家乐”网站建设模型中“农家乐”网站分为 4 个模块：信息发布模块、搜索查询模块、交流互动模块、管理服务模块。

信息发布模块和搜索查询模块。是游客获取“农家乐”信息的主要渠道。信息发布模块的功能是向游客传递“农家乐”的信息，让游客访问“农家乐”网站时可以搜索查询到详细的活动信息。信息发布模块主要收集、整理、发布“农家乐”旅游的各种信息，涵盖“农家乐”的特色文化信息、最新活动资讯、交通路线、景点活动项目介绍等全部旅游要素，一般是设置在网站的首页，各类“农家乐”活动信息都整理归类以导航的形式发布在网站的首页，游客访问网站时就可以浏览“农家乐”的大致信息，同时还有相关其他“农家乐”信息的链接，让游客具体、准确地了解“农家乐”活动近况，为游客提供全面、及时的信息服务。搜索查询模块是游客从“农家乐”网站获取“农家乐”信息的主要渠道。游客通过该模块的在线高级搜索栏目对信息发布模块进行查询，来选择自己喜欢的农家旅游项目、路线和方式，实现个性化的服务需求，获取自身所需的旅游资讯。另一方面，“农家乐”经营者也通过“农家乐”网站的信息发布模块及时地更新“农家乐”资讯，发布“农家乐”的最新信息，提供给游客更全面更完善的

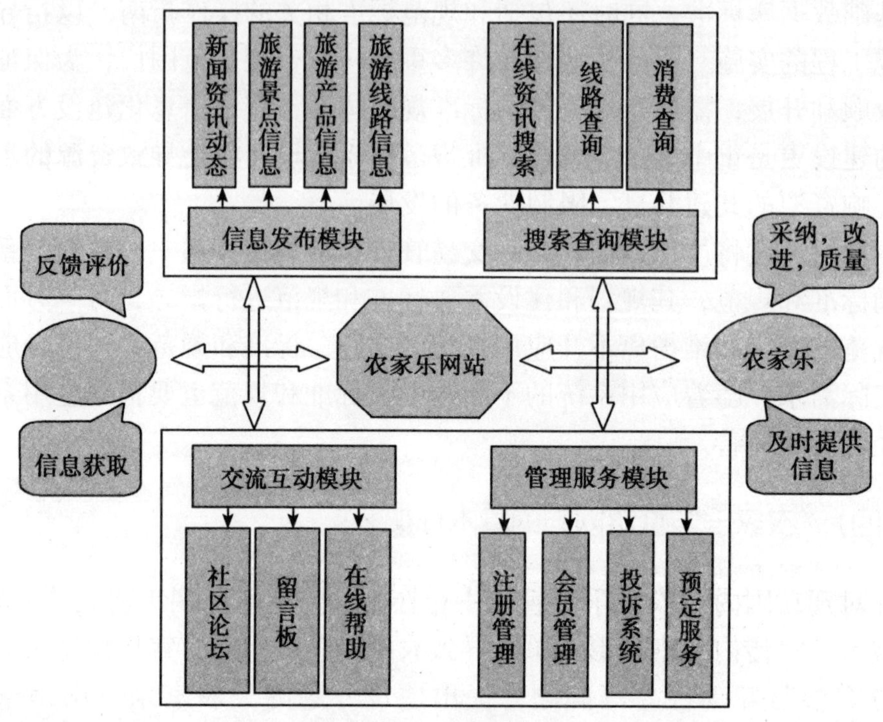

图5 “农家乐”网站建设模型

旅游信息。

管理服务模块。该模块功能是对访问网站的游客信息进行分类管理，最主要的是对游客的反馈进行相关分析来改善“农家乐”的经营，从而优化“农家乐”网站的服务，改进“农家乐”网站的建设。游客通过该模块的“农家乐”社区论坛栏目进行注册登入成为其会员，就可以与其他成员互动获取相关“农家乐”旅游信息，除了通过论坛、留言板发表建议或意见，还可以进入管理服务模块的投诉系统对“农家乐”进行反馈评价。这样“农家乐”经营者同时也可以通过“农家乐”网站的交流互动模块和管理服务模块收集并分析消费者的反馈意见来改善“农家乐”经营管理策略，提高服务质量，进一步促进“农家乐”的发展。

可见，“农家乐”专题网站这4个模块功能的设定可让游客通过对“农家乐”网站的访问和相关的搜索，即时或非即时地获取“农家乐”的资讯，实现与“农家乐”经营商的互动和交流，增强了“农家乐”的宣传效应，有利于“农家乐”的快速发展。“农家乐”网站平台架构如图6。

该平台集用户注册、会员管理、景点门票销售、客房在线预订和线路推荐于一体的综合旅游信息服务，为用户渴望暂别城市、回归自然提供一站式

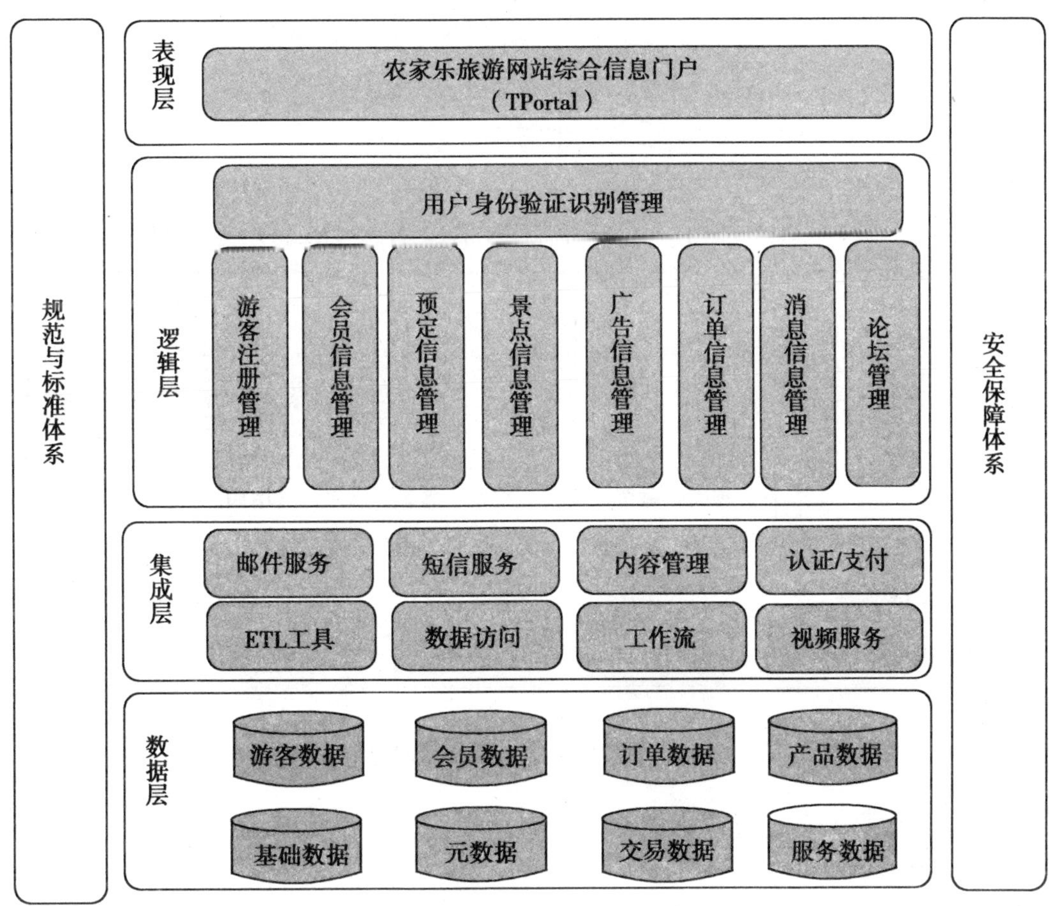

图6 “农家乐”网站平台架构

服务。

（五）农产品安全追溯网站基本框架

农产品溯源信息系统，通过统一的数据仓库，面向多个对象，实现对蔬菜、畜禽、粮食、禽蛋、瓜果、食用菌等农产品生产、流通和销售全过程信息的查询、控制和管理。其中，消费者可以通过系统查询购买的农副产品的原始生产、施肥用药信息；农产品生产者在第三方的监督管理下对农产品生产履历信息进行全过程地控制、记录，并为后续服务提供信息查询的相关数据；管理者可以通过该平台数据实现对农产品产前环境监测、生产过程、用药、施肥等相关数据进行统计分析。

农产品溯源系统由一个综合数据库、三大模块组成（图7）。

一个综合数据库。为保证数据的唯一性和一致性，整个系统坚持一体化

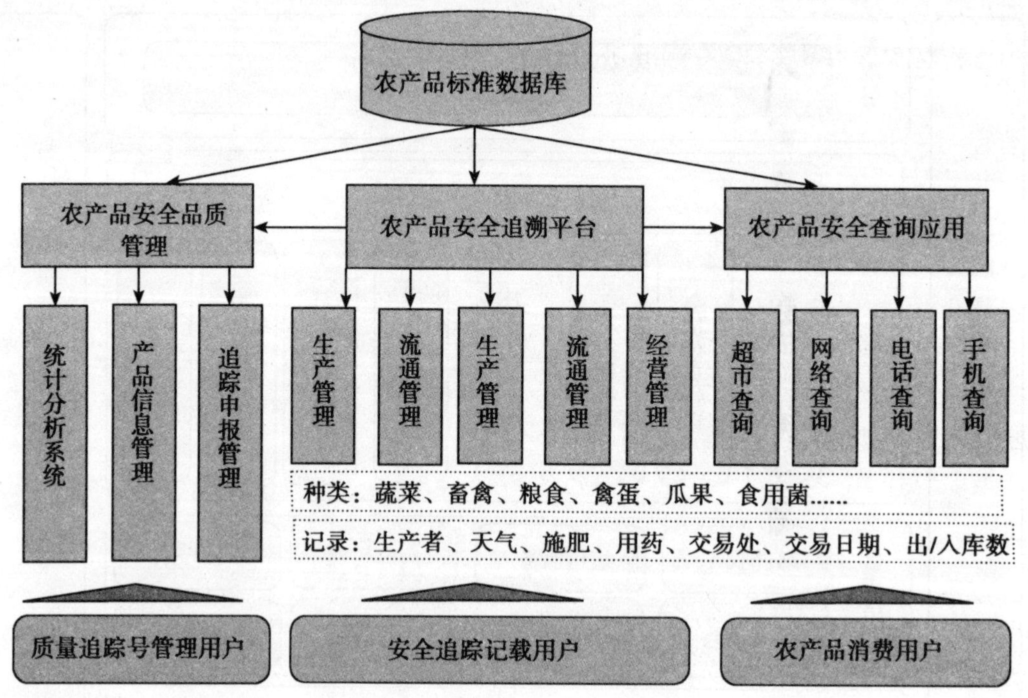

图7　农产品安全追溯系统总体架构

原则，通过建立统一的数据库，集成各个子系统的相关数据。

三大模块：

1. 农产品安全品质管理主要提供给生产厂商的管理层和政府相关管理部门使用，主要实现履历追踪号审核管理，对产前环境监测、生产履历信息记录、农药信息使用情况等相关数据进行统计和分析。

2. 农产品追溯平台由蔬菜、畜禽、粮食、禽蛋、瓜果、食用菌等子系统的生产、流通、销售、经营环节的追溯信息组成，主要对农产品生产全过程的生产者、天气、施肥、用药、交易处、交易日期、出/入库数等信息进行控制记录，并提供给信息系统查询相关数据。

3. 农产品安全查询应用由超市查询、网络查询、电话查询、手机查询四个功能组成，让消费者对购买的农副产品可以查询其原始的生产信息。

系统功能包括如下几个方面。

1. 农产品追溯平台

本模块根据大型农业企业的生产实际情况，结合农产品生产的关键点数据，进行梳理和描述。

蔬菜系统：供蔬菜园艺场使用，主要对蔬菜生长过程中，种子的选择、地块选择、土壤情况、水质情况、农药使用情况、肥料使用情况等进行全程的记录控制，并根据相关标准进行预警、提醒。

畜禽系统：养殖场、屠宰场使用，主要对种畜的选择、繁殖、防预、饲料、配种情况等进行记录控制；对肉畜禽的繁育、防疫、饲料、父母系品种、养殖地进行记录控制；对肉畜禽屠宰全过程进行记录控制。

禽蛋系统：禽蛋厂使用，主要对禽蛋的品种、住舍、防疫、周龄、饲料、饮用水等进行记录控制。

瓜果系统：瓜果基地使用，主要对瓜果种子的选择、地块选择、土壤情况、水质情况、农药使用情况、肥料使用情况等进行全程的记录控制，并根据相关标准进行预警、提醒。

食用菌系统：食用菌生产厂家使用，主要对菌种选择、培养液、温度、湿度、灭菌情况等进行全程的记录控制。

粮食系统：粮食基地主要对粮食的选择、地块选择、土壤情况、水质情况、农药使用情况、肥料使用情况等进行全程的记录控制。

2. 农产品安全查询应用

通过产品包装上的信息码（条形码或 RFID）标签识别，向消费者显示相关的生产信息。主要涉及条码研制，电话、网络、手机等各种终端查询系统开发。

3. 农产品安全品质管理

本系统采用 J2EE 技术开发，提供给生产厂商的管理层和相关管理部门使用，主要对产前环境检测、生产过程数据、农药使用情况等相关数据进行统计分析。

五、北京农民专业合作社信息化应用解决方案

（一）ERP 思想的引入

1. ERP 思想的引入

ERP 是 Enterprise Resource Planning（企业资源计划）简称，是 20 世纪 90 年代美国一家 IT 公司根据当时计算机信息、IT 技术发展及企业对供应链管理的需求，预测在今后信息时代企业管理信息系统的发展趋势和即将发生变革，而提出了这个概念。

ERP 是针对物资资源管理（物流）、人力资源管理（人流）、财务资源

管理（财流）、信息资源管理（信息流）集成一体化的企业管理软件。一个由 Gartner Group 开发的概念，描述下一代制造商业系统和制造资源计划（MRP II）软件。它将包含客户/服务架构，使用图形用户接口，应用开放系统制作。除了已有的标准功能，它还包括其他特性，如品质、过程运作管理以及调整报告等。特别是，ERP 采用的基础技术将同时给用户软件和硬件两方面的独立性从而更加容易升级。ERP 的关键在于所有用户能够裁剪其应用，因而具有天然的易用性。

但是，ERP 本身不是管理，它不可以取代管理。ERP 本身不能解决企业的管理问题。企业的管理问题只能由管理者自己去解决。ERP 可以是管理者解决企业管理问题的一种工具。不少企业因为错误地将 ERP 当成了管理本身，在 ERP 实施前未能认真地分析企业的管理问题，寻找解决途径，而过分地依赖 ERP 来解决问题。

最后，不但老的问题得不到有效地解决，又产生了许多新的问题，最终导致了 ERP 实施的失败。企业也因此而伤了元气。正确地认识 ERP 是什么与不是什么，就会在 ERP 实施之前认真分析企业在管理上存在的问题，了解 ERP 对解决这些问题的作用，充分细致地计划与落实利用 ERP 解决这些问题的程序，为 ERP 充分发挥效率提供基础。

2. ERP 实际解决的问题

ERP 的核心管理思想就是实现对整个供应链的有效管理，主要体现在以下三个方面：

（1）体现对整个供应链资源进行管理的思想

在知识经济时代仅靠自己企业的资源不可能有效地参与市场竞争，还必须把经营过程中的有关各方如供应商、制造工厂、分销网络、客户等纳入一个紧密的供应链中，才能有效地安排企业的产、供、销活动，满足企业利用全社会一切市场资源快速高效地进行生产经营的需求，以期进一步提高效率和在市场上获得竞争优势。换句话说，现代企业竞争不是单一企业与单一企业间的竞争，而是一个企业供应链与另一个企业供应链之间的竞争。ERP 系统实现了对整个企业供应链的管理，适应了企业在知识经济时代市场竞争的需要。

（2）体现精益生产、同步工程和敏捷制造思想

ERP 系统支持对混合型生产方式的管理，其管理思想表现在两个方面：其一是“精益生产 LP（Lean Production）”的思想，它是由美国麻省理工学院（MIT）提出的一种企业经营战略体系。即企业按大批量生产方式组织生

产时，把客户、销售代理商、供应商、协作单位纳入生产体系，企业同其销售代理、客户和供应商的关系，已不再简单地是业务往来关系，而是利益共享的合作伙伴关系，这种合作伙伴关系组成了一个企业的供应链，这即是精益生产的核心思想。其二是“敏捷制造（Agile Manufacturing）”的思想。当市场发生变化，企业遇有特定的市场和产品需求时，企业的基本合作伙伴不一定能满足新产品开发生产的要求，这时，企业会组织一个由特定的供应商和销售渠道组成的短期或一次性供应链，形成“虚拟工厂”，把供应和协作单位看成是企业的一个组成部分，运用“同步工程（SE）”，组织生产，用最短的时间将新产品打入市场，时刻保持产品的高质量、多样化和灵活性，这即是“敏捷制造”的核心思想。

（3）体现事先计划与事中控制的思想

ERP系统中的计划体系主要包括：主生产计划、物料需求计划、能力计划、采购计划、销售执行计划、利润计划、财务预算和人力资源计划等，而且这些计划功能与价值控制功能已完全集成到整个供应链系统中。

另一方面，ERP系统通过定义事务处理（Transaction）相关的会计核算科目与核算方式，以便在事务处理发生的同时自动生成会计核算分录，保证了资金流与物流的同步记录和数据的一致性。从而实现了根据财务资金现状，可以追溯资金的来龙去脉，并进一步追溯所发生的相关业务活动，改变了资金信息滞后于物料信息的状况，便于实现事中控制和实时做出决策。

此外，计划、事务处理、控制与决策功能都在整个供应链的业务处理流程中实现，要求在每个流程业务处理过程中最大限度地发挥每个人的工作潜能与责任心，流程与流程之间则强调人与人之间的合作精神，以便在有机组织中充分发挥每个的主观能动性与潜能。实现企业管理从“高耸式”组织结构向“扁平式”组织机构的转变，提高企业对市场动态变化的响应速度。总之，借助IT技术的飞速发展与应用，ERP系统得以将很多先进的管理思想变成现实中可实施应用的计算机软件系统。

3. ERP实施的主要障碍

障碍一：决策层意见不明确

“你们决策层的意见是否明确而且一致?”这是Oracle亚太区应用总监与中国企业首次会谈时间的第一句话。的确，来自决策层的清晰、一致的意见，是项目成功的前提和保障。否则，项目要么没有存在的必要，要么就可能在项目遇到困难的时候爆发危机。

障碍二：对项目目标缺乏清晰的描述

近几年以来，人们对 ERP 软件实施效果的批评之声不绝于耳。是软件不先进吗？是公司的选择错了吗？都不是。真正的问题在于，实施 ERP 软件的公司，对实施目标缺乏非常清晰的描述，因而在项目实施完毕后，自然就无法进行客观评估，在过高的盲目期待心理影响下，失望是必然的。最常见的情况是，公司希望 ERP 软件能使他们攻占新的市场，抓住商业上的机遇，梦想着 ERP 能使企业内部更加配合，供应商和客户更加协调，对 ERP 软件的投资能在市场竞争力和生产效率方面带来更丰厚的回报。

不但如此，他们还需要更周密的供应链计划、更灵活的实施，希望 ERP 软件不仅能适合今天的业务过程，更能适应明天新的模式。但事实上，ERP 能否发挥作用以及能在多大程度上发挥作用，受到企业内外管理环境的制约。指望一笔资金投下去购买一套软件回来，就能使企业起死回生、逢凶化吉的幻想是注定要破灭的。对企业至关重要决策，如发展战略、竞争战略、市场定位、营销策略组合、人力资源、管理控制等，只能由该企业的管理人员做出，ERP 软件作为一种技术手段是无能为力的。

障碍三：对 ERP 软件的作用及优缺点认识不足

ERP 软件能做什么？不能做什么？不同 ERP 软件的优缺点如何？许多企业对此没有清晰的认识，一味按照软件供应商的建议执行，结果陷入 IT 黑洞而无法自拔。一个普遍的问题是所谓的标准流程。软件供应商会建议用户采用所谓的“标准流程”。根据其所谓全球最佳经验库的模型来看，如果大部分人是 40 号的脚，那么他会建议你穿 40 号的鞋；如果你不幸长了 43 号的脚，他会告诉你，你的脚有问题，要“削足适履”来穿 40 号的鞋子。

事实上，ERP 软件的优点在于：实现信息共享；数据的自动处理；便于管理控制；资源的自动协调。同时，其缺点也不容忽视：难以根据变化了的环境对交易做出快速响应；无法替代人脑根据模糊或定性条件做出决策。总而言之，ERP 软件仅仅是先进的工具。

障碍四：缺乏对转变的有效管理

马基雅维里说：“没有比改变秩序更困难和危险的事情了”。与 ERP 软件实施相关的是业务流程优化、部门重组和人员调整。所有这些，都是对现有秩序和利益的触动，将不可避免地引发心理乃至行动上的抵抗。抗拒变化是正常现象，但是这对 ERP 软件的实施有害。关键在于，要对转变进行有效的管理。

障碍五：项目管理不力

遍观中国实施 ERP 的公司，鲜有不拖延进度、不超过预算、对项目效果十分满意的。这是项目管理不力的结果。

4. ERP 的风险及其预防

企业的条件无论多优越，所做的准备无论多充分，实施的风险仍然存在。在 ERP 系统的实施周期中，各种影响因素随时都可能发生变化。如何有效地管理和控制风险是保证 ERP 系统实施成功的重要环节之一。

（1）ERP 项目的风险

通常人们在考虑失败的因素时，一般着重于对实施过程中众多因素的分析，而往往忽视项目启动前和实施完成后 ERP 系统潜在的风险。对于 ERP 项目而言，风险存在于项目的全过程，包括项目规划、项目预准备、实施过程和系统运行。

归纳起来，ERP 项目的风险主要有以下几方面：

A. 缺乏规划或规划不合理；B. 项目预准备不充分，表现为硬件选型及 ERP 软件选择错误；C. 实施过程控制不严格，阶段成果未达标；D. 设计流程缺乏有效的控制环节；E. 实施效果未做评估或评估不合理；F. 系统安全设计不完善，存在系统被非法入侵的隐患；G. 灾难防范措施不当或不完整，容易造成系统崩溃。

（2）战略规划

企业是否存在一个五年的 IT 系统规划？随着社会的信息化，IT 系统对于企业不仅是工具，更是技术手段。ERP 作为 IT 系统的重要组成部分，服务于企业的长期规划，是长期规划的手段和保证。ERP 的目标源于 IT 系统规划，是评价 ERP 系统成败的基本标准，应依据 IT 系统规划，明确 ERP 系统的实施范围和实施内容。

（3）项目预准备

确定硬件及网络方案、选择 ERP 系统和评估咨询合作伙伴是该阶段的三项主要任务，也是 ERP 系统实施的三大要素。硬件及网络方案直接影响系统的性能、运行的可靠性和稳定性；ERP 系统功能的强弱决定企业需求的满足程度；咨询合作伙伴的工作能力和经验决定实施过程的质量及实施成效。

（4）项目实施控制

在 ERP 系统实施中，通常采用项目管理技术对实施过程进行控制和管理。有效的实施控制表现在科学地实施计划、明确的阶段成果和严格的成果审核。不仅如此，有效的控制还表现在积极的协调和通畅的信息传递渠道。实施 ERP 的组织机构包括：指导委员会、项目经理、外部咨询顾问、IT 部门、职能部门的实施小组和职能部门的最终用户。部门之间协调和交流得好坏决定实施过程的工作质量和工作效率。目前，在企业缺乏合适的项目经理的条件下，这一风险尤其明显和严重。

（5）业务流程控制

企业业务流程重组是在项目实施的设计阶段完成的。流程中的控制和监督环节保证 ERP 在正式运行后，各项业务处于有效的控制之中，避免企业遭受人为损失。设计控制环节时，要兼顾控制和效率。过多的控制环节和业务流程冗余势必降低工作效率。而控制环节不足又会有业务失控的风险。

（6）项目实施效果

ERP 沙盘：虽然项目评估是 ERP 实施过程的最后一个环节。但这并不意味着项目评估不重要。相反，项目评估的结果是 ERP 实施效果的直接反映。正确地评价实施成果，离不开清晰的实施目标、客观的评价标准和科学的评价方法。目前普遍存在着忽视项目评估的问题。忽视项目评估将带来实施小组不关心实施成果这一隐患。这正是 ERP 项目的巨大风险所在。

（7）系统安全管理

系统安全包括：操作系统授权、网络设备权限、应用系统功能权限、数据访问权限、病毒的预防、非法入侵的监督、数据更改的追踪、数据的安全备份与存档、主机房的安全管理规章、系统管理员的监督，等等。目前，企业中熟练掌握计算机技术的人员较少，计算机接入 Internet 的也不多。因此，在实施 ERP 系统时，普遍存在着不重视系统安全的现象。诸如：用户不注意口令保密、超级用户授权多人等。缺乏安全意识的直接后果是系统在安全设计上存在着漏洞和缺陷。近年来，不断有披露银行或企业计算机系统被非法入侵的消息，这给企业敲响了警钟。

（8）意外事故或灾难

水灾、火灾、地震等不可抗拒的自然灾害会给 ERP 系统带来毁灭性的打击。企业正式启用 ERP 系统后，这种破坏将直接造成业务交易的中断，给企业带来不可估量的损失。未雨绸缪的策略和应对措施是降低这一风险的良方。如建立远程备份和恢复机制；在计算机系统不能正常工作的情况下，恢复手工处理业务的步骤和措施。

5. ERP 应用成功的标志

ERP 应用是否成功，原则地说，可以从以下几个方面加以衡量：

(1) 系统运行集成化

这是ERP应用成功在技术解决方案方面最基本的表现。ERP系统是对企业物流、资金流、信息流进行一体化管理的软件系统，其核心管理思想就是实现对“供应链（Supply Chain）”的管理。软件的应用将跨越多个部门甚至多个企业。为了达到预期设定的应用目标，最基本的要求是系统能够运行起来，实现集成化应用，建立企业决策完善的数据体系和信息共享机制。

一般来说，如果ERP系统仅在财务部门应用，只能实现财务管理规范化、改善应收账款和资金管理；仅在销售部门应用，只能加强和改善营销管理；仅在库存管理部门应用，只能帮助掌握存货信息；仅在生产部门应用只能辅助制定生产计划和物资需求计划。只有集成一体化运行起来，才有可能达到：降低库存，提高资金利用率和控制经营风险；控制产品生产成本，缩短产品生产周期；提高产品质量和合格率；减少财务坏账、呆账金额等。这些目标能否真正达到，还要取决于企业业务流程重组的实施效果。

(2) 业务流程合理化

这是ERP应用成功在改善管理效率方面的体现。ERP应用成功的前提是必须对企业实施业务流程重组，因此，ERP应用成功也即意味着企业业务处理流程趋于合理化，并实现了ERP应用的以下几个最终目标：企业竞争力得到大幅度提升；企业面对市场的响应速度大大加快；客户满意度显著改善。

(3) 绩效监控动态化

ERP的应用，将为企业提供丰富的管理信息。如何用好这些信息并在企业管理和决策过程中真正起到作用，是衡量ERP应用成功的另一个标志。在ERP系统完全投入实际运行后，企业应根据管理需要，利用ERP系统提供的信息资源设计出一套动态监控管理绩效变化的报表体系，以期即时反馈和纠正管理中存在的问题。这项工作，一般是在ERP系统实施完成后由企业设计完成。企业如未能利用ERP系统提供的信息资源建立起自己的绩效监控系统，将意味着ERP系统应用没有完全成功。

(4) 管理改善持续化

随着ERP系统的应用和企业业务流程的合理化，企业管理水平将会明显提高。为了衡量企业管理水平的改善程度，可以依据管理咨询公司提供的企业管理评价指标体系对企业管理水平进行综合评价。评价过程本身并不是目的，为企业建立一个可以不断进行自我评价和不断改善管理的机制，才是真正目的。这也是ERP应用成功的一个经常不被人们重视的标志。

（二）系统解决方案的提出

种植业是北京市农业中的所占比重最大的业态，种植业农民专业合作社的信息化建设具有典型意义，本系统的服务对象就是种植业农民专业合作社。根据“平台上移，服务下移”的原则，本系统将着眼点放在结合现有资源构建通用性平台，为农民及合作社解决切实需求，提供方便农民及合作社的服务为核心，建设真正有用的信息系统。

1. 系统总体功能

农户及农村专业合作社生产全过程记录与管理

生产经营的基础数据采集

农民生产信息化支持

帮助农户及合作社向生产资料生产企业直接采购

帮助农户及合作社直销农产品

2. 系统总体目标

帮助农民增收

农产品安全生产管理，解决食品安全问题

为政府决策实时提供真实、准确的数据

为农民及百姓提供详尽的信息服务

3. 系统架构与规划设计

根据实际生产经营中的真实需求与重要性，种植业农民专业合作社生产经营管理信息系统一共划分为五大部分，分 4 个阶段完成（见图 8）。

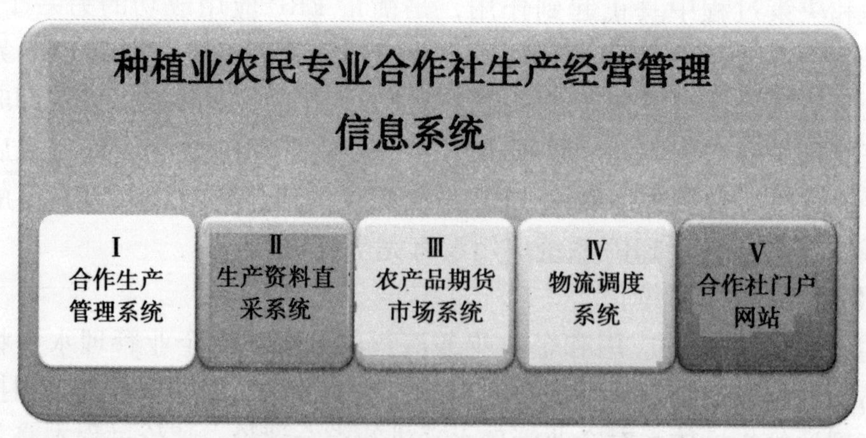

图 8 种植业农民专业合作社生产经营管理信息系统架构

（1）合作社生产管理系统——帮助农民与合作社生产管理（本期）

功能：农户或农民专业合作社农产品生产全过程管理、向生产企业直接采购生产资料、农产品的直销、基础数据的采集、专业的财务核算、数据查询分析与统计。

目标：帮助农户和合作社进行生产过程管理和分析，指导农户生产，为农户解决进货、销售渠道的问题，节约成本，提高收益，并为今后实现生产资料直采和进行农超对接交易奠定基础（见图9）。

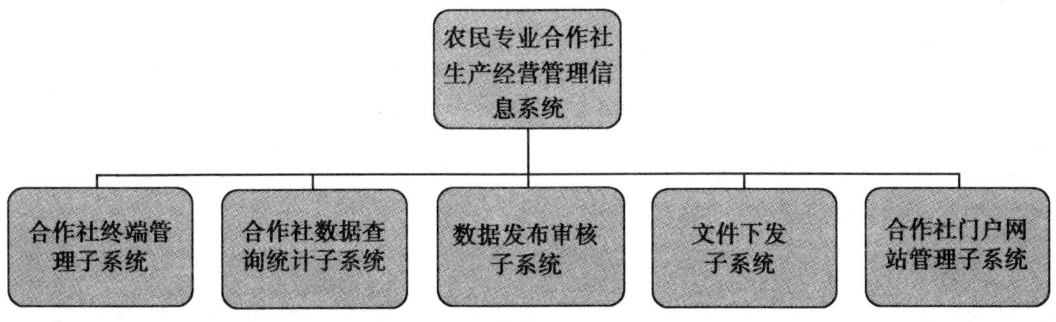

图9 合作社生产管理子系统系统架构

（2）生产资料直采系统——解决农户生产资料货源问题（二期）

功能：农业生产资料生产厂家发布商品，农户在线采购厂家直销的商品，在线结算与支付。

目标：帮助农民直接从生产商购买到货真价实的生产资料。

（3）农产品期货市场系统——减少中间环节，打通农产品销售渠道（三期）

功能：监控农产品生产全过程，农产品自动期货转换，自动生产电子供销协议。

目标：建立真正的农产品期货交易平台，为农产品打通供销渠道，保障农户受益，为销售商提供优质货源。

物流调度系统——支撑农产品销售的物流管理。（三期）

功能：交易成功的订单的物流配送调度服务。

目标：为农超对接交易系统的物流环节提供调度与管理，降低物流成本。

（4）合作社门户网站系统——实现合作社农业生产的信息公开化、透明化（四期）

功能：信息发布、产品展示与推广、网上调查、农产品生产追溯。

目标：提高农业生产信息透明度、提升农产品宣传力度、为农民及合作社带来新商机、增强百姓对农产品食品安全的信心（见图10）。

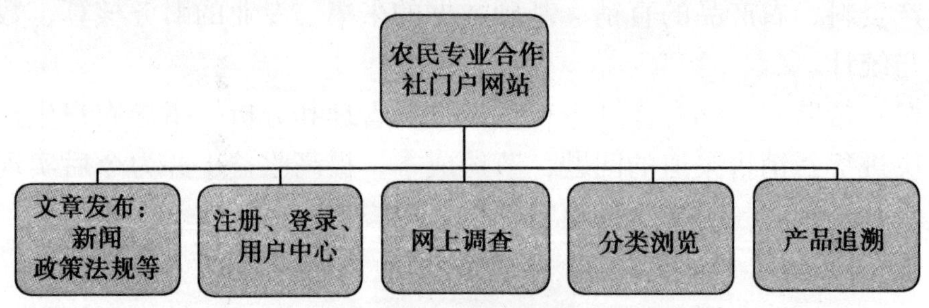

图10　合作社门户网站系统子系统架构

4. 本期系统建设详细方案

（1）合作社生产管理系统建设

本期的合作社生产管理系统是整个种植业农民专业合作社生产经营管理信息系统的核心，承担了生产管理、数据采集的职责，本期系统开发将要达到的四个目标：

提供给农户和合作社一个可以便捷、准确的管理生产的工具。

为农户和合作社打开一条产购销的直接通道，为农民创收。

采集充分、真实的数据，为合作社经营管理提供依据，为政策制定提供数据支持。

为以后的扩展及后期扩展奠定好基础，留出升级空间。

（2）系统架

合作社生产管理系统分为四大模块，分别面向上级主管部门及农民专业合作社（见图11）。

1）基本信息管理系统：由上级主管部门进行合作社基本信息的建立，合作社的启用状态的维护。

2）农户端生产管理系统：以一户农民社员为单位，进行全部生产过程的监控与管理，运营合作社端管理系统代管处理。

3）合作社端生产管理系统：以一家合作社为单位，对其管辖内所有社员的生产过程进行监控与管理，并进行合作社的数据统计与分析。

4）农产品网上批发交易平台：建立专业的农产品网上批发交易平台，让合作社更方便的销售农产品。

（3）系统技术框架概述

设计思路：种植业农民专业合作社系统是面向非IT专业人士开发的一

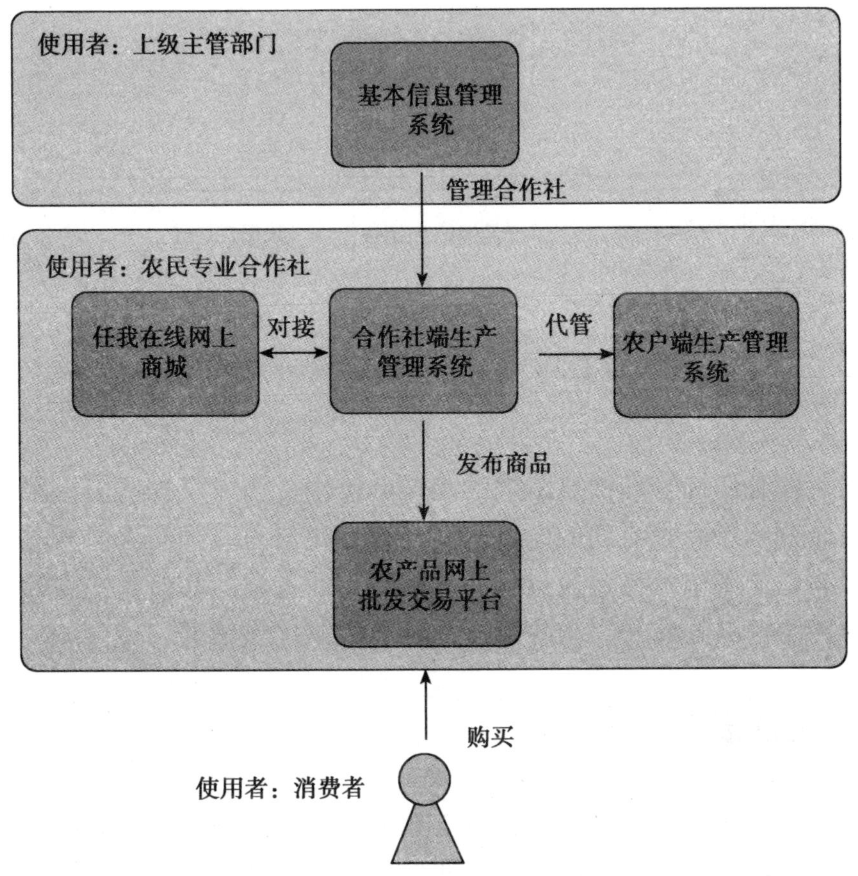

图 11　合作社生产管理系系统总体架构

套应用系统，使用人群定位在不需进行或少量进行操作培训的人员，所以对系统的直观性和易用性提出了较高的要求，同时，系统承担着大量数据交互、采集与处理的任务，系统的数据访问效率也是一个十分重要的指标。

系统架构：本系统是基于 JSON 数据解析的 WEB2.0 系统，前台通过 JavaScript 和 Ajax 技术实现丰富的、动态的、简便直观的用户体验，并使用前台模板动态生成页面，后台基于 .Net 平台。本系统继承了 B/S 系统部署简单、跨操作系统的优点，同时也具备了 C/S 模式的快速反应、数据交互效率高、功能集成度高的特点（见图 12）。

对比传统基于页面的 WEB 应用程序，本系统的特点：

将所有的用户操作和系统功能全部放在前台浏览器端，减少请求响应过程，减轻服务器计算负荷。本系统将提供给用户更直观的操作体验，更少的页面等待与跳转，更接近桌面应用程序的流畅性。采用 JSON 作为数据交互语言，数据流量更小，提高了服务器端与浏览器端之间数据传输带宽的利

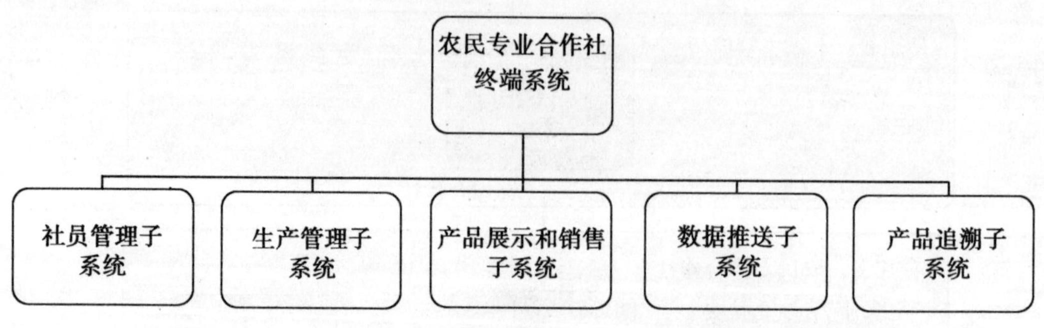

图12　农户端生产管理子系统架构

用率。

农民专业合作社管理信息系统的建设和应用，为农民提供信息服务的同时，将合作社生产经营活动的全过程实现数字化，对农产品流通全过程进行追溯，提高农产品生产与流通过程的透明度，促进农产品质量安全的监控工作，有效控制产品的质量，为政府宏观经济决策提供依据。

六、发展展望

全面建设小康社会，构建社会主义和谐社会，实行信息化战略，是我国的国家战略。农村信息化是社会主义新农村建设的重要内容，决定我国整体的信息化和农业现代化的水平，影响我国经济强国进程和发展。金融风暴发生以来，我国农村生产与经营业务与世界一样，见证了全球化动荡莫测的经济环境，面临着信息激增，低碳经济和环境保护所致的各种新技术创新发展的问题，因此在农村信息服务现代化问题上必须取得更出色的成就。同时，研究显示，未来十年里，无线移动网络、无线射频技术、传感技术等基础设施的融合性应用，使得我们的服务业务和信息获取更加灵活、更加高效，全新的“物联网”将成为产业供应链管理智能化的工具，70%的网络应用让位于手机，嵌入式技术应用可使“一切信息资产的可获性，无处不在的农业监管”成为可能。可以想象，未来在物联网平台上，将是一个完整的上中下游的产业链，在各方都有成功的商业模式后，物联网业务将全面落地。在物联网广泛应用的情况下，土、肥、水、药及加工环节的远程检测和信息公开都可以低成本实现，这样消费者会愿意以高于普通商品的价格购买放心农产品，生产者、经营者也不担心绿色、无公害农产品无利可图，整个绿色、无公害产业就将进入良性发展的轨道。

与此同时，农民专业合作的组织化程度也成为新的趋势，根据统计，截至 2009 年年底，全国农民专业合作社近 25 万家，平均每月增长一万家，成为发展农业现代化的重要动力。合作社发展到一定程度后会形成大的联合社，甚至成为地域联合社。互联网和物联网作为社会经济和生活发展的重要组成部分，也必然为农民专业合作社发展提供巨大的空间。农业网站服务形式不再只是展示合作社形象的基本功能，而是依托信息网络的先进的工具和服务方式（比如 ERP 系统），为农民合作组织的经济职能、金融职能、技术推广职能、保险职能等集于一身的农民专业组织形式，提供构建“网上联合社”、“合作社长社区”等网络虚拟组织的平台。网上联合社将已有的合作社领导或者网上建店的会员横向联合起来，构成联合社，进而发展成地方性的联合社，以及全国性的联合总社，进一步提高农民进入市场的组织化程度，扩大品牌营销规模，共同抵御市场风险。有别于政府信息或经管组织在省、地、县、乡设立的机构，也有别于网站发展的会员，网联社除了帮助入网的合作社信息采集、发布维护网站外，对内通过信息平台管理各合作社的生产、销售、财务、培训、分红、个人账户等，对外促进合作社的销售渠道拓展、产品推介，品牌宣传，横向和纵向业务协同，增强合作组织的管理水平。支撑网联社的组织将是具有专业知识、法律服务、营销手段和信息化技能的职业经理人才，组成的社会化综合服务组织，成为农业产业、政府组织之外的一支强大的农业生产与经营第三方服务组织（NGO 非政府组织），共同促进农业现代化的发展。

农民专业合作社管理信息系统的建设和应用，为农民提供信息服务的同时，将合作社生产经营活动的全过程实现数字化，对农产品流通全过程进行追溯，提高农产品生产与流通过程的透明度，促进农产品质量安全的监控工作，有效控制产品的质量，为政府宏观经济决策提供依据。

课题负责人：曹四发　北京市农村经济研究中心副主任

执　笔　人：马俊强　朝　克

北京创意农业发展调研报告

课题组

摘要：本文从创意农业的概念界定出发，重点调查总结了北京创意农业的五种主要类型和七种开发模式，综合评价了发展现状，并有针对性地提出了关于今后发展原则、发展重点和发展路径等方面的政策建议和措施。

创意产业是20世纪末在全球兴起的以文化开发为核心的新兴产业，正逐渐成为全球经济新的增长点。我国是农业大国，农耕文化是中华文化的重要组成部分，底蕴醇厚，具有发展创意农业的显著优势。作为具有800多年建城史的北京，发展文化创意产业的优势尤为突出。2004年北京市提出要发展文化创意产业，并在2006年正式将文化创意产业作为北京市新的支柱产业，并制定了《北京市十一五时期文化创意产业发展规划》。2004年至2007年文化创意产业创造增加值年均增长为17.4%，成为首都经济新增长点和重要引擎。

文化创意产业与农业的交叉，即为创意农业。创意农业是文化创意产业的重要组成部分，也是都市型现代农业的重要组成部分，是现代农业发展的必然。北京市委常委牛有成同志在《北京都市型现代农业发展的思路、内涵与途径》中明确指出："要大力发展创意型农业，要搞好农产品的文化注入，面对高端消费群，完成农产品的工艺化过程，提高农产品的观赏性和附加值。"

一、什么是创意农业

创意农业就是对农业生产经营的过程、形式、工具、方法、产品进行创意和设计，从而创造财富和增加就业机会的活动的总称。它是指利用农村的生产、生活、生态"三生"资源，发挥创意、创新构思，研发设计出具有独特性的创意农产品或活动，以提升现代农业的价值与产值，创造出新的、优质的农产品和农村消费市场与旅游市场。以探索新型的农民增收模式，实现农业增产、农民增收、农村繁荣，构建农村创意生产方式、生活方式和生态方式。

在浓厚文化底蕴的熏陶下，在巨大市场需求的拉动下，北京市通过科技、文化、服务和生态创意途径和艺术加工，创造出了具有文化附加值、生态附加值、科技附加值和服务附加值较高的，满足人们精神和文化需求的五种创意农业产品类型，涌现了七种典型模式。

二、北京创意农业的主要类型

（一）创意农业产品

通过包装创意、栽培创意、用途创意、亲情创意等手段，充分利用农业副产品和废弃物，改变了农产品传统的食用功能和传统用途，使得普通农产品变成了商品、纪念品，甚至成为了艺术品，从而身价倍增，提高了附加值。已经涌现的典型创意农产品有：玻璃西瓜、麦秸画、豆塑画、蝶翅画、蛋壳工艺品、异型果、晒字果等。

（二）创意农业主题公园

通过对特定主题的整体设计，按照公园的经营思路，把农业生产场所、农产品消费场所和休闲旅游场所结合为一体，将具有相似功能的农作物、动物和农事活动集中展现，创造出特色鲜明的体验空间，使游客获得一气呵成的游览经历，兼有休闲娱乐和教育普及的双重功能。以某一种农作物为文化开发为主题，建立专题公园，在京郊已有成功的范例。如丰台的花卉大观园，通州的南瓜公园，昌平的苹果主题公园，房山的磨盘柿主题公园、琉璃河秋子梨大家族主题公园，门头沟妙峰山玫瑰园、樱桃园，大兴庞各庄的御瓜园、安定古桑园，怀柔的凤山百果园，密云的红香酥梨庄园、延庆里炮红苹果度假村等。

（三）创意农业节庆活动

农业节庆是在农业生产活动中形成和开发出的一种体验式和消费式结合的农业创意产品，是“农业搭台、文化表演、经济唱戏”的一种创意，常常兼具吃、玩、赏、教、娱等多项功能。京郊现有的农业节庆有四类：

1. 农作物类节庆

主要为各类花卉节庆、水果节庆、蔬菜节庆、谷物节庆等，如海淀公园的京西稻收割节、昌平的苹果节、平谷的桃花节，大兴的西瓜节梨花节、怀柔的栗花节等。这类节庆依农时而设，有强烈的季节性。

大兴西瓜节

平谷桃花节

昌平苹果节

大兴梨花节

2. 动物类节庆

螃蟹节

螃蟹节上钓螃蟹

密云鱼王美食节

怀柔虹鳟鱼美食节

以某种农业动物为主题，开展农业节庆活动。朝阳和通州的螃蟹节，密云的鱼王美食节，怀柔的虹鳟鱼美食节。

3. 民俗文化类节庆

包括了少数民族和汉族的节庆活动，传统的二十四节气演变的农业节庆和部分传统民俗节庆也属于此类，如清明节，满族传统节日“颁金节”、“添仓节”和“虫王节”等。

4. 综合活动开发类节庆

如房山、密云、朝阳的农耕文化节，大兴区的农民艺术节和丰台的种子交易会、顺义的农博会等。

（四）创意融合产业

大兴西瓜娃娃卡通形象

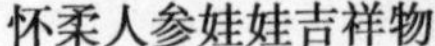

怀柔人参娃娃吉祥物　　顺义花博会吉祥物

创意融合产业是指以农业为基础产业，向第二或第三产业延伸，使之具有多个产业的特征，从而提高农业的加工附加值、服务附加值、文化附加值和科技附加值。如农业与旅游业的融合（观光农业），农业与加工业的融合（农产品加工业），农业与医药业的融合（功能食品的开发），农业与物流业的融合（农产品物流配送业），农业与动漫业的融合（农业动漫）、农业与体育产业的融合（牲畜比赛）等。通过产业融合产生新的业态，创新农业产业内容，丰富了农业内涵，拓宽了农业的外延，产业融合是创意农业的最高形式。

观光农业在京郊发展的较为成熟，2008 年年底，北京市共有观光农业园 1 230个，接待游客近 3 000万人次，实现综合收入 10.5 亿元。

（五）创意农食文化

西瓜宴

南瓜宴

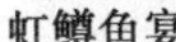

虹鳟鱼宴

豆腐宴

桃花宴

板栗宴

农业一直以来就一个与饮食密切相关的产业。中国的饮食文化内容十分丰富。在北京郊区十分富有创意的饮食文化开发有：延庆县的南瓜宴、柳沟的“火盆锅豆腐宴”，怀柔的虹鳟鱼宴、大兴的西瓜宴、平谷的桃花宴、通州的田桑宴以及房山以野猪为主的药膳等，都极具中国文化特色，让游客既大饱眼福，也大快朵颐。

三、京郊创意农业的典型发展模式

（一）“紫海香提”多元创意组合模式

“紫海香堤艺术庄园”位于北京密云县古北口镇汤河村，其核心区占地面积300亩，主要种植了薰衣草、紫苏、马鞭草、洋甘菊等世界200余种珍贵香草品种，是北京市规模最大、品种最全的香草种植园，是一个集养生、度假、休闲、体验、艺术创作、婚纱摄影、影视拍摄为一体的综合性都市型现代农业观光旅游区，也是集“现代都市型农业”、“情景式休闲度假”与“文化创意产业”三位一体的文化旅游模式。香草园以创意为切入点，以爱情为主题，浪漫为形式，通过对香草文化的包装和利用，极力塑造普罗旺斯式的浪漫氛围，打造“长城脚下的普罗旺斯”，创造了种植、营销、功能多元组合的创意农业产业发展模式。

（二）“植物迷宫”景观农业创意模式

景观农业就是用美学价值表现来自农作物的观赏价值和农作物的特征结构，包括农作物收获的喜悦、农耕与田园、具有地方特色的乡村生活以及现代高科技农业带来的惊奇与对未来的展望，使得农业的生产性、可持续性同审美性结合起来，成为生产、生活、生态三者的有机结合体。植物迷宫是景观农业模式的一种。位于昌平区小汤山镇土沟村的四季蔬菜观光主题园——“京承碧园”利用四个温室设计了春意盎然踏青园、姹紫嫣红瓜果园、金秋十月赏菊园、寒冬保健菜园四个景观园和一个蔬菜迷宫。

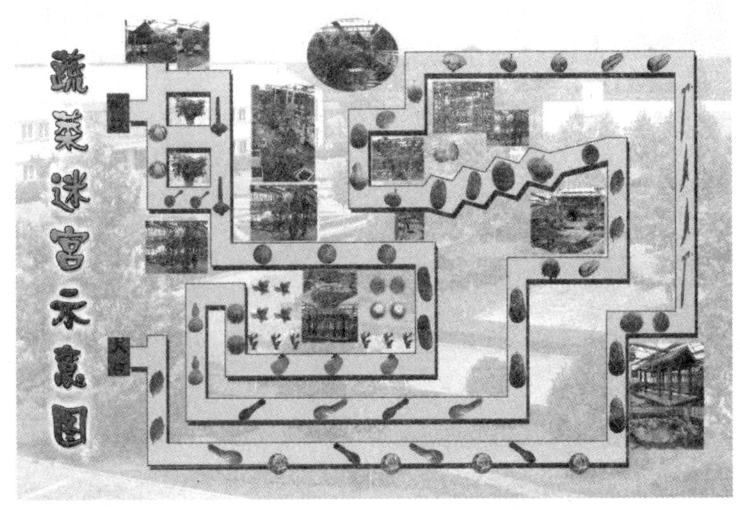

（三）“波龙堡酒庄”产业融合创意模式

创意农业既是产业融合的产物，也是产业融合的表现形式。北京波龙堡葡萄酒庄、北京张裕爱斐堡国际酒庄、通州桑瑞生态园就是产业融合创意模式的代表，集一产种植（或养殖）、二产加工、三产旅游（或餐饮）为一体，通过产业融合，不断升级产品附加值空间，从而将利润放大，获得三次产业的综合收益。波龙堡酒庄位于北京市房山区八十亩地村，成立于1999年，由中法合资兴建。2009年成为中国第一个取得欧盟有机认证和美国有机认证的有机葡萄酒企业。波龙堡葡萄酒庄借鉴了法国著名酒堡的建筑风格，采用了“四位一体”的经营模式，即在原有葡萄种植及葡萄酒酿造基础上，还开发了葡萄酒主题旅游、专业葡萄酒品鉴、休闲度假等三大功能，形成了一、二、三次产业融合的发展模式。

有机葡萄种植园

有机葡萄

（四）“平谷桃产业链条开发”创意模式

平谷区位于北京市东部山区，是桃的优势种植区域。20世纪70年代形成区域种植，80年代开始步入规模发展，90年代以后形成产业化发展格局。目前，平谷区桃种植面积稳定在22万亩，年产量2.8亿公斤。平谷区依托桃种植、桃加工、桃文化，从桃子开花到结果，从果实食用到桃树废弃物利用，贯穿了桃产业发展的整个链条，开发形成了“两节（春季北京平谷国际桃花节和秋季采摘节）两品（文化桃和桃木艺术品）三养生（桃花宴、桃食品、桃保健）”的系列产品，成为消费者心中不可替代的独特的“平谷鲜桃”区域农业品牌。

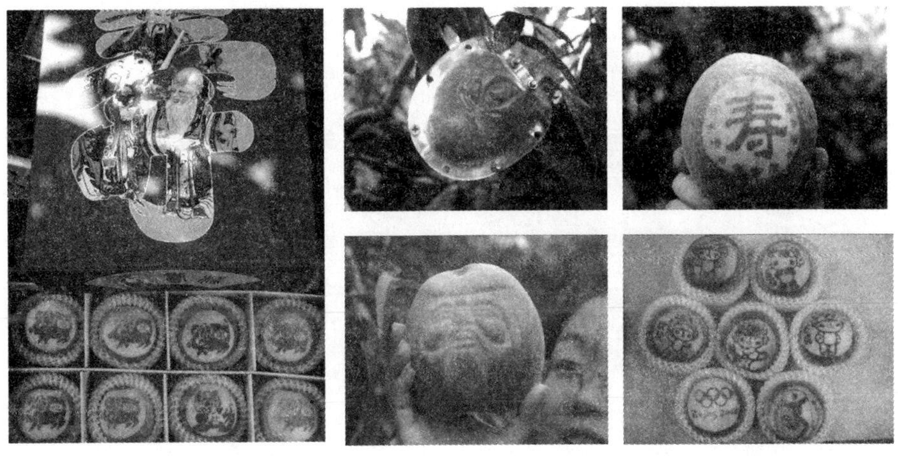

文化桃

（五）“百里山水画廊”空间集群发展创意模式

这种模式是将多个创意农业项目集中在一起，形成创意农业项目空间集群，成为一个区或一条带。如延庆千家店的百里山水画廊，怀柔的凤山百果园区和雁栖不夜谷等，就是以沟域或交通廊道为单元，以其范围内的自然景观、文化历史遗迹和产业资源为基础，以特色农业旅游观光、民俗文化、科普教育、养生休闲、健身娱乐等为内容，通过对沟域或廊道内部的环境、景观、村庄、产业进行统一规划，建成内容多样、形式不同、产业融合、特色鲜明的具有一定规模的创意产业集群，以点带面、多点成线、产业互动。这种模式的优点是能够将小规模的创意农业项目通过集聚而放大，形成统一的品牌，增强创意农业品牌的竞争力。千家店镇是延庆生态涵养区的核心区，是首都重要的水源保护地，2008 年按照“百里画廊，山水人家”的思路对黑河、白河两岸的农业生产、民俗乡村游项目统一调整、包装与建设，形成了“千亩葵海”，通过建设重要节点和农旅结合项目，建设创意独特的“山水一卷，百里画廊”，创新了沟域经济发展模式。

（六）“大兴农业”区域品牌开发模式

品牌创意也是农业创意的一种。在发展都市型现代农业过程中，各区县都十分重视农产品品牌建设，大兴西瓜、怀柔板栗、平谷大桃等农产品品牌在北京乃至全国已具有一定的知名度。但以区域农业为整体进行品牌创意和包装的“大兴农业”区域品牌开发模式，集合了多种品牌创意，提升了区

域农业的整体形象。这种模式的主要做法是：一是创意区域农业品牌。2005年开始以区域农业为对象进行系统的品牌规划，形成了统一的“大兴农业”品牌标识。二是以品牌建设加快主导产业发展。通过将“大兴农业”品牌形象和品牌管理机制导入大兴梨、大兴西瓜和大兴甘薯、大兴桑椹产业，实现标准化生产管理和产品分级包装销售。三是以区域品牌建设培育龙头企业。大兴区将区域品牌导入龙头企业品牌管理体系，实现统一品牌下的个性化发展，提升了龙头企业的品牌，提高了产品附加值和效益。如圣泽林生态果业、乐平瓜果、大营宏光、绿康源等。

（七）“公园式农业”主题创意发展模式

作为新兴的农业旅游形态，农业公园兼具农业的内涵和园林的特征，它是按照公园的经营思路，在农业生产中融入城市公园元素，将农业生产场所、农产品消费场所和休闲旅游场所结合为一体，从而使农业具有旅游观光、科技示范、休闲购物、怡情益智等多种功能。通州的南瓜主题公园，昌

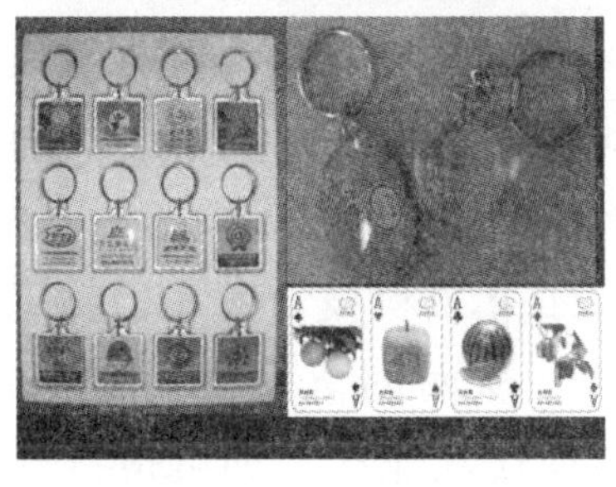

平的香味葡萄园，北京特菜大观园，怀柔的城市农业公园等，都是这种模式的代表。

四、北京创意农业发展的主要特点与作用

（一）发展快速，类型多样，模式各异，分布广泛，成为北京都市型现代农业新的增长点

据不完全统计，北京目前有创意农产品30余种，年产值1 013万元；有一定规模的创意农业园113个（其中农业主题公园50多个），年接待人数达505.6万人次，收入达6.16亿元；有一定影响力的农业节庆活动60多个，

实现综合收入16亿元。从种类和数量来看，农产品创意占主导地位，约占创意总数的50%；但从效益与影响来看，农业节庆创意占主导地位。据估计，北京市农业节庆创意总收入约占创意农业总收入71.9%。创意农业园以占北京市观光农业采摘园9.2%的数量，接待了北京市33.8%的旅游人次，实现了占北京市45.3%的收入。从分布与发展程度上看，区域不平衡，像香草园、红酒庄园、宠物公园等特色创意园在各个区县均有规模大小不一的项目。相对而言，丰台区、大兴区、通州区、怀柔区、平谷区、密云县、延庆县相对发展总体水平较高，类型较多，活动内容丰富。农业节庆活动项目各个区县异彩纷呈，有区县级的，有乡镇级的，也有园区自己搞的，平均每个区县有4~6个。基本上都是依托当地的特色产业和优势产业开展的。

通过创意产业与农业的融合发展，发挥了北京科技、人才、信息、文化等软实力的优势，摆脱了硬资源约束的劣势，从而创新了农业的发展模式，推动了郊区产业结构的升级，提升了都市型现代农业水平和可持续发展的潜力与能力，增强了北京农产品的市场竞争力，做到了"你无我有，你有我新，你新我优，你优我特"，彰显了农业与农村发展的经济活力与文化魅力，推进了新农村建设。

（二）融合性特征明显

创意是技术、经济和文化等相互交融的产物，创意农业的产品并非单指某一种产业，而是多学科、多知识、多技术交叉、渗透、辐射的物化形式，具有强烈的融合性，呈现出智能化、特色化、个性化、艺术化的。在具体实践过程中，通过实现区域化、规模化、品牌化、文化化的战略，开辟了新的都市型现代农业的建设路径，打造了一大批具有地域特色、内涵丰富、有一定品牌支撑的创意产品，初步实现了城乡的文化人才资金等要素的融合、产业推动的融合、营销理念方式的融合以及发展空间的融合。

（三）提高了市民的幸福指数和农民增收致富的能力，促进了城乡和谐

由于创意农业产业建设是从市场需求和资源禀赋为出发点的，做到了生产与消费的有机结合，客观上形成了满足与适应了首都现代都市生活崇尚自然与时尚的需求的项目建设环境，于是就吸引了众多的投资者、生产者、经营者和消费者，从而实现共赢发展，使得市民和农民双双受益。单说农民的收益，平谷区大华山镇泉水峪胜泉康汇农产品专业合作社自2004年开始，

利用5年时间，通过刻模、贴字等技术手段，已经成功开发出“生日”、“贺寿”、“喜庆”、“寿星”、“十二生肖”等晒字桃、异型桃系列产品，鲜桃图案丰富，寓意深刻，着色期只有短短的10多天，却成了平谷桃农无限开掘文化含量的黄金期，产品深受广大消费者青睐，取得较好的经济和社会效益，2008年共生产“寿星老”造型桃20万个（折合6万公斤），奥运福娃等贴字桃210万个（折合63万公斤），经调查应用该项新技术生产的73万公斤“生日礼品桃”，每斤销售价比普通到提高2~3元，共增收300万元，当年被北京市政府命名为十大农产品创新之一。

（四）发展开发潜力巨大

目前京郊创意农业的产品还存在着突出的同质化现象，而且产业化程度不高、文化内涵不足，但北京的消费市场大，消费需求旺，消费能力强，依托北京拥有的文化、科技、人才等优势，再辅以政策支持，相信北京的创意农业产业的开发空间和提升空间将更多更高。

五、北京发展创意农业的基本做法

（一）产业的高度融合化发展是创意农业建设取得成效的根本途径

创意农业是综合性产业，是以自然景观为载体，结合文化元素，运用科技实现作物品种改良，采取园艺、园林手法对农场、农庄、牧场进行创意设计，场景公园式、休闲娱乐式，将农业产业与当地自然、文化、生态、旅游资源进行创意性配置组合。创意农业开发的关键在于构筑产业链，当创意产业的创意与产业两个部分实现了真正的有机链接，才能促进创意成果转化为产业的经营资源；当新形成的这些经营资源与传统产业相整合、相渗透，并延伸拓展，进行深度开发，就能产生乘数效应，充分获取创意农业产业的效益。

（二）农业创意与市场形成互动是推动创意农业发展的驱动力

创意农业是由市场来推动的，但反过来，创意农业也开拓了市场。如延庆的“百里山水画廊”、门头沟的“妙峰山玫瑰谷”、密云的“紫海香堤”，先是有创意，然后做项目，以独特的创意和景观吸引游客，开辟了新的观光市场。有了市场，这些创意农业项目又以游客的需求为导向，完善和改进创意项目，以达到吸引更多游客的目的。与市场形成互动，是创意农业发展的驱动力，也是其区别于其他农业的特点之一。

（三）文化性、体验性和差异性是创意农业项目建设的重要内容和生命力所在

继产品经济和服务经济的之后，已经进入体验经济时代，如何创造性地为特定高端消费者量身打造独特而系列化的文化、体验、娱乐项目，丰富农业休闲的新产品，有效延长游客停留时间，进而刺激游客的消费欲望就成为非常重要的内容。在门头沟有一个占地 15 亩的蝴蝶温室——“花露蝴蝶园”，主人邓友梅熟谙十多个蝴蝶品种的饲养繁殖之道，她把温室改造成蝴蝶访花区、食饵区、羽化区等蝴蝶观赏体验区，开发了蝶翅画制作、蝴蝶观光、科普教育、蝴蝶放飞等创意产业，现在她的蝶翅画已经小有名气，在 2007 年北京乡村旅游商品拍卖会上一幅由一片片蝴蝶的翅膀精心粘贴在一起的《红楼十二钗》拍得 1.6 万元的高价。过去不起眼或无利用价值的蝴蝶翅膀实现了由无用变有用，由普通标本到旅游商品，由商品到纪念品，从纪念品到艺术品的华丽转身，增加了蝴蝶的文化附加值和加工附加值，提高了蝴蝶园的效益。

（四）城市资源的注入是创意农业发育、发展和壮大的有力保障

以兴建于 2006 年的香草园为例，其建设主体是北京古北口盛阳旅游开发有限公司。该公司的投资人和经营者是个广告策划人，也是当今国内电视媒体包装界的重要任务。他思想前卫，对美术、色彩学和营销宣传颇有研究，懂得创意，了解市场，他以文化人的敏感性把香草园经营的有声有色，并且正在做完全化的企业管理者。香草园不是仅仅借助京承高速发达的交通系统、不是只把建筑建造完毕就可以成为“法国的普罗旺斯”，更需要众多专业人士与资源的注入，诸如首都的文化资源、资金优势、人力储备、国际化平台，充分挖掘和吸引社会文化创意领域的人、财、物投入到北京都市型现代农业建设之中，就能加速农业创意产业做大做强做优。

（五）注重创意品牌的塑造和建设，以品牌延伸价值空间

一些区县依托资源优势，改变传统观念，通过打造品牌，将优良的环

境、优质的产品、优势的产业整合起来，形成消费者竞相追逐的不可替代的品牌产品。目前京郊已经拥有 200 多个“有影响、有潜力、有创新”的有一定知名度、市场占有率较高、能够覆盖当地主导产业的乡村农业品牌。这些品牌涵盖了北京都市型现代农业的各个方面，包括种养业、农产品加工业、商贸物流业、乡村旅游业以及农村区域经济；这些品牌既有区域品牌，也有企业品牌，更多的是产品品牌，像平谷大桃、大兴西瓜等已经被列为国家具有地理标志的产品。品牌塑造与经营意识较强、成效突出的区县主要有大兴、平谷、通州、密云等。

（六）政府推动，政策促动，各方互动

这些年来，政府、协会和经营者发挥优势，共同行动，特别是 2006 年 8 月至 2007 年 9 月，在市农委的支持下，由北京观光休闲农业行业协会组织开展的“北京乡村旅游商品开发系列活动”掀开了政府支持农业创意活动发展的序幕。由此发现和引导了郊区农业创意产业的发展。市里无论是借助活动，还是在后来的产业发展资金的安排上均对获奖商品有所支持。该活动被北京市委书记刘淇称之为“开发特色农产品的休闲功能，挖掘农产品乡土特色，增加农产品附加值，是传统农业向现代都市型农业转变的重要方式和紧迫任务。把农村产业发展与文化创意产业发展结合起来，把传统商业与农村产业结合起来，是发展农村产业的有益尝试。”

六、对北京创意农业未来发展的对策建议

目前，北京市正在从一个以供应为主导的经济转向以需求为主导的经济，发展创意产业将不断开拓新的消费空间，推动消费方式转变，培育出新的消费人群，从而提高消费需求，实现消费拉动经济增长。源于创意产业的创意农业，正是有效利用自然、文化、科技等资源，将传统农业发展为融生产、生活、生态为一体的现代农业的延伸。如何使创意农业真正成为首都郊区新农村建设和发展都市型现代农业的一条新途径，促进首都统筹城乡和谐发展、富裕郊区农民，针对目前创意农业发展中存在的问题，通过未来创意农业发展的 SWOT 分析，从发展原则、发展重点和发展路径上特建议如下：

（一）发展原则

要突出以文化创意为主的原则，要注重因地制宜的原则，要发展融合产

业的原则，要保证农民增收的原则。

（二）发展重点

把握文化创意为重点途径，以农产品和农业节庆创意为主要类型，以产业融合创意发展为基本模式，以引导首都文化创意产业优势资源向农村和农业领域流动为着力点。

（三）发展路径

1. 要提高认识，加强领导。发展创意农业是深入发展都市型现代农业的需要，是特色产业再开发的需要，是农民增收的需要，是扩大农业就业空间的需要，是提高北京农业竞争力的需要，是建设文化中心的需要，是北京市打造中国“创意产业之都”的需要。因此建议成立北京市创意农业发展办公室，纳入北京市文化创意产业发展的大盘子之中，整合资源、聚焦资金、集成政策，出台指导意见与制定鼓励政策。

2. 要编制创意农业发展规划。明确创意农业在北京的发展方向、优势区域和重点开发领域。在此基础上，尽快制定年度实施行动计划，做到有组织保障、有计划导向、有优先领域、有重点项目、有资金保证。

3. 加大财政支持，建立多元投资机制。可以通过设立创意农业发展专项资金，培育一批产业关联度大、带动能力强、与农民联系紧密、有较强市场竞争力的创意农业项目，同时探索建立以财政投入为导向、社会投入为主体，金融资本为依托的多元化创意农业投入机制，形成多种经济成分共同发展的创意农业产业格局。

4. 建立北京农业设计创意产业园。建议在怀柔或密云建立 1 ~2 个北京农业设计创意产业园，为企业提供设计创新活动的公共设计技术平台，实现引领都市型创意农业发展的构想。

5. 组建和培养专业创意农业开发团队和运营团队。创意农业是智力密集型产业，要大力培养农业创意开发的专业团队。从项目策划、价值分析、市场定位、设计建造、招商营运方面，为创意农业的发展提供智力支撑，建立健全创意农业建设的人才支撑体系。

6. 创新都市型现代农业工作机制与体制。从某种程度上说，发展创意农业是创新都市型现代农业运行机制与体制的催化剂。新成立或明确北京创意农业发展所需的研究、教育、咨询、培训与辅导机构，创新工作机制与体制，为创意农业营造良好的发展环境。比如组建北京创意农业发展联盟或者发育创意农业促进组织和中介机构、行业协会；加快不同产业融合发展的促进机制以及建立城乡互动互融的推进机制等。

7. 加大创意农业宣传与文化审美的引导。如建立“北京创意农业发展网”站，在电视台和京郊日报上开辟“创意农业”专栏、举办创意农业知识讲座等，激发全社会参与创意的热情。建议每两年举办一次“北京都市型现代农业国际设计周活动（或者农业创意设计大奖赛）”，借助政府、企业、学术机构等共建的沟通平台，引发专家学者进行广泛讨论、吸引公众对于创意农业、创意乡村、创意生活等的关注，共同参与探讨、共同创造与延伸设计创意的实际价值。

课题负责人：刘军萍　北京市城乡经济信息中心主任
课题组成员：刘军萍　王爱玲　范子文　孟素洁　张　磊
执　笔　人：刘军萍　王爱玲

以休闲农业为核心，带动都市农业产业融合初探

冯建国　陈奕捷

摘要：在区域经济发展中，休闲农业是都市农业的核心部分和发展极。因此以休闲农业为核心进行产业融合，就是都市农业发展的内在要求。本文对休闲农业在第一产业、第二产业、第三产业的融合方式进行了初步的探讨，拓展了休闲农业的发展思路。

产业融合，是区域经济发展理论中的一个概念，其实质是产业一体化。从“融合”的内在要求来看，指的是由产业纵向关联而形成产业集群。集群中的企业同属于一个产业的上、中、下游，企业彼此间存在着生产过程的投入产出关系，产业链成为维系集群生产与发展的动力，企业作为参与主体，在产业链上占据合适的位置，形成一种相互依存的、合理的分工和协作状态。

一、都市农业的产业融合属性

都市农业作为学术名词最早出现在日本学者青鹿四郎在1935年所发表的《农业经济地理》一书中。青鹿四郎给都市农业归纳为三个特征：存在于都市或周边地区；集约化很高的特殊形态农业；经济上依附于都市经济。

都市农业作为一种新型的农业形态，是伴随着城市化、工业化的高度发展和城市与农村进一步相互融合而产生的、融多种功能为一体的可持续发展农业，其实质是生产力发展到较高水平时，城乡之间差别逐步消失，农业同工业、乃至服务业进一步结合过程中的一种发达形态的农业。

（1）都市农业是多功能农业，不仅有经济功能，而且还具有生态、文化、社会诸多方面的功能，这与为城市提供充足的副食品作为唯一功能的城郊农业完全不同。都市农业反映了工业化、城市化和农业现代化高度发展之后，人类对新时代农业的一种期盼和探索，它深刻地表现了城乡关系的新变化，由原来的相互排斥、对立，变为互补、融合。农业的存在，已经成为健

全、优美的城市的一种客观需要。

（2）都市农业高度集约化是农业同工业进一步结合过程中产生的一种发达形态的农业。工农业的融合是一个浅层次向深层次逐渐演化的过程，第一阶段是通过机械力代替人力以及通过化肥改变农业的局部环境，第二阶段的主要特征是农业设施化，第三阶段是通过现代生物技术对动植物生命过程的完全控制，最终实现农业和工业的融合。

（3）都市农业高度的市场化，使其对第三产业的依存度空前提高。城市往往是一个区域的商业、交通、通信、金融、文化、教育、科技、信息等方面的中心，第三产业相对集中。都市农业对城市经济的依附，很大程度上就是对第三产业的依附与融合。

因此，从都市农业的实质内涵可以看出，城乡统筹、产业融合，是都市农业发展的内在要求，也是都市农业发展的终极目标。

《中共中央、国务院关于积极发展现代农业扎实推进社会主义新农村建设的若干意见》（中发［2007］1号）中明确指出："农业不仅具有食品保障功能，而且具有原料供给、就业增收、生态保护、观光休闲、文化传承等功能。建设现代农业，必须注重开发农业的多种功能，向农业的广度和深度进军。"这一政策宣示，正是完整体现了包括都市农业在内的现代农业的产业融合属性。

二、休闲农业的产业融合属性

休闲农业是指利用田园景观、自然生态及环境资源，结合农林牧渔生产、农业经营活动、农村文化及农家生活，提供人们休闲，增进居民对农业和农村体验为目的的农业经营形态。无论从休闲农业的内涵还是表现形式均可看出，休闲农业是结合生产、生活与生态三位一体的农业，在经营上表现为集产、供、销及旅游休闲服务等三级产业于一体的农业发展形式，是现代农业发展的一个重要途径。这种在现有业务的基础上，向上游或者下游方向发展形成供—产、产—销或者供—产—销一体化，使现有业务范围扩大的企业行为，在产业一体化理论中被称之为纵向一体化。

在休闲农业区，游客不仅可观光、采摘、收获农产品、体验农作、了解农民生活、享受乡土情趣，而且可住宿、度假、游乐，甚至部分劳动过程可以让旅游者亲自参与、亲自体验。休闲农业可以增加农业与农村发展的功能，增进民众对农村与农业的体验，提升旅游品质，并提高农民收益，促进农村发展。休闲农业还可以通过寓教于乐的形式，让参与者更加珍惜农村的自然文化资源，激起人们热爱劳动、热爱生活、热爱自然的兴趣，进一步增强人们保护自然、保护文化遗产、保护环境的意识。除此之外，各种深加工农产品，也由于游客身临其间的现场了解，而增加了销量。

在休闲农业区，农业作为第一产业，一头联系着第二产业，一头联系着第三产业，体现了农村经济中产业结构的调整，即：以第一产业为基础，连接第二产业，发展第三产业。休闲农业的发展壮大，是以产业一体化为理论基础，将农业的产前、产中、产后各部门连成一个统一的部门，各个涉农产业在城乡互动这个舞台上连接起来。

三、休闲农业是都市农业的发展极

所谓发展极，就是在区域经济发展中，某些主导部门、主导行业，或者某些有创新力的企业，在某一区域聚集，形成资本与技术高度集中、具有规模经济效益、自身成长迅速，并且对周边地区产生强大辐射作用，这样的主导部门、主导行业或企业，就是区域经济的发展极。

将休闲农业定位在都市农业的发展极位置上，首先是因为休闲农业本身就是一种都市农业形态，发展休闲农业可以整合大城市的诸多优势，大城市有发展休闲农业所依托的消费市场、技术支撑、信息平台、资金支撑，休闲农业产业可以迅速成长起来，形成产业高地，更重要的是，发展休闲农业与特大城市和大城市的农业现代化发展目标相统一：使长期以来的城乡极端分离状态逐渐结束，农业既是农村的一部分，又成为城市高级形态的有机组成。

随着大都市工业化、城市化进程的加快，人民生活水平快速提高，都市型现代农业的生态、生活功能将越来越突出和强化，甚至大于传统的生产功能。大都市郊区的休闲农业，通过区位条件的优势，发展为地区主导产业，从而培育经济发展极，通过吸引和辐射作用，形成扩散效应，带动整个郊区的经济发展。因此，积极发展休闲农业，实现产业发展与生态、文化建设的有机结合，在满足农民调整产业结构，增加收入的基础上，不断满足广大市民到郊区休闲度假需求，日益成为拓展农业功能、促进资源高效利用、推进新农村建设的有效途径。由此可见，休闲农业是都市农业中核心的组成部分，是都市农业中最能体现城乡统筹、城乡互动、产业融合的部分，也是最能体现都市农业发展水平和发展方向的部分。

从北京市的情况看，2008 年北京农民收入突破万元，达到 10 747元，乡村民俗旅游户和农业观光园共接待游客 2 703. 8万人次，农村旅游收入达到

18.9 亿元。2009 年北京农民收入更上一台阶，人均纯收入达到 11 986元，同比增长 13.4%，北京市休闲农业接待 2 990万人次，农村旅游收入达到 21.3 亿元，有效实现了农民收入和农村经济发展的双增长。休闲农业还有效改善了北京农业产业结构，使农业生产向二、三产业延伸，有效吸引了其他产业的投资商投资休闲农业，促进了北京农村经济的发展和社会的全面进步。

四、休闲农业的产业融合途径

在都市农业的发展框架内，以休闲农业为核心，带动并实现第一产业、第二产业、第三产业的融合，有以下的途径。

（一）休闲农业与第一产业的融合

第一产业就是传统的农林牧渔业，这是休闲农业最根本的产业基础，在都市农业中，就是以籽种农业、设施农业、有机农业为代表的特色、高端、高效、高科技农业产业。休闲农业与高科技农业相结合，产生出科技型休闲农业，就是利用高科技农业园区，建设农业生态园、农业新产品展览馆、现代农业博览馆或博物馆，为游客提供了解农业历史、学习现代农业技术、增长现代农业知识的休闲活动，主要类型有观光休闲教育园、农业科技教育基地、少儿教育农业基地和农业博览园等。

还有一种途径就是是利用各地独特的农产品或农业条件而建立起来的休闲农业，用以满足人们猎奇、尝鲜的心理。例如，以色列北部有一个地处沙漠的村庄，人们利用那里独有的沙果（一种极耐旱的水果）发展休闲农业，游客可以在此品尝沙果、做沙疗（一种把身子埋在热沙里治风湿病的方法），这个仅有几百人的村子一年要接待 20 多万国内外游客，其旅游收入远在传统农业收入之上。

（二）休闲农业与第二产业的融合

第二产业在这里主要涉及农产品加工业和建筑业。

休闲农业的兴起，市民走进农村，实地体验、观察到农产品的生长环境、生长过程，从而激发起强烈的购物欲望。除了购买初级农产品之外，深加工农产品、农村手工艺品的市场也甚为可观。除了现场有得看、有得吃、有得玩而外，还要有得带。以我国台湾省南投县信义乡为例：该乡是全省最大青梅产地，面积广达上千公顷，农会食品厂早期以青梅初步加工为主，转型酒庄后，投入各种梅酒研发，陆续开发出“狂野”、“忘记回家”、“长老说话”、“米唱歌”与“山猪迷路”等梅酒产品，由于融入当地布农族原住民特色，市场反应热烈，不仅成功拓展市场，也发挥稳定梅子价格的作用，避免梅贱伤农。信义乡的休闲农业因此也获得了坚实的产业支撑。通过以“梅子梦工厂”为品牌的系列产品营销，不仅扩大了农产品的销路，而且还大大提高了本地的知名度，吸引了越来越多的游客前来探寻“梅子梦工厂”的庐山真面目，成为全省闻名的休闲农业区。2002年，梅酒等产品的年销售额约1 000万元新台币，到了2008年，成长为4 000万元新台币。休闲农业与农产品深加工业、农村手工艺品加工业相融合，正是基于游客对旅游六要素中“购”的需求。

建筑业方面，休闲农业的发展需要既保存乡土特色，又具备现代化设施与功能的建筑。这些建筑既不同于传统的农家建筑，也不同于城市的休闲设施，主要包括高科技农业设施、生态餐厅、特色住宿等。由于农村土地使用性质的限制，这些建筑还必须考虑到选址、提高用地效率与新型建材的运用。随着低碳概念的深入人心和休闲农业本身所蕴含的生态诉求，生态建筑、新能源建筑在休闲农业中占有越来越重要的分量。公共设施建设方面，进村的道路，不能简单地看作交通通道，必须按照景观通道、体验通道的要求进行规划建设；村内的道路，也要按照旅游区的标准，沿途设置一定数量的休憩设施、停车场所和公共厕所；农家建筑要考虑发展旅游与休闲产业的需求，整体要保证乡村风貌不被破坏，保留农村的文化符号；用电、用水、污水处理、垃圾处理的负荷，要考虑旅游接待和市民来此创业发展的需求，重点提高农村供水、供电的集约化水平和管理水平等。可以预见到，随着休闲农业的快速发展，一种既能满足农民的生活需求，又能满足市民休闲、欣赏需求，融多种现代理念、采用多种新型材料及设计方法的新型建筑业将会得到极大的发展。

（三）休闲农业与第三产业的融合

根据《国民经济行业分类》（GB/T4754 — 2002），第三产业是指除第一、二产业以外的其他行业，包括：交通运输、仓储和邮政业，信息传输、计算机服务和软件业，批发和零售业，住宿和餐饮业，金融业，房地产业，租赁和商务服务业，科学研究、技术服务和地质勘查业，水利、环境和公共设施管理业，居民服务和其他服务业，教育，卫生、社会保障和社会福利业，文化、体育和娱乐业，公共管理和社会组织，国际组织。在都市农业的框架下，主要是指农村服务业。休闲农业以第一产业为基础，第三产业则是其本质属性，其中交通运输、住宿餐饮、文体娱乐业是其内在的组成部分，这里主要分析休闲农业与其他类型的第三产业的融合。

1. 与信息传输、计算机服务和软件业的融合

休闲产业是信息密集型和信息依托性产业，这一特点决定了信息技术与休闲农业产业之间的深层次互动关系，两者相结合，将为休闲农业产业发展提供一个充满活力的广阔空间。休闲农业依托于农业，春赏花、秋品果，时令性极强，必须依靠互联网实现信息的快速传递；另一方面，休闲农业依托于大都市的消费市场，消费距离短、频次高、自主化与个性化强，休闲农业企业信息处理量大大增加，需要建立强大的信息网络进行支撑，弥补休闲农业发展在交通和信息等方面的劣势，使得选择性农业营造重点主题、实现产品小众化与消费个性化的契合成为可能。信息化成为休闲农业产业驱动力。

农村当前还是信息技术应用的低地，但作为社会主义新农村建设和城乡统筹发展的重要内容，农村信息化建设越来越为各方所关注，这也为全面提高休闲农业和乡村旅游信息化水平、加快推进产业转型升级提供了契机。

2. 与文化创意产业的融合

科技创新、文化创意是保证都市农业持续发展的两大引擎。休闲农业的发展，必须更加主动地与文化创意产业相结合。创意不是对传统文化的简单复制，而是依靠人的灵感和想象力，借助科技对传统文化资源的再提升。农村蕴涵着丰富的民俗文化、农业产业文化。这些丰富的“原材料”必须经过文化创意产业的加工，才能发挥出应有的价值，在休闲农业产业的发展中承担起支撑产业文化内涵的作用。例如农村传统手工艺、乡村非物质文化遗产，必须经过文化创意的注入，导入符合现代都市人审美趣味与消费习惯的时尚元素进行再创作与再造，才能获得新生。

可以说，休闲农业与创意农业是互为表里的关系，创意农业的本质就是休闲农业。在创意经济的世界浪潮和新格局下，休闲农业与文化创意产业相结合，催生出“创意农业”这个概念，就是以科技创新与文化创意相结合，积极挖掘和开拓农村文化生产力在都市农业发展中的巨大潜力和价值空间。

3. 与教育业的融合

在中国，以素质教育为核心的教育改革正如火如荼地开展，创新教育的呼声也越来越高。休闲农业的发展，为青少年的素质教育提供了一片广阔的天地，因为人类向往自然，农业拥有最多的自然资源，所以农业是提供体验最适当的来源，在休闲农业体验活动中，对自然生物界知识性的探索，是任何群体游客的主要兴趣。所以，休闲农业园区其本质上是一种人们对生活的

美的享受和体验，是实施自然教育最理想的场地。以我国台湾地区为例，台湾教育主管部门颁布“中小学九年课程暂行纲要”，指出农场是“自然与生活科技”学习领域实施自然教育的场地之一。所以为顺应自然教育的需求，休闲农业的教育农园型态是未来值得发展的方向。

4. 与会展业的融合

旅游与会展，是密不可分的两个产业。农业会展是以农业和农产品贸易为主要内容，以会议、展览、展销、节庆活动等为主要形式，以一定的场馆设施和展示基地为基础的商贸经济文化活动。大都市郊区的休闲农业园，其本身就是举办农业会展活动的绝佳场所。一方面，休闲农园根植于农业种植、养殖，直接链接着农产品；另一方面，休闲农园的经营面向大都市，也就是面向农业会展业的市场主体。休闲农园还具备一定的餐饮、住宿、会议、展览设施，是乡土与都市的交汇结点。条件具备的休闲农业园区，应该定位为农业的窗口、都市的触角。

在农业节庆方面，以农产品为主题的农业节庆，往往在农产品丰收的季节在原产地举办。如果将这种节庆活动与休闲旅游结合起来，使其不仅仅成为业内人士的市场采购活动，更是成为以本地特色农业产业文化为核心的观光、体验活动，成为“农民的节日，市民的狂欢”，不但能取得更多的经济效益，也在另一方面有利于塑造本地农产品的良好形象，进而不断打造资源品牌，形成新的休闲、旅游目的地。

5. 与公共管理和社会组织的融合

农民是新农村建设的主体，也应该是发展休闲农业的主体。但是，限于农村地区社会组织发育不全，主要还是一家一户农民单独经营。资金、人才、技术、场地、管理水平等方面有诸多限制，很难提升档次，因此，必须依靠公共管理与社会组织的健全与发展其走合作之路。在农村地区，主要就建设和强化农民专业合作组织与行业协会。主要包括以下内容：一是整合一家一户的经营资源和资金，形成较强的实力；二是促进专业分工，提高专业化水平；三是遏制恶性竞争，维护市场秩序；四是统一采购一些必需的原料辅料，降低生产成本；五是集中建设一些服务设施，如床上用品的洗涤中心等，保证各个环节的服务质量；六是统一培训、统一开发新菜品、新项目等。

有了与公共管理与社会组织的融合，农民才能在休闲农业产业持续发展中获得最大的利益而不是被边缘化。

6. 与金融业的融合

银农合作，休闲农业是一个很好的切入点。金融机构可以通过休闲农业企业布放刷卡消费终端，进而将现代化的结算方式引入农村。农村的居民通过对现代化金融结算工具的掌握与运用，进一步了解现代金融知识，从而有利于培养农民的金融意识、信用意识与市场意识，实现休闲农业经营商户信用档案电子化和共享化，提高农户信息应用的便利化水平，突破农村地区现代化金融支付瓶颈，迅速建立农村收单渠道，为大都市郊区农村金融体系、信用体系的构建打下良好的基础，提高都市农业的水平。

7. 与房地产业的融合

产生休闲农业消费行为的心理基础之一是城市居民对喧嚣的都市生活的暂时逃避与对宁静的田园生活的向往。很多休闲农庄、乡村家庭旅馆已经逐渐成为城市居民的“第二个家”。

美国未来学家赫曼将人类社会发展的第四次浪潮称为“休闲时代”，21世纪就是休闲时代的开始。而休闲度假型乡村旅游就是基于这种大背景得出的，它是指，游客出于休闲度假的目的，长时间住在乡村，体验乡村优美安静的环境和各种各样的民风习俗的旅游方式。这就要求大都市的休闲农业可以提供分时度假型的家庭农园、少儿农庄、银发族农园、残疾人农园、自然修养村等，提供完善的生活服务设施、娱乐设施和体验性农业劳作项目，供各类游客进行乡村休闲度假，与农民共同生活，体验乡村生活的质朴淡雅，体验耕种收获的喜悦。

再进一步，随着城乡一体化的进一步加深，“工作在城市，居住在乡村”也会变为现实。那个时候，农村地区的房地产开发将会迎来新的高潮。只不过，这种定居式的行为，已经超出休闲农业与乡村旅游的范畴了。

五、结语

都市农业要向产业化、规模化、科技化、市场化、生态化、循环化、信息化、国际化方向发展，最终达到农业增效、农民增收、农村繁荣。休闲农业和乡村旅游重点发展农村观光、农事体验、农耕文化展示、高科技农业展示和生态农业教育、特色农业和健康农业示范园、国家和国际农业博览园、民俗文化村和农家乐、绿色休闲度假村等。休闲农业带动农村各项建设事业的融合，是产业内在的要求，也具备有利的外在条件。因此，休闲农业在产业融合、城乡一体、经济发展与社会进步相融合的大潮中（见图），应该起到核心的组织作用与龙头带动作用，其自身也能在这种大融合中获得更加广阔的发展空间，成为都市农业最为耀眼的增长级。

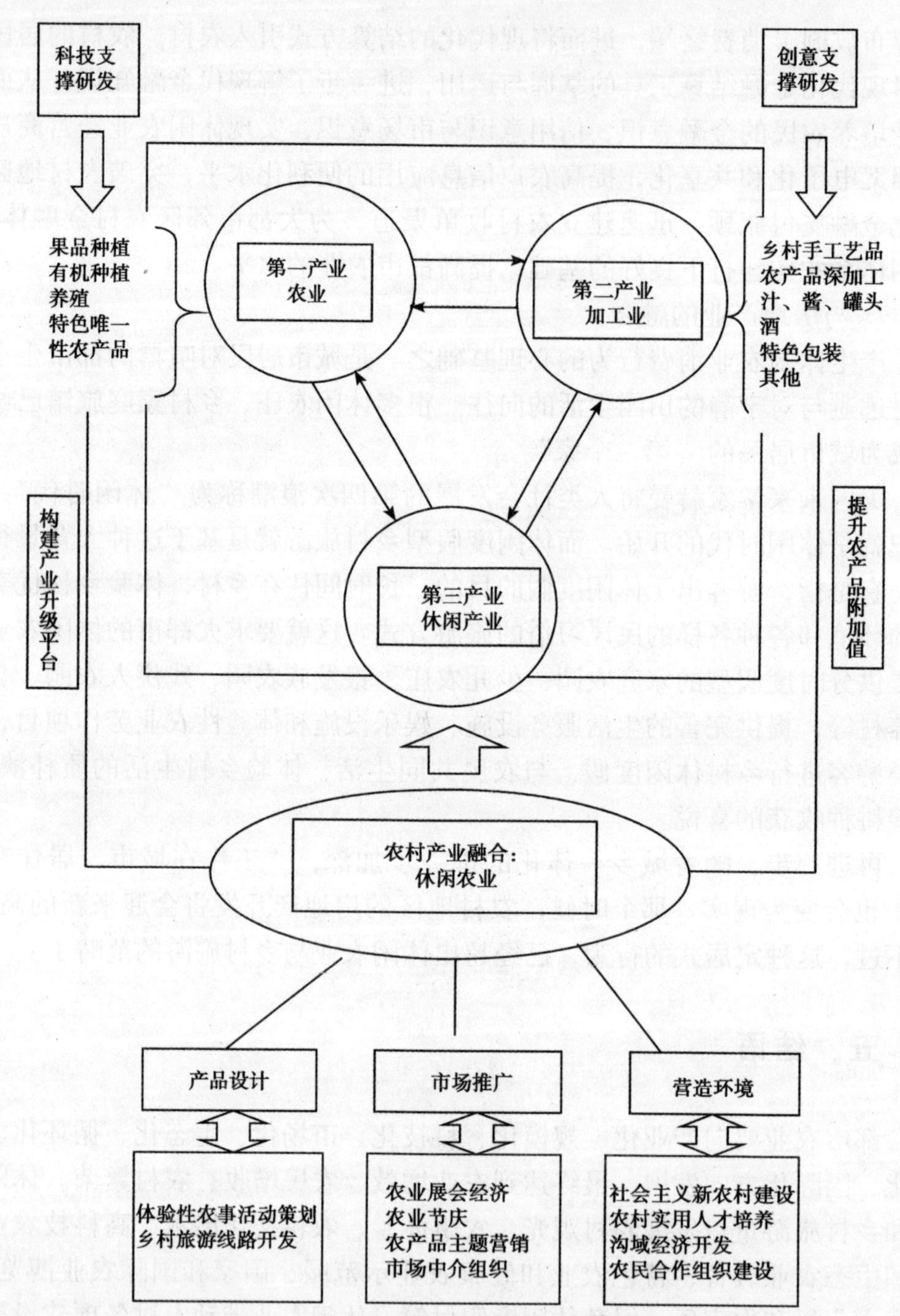

图1　北京市休闲农业的产业融合体系

（本文作者为冯建国，北京市农村经济研究中心资源区划处处长；陈奕捷，北京市农村经济研究中心资源区划处主任科员；此文发表于《中国农业资源与区划学会第五届会员代表大会暨2010年学术年会论文集》）

第四篇

农民收入——在共济中稳步提高

关于“十二五”时期北京农民收入增长的分析预测

课题组

摘要：近年来北京市农民收入平均递增速度超过了城镇居民收入增幅。这说明通过城乡统筹，不断加大“城市支援农村、工业反哺农业”的政策支持力度，已经见到了明显成效。参考国际国内城乡居民收入演变状况，到2020年，北京城乡居民收入差距由目前的2.23：1缩小到1.3～1.5：1，所需要的农民收入年均增幅在12%～16.5%之间，据此推算“十二五”时期农民收入增速的规划指标，应该高于城镇居民人均增幅4～5.5个百分点。实现农民收入的这种持续高速增长，需要进一步加大力度推进城乡统筹发展、进一步加快农村经济发展方式转变。

一、北京城乡居民收入现状分析

近年来，京郊农民收入增长速度逐步加快，2008年与城镇居民收入增速持平，2009年比城镇居民收入增幅高3.4个百分点。但由于农民收入的基数较低，城乡居民收入差距的绝对额仍然有所扩大。

（一）从全国看，北京城乡居民收入水平是比较高的，城乡收入差距相对较小

2009年全国农民人均纯收入5 153元，北京市在全国仅低于上海处于第2位，是全国平均水平的2.33倍，是上海市的97.3%（北京城镇居民人均可支配收入是全国平均水平的1.57倍，是上海市的92.7%）（表1）。

表1　全国和直辖市农民人均纯收入对比　　单位：元

年份	2005	2006	2007	2008	2009
全国	3 255	3 587	4 140	4 761	5 153

（续表）

年份	2005	2006	2007	2008	2009
北京	7 860	8 620	9 559	10 747	11 986
天津	7 202	7 942	8 752	9 670	10 675
上海	8 342	9 213	10 222	11 385	12 324
重庆	2 809	2 874	3 509	4 126	4 621

2009 年全国城乡居民收入比值平均为 3. 33，北京是全国平均的 67%。在京、津、沪、渝 4 个直辖市中，2009 年城乡居民收入比值分别为：2. 23、2. 01，2. 34、3. 41，重庆最高，上海次之，北京处在第三位，略高于天津。从近 5 年趋势看，上海、天津逐步扩大；北京、重庆逐步缩小（见表 2）。

表 2　全国及 4 个直辖市城乡居民收入比值对比表

地域 \ 年份	2005	2006	2007	2008	2009
全国	3. 22	3. 28	3. 33	3. 31	3. 33
北京	2. 25	2. 32	2. 30	2. 30	2. 23
上海	2. 24	2. 24	2. 31	2. 34	2. 34
天津	1. 75	1. 80	1. 87	2. 01	2. 01
重庆	3. 65	4. 03	3. 91	3. 48	3. 41

（二）从北京市看，近 5 年农民收入平均增速快于城镇，城乡居民收入差距相对缩小，但差距的绝对额仍有所扩大

从 2005 ~ 2009 年，农民人均纯收入从 7 860 元上升到 11 986 元，平均每年递增 11. 13%，高于同期城镇居民人均可支配收入 10. 94% 的增长率。同期，城乡居民收入差距从 2. 25、缩小到 2. 23。这是十分不容易的。

但与此同时，城乡居民收入的绝对差距仍然在扩大。2005 ~ 2009 年城镇居民人均可支配收入与农村居民人均纯收入之差分别为：9 793 元、11 358元、12 430 元、13 978 元、14 752 元，这个差距额年均增加 10. 8%。在这 5 年里，农村居民人均纯收入平均每年增加 1 031. 5 元，城镇居民人均可支配收入平均每年增加 2 271. 3 元（表 2，表 3，图 1）。

表3　北京市城乡居民人均收入变化情况

	2005 年	2006 年	2007 年	2008 年	2009 年	平均递增%
农民（元）	7 860	8 620	9 559	10 747	11 986	11.13
城镇（元）	17 653	19 978	21 989	24 725	26 738	10.94
城镇：农民	2.25	2.32	2.30	2.30	2.23	—

表4　北京市城乡居民人均收入同比增长率的变化

	2005 年	2006 年	2007 年	2008 年	2009 年
农民人均纯收入同比增长（%）	9.6	9.7	10.9	12.4	11.5
城镇居民人均可支配收入同比增长（%）	12.9	13.2	10.1	12.4	8.1

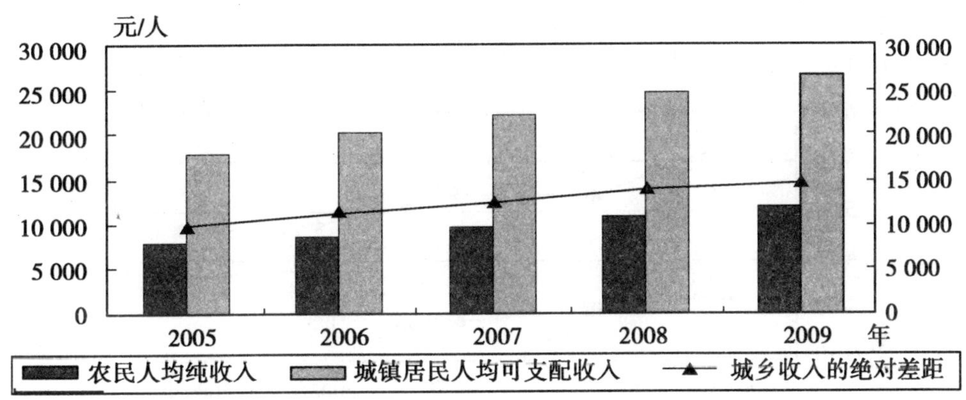

图1　城乡居民收入差距情况

据市统计部门公布的数据，2010 年上半年农民收入同比增幅 11.4%，比城镇居民高 2.7 个百分点。但城乡收入差距绝对额为 6 801元，比上年同期高了 368 元，扩大了 5.7%。

（三）从城乡看，居民收入的基尼系数在 0.2 ~0.3 之间，农村略高于城镇

根据北京市统计局发布 2005、2008 年城乡居民家庭人均收入分组数据测算，2005 年城乡居民家庭收入的基尼系数分别为 0.222、0.264，2008 年分别为 0.227、0.254。一般认为，基尼系数处于 0.2 ~0.3 之间，表示比较平均。

从数值分析，农民内部收入（图 2）的差距比城镇居民略高，但近年来

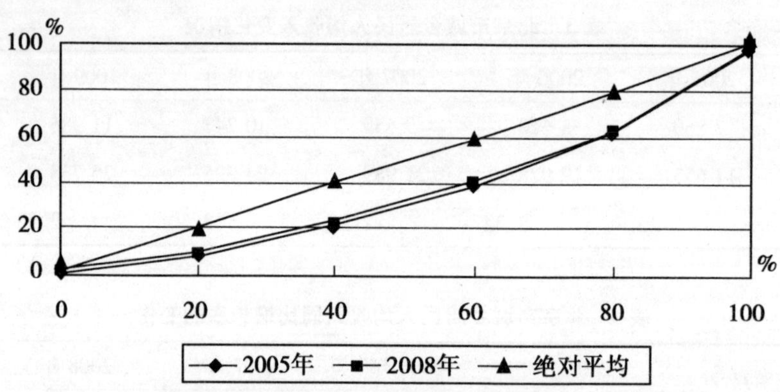

图2　2005 年、2008 年北京市农村居民家庭纯收入劳伦茨曲线

农民内部收入差距在逐渐缩小，而城镇居民内部的收入差距有扩大趋势。

2005 ~2009 年，北京市农民人均纯收入最高 20% 人群与最低 20% 人群的收入比值，分别是 5. 69、5. 13、5. 17、4. 85、4. 80；同期城镇居民人均可支配收入的这一比值分别是 4. 17、4. 01、3. 90、4. 41、4. 33（见图 3）。

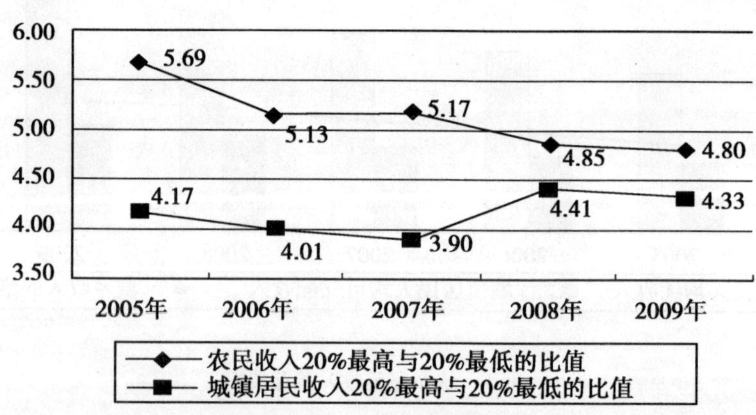

图3　2005—2009 年农民收入差距与城镇居民收入差距变化趋势

二、“十二五”时期城乡居民收入预测

在不考虑其他因素的情况下，按照前 5 年平均增速和 2009 年增速两种情况测算，到“十二五”末期，城乡居民收入差距仍然较大。

（一）按前 5 年平均增速，预测 2015 年城乡居民收入差距为 2.21 : 1

2005 ~2009 年，北京城镇居民人均可支配收入年均递增率 10. 94%，农民人均纯收入年均递增率 11. 13%。以 2009 年为基数，推算 2015 年城镇居民人均可支配收入49 849元，农民人均纯收入22 577元，城乡居民收入比值为2.21∶1。详见表5。

表5 按前5年平均增速估算“十二五”城乡居民收入 单位：元

年份	增速%	2009	2010	2011	2012	2013	2014	2015
城镇	10.94	26 738	29 663	32 908	36 508	40 502	44 933	49 849
农民	11.13	11 986	13 320	14 803	16 450	18 281	20 316	22 577

（二）按2009年增速，预计2015年城乡居民收入差距为1.85∶1

2009年，北京城镇居民人均可支配收入同比增长率为8.1%，农民人均纯收入同比增长率11.5%。如果保持2009年的增速不变，推算2015年城镇居民人均可支配收入42 666元，农民人均纯收入23 032元，城乡居民收入比值为1.85∶1。详见表6。

按照这个速度测算，2020年城乡居民收入分别达到62 981元和39 692元，比值为1.59∶1。

表6 按2009年增速估算“十二五”城乡居民收入 单位：元

年份	增速%	2009	2010	2011	2012	2013	2014	2015
城镇	8.1	26 738	28 904	31 245	33 776	36 512	39 469	42 666
农民	11.5	11 986	13 364	14 901	16 615	18 526	20 656	23 032

三、世界发达国家（地区）的城乡居民收入状况

从经济发达国家和地区居民收入差距的演变构成看，大都经历了“农穷城富”、“农城均富”、“农富城穷”三种形态。现在的世界各国或地区的居民收入差距大多也可以归入这三种形态。后工业化阶段的经济发达国家和地区基本属于“农富城穷”型，新兴工业化国家或地区属于“农城均富”型，发展中国家或地区属于“农穷城富”型。

1960年美国农场家庭平均收入为4 054美元，全美家庭平均收入为6 227美元，前者相当于后者的65%；到20世纪70年代初期，部分年份农场家庭收入高于全国家庭收入；20世纪90年代中期后，农场家庭平均收入则一直超过全国家庭收入的平均水平，2006年，美国农场家庭收入达到77 654美元，全国家庭收入仅为66 570美元，后者是前者的0.857倍。

因此，从农场家庭收入来看，农村居民家庭收入应该是超过城市居民家庭收入的。日韩也存在类似情况。自1972年以后，日本的城乡居民可支配收入之比始终位于0.86～0.97之间。1988年，韩国城乡居民收入之比为0.86：1。

20世纪90年代以来，美国城乡居民收入差距基本保持稳定。以中位数收入家庭来衡量，美国城市中位数收入家庭的收入与农村中位数收入家庭的收入之比一直处于1.28～1.33之间（见表7），虽有变化，但变化不大。

表7　美国以中位数收入来衡量的城乡家庭收入差距情况（1995～2001年）

年份	城市家庭收入（美元）	农村家庭收入（美元）	城市家庭收入/农村家庭收入（倍）
1995	48 166	36 881	1.31
1996	49 312	36 922	1.34
1997	50 825	38 687	1.31
1998	52 527	40 679	1.29
1999	53 888	42 048	1.28
2000	55 203	41 829	1.32
2001	54 657	41 012	1.33

我国台湾地区城乡居民收入差距，1964年，非农家户均所得是农家户均所得的1.04倍，而到1970年非农家户均所得与农家户均所得的比值已经上升到1.49倍。此后，农家户均所得与非农家户均所得的差距有所缩小，但农家户均所得相对非农家户均所得偏低的现象一直存在，20世纪80年代中期以后，非农家户均所得与农家户均所得的比值基本保持在1.25以下。据台湾“行政院”公布的《2002年家庭收支调查报告》显示，2002年农户户均可支配所得70.3万元（新台币），较2001年下降了2.47%，比1999年下降7.2%；同年非农户所得89.6万元，比2001年增加1%，目前农户所得不及非农户所得的80%①。

① 本部分资料主要参考《山东社会科学》2008年第10期“城乡居民收入差距的国际比较”一文，作者武汉大学曾国安、胡晶晶。

四、缩小城乡差距的农民收入增速分析

北京市已经确立了到2020年在全国率先形成城乡经济社会一体化发展新格局的目标。根据国际国内的城乡居民收入演变状况，如果到2020年，将目前北京城乡居民收入的差距由2.23：1缩小到1.3～1.5：1。据此测算，2015年城乡居民收入的比值为1.66～1.80：1。

（一）当城镇居民收入以较高速度增长，差距缩小到2020年的1.5：1时，农民收入增幅平均需要高于城镇4.07个百分点

假设城镇居民收入增速保持前5年平均10.94%的较高增速不变，到2020年城乡居民收入差距缩小到1.5：1，根据测算，农民收入的平均增速需要达到15.01%，比城镇居民收入的增速高4.07个百分点。

按照这个速度，2015年农民人均纯收入将达到27 739元，城乡居民收入差距为1.8：1。2020年农民人均纯收入将达到55 848元，城乡差距1.5：1。

（二）当城镇居民收入以较高速度增长，差距缩小到2020年的1.3：1时，农民收入增幅平均需要高于城镇5.58个百分点

假设城镇居民收入增速保持前5年平均10.94%的较高增速不变，到2020年城乡居民收入差距缩小到1.3：1，根据测算，农民收入的平均增速需要达到16.52%，比城镇居民收入的增速高5.58个百分点。

按照这个速度，2015年农民人均纯收入将达到29 997元，城乡居民收入比值为1.66：1。2020年农民人均纯收入将达到64 440元，城乡差距1.3：1。

（三）当城镇居民收入以中等速度增长，差距缩小到2020年的1.5：1时，农民收入增幅平均需要高于城镇3.97个百分点

假设城镇居民人均可支配收入保持2009年8.1%的中等增速不变，到2020年城乡居民收入差距缩小到1.5：1，根据测算，农民收入的平均增速需要达到12.07%，比城镇居民收入的增速高3.97个百分点。

按照这个速度，2015年农民人均纯收入将达到23 747元，城乡居民收入比值为1.8：1。2020年农民人均纯收入将达到41 988元，城乡差距1.5：1。

（四）当城镇居民收入以中等速度增长，差距缩小到2020年的1.3：1时，农民收入增幅平均需要高于城镇5.44个百分点

假设城镇居民人均可支配收入保持2009年8.1%的中等增速不变，到2020年城乡居民收入差距缩小到1.3：1，根据测算，农民收入的平均增速需要达到13.54%，比城镇居民收入的增速高5.44个百分点。

按照这个速度，2015年农民人均纯收入将达到25 678元，城乡居民收入比值为1.66：1。2020年农民人均纯收入将达到48 447元，城乡差距1.3：1。

（五）“十二五”时期农民收入增幅预测

以上述测算为基础，“十二五”时期的农民收入增长速度规划指标，可以与“十二五”时期城镇居民收入的规划增长指标挂钩，以保持高于城镇居民人均增长幅度4~5.5个百分点为宜。

五、“十二五”期间促进农民收入持续快速增长的因素分析

从数据分析可以看出，到2020年，北京城乡居民收入差距由目前的2.23：1缩小到1.3~1.5：1，所需要的农民人均纯收入年均增幅比城镇居民人均可支配收入的年均增幅平均高4~5.5个百分点；农民收入的年度增长速度需要在12%~16.5%之间，实现这种持续高速增长是十分艰巨和困难的。应该在保持目前行之有效的各项惠农政策基础上，从统筹城乡发展、转变农村经济发展方式等方面，更进一步地寻求创新、突破和超常规发展，以便支持农民收入的长期高速增长。结合目前郊区农村经济发展的实际进程，我们分析认为，可以从以下几个重点方面着手创新和突破。

（一）加快“农转非”进程，有效减少农业人口总量

只有减少农民才能富裕农民，这是宏观范围和较长时期的社会经济发展趋势。1999~2008年，京郊农业户籍人口从352.6万减少到279.1万，共减少了73.5万农民，平均每年递减2.6%；同期农民人均劳动所得从4 316元增加到10 747元，平均每年递增10.7%（图4）。

特别是整建制、区域化的“农转非”，可以有效缓解农村资源承载压

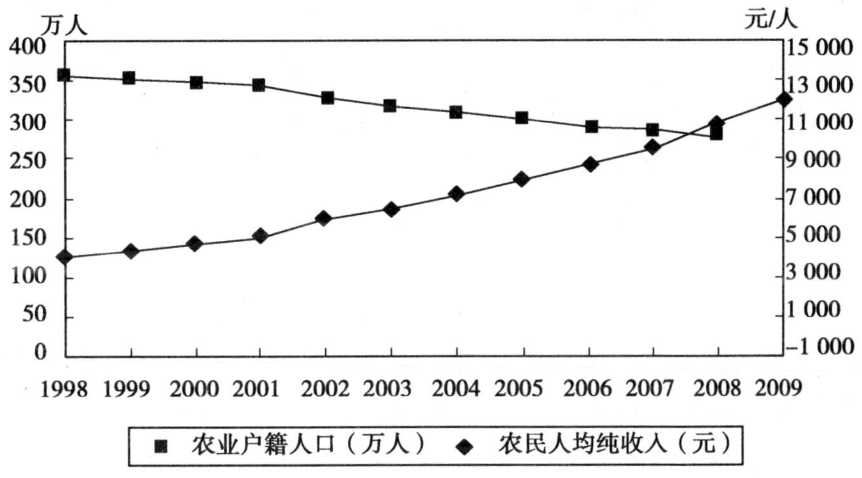

图4　1998～2009年北京市农村户口数量与农民人均纯收入变化

力、削减弱势群体规模，对于农民增收的效果较为明显。农民整建制带资产“转居”，短期内会形成对农民人均收入“统计数字”的降低，因为整建制“转居”农民多位于经济基础较好的村庄。但这种降低是因为统计对象的变化导致的，并不意味着任何一部分农民实际收入的降低。相反，与整建制带资产“转居”相邻的地区和未转非农民，会因为城市圈扩大的级差效应和分摊更多的农业农村投入而增强提高收入的机会。

（二）积极推进农村综合改革，增加农民的财产性收入

2005年到2009年农民人均纯收入增长率分别为9.6%，9.7%，10.9%，12.4%，11.5%，其中农民的财产性收入增长率分别为2.7%，25.3%，19.9%，29.3%，16.9%，呈现超高速加快发展态势。

表8　2005～2009年农民财产性收入增幅变化情况

项目＼年份	2005	2006	2007	2008	2009
农民人均年收入（元）	7 860	8 620	9 559	10 747	11 986
财产性收入（元）	617	773	927	1 199	1 402
财产性收入占农民人均收入百分比	7.8%	9.0%	9.7%	11.2%	11.7%
财产性收入增长幅度	2.7%	25.3%	19.9%	29.3%	16.9%
农民人均年收入增幅	9.6%	9.7%	10.9%	12.4%	11.5%

因此，加强农村经济的开放程度，促进农村集体经济与市场经济体制的深度融合，加强包括农村产权制度、农村建设用地制度、农民住宅使用制度在内的各项改革，有效保障和提高农民的经济权益，增加农民的财产性收入，是促进农民收入持续快速增加的重要因素。

（三）有效推进农村产业发展，加快农村经济发展方式转变，提高农村经济效益

按照首都建设“三个北京”、世界城市的目标要求，大力组织开发和实现都市型现代农业的多样性功能，总结推广提琴村、画家村、家具村、文物一条街等创意产业发展的经验，挖掘开发农业农村高端和永久性产业，促进农业农村经济的集约化、规模化、高效率。

（四）增加农村劳动力非农就业，提高农民工资性收入比例

从2009年的农村经济收益分配数据看，第二产业劳均创造营业收入61万元，是第一产业劳均营业收入3万元的20倍；第三产业人均劳动所得6 558.5元，占农民人均劳动所得的60%。因此，加快农业和农村经济发展方式转变，减少农村劳动力在初级农产品生产领域的数量，扩大农村劳动力在二、三产业的就业，是有效增加农民收入的重要途径。

（五）重视和加强农村经济经营管理

京郊农村一些地区的集体经济存在着规模大、积累高、管理成本高和分配水平低、经营管理水平低的现象。2009年，京郊农村经济毛利率9.3%，资产收益率4.3%，资产负债率59.4%。这些指标只能说勉强过得去，提高经济效益的潜力很大。2009年农村782个改制单位中，569个单位没有分红，占72.7%；279个单位净利润为负，处于亏损状况。增加农民收入，必须有效加强农村经济经营管理。

（六）加强公共财政对农民的转移支付，有效提高农民弱势群体的收入

过去，长期的城乡二元结构，不但造成了农村社会经济发展滞后，而且也造成了农村人口整体素质的下降。今后，伴随着城市化和“农转非”的进程，有文化、有技能的农民和青壮年劳动力将更多、更迅速地离开农村进入城镇。农村有文化的人员、青壮年人员比例还会大幅度下降（表9）。

表 9　2004～2008 年农村劳动力构成表

年份	农村劳动力合计（人）	其中具有就业能力人员（人）	占合计数的比例（%）	其中残疾人员（人）	占合计数的比例（%）
2004	1 953 596	1 775 141	90.87	13 114	0.67
2008	1 878 996	1 636 342	87.09	13 878	0.74

本表资料来源：市农研中心农经统计信息系统。

但是，有关的公共政策还未能适应这种实际情况，没有体现城乡统筹更没有体现对农民的倾斜。从城乡居民收入构成中的转移性收入变化情况（表 10，11）可以看出，城镇居民所享受的转移支付收入在数量和比例上都要远远高出农民。从 2005 年至 2009 年，农民转移性收入从 508 元增加到 1 590元，占农民人均纯收入的比例从 6.46% 增加到 13.27%。同期城镇居民转移性收入从 5 462.9元增加到 8 455元，占城镇居民人均可支配收入的比例从 30.9% 上升到 31.6%。2009 年城镇居民转移性收入是农民转移性收入的 5.3 倍。

表 10　2005～2009 年农民转移性收入增幅变化情况

项目 \ 年份	2005	2006	2007	2008	2009
农民人均年收入（元）	7 860	8 620	9 559	10 747	11 986
转移性收入（元）	508	631	770	1 118	1 590
转移性收入占农民人均收入百分比	6.46%	7.32%	8.06%	10.40%	13.27%

表 11　2005～2009 年城镇居民转移性收入增幅变化情况

项目 \ 年份	2005	2006	2007	2008	2009
城镇居民人均年收入（元）	17 653	19 978	21 989	24 725	26 738
转移性收入（元）	5 462.9	5 626	6 428	7 708	8 455
转移性收入占城镇居民人均收入百分比	30.9%	28.2%	29.2%	31.2%	31.6%

无论被动还是主动，农村人口老龄化，农村人口素质下降，农村鳏寡孤独和残疾人员比例增加，都是客观趋势。而这部分农民的收入增加，是很难

靠产业发展、就业培训等措施来实现的，因此，有效增加农民收入，必须大幅度增加民政抚恤、社会保障和助老助残的政策支持力度。

课题负责人：郭光磊　北京市农村经济研究中心主任
课题组组长：曹四发　北京市农村经济研究中心副主任
课题组成员：曹四发　张文华　葛继新　曹晓兰　张春林
冯学静　贾启山

关于促进京郊农民收入较快增长的分析与建议

课题组

摘要：近年来北京市高度重视农民增收问题，2009、2010 连续两年农民收入增幅超过城镇居民收入增幅。但由于农民收入基数较低，城乡居民收入差距的绝对值还在继续加大。假如保持目前城乡居民收入各自的增长速度不变，则达到城乡居民收入差距值由逐步增高到开始降低出现拐点的时间，需要20~50 年，而缩小或消除城乡居民收入差距所需的时间则更长。依照北京市委、市政府确定的到 2020 年率先形成城乡经济社会一体化发展格局的目标，必须进一步高度重视、大力加强促进农民收入较快增加的工作，站在转变农村经济发展方式的高度，推进农民转移就业，促进农民工资性收入稳定增加；完善农民社会保障体系，促进农民转移性收入增加；加强农村集体资产监管指导，增加农民的财产性收入。

一、“十一五”时期北京城乡居民收入增长情况

（一）从全国看，北京城乡居民收入水平比较高，城乡收入差距相对较小

2010 年北京农民人均纯收入 13 262元，名义增长率 10.6%（扣除物价因素同比实际增长 8.1%）。2010 年全国农民人均纯收入 5 919元，北京仅比上海低 484 元，在全国处于第 2 位，是全国平均水平的 2.24 倍（表 1）。

表 1　全国和直辖市农民人均纯收入对比　　单位：元

地域＼年份	2005	2006	2007	2008	2009	2010
全国	3 255	3 587	4 140	4 761	5 153	5 919
北京	7 860	8 620	9 559	10 747	11 986	13 262
天津	7 202	7 942	8 752	9 670	10 675	11 801
上海	8 342	9 213	10 222	11 385	12 324	13 746
重庆	2 809	2 874	3 509	4 126	4 621	5 277

2010年全国城乡居民收入比值平均为3.23。在京、津、沪、渝4个直辖市中，2010年城乡居民收入比值分别为：2.19、2.06，2.32、3.32，重庆最高，上海次之，北京处在第三位，略高于天津。从近5年趋势看，上海、天津逐步扩大；北京、重庆逐步缩小（见表2）。

表2　全国及4个直辖市城乡居民收入比值对比表　　单位：元

地域＼年份	2005	2006	2007	2008	2009	2010
全国	3.22	3.28	3.33	3.31	3.33	3.23
北京	2.25	2.32	2.30	2.30	2.23	2.19
天津	1.75	1.80	1.87	2.01	2.01	2.06
上海	2.24	2.24	2.31	2.34	2.34	2.32
重庆	3.65	4.03	3.91	3.48	3.41	3.32

（二）从北京市看，“十一五”期间农民收入增速略高于城镇，城乡居民收入相对差距有所缩小，绝对差距仍在扩大

“十一五”期间，农民人均纯收入从7 860元上升到13 262元，平均每年递增11.13%，高于同期城镇居民人均可支配收入增长率（10.49%）0.54个百分点。同期，城乡居民收入比值从2.32缩小到2.19，特别是2009、2010两年，农民收入的增长连续以较大幅度超过城镇居民，城乡居民收入的相对差距呈缩小趋势（表3，4）。

表3　北京市城乡居民人均收入变化情况　　单位：元

项目＼年份	2005	2006	2007	2008	2009	2010	平均递增%
农民人均纯收入	7 860	8 620	9 559	10 747	11 986	13 262	11.03
城镇人均可支配收入	17 653	19 978	21 989	24 725	26 738	29 073	10.49
城乡收入差距	9 793	11 358	12 430	13 978	14 752	15 811	10.05

表4　北京市城乡居民人均收入同比增长率的变化

项目＼年份	2006	2007	2008	2009	2010
农民人均纯收入同比名义增长（%）	9.7	10.9	12.4	11.5	10.6
农民人均纯收入同比实际增长（%）	8.7	8.2	6.5	13.4	8.1

（续表）

项目＼年份	2006	2007	2008	2009	2010
城镇居民人均可支配收入同比名义增长（%）	13.2	10.1	12.4	8.1	8.7
城镇居民人均可支配收入同比实际增长（%）	12.2	7.4	6.5	10	6.2

但与此同时，城乡居民收入的绝对差距仍然在扩大。“十一五”期间，城镇居民人均可支配收入与农村居民人均纯收入之差分别为：11 358元、12 430元、13 978元、14 752元、15 811元，差距额平均每年扩大1 203元，年均增长10.1%。在这5年里，农村居民人均纯收入平均每年增加1 080元，城镇居民人均可支配收入平均每年增加2 284元。

二、“十二五”时期城乡居民收入增长分析

郭金龙市长在今年人大会议上的政府工作报告中指出，“十一五”期间城乡居民收入实际增长超过8%。我们假设在“十二五”期间或今后一个时期，城镇居民人均可支配收入保持这个增速不变，下面用农民收入的不同增长率分析今后城乡居民收入的增长变化情况。

（一）若城乡居民收入保持8%同步增长，则“十二五”期间城乡收入差距会继续扩大

“十二五”期间，如果城乡居民收入以8%的速度同步增长，到2015年，城乡居民收入差距的绝对值将扩大到23 232元，比“十一五”末期的2010年扩大7 421元，扩大47%（见表5）。

表5　“十二五”期间城乡居民收入同步增长的差距分析

项目＼年份	2010	2011	2012	2013	2014	2015
农民收入（元）	13 262	14 323	15 469	16 706	18 043	19 486
城镇居民收入（元）	29 073	31 399	33 911	36 624	39 553	42 718
城乡收入差距（元）	15 811	17 076	18 442	19 917	21 511	23 232
收入差距增加（元）	—	1 265	1 366	1 475	1 593	1 721
城乡收入比值	2.19	2.19	2.19	2.19	2.19	2.19

（二）如果实现在2020年之前缩小城乡居民收入差距的工作目标，农民收入至少需要高于城镇居民5个百分点以上

因此，要缩小城乡居民收入差距，就需要保证农民收入高于城镇居民收入增速。以城镇居民保持年均8%的增速测算，当农民收入以高于城镇2、3、4、5个百分点增长时，城乡居民收入差距值从逐步扩大到开始缩小出现拐点的时间分别需要42年、29年、22年和18年（见表6）。

表6　农民收入以不同幅度增长时城乡差距出现拐点时间

项目＼年份	2011	2015	2018	2022	2029	2042
农民收入增长10%	16 811	21 359	25 384	31 589	44 361	61 221
农民收入增长11%	16 678	20 371	23 249	26 814	29 144	－32 830
农民收入增长12%	16 545	19 346	20 976	21 542	11 248	－157 177
农民收入增长13%	16 413	18 283	18 556	15 726	－9 768	－321 166

拐点出现时的差距额分别为61 221元、29 144元、21 542元和18 556元。

三、促进农民收入较快增长的建议

实现农民收入的持续高速（平均超过两位数的）增长是比较艰巨和困难的，但也并不是不可能的。首先，促进低收入农户增收“共同致富行动计划”的实践效果表明，农民收入的两位数增长是可以实现的。据市农研中心农经统计信息系统资料，2010年，北京市81 178个低收入农户人均可支配收入达到4 481.2元，同比增长21%。其次，从理论分析上，农业作为一、二、三产相融合的产业，从初级农产品产出农业向科研、生产、加工、销售的立体农业转变，升值空间很大；农村作为首都的战略发展空间，城市化、城乡一体化给农民的增收空间也很大；农民作为拥有集体资产的市民，农民财产性收入增加的潜力巨大。促进农民收入较快增长的具体建议是：

（一）统一思想，提高认识，高度重视农民增收问题

把促进农民增收作为“三农”工作、城乡一体化各项工作的着眼点和落脚点，把农民增收作为促进农村经济增长方式转变的重要途径，加强对农民增收工作的组织领导和监督检查，将农民增收情况纳入各级干部考核评比的

指标体系之中，大力促进农民增收。

（二）站在转变农村经济发展方式的高度，推进农民转移就业，促进农民工资性收入稳定增加

大力促进农民在二、三产业的稳定就业。关键是在坚持和完善党在农村的基本经营制度的基础上，通过农民组织化和农业生产的专业化，将农村劳动力从一家一户的小规模、分散经营中解脱出来，从土地的束缚中解放出来，从根本上改变短期就业、福利就业和不充分就业的局面，遵循市场配置资源的基本规律，促进农村劳动力就业向二、三产业特别是与农村生产生活密切相关的服务领域转移，从促进农业农村经济发展方式转变的大背景中，促进农村劳动力在更广泛的范围、以更稳定的方式实现就业，从而有效促进农民工资性收入增加。

（三）完善农民社会保障体系，促进农民转移性收入增加

农民获得的转移性收入较少是城乡二元结构制度安排的结果，在城乡居民差距中占有比较重要的份额。根据市统计部门公布的数据，2010 年，北京城镇居民人均转移性收入 8 435元，占城镇居民人均可支配收入的 29%；农民人均转移性收入 1 808元，占农民人均纯收入的 13. 6%。人均转移性收入的绝对额，城镇居民是农民的 4. 7 倍，人均转移性收入在人均收入中的比重，城镇居民比农民高 15. 4 个百分点。

从京沪比较，北京郊区农民所获得的转移性收入支付，绝对额是上海农民的 70%，占农民人均纯收入的相对份额比上海低 5. 2 个百分点（见表 7）。

表 7　2010 年京沪城乡居民转移性收入比较

		北京市	上海市
城镇	人均可支配收入（元）	29 073	31 838
	其中：转移性收入（元）	8 435	7 954
	所占比重（%）	29	25
农民	人均纯收入（元）	13 262	13 746
	其中：转移性收入（元）	1 808	2 581
	所占比重（%）	13. 6	18. 8

增加农民转移性收入的途径主要是提高农民养老金和最低生活保障的水平与覆盖面，实现应保尽保。《北京市城乡居民养老保险办法》（京政发〔2008〕49号）确定的基础养老金标准每人每月280元，并提出了调整机制。但49号文件自颁布施行以来，这个最低标准很少调整。上海郊区219万乡村人口，农村居民“低保”救助标准为人均年3 600元（2010年4月开始），覆盖12万人；北京郊区263万乡村人口，农村居民“低保”救助标准为人均年2 520元（2010年12月调整为3 600元），覆盖8万人。

（四）加强农村集体资产监管指导，增加农民的财产性收入

2005年到2010年农民人均纯收入增长率分别为9.6%、9.7%、10.9%、12.4%、11.5%、10.6%，其中农民的财产性收入增长率分别为25.3%、19.9%、29.3%、16.9%、13.4%，一直以两位数的速度在发展（见表8）。

表8　2005~2010年农民财产性收入增幅变化情况

年份	2005	2006	2007	2008	2009	2010
农民人均年收入（元）	7 860	8 620	9 559	10 747	11 986	13 262
财产性收入（元）	617	773	927	1 199	1 402	1 590
财产性收入占百分比（%）	7.8	9	9.7	11.2	11.7	12
财产性收入增长幅度（%）	—	25.3	19.9	29.3	16.9	13.4
农民人均年收入增幅（%）	9.6	9.7	10.9	12.4	11.5	10.6

要进一步加大集体经济产权制度改革推进力度，在争取到2012年全面完成村级集体经济组织产权制度改革的同时，重视和加强乡镇级集体经济产权制度改革。2010年北京市农村集体资产总额3 451亿元，比2009年增长16.1%，其中，乡镇集体经济组织共有集体资产1 476.2亿元，占北京市农村集体经济资产总额的42.8%。这部分集体经济的产权制度改革对农民财产性收入的增加将有较大作用。

同时，要认真研究制定已改制的新型集体经济组织的经营管理工作，有效推进农村集体资源、资产配置的市场化，积极探索农村集体资产管理的信托化，探索建立农村集体经济组织的法人治理结构，促进农村集体资产运营

中的保值增值，保护和发展农民经济权益，增加农民的财产性收入，是促进农民收入持续快速增加的有效途径。

课题负责人：郭光磊　北京市农村经济研究中心主任
课题组组长：曹四发　北京市农村经济研究中心副主任
课题组成员：曹四发　张文华　葛继新　曹晓兰　张春林
冯学静　贾启山

进一步完善转移性收入的制度安排是缩小城乡居民收入差距的重要途径

课题组

摘要：2005～2010 年，北京市农民的转移性收入年均递增 28.9%；但与此同时，城乡居民转移性收入差距仍然较大，2010 年城镇居民转移性收入是农民的 4.7 倍，差距额平均每年递增 6%。建议：1. 加快“农转非”速度，让更多的农民融入城镇社保体系；2. 完善城乡居民养老保险办法，大幅度提高基础养老金标准；3. 加强对农民各项直接救助的制度安排。

在目前城乡居民的收入差距中，工资性收入差距和转移性收入差距是重头。一般认为，工资性收入是由市场机制决定的，不同地区、不同禀赋的就业者，工资性收入存在差异是可以理解的。而转移性收入则主要是制度安排的结果，城乡二元结构的制度安排是城乡居民转移性收入差距较大的主要原因。

一、转移性收入差距是城乡收入差距的重要来源

在目前统计中，城镇居民转移性收入是指国家、单位、社会团体对居民家庭的各种转移支付和居民家庭间的收入转移，包括离退休金、失业救济金、辞退金、保险索赔、住房公积金等。农民转移性收入指农村住户和家庭成员无须付出任何对应物而获得的货物、服务、资金或资产所有权等，包括在外人口寄回或带回、农村外部亲友赠送的收入、保险赔款、救济金、救灾款、退休金、抚恤金、五保户的供给、奖励收入和其他转移性收入。

2010 年，北京城镇居民人均转移性收入 8 435元，占城镇居民人均收入的 29.0%；农民人均转移性收入 1 808元，占农民人均纯收入的 13.6%。人均转移性收入的绝对额，城镇居民是农民的 4.7 倍，人均转移性收入在人均收入中的比重，城镇居民比农民高 15.38 个百分点（表1）。

表1　2010年北京城乡居民转移性收入比较

			城镇居民	农　民	城镇：农民
北京市人均纯收入（元）			29 073	13 262	2.19：1
其中	工资性收入	金额（元）	23 099	8 007	2.88：1
		比重（%）	79.45	60.38	1.32：1
	转移性收入	金额（元）	8 435	1 808	4.66：1
		比重（%）	29.01	13.63	2.13：1

注：2010年城镇居民人均纯收入使用的是统计部门公布的人均可支配收入。实际上，城镇居民税前四项收入之和为33 360元。

上海市的城乡居民转移性收入差距比北京小。2010年，上海市人均转移性收入的绝对额，城镇居民是农民的3.1倍，人均转移性收入在人均收入中的比重，城镇居民比农民高6.2个百分点（表2）。

表2　2010年上海城乡居民转移性收入比较

			城镇居民	农　民	城镇：农民
上海市人均纯收入（元）			31 838	13 746	2.32：1
其中	工资性收入	金额（元）	21 745	9 606	2.26：1
		比重（%）	68.30	69.88	0.98：1
	转移性收入	金额（元）	7 954	2 581	3.08：1
		比重（%）	24.98	18.78	1.33：1

二、北京城乡居民转移性收入差距仍然在扩大

近年来，北京市委、市政府高度重视农民增收问题，加快推进城乡一体化步伐，农民转移性收入增长较快。2005～2010年，农民人均转移性收入从508元提高到1 808元，平均每年递增28.9%，在农民人均纯收入中的比重从6.46%提高到13.6%（见表3）。

表3　2005～2010年农民人均转移性收入增长情况

年份	2005	2006	2007	2008	2009	2010
农民人均纯收入（元）	7 860	8 620	9 559	10 747	11 986	13 262
农民转移性收入（元）	508	631	770	1 118	1 590	1 808
所占比重（%）	6.46	7.32	8.06	10.4	13.27	13.6

但是，由于城乡二元体制还没有从根本上打破，农民所能够享受的转移

性收入与城镇居民相比，仍然存在很大差距，而且这个差距还在逐年扩大，2005 年，城乡居民转移性收入差距额为 4 955元，2010 年这个差距扩大到 6 627元，平均每年递增6%（图1）。

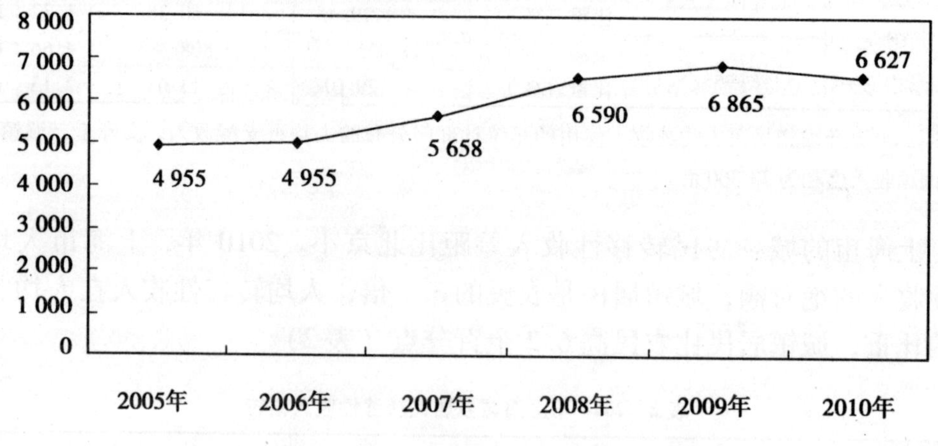

图1　北京城乡居民转移性收入差距额变化情况（元）

上海市也存在着相似的情况。2005～2010 年，上海市农民转移性收入从737 元提高到2 581元，平均每年递增28.5%。上海城乡居民转移性收入差距从4 409元扩大到5 373元，平均每年递增4%。上海市城乡居民转移性收入的差距，绝对额比北京低19%，差距增加的速度比北京低2 个百分点（图2）。

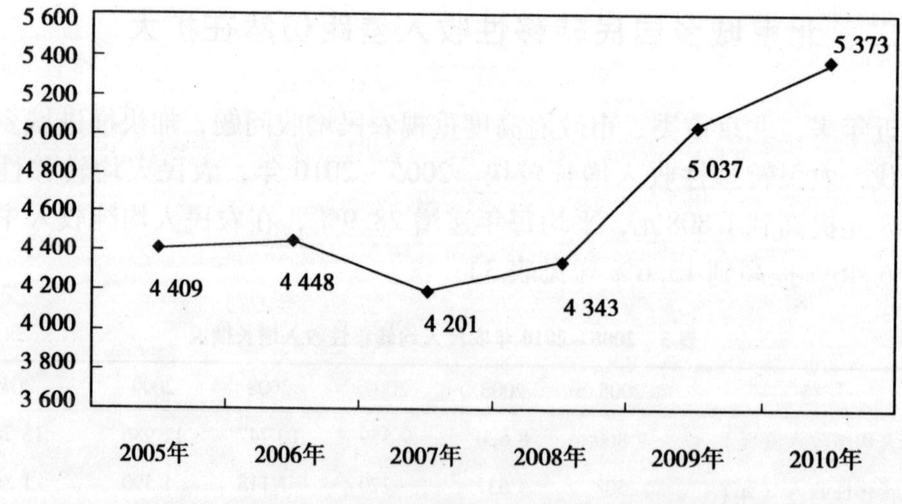

图2　上海城乡居民转移性收入差距额变化情况（元）

三、完善北京市转移性收入制度安排的建议

目前北京市城乡居民转移性收入差距较大，是城乡二元结构时期国民收入再分配不够公平的现实表现。因此，城乡一体化进程中，促进农民收入的较快增长，应该在继续提高农民的工资性收入、财产性收入和经营性收入的基础上，进一步加大力度提高农民的转移性收入，将城乡居民转移性收入的均等化作为城乡一体化的重要工作目标。

（一）加快农民整建制、成区域“转居”的速度

在城乡社会保障体系不能并轨之前，增加农民转移性收入的有效办法是尽可能、尽快地将农民转变为居民。在具备条件的城乡结合部地区和经济社会发展较快的小城镇，大力推进农民整建制、成区域的转居，让更多的农民进入城市社会保障体系。

（二）尽快启动城乡居民基础养老金给付标准调整机制

2008 年 12 月 20 日，北京市政府印发了《北京市城乡居民养老保险办法》（京政发〔2008〕49 号），初步建立了城乡一体化的养老保障制度。其中的有关条款规定，“北京市实行统一的基础养老金标准，每人每月 280 元”。并提出“建立基础养老金的正常调整机制。具体调整方案由市劳动保障部门会同市财政部门提出，报市政府批准后执行”。农民养老，过去完全靠集体和农民自己，现在实现了农民保障从无到有的转变，但保障水平较低，其中政府或社会的政策支持和资金投入相对较少，不足以消弥转移性收入的城乡差距，应该尽快启动相应的调整机制，有效提高农民的转移性收入。

表 4　2005～2010 年北京城镇居民养老金占转移性收入比例

	项目＼年份	2005	2006	2007	2008	2009	2010
	城镇转移性收入（元）	5 463	5 626	6 428	7 708	8 455	8 435
其中	养老金或离退休金（元）	4 663	4 909	5 611	6 530	7 090	7 434
	所占比例（%）	85.36	87.26	87.29	84.72	83.86	88.13

（三）加大对农村困难群体、鳏寡孤独和残疾人员的直接救助力度

《北京市城乡居民养老保险办法》发布实施还不到两年时间，即使是这个并不太高的保障水平，也要随着时间的积累，其效果和作用才能逐步显现。况且还有很大一部分农村居民特别是已经超出规定年龄、不具备劳动能力的农民，享受不到《北京市城乡居民养老保险办法》的保障。因此，加强对农村居民直接救助的制度安排就显得尤为必要，包括建立城乡一体化的居民最低生活保障以及救助、抚恤制度等，使农村居民能与城镇居民一样，享受大致相同的转移支付待遇。

课题负责人： 郭光磊　北京市农村经济研究中心主任
课题组组长： 曹四发　北京市农村经济研究中心副主任
课题组成员： 曹四发　葛继新　张春林　冯学静　贾启山

2010 年北京市郊区农村经济形势分析与 2011 年发展趋势预测报告

课题组

摘要：2010 年北京郊区农村经济总量持续增长，结构调整进一步深化，一、二、三产业发展势头良好，农民收入继续增长；存在农村经济城镇化进程明显加快、机制体制创新明显加快、农业农村经济发展方式转变明显加快、“三农”服务体系建设明显加快等特点，在农业产业化、贫富差距、合作经济组织管理等方面依然问题突出，需扎实推进“菜篮子”工程建设，提高首都蔬菜自给率；继续深化乡村集体经济产权制度，不断提高集体资产经营效益；积极稳妥推进新型农村社区建设，提升乡村旅游产业发展水平；继续加快农村经济增长方式的转变，提高郊区农村经济持续发展能力。

一、2010 年北京市郊区农村经济运行的总体态势

2010 年，在北京市委、市政府的领导下，郊区农村各级党委、政府和广大干部、群众，高举建设中国特色社会主义旗帜，深入贯彻“三个代表”重要思想，按照科学发展观的要求，集中力量统筹城乡发展，集中资源聚焦“三农”，全面推进城乡一体化进程，深化改革、大胆创新，采取有力措施，克服不利气候条件和国际金融危机带来的不利影响，实现了“保增长、保民生、保稳定”的目标。郊区农村各项经济指标实现同步增长。

（一）农村经济总收入增长加快

2010 年，北京市农村经济总收入预计实现 4 386. 6亿元，比 2009 年的 3 929亿元增加 457. 6 亿元，增长率达到 11. 6%，增长速度比上一年度的 10. 6% 提高了一个百分点；比“十五”末期 2005 年的 2 883. 36亿元增长了 52. 1%。其中，主营业务收入实现 4 177. 7亿元，比 2009 年的 3 798亿元增加了 379. 7 亿元，增长 10%，略低于上一年度 10. 9% 的增长速度；比“十

五”末期2005年的2 806.6亿元增长了48.9%。

（二）农村经济结构进一步调整

2010年，北京市郊区农村主营收入4 177.7亿元中，农村第一产业收入预计241.9亿元，比2009年增长7%左右；比“十五”末期2005年的189.6亿元增长了27.6%。农村第二产业收入预计1 855.2亿元，比2009年增长9%；比“十五”末期2005年的1 278.9亿元增长了45.1%。农村第三产业收入预计2 080.6亿元，比2009年增长11%；比“十五”末期2005年的1 338.1亿元增长了55.5%。农村三次产业所占分别为5.79%、44.41%和49.80%，而2009年农村三次产业所占比重分别为5.95%、44.8%和49.25%；“十五”末期2005年，农村三次产业所占比重分别为6.8%、45.6%和47.6%，农村产业结构进一步优化。

（三）设施农业带动都市型现代农业发展

北京市郊区农村第一产业收入241.9亿元，比上年的226.1亿元增加15.8亿元，增长幅度为7%，比上一年度4.8%的增长幅度增加了2.2个百分点。郊区农村第一产业收入实现较快增加的主要原因：一是郊区农村按照《北京市人民政府关于促进设施农业发展的意见》，全年新增设施农业4万亩，累计达到32.1万亩，农产品向精品化、高端化方向发展，有效地提高了郊区农业的集约化经营程度和效益水平。二是农产品价格上涨导致农业增收。例如，今年北京市小麦平均销售价格为2.09元/公斤，比上年的1.82元/公斤提升0.27元，同比提高了14.8%，使小麦在产量同比下降一成的情况下，收入实现同比增长。延庆县陆地菜零售均价由去年的1.4元/公斤提高到今年的1.6元/公斤、大棚菜由去年的1.4元/公斤提高到今年的1.8元/公斤；鲜奶的收购价格由2.4元/公斤提高到2.6元/公斤；鲜蛋的价格由8.4元/公斤提高到8.6元/公斤，农产品价格的稳中有升，是农民收入持续增长的重要原因。

（四）基础设施建设带动第二产业继续回升

2010年，北京市郊区农村第二产业在国家继续加大基础设施建设投入方针的刺激下实现持续增长。北京市农村第二产业预计可实现收入1 855.2亿元，比2009年的1 702亿元，增加153.2亿元，增长幅度为9%，略低于上年增长11.8%的增长幅度。密云县2010年1～9月，第二产业实现收入64.48亿元，同比增长21.1 %。占农村经济总收入的49.7%。乡镇工业逐步走出金融危机带来的低谷，加快复苏的步伐，黑色金属矿采选业、农副食品加工业、食品制造业和纺织服装鞋帽制造业等主要传统行业稳步发展，一些镇新引进的企业陆续投产，增加了镇级工业收入。2010年1～9月实现工业收入43亿元，同比增长21.9%。建筑业积极拓宽外部市场，活源充足，收入实现快速增长，2010年1～9月实现建筑业收入21.47亿元，同比增长19.5%。

（五）扩大内需拉动第三产业发展

2010年，北京市郊区农村第三产业在国家扩大内需方针的刺激下得到进一步发展，全年预计实现收入2 080.6亿元，比2009年的1 869.9亿元增加210.7亿元，增长幅度为11%，与上一年度增长幅度持平。商贸物流产业持续增收，乡村旅游蓬勃发展，饮食服务业常年不衰。

（六）总体经济效益良好

2010年，北京市郊区农村主营利润总额预计可以达到174.4亿元，比2010年的158.4亿元增加16亿元，增长幅度为10%，增长幅度比上一年度的23.8%下降了13.8个百分点。收入利润率为4.17%，与上一年度持平。

（七）农民收入继续较快增长

2010年，农村居民人均纯收入预计可以达到13 065元，增长幅度为9%。农民人均劳动所得预计可以达到11 940元，比2010年的10 954元增加986元，增长幅度为9%；比“十五”末期2005年的8 059元增长了48.2%。

二、2010年北京市郊区农村经济运行的主要特点

2010年，北京市农村经济运行有四个方面的特点：

（一）农村经济城镇化进程明显加快

按照北京市委、市政府颁布的《关于集中力量统筹城乡、集中资源聚焦

三农，全面推进城乡一体化的若干意见》的要求，为适应建设世界城市、城乡一体化的趋势，市和各区县结合“十二五”规划的编制，按照空间、土地、人口、产业、生态规划“五统一”的要求，编制了率先形成城乡一体化经济社会发展一体化新格局的实施纲要。

一是以50个村整体改造为重点，全面推动城乡结合发展改革。今年北京市全面启动城乡结合部50个重点村城市化工程。通过土地储备、产业园带动、重点工程带动、宅基地腾退换房、“一村一策”建设，新农村自主建设等模式，形成了不同的城乡结合部建设发展途径。50个重点村（实际上涉及61个行政村，共127个自然村）村域面积85.3平方公里，需要拆除宅基地和低端集体产业用地约33平方公里。目前，50个重点村中，已经启动了31个重点村拆迁，已完成拆迁12个村，已启动24个重点村会前安置房建设，3个已建成。50个重点村合计人口21.4万，流动人口超过100万。规划回迁安置用地7.8平方公里，建筑规模1 500万平方米，解决重点村全部户籍人口住房安置需要。目前，各区已对重点的人口、规模用地、剩余土地性质、未加入城镇保险人数、超转人员人数等情况摸清底数。初步测算，完成重点村整建制农转居工作，需要资金307.4亿元。农转居将提供公平的社会公共服务，按照“逢征必转，逢转必保”的原则，确保建设征地农转居人员参加社会保险。通过推动加快城乡结合部地区的城市化改造，使农民成为“有房屋、有资本、有社保、有工作”的新市民。

二是实施城市建设总体规划北京市动迁的村庄将超过300个。按照北京市城市发展总体规划的要求，2010年，北京市启动了大规模的城市建设土地储备、城市轨道交通建设、以通州新城为重点的新城建设、亦庄开发区东扩建设、以南海子生态公园为重点的城市生态建设。这些建设项目除上述50个重点村（实际涉及61个村）以外，共计240多个村庄。其中，朝阳区原计划启动91该村土地储备，目前已经启动土地储备的村共计41个，分别位于崔各庄、金盏、孙河、豆各庄、三间房、东坝、将台和来广营8个乡。截至2010年6月底，41个土地储备村中已有36个村实施住宅拆迁腾退工作，签订住宅拆迁协议18 626份，涉及50 064人。已有28个村实施非住宅拆迁腾退工作，签订非住宅拆迁腾退协议1 668份。

三是大力推进小城镇建设。小城镇是连接城乡的重要节点，主要承担转移农村人口、集聚农村产业，促进农民就地城市化的功能。2010年，北京市按照“先生产、后生活”的原则，启动了42个重点小城镇的建设。为确保小城镇建设都有适度规模的产业集中发展用地，市国土局和市农委联合制定了《关于加强土地管理推进小城镇建设的意见》。该意见明确指出，要“完善土地一级开发模式，重点解决小城镇产业发展中的投融资瓶颈问题；完善土地供应政策，促进产业升级和产业发展；完善征地补偿办法，采取多元化补偿方式着力解决被征地农民的安置和长远生计问题；完善集体建设用地流转政策，盘活存量，发展壮大集体经济；完善土地开发整理模式，积极推进农村土地整治工作；完善集体建设用地利用方式，探索公共租赁住房建设。北京市已编制在集体土地上建设租赁房的试点方案，目前市政府已正式向国土资源部申报试点。近期，已有5个村集体经济组织申请建设租赁住房1万多套。

（二）机制体制创新明显加快

一是乡村集体经济产权制度改革增加农民的财产性收入。2009年，北京市完成产权制度改革的乡村集体经济组织累计达到812个，占乡村集体经济组织总数的19.4%，有52万农民成为新型农村集体经济组织的股东。在2009年工作的基础上，2010年北京市委、市政府进一步加大了推进乡村集体经济产权制度改革的力度。北京市委、市政府先后两次召开了北京市乡村集体经济产权制度改革工作会议。市农村合作经济经营管理站举办了7期乡村集体经济产权制度改革培训班，培训乡村改制骨干1 035人（次）。各区县党委、政府采取制定改革规划、派遣驻村工作队、明确改革目标责任制、完善改革政策、加大资金扶持力度等措施，加强对乡村集体经济产权制度改革的指导与推进。预计到2010年年底，北京市基本完成产权制度改革的乡村集体经济组织累计可以达到1 800个，占北京市乡村集体经济组织总数的4 185个的43%。

二是林权制度改革调动了山区农民发展生态涵养产业的积极性。北京市集体林权制度改革的重点之一是对商品林全面放开经营。另一个重点是完善山区生态公益林管理体制。按照“均股不分山、均利不分林”的原则，采取确权确股的方式，明晰所属集体林地产权股本，依法进行股权确认，均股到户，为本集体经济组织成员颁发个人股权证。北京市集体林权制度改革的基本范围，是农民集体所有的商品林和山区生态公益林，共涉及12个区县，面积1 350万亩。目前，北京市林地面积为1 580多万亩，其中生态公益林面积1 264万亩，91.8%属于集体林地。依据2008年北京市委、市政府颁布的《关于推进集体林权制度改革的意见》，2009年9月，北京市召开了林权制度改革动员大会，2010年，北京市普遍开展了林权制度改革工作。北京市将用3年时间基本完成集体林权制度改革，实现“林有其主、主有其权、权有其责、责有其利”。山区的林权制度改革一般采取与集体经济组织产权制度改革相结合的办法进行。截至2010年年底，预计北京市山区同时进行产权制度改革与林权制度改革村庄达到700多个。为支持林权制度改革，北京市委、市政府加大了对生态涵养区生态补偿的资金投入力度，进一步调动了山区农民发展生态涵养产业的积极性。

三是农民专业合作经济组织提高农民的增收能力。2009年11月19日，《北京市实施〈中华人民共和国农民专业合作社法〉办法》颁布，从2010年3月1日起施行。截至2010年年底，北京市工商登记注册农民专业合作社达4 792个，比2009年年底的3 518个增加了1 274，增长了36%，带动农户数占北京市从事一产农户的66%。在北京市培育和树立了300个市级和24个农业部专业合作社示范典型，涌现出密云奥金达蜂产品专业合作社、大兴圣泽林梨专业合作社、顺义绿奥蔬菜产销专业合作社、延庆大柏老聚八方奶牛专业合作社等一批引领北京市专业合作社发展的“排头兵”。北京市在农民专业合作社规范化建设中注重抓好四个机制：一是民主管理机制，二是利益联结机制，三是自律机制，四是合作社与市场对接机制。大兴区积极组织北京市农产品中央批发市场、新发地批发市场的40余位经销商与区内有规模、有特色的24家农民专业合作社直接洽谈合作，与批发市场达成了在信息、基地建设、品牌宣传、销售平台建设、农业技术交流等七方面的合作意向。目前，大兴的瓜果专业合作社已经打入了北京家乐福、美廉美、沃尔玛、华堂、世纪联华、欧尚、京客隆等多家超市，巩固和提升了大兴瓜果的市场形象和市场价值。怀柔、密云、平谷、大兴、昌平等区县的一些专业合作社，在本地和市区开设了30多家直销店，促进了合作社产品直接走进社区。房山区依托“房山农合网”建立了“网上联合社”，为全区50家合作社建立了网店，推介展出蔬菜、食用菌、果品、特色养殖等280多项产品。

（三）农业农村经济发展方式转变明显加快

一是传统农业加快向都市型现代农业转变。传统农业只具备生产功能，而都市型现代农业以国际化大都市的市场需求为导向，集生产、生活和生态功能为一体，实现发展经济、服务市民、富裕农民的目标。2010年，按照把北京农业建设成为中国特色现代农业窗口的总体发展思路，经国家批准在北京郊区正式设立了国家级都市型现代农业示范区。同时，按照把打造北京种业之都的发展思路，加快发展籽种农业，加强良种培育，顺利举办了世界种子大会。年内完成了30万亩高标准农田的基础设施建设任务，新增设施农业4万亩，完成了10万亩水蜜桃、5万亩柿子树的改造任务。在汇集首都科技优势，积极引进高科技人才，开展农业科技创新方面也取得可喜的成果。昌平区西部百合产业区新建百合日光温室146栋，已种植百合花921栋，百合子球340栋，共采收百合鲜切花220万支，生产百合商品种球392万粒，产值实现2 090万元，同比增长153.5%。东部草莓产业区草莓种植规模达到4 000栋，累计生产草莓5 500吨，产值达1.12亿元，较去年增长一翻，成为昌平区继苹果产业之后第二个产值过亿的农业产业。同时，建设完成了4 000亩草莓种苗繁育基地，全面启动了4处草莓销售港湾建设工程，顺利完成了“昌平草莓”国家地理标志产品登记工作。

二是农村三次产业加快融合发展。按照北京市统一部署，各区县加强规划引导，促进乡村工业结构调整和升级。采取“两条腿走路”的方法，通过抓龙头、上规模、创品牌，促进了农产品加工发展，使得更多的农民享受到农产品加工增值收益。按照建设旅游之都的新定位，加快了乡村旅游发展。作为生态涵养发展区的山区，在北京市委、市政府政策引导下，开始实现经济结构由资源开采和单纯林果生产向生态农业和乡村旅游产业的转变。首先是进行生态环境建设，而美好的生态环境又开发转化为乡村旅游业的巨大资产。在村庄绿化、美化、净化、靓化、硬化为内容的“五化”建设基础上，以“环境推动、科技牵动、产业带动”为宗旨努力发展集农业生产、旅游采摘、休闲观光为一体、独具生态特色的都市型现代农业。从而实现农村第一产业与第二、第三产业的融合，形成新的经济业态。年内确定了门头沟区斋堂等三个旅游集散特色镇和一批乡村旅游特色业态聚集区。密云县截至8月底，全县A级及主要景区接待游客81.6万人次，实现营业收入4 128万元，同比分别增长26.9%和17%。这个县仅中秋小长假就接待游客28.2万人次，实现旅游综合收入3 562.6万元；民俗旅游持续火爆，三天时间接待游客17.9万人次，实现旅游综合收入1 539.6万元。

三是沟域经济加快发展。按照把北京山区的沟域建设成为城乡一体化的亮点、生态文明建设的示范区、市民休闲度假的首选地、促进农民增收就业的重要载体的目标，2010年北京市编制了62条重点沟域五年发展规划，开展了7条沟域规划国际招标。延庆县千家店镇百里山水画廊、四海镇四季花海、八达岭镇石峡谷等沟域建设，带火了沟域周边的民俗旅游。如，千家店百里山水画廊二期工程正在高标准地推进，重点完善干沟、朝阳寺、关帝庙三个景区的建设，完善旅游设施。启用“百里山水画廊”商标，对旅游产品进行重新包装，进一步提高民俗旅游的知名度和效益。学生户外写生基地于4月份开营，已与北京30所高校签订了写生协议。在原有127户民俗户的基础上，新发展写生接待户126户，一次性接待规模达到3 000人，截至2010年9月底，已累计接待1 500人次。怀柔区琉璃庙和汤河口两镇接壤的白河湾已经成为民俗游的新亮点，借助111国道的建成通车，使这两个镇的民俗旅游增长迅猛。据统计，前三季度，琉璃庙镇民俗旅游总收入400万元，同比增长43.5%；接待52 747人次，同比增长35.2%。汤河口镇民俗旅游总收入89.9万元，同比增长68%；接待14 950人次，同比增长63.9%。

四是传统工业加快向都市型现代工业转变。发展都市型工业是依托大城市特有的信息流、人才流、资金流、现代物流等社会资源，以产品设计、技术开发和加工制造为主，以都市微型工业园区、农民就业基地为载体，满足城市生产和建设的市场需求、居民消费需要和环境要求，是能够在郊区生存和发展的现代绿色工业。北京都市型工业明确了“衣、食、住、用、文化”五大领域，食品饮料业、服装纺织业、印刷包装业、工艺美术业、家具家装业、家用电器、洗涤与化妆业、文化用品业、塑料制品业九大行业是重点发展产业。交通运输、建筑安装、商贸物流等，也是农村产业结构调整的主要方向。昌平区北汽福田、三一重工等品牌效应正日益显现，对周边地区的辐射带动能力日益增强，2010年全区新增了12家镇级工业企业。

五是文化创意产业异军突起。目前，在世界范围内文化产品与服务已经成为独立的贸易形态。2010年，一些乡村通过大力发展文化创意产业，将农村资源转化为资本，将农村剩余劳动力推向市场，拓宽农民的非农产业就业渠道，成为增加农民收入的重要来源。文化创意产业在朝阳区发展最快，文化创意产业门类齐全，特色突出。南磨房、三间房、高碑店、崔各庄等乡影音制作、动漫设计等文化创意形成产业聚集，东亿国际传媒文化创意产业园、通惠国际文化创意广场、北岸1 292等6个新建项目，投资已达到13.6亿元。崔各庄乡文化创意产业核心区已汇集了500多家文化艺术机构和近2 000名艺术家。三间房动漫企业孵化器已有20余家企业入驻，动漫商务中心整体装修改造工程将于11月初全面竣工，即将正式运营。东亿国际传媒文化创意产业园已投入使用，中央电视台、北京电视台等各大媒体的知名栏目相继入驻。“盛世龙源”项目主体和市政工程接近尾声，招商引资成效显著，已出租面积达37万平方米，占总面积的86%。

（四）“三农”服务体系建设明显加快

一是农村金融服务体系建设加快。2010 年，北京市农村金融服务体系建设发挥重要产业支撑作用。北京市设立了农业投资基金，建立了农业再保险机制，成立了 21 家小额贷款公司和 4 家村镇银行，在部分农民专业合作社进行了资金互助试点，有力地促进了农村产业升级和农民扩大生产经营规模。其中，由市政府投资设立的北京市农业投资公司建设了农村金融服务、农产品物流服务、农业生产要素流转服务平台、涉农企业扶持等四个为农村经济服务的平台，带动规模为 89.1 亿元的社会资金投向农业和中小企业，使近万家农业企业、中小企业、农业合作组织和十几万个农户受益。

二是农民非农就业服务体系加快建设。2010 年，北京市初步建立健全了市区镇村四级农民非农就业服务体系，建立城乡统一的劳动就业制度，通过加强职业培训、财政补贴等综合性措施，帮助农村劳动力实现转移就业。郊区农村已就业劳动力 174.5 万人，占全部劳动力的 93.6%，与上年同期持平。已就业劳动力中，外出打工人数为 14.6 万人。其中，常年外出务工劳动力 12.3 万人，占外出务工人员的 84.2%。常年外出务工劳动力的主要从业地区为乡外县内，所占比例为 63.7%。2010 年，郊区农村从事“一产”的劳动力为 50.3 万人，占已就业劳动力的 28.8%，比上年同期降低 0.7 个百分点。从事“二产”的劳动力有 39.3 万人，占 22.5%，比上年同期高 0.1 个百分点。从事“三产”的劳动力有 84.9 万人，占 48.6%，比上年同期高 0.6 个百分点，郊区农村劳动力就业结构进一步优化。

三是农民社会保障体系建设加快建设。2010 年，北京市进一步完善了城乡居民养老保险筹资机制，增加了缴费补贴，使得农民参保上升到 90% 以上。新型合作医疗人均筹资标准上升到 520 元，提高了住院和门诊报销比例。

三、2011 年北京市郊区农村经济主要经济指标预测

（一）北京市郊区农村经济存在的问题

2010 年，北京市农村经济总体运行情况良好，但是也存在一些应当引起各级领导高度重视的问题。

1. 农业产业化发展水平有待进一步提高

都市型现代农业在郊区第一产业的比重还比较低，农业劳动生产率、经营规模和集约化程度不高；农业服务体系、市场体系、科技推广体系不够健全；农业科研开发和成果转化能力需要加强；对首都农副产品市场供应的保障能力还比较弱。特别是在2010年下半年以来，由于通货膨胀、本地农产品自给率低下等原因，导致北京市农产品价格大幅度上升，严重影响了首都市场供应和居民生活。

据昌平区经管站调查，全区农业生产方面存在三个问题：

第一，抵御自然灾害的能力不强。去冬今春罕见的低温冰冻天气极端天气对林果业造成严重影响，由于此次极端天气来势突然，持续时间长，对昌平区农业特别是林果产业造成了不利影响。据统计，全区约15%左右苹果树的1~3年生幼树发生严重抽条，造成整株死亡，富士、红星花芽冻害率都在30%左右。全区150亩4~8年生中华寿桃冻害严重，主枝、树干皮层变褐，枝条严重缩水，对晚熟桃产量和产值造成一定的影响。柿子树出现树皮冻褐、皮骨分离、树干破肚等现象，树龄在10年以下的，冻死率达到95%以上。主要集中在十三陵、长陵沿线的樱桃，提前落叶的果园造成了较为严重的冻害，其花芽冻害率在60%~80%，树干冻裂比例在3%左右，比上年减产50%~60%。

第二，农产品龙头企业规模小，辐射带动能力差，农业产业发展融资难。全区运行良好的60家农产品加工企业中，总资产在1亿元以上的企业有5家（多是稻香村、华都、宝树堂等外来企业），5千万元以上的企业有2家，1千万元以上的企业有12家，5百万元以上的企业有5家，其他企业资产仅有几十万，本地龙头企业匮乏。在带动本地经济发展方面，百分之百用本地原料进行加工的企业仅3家［草原河食品公司（黄豆）、北京朋歌温冷冻食品公司（猪肉、蔬菜）、北京宝颐晨食品公司（蔬菜）］，百分之八十以上用本地原材料的企业不足20家，且雇佣本地工人数仅占总用工人数的27.5%，因此对本地农业产业及农民辐射带动能力不强。融资方面，虽然目前区政府推出了涉农专项贷款，但由于银行门槛过高，农户缺少有效贷款抵押物，融资仍很困难。

第三，现代农业服务体系需要进一步提高和完善。一是目前农业服务工作向基层延伸和推广比较困难的问题。农业技术推广服务网络不健全。机构改革前，农业技术服务推广体系由区、镇、村三级构成（区有专门部门、镇有科技副镇长、村有农民科技员），而机构改革后，进行了合乡并镇，不再设科技副镇长，科技服务站被撤销，村级也不再有专职技术员，服务链出现断层。二是服务人员不足，特别是有学历、有经验的人员转行转岗严重，造成人才流失。三是服务经费不足，服务设备缺乏，不能满足都市型现代农业发展的需求。

昌平区存在的问题具有较强的代表性，应当说也是全北京市郊区农业存在的主要问题。

2. 贫富差距急剧扩大难以平衡

长期以来，北京市各地区之间农民收入就存在明显差距。2009 年，农民人均劳动所得按照三大功能区分析，城市功能拓展区为 15 054元，比北京市平均水平高出 37. 4%。其中，城市化水平最高的朝阳区，2009 年农民人均劳动所得达到 19 080 元，比北京市平均水平高出 74. 2%。城市发展新区为 10 467元，相当于北京市平均水平的 95. 6%。生态涵养发展区为 9 922 元，相当于北京市平均水平的 90. 6%。城市功能拓展区和生态涵养发展区差距达 5 132元。2010 年，虽然各级党委、政府加强了对低收入农民的扶持力度，从 2010 年第三季度统计监测结果来看，北京市低收入农户普遍增收 10% 以上，多个区县低收入农户增收幅度达到 20%。但是城乡结合部地区农民增收幅度大大超过了低收入农户增收幅度，北京市农民之间的贫富差距急剧扩大。由于房地产开发热高烧不退，地产价值疯狂攀升，导致土地价格急剧上涨。土地价格高企不下所带来的巨大经济收益，在国家和房地产商得到大头的同时（到 2010 年 10 月底，北京市政府土地出让收入 1 000个亿），被拆迁的农户也得到了过去从未想到过的补偿。仅以朝阳区大望京村为例，全村 1 692户得到了 50 多个亿的拆迁补偿，平均每户将近 300 万元的现金收入。2010 年，北京市动迁了 300 多个村庄，由于拆迁已经或者即将一夜暴富的农户大约有 7 万户左右（另有大约有 3 万户由于宅基地面积小没有得到多少利益）。由于拆迁，各地都出现了一户得到 1 000万元现金补偿或者得到 10 套楼房的暴发户。农民拆迁致富本身并没有问题。现在的问题，一是如何解决农民对拆迁补偿欲望越来越高的经济问题（现在就有一部分出租房屋较多的农户坚决反对拆迁，导致部分村庄拆迁难以进行）；二是如何解决拆迁致富带来的离婚率、死亡率、犯罪率上升的社会问题；三是如何解决贫富差距扩大带来的政治问题；四是如何化解食利阶层的出现带来的思想价值取向问题。

3. 各类合作经济组织的经营管理亟待加强

包括农民专业合作社和社区型集体经济组织在内的各类合作经济组织，

是北京市实现城乡统筹协调发展、实现城乡一体化的主要载体。但是，无论是农民专业合作社，还是乡村集体经济组织都存在经营管理弱化的问题。农民专业合作社数量不断增加，但是单体规模小，合作范围狭窄、带动作用不明显。乡村集体经济组织虽然正在进行产权制度改革，但是几十年积累的内外部机制体制问题还没有得到根本化解。目前，北京市经过产权制度改革的新型集体经济组织存在以下问题：

一是一些企业财务风险过高。在 782 个新型集体经济组织中，资产负债率超过 80% 的有 106 个，占 13%。其中有 28 个新型集体经济组织超过了 100%，实际上已经资不抵债。二是一些企业经营效益过低。在 782 个新型集体经济组织中，有 275 个企业 2009 年度营业收入比改制之前减少，占 35%；有 375 个企业经营净利润比改制之前减少，占 46%；有 278 个企业发生经营亏损，占 36%。三是股份分红企业过少。782 个新型集体经济组织中，2009 年度进行股份分红的企业只有 213 个，仅占 27%；而没有向股东进行股份分红的企业有 569 个，占 73%。即便是运行一年以上的企业中，2009 年度进行股份分红的也只有 179 个，仅占这些企业总数的 41%。四是一些企业内部控制松散。有的企业改制之后没有严格按照新型集体经济组织章程建立健全法人治理结构。有的不按照章程召开股东代表大会进行企业重大事务决策，大事小事仍然由少数人说了算，甚至干部任期届满也不及时进行换届选举。有的没有建立健全集体资产管理制度，集体经济合同签订不公开、不透明，合同内容不完善、不合理。多数企业没有建立健全完备激励机制与约束机制。五是企业社会负担较重。政社不分、政企部分的问题没有完全解决。村集体经济组织与村民委员会之间事权不分、财务不分的问题尤为突出。新型集体经济组织社会负担重的问题，在城乡结合部地区表现得尤为严重。城乡结合部一些新型集体经济组织，每年用于垃圾清扫收集、公共厕所保洁、社会治安管理的费用就达到 200 多万元。而在远郊区县，虽然近年来各级政府加大了新农村建设投资，但是村集体举债进行新农村配套设施建设的现象比较普遍。虽然政府建立了村级社会管理费用固定补贴制度，但是村级社会管理费用缺口仍然很大。一些村将新型集体经济组织的经营收益全部或者多数拿去进行社区公共设施建设和社会事务管理，股东却分不到红利。

（二）2011 年北京市郊区农村经济主要经济指标预测

1. 预测模型

灰色预测是一种对含有不确定因素的系统进行预测的方法。它通过鉴别系统因素之间发展趋势的相异程度，即进行关联分析，并对原始数据进行生成处理来寻找系统变动的规律，生成有较强规律性的数据序列，然后建立相应的微分方程模型，从而预测事物未来发展趋势的状况。计算步骤为：

第一步，设时间序列 $X^{(0)}$ 有 n 个观察值，$X^{(0)} = \{X^{(0)}(1), X^{(0)}(2), \cdots, X^{(0)}(n)\}$，通过累加生成新序列 $X^{(1)} = \{X^{(1)}(1), X^{(1)}(2), \cdots, X^{(1)}(n)\}$，则 GM（1，1）模型相应的微分方程为：

$$\frac{dX^{(1)}}{dt} + \alpha X^{(1)} = \mu$$

其中：α 称为发展灰数；μ 称为内生控制灰数。

第二步，设 $\hat{\alpha}$ 为待估参数向量，$\hat{\alpha} = \begin{pmatrix} a \\ \mu \end{pmatrix}$，可利用最小二乘法求解。解得：

$$\hat{\alpha} = (B^r B)^{-1} B^r Y_n$$

求解微分方程，即可得预测模型：

$$\hat{X}^{(1)}(k+1) = \left[X^{(0)}(1) - \frac{\mu}{a}\right]e^{-ak} + \frac{\mu}{a}, k = 0,1,2\cdots,n$$

第三步，模型检验

选用残差检验、关联度检验和后验差检验确定模型的精确度。

2. 相关数据的预测值

在对数据进行检验的基础上，选用灰色预测模型 GM（1，1）预测 2011 年北京郊区农村经济相关数据：

（1）主营业务收入预测。综合考虑 2011 年北京市郊区农村发展的内外部有利与制约因素，预计 2011 年郊区农村主营业务收入可以达到 4 595.6亿元，比 2010 年的 4 177.7亿元增长 10%。

（2）农村经济总收入预测。考虑到 2011 年主营业务收入增长与国家加大对农村经济转移支付力度，特别是土地储备后各类补偿增加、林权制度改革后增加补贴的因素，预计 2011 年郊区农村经济总收入可以突破五千亿元大关，达到 50 446亿元，比 2010 年的 4 386亿元增长 15% 左右。

（3）农民收入水平预测。考虑到农民财产性收入与国家转移支付增加等因素，预计 2011 年北京市农民人均劳动所得可以达到 13 015元，比 2010 年的 11 940元增长 9%。

（三）促进 2011 年北京市农村经济发展的几点建议

为确保 2011 年北京市郊区农村经济持续健康发展，要在北京市委、市政府的领导下，认真贯彻落实中共中央十七届五中全会精神，按照建设世界城市和人文北京、科技北京、绿色北京的要求，继续集中力量统筹城乡协调发展，扎实推进新农村建设和城乡经济社会一体化进程，确保“十二五”有一个良好开局。为此提出以下建议：

1. 扎实推进“菜篮子”工程建设，提高首都蔬菜自给率

改革开放以来，特别是近年来，北京郊区由于城市化进程加快，城乡结合部大量原先种植蔬菜的菜田被征占，再加上远郊区县大力调整农业产业结构，蔬菜种植面积和产量都有大幅度减少，首都蔬菜自给率平均只占市场总需求量的28%左右，72%左右靠外省区供应。特别是到了冬季，首都市场蔬菜供应主要靠从海南等地调运，长途跋涉运输费用和大量损耗等流通环节费用导致蔬菜价格不断高攀。按照中央关于实行“菜篮子”市长负责制的要求，北京市委、市政府出台了一系列确保首都蔬菜市场供应的措施。要彻底解决首都市场蔬菜供应问题，在积极降低外地蔬菜进京成本、在周边省、区建蔬菜生产基地的同时，要大力发展本地蔬菜生产。据统计，截至2010年，北京市委、市政府已经投入大量资金用于发展设施农业，北京市设施农业面积已经达到32万多亩。这么多的设施农业是否都已经得到充分利用？其生产经营状况如何？如何发挥其对首都蔬菜供应的保障作用？对这些问题需要有关部门进行认真调查研究，总结经验，发现问题，切实加以改进。一是要确保政府补助建设的设施农业多数用于蔬菜生产；二是要提高菜农的组织化程度和生产经营水平，提高产出率；三是要强化基层农业技术推广与服务，健全队伍，提高服务水平；四是要健全农超对接机制，减少流通环节和流通费用。

2. 继续深化乡村集体经济产权制度，不断提高集体资产经营效益

深化乡村集体经济产权制度改革，将实行共同共有产权制度的传统集体经济改造成为实行按份共有产权制度的新型集体经济组织，是推进北京市社会主义新农村建设和农村城市化进程，构建城乡经济社会一体化新格局的一项战略举措，是一项具有深远历史意义和重要现实意义的体制建设工程。自1993年以来，北京市经过17年的艰苦探索，已经形成了一整套较为成熟的关于乡村集体经济产权制度改革的理论、政策、模式、方法和程序。截至2010年年底，北京市已经累计有1 800个乡村集体经济组织基本完成了产权制度改革。2011年，要在认真总结改革经验的基础上，进一步加大集体经济产权制度改革推进力度。力争到2012年全面完成村级集体经济组织产权制度改革。乡镇集体经济在北京市集体经济中占有重要地位，2011年要特

别重视乡镇集体经济组织的产权制度改革工作，充分发挥其在整个农村经济中的重要作用，切实防止乡镇集体资产流失。在积极推进乡村集体经济产权制度改革中，要把强化新型集体经济组织经营管理作为一项重要而紧迫的工作摆上各级党委、政府的议事日程。通过建立健全和完善民主管理制度、资产管理制度、优化资源配置、培育新型产业，达到提高集体资产经营效益、实现资本保本增值、增强集体经济实力、提高股东收益水平。

3. 积极稳妥推进新型农村社区建设，提升乡村旅游产业发展水平

生态涵养区是北京市农村经济发展的薄弱地区，也是低收入农户较多的地区。彻底改变这一地区落后面貌，除了国家加强对生态涵养补助以外，重点是发展以乡村旅游为核心的主导产业。通过乡村旅游带动特色果品业、特色养殖业、特色手工业品制造业的发展。发展生态涵养区乡村旅游业要抓住以下三个关键环节：

一是要加强基础设施建设。要进一步加强山区交通道路、电力设施、水利设施、通讯信息设施等基础设施建设。同时，要根据市民休闲旅游的新需求和市场新变化，积极稳妥地推进新型农村社区建设。平谷区挂甲峪、玻璃台等一些村庄通过旧村改造，采用新能源、新材料，将农户住宅建设成为具有居住和经营双层功能的小型别墅，成为农民增收致富的“黄金屋”。今年以来，密云县张家坟、平谷区张家台等一些村庄结合泥石流高发区自然村搬迁，将政府对山区的各项补助资金集成起来，采取政府补助与农民自筹资金相结合的方式，按照旅店标准间的规格进行房间布局，由集体统一规划、统一图纸、统一施工进行新型社区建设。对这些村的经验要认真总结，因地制宜加以推广。

二是要提高农民的组织化程度。在村党支部和社区型合作经济组织的领导下，把从事民俗旅游的分散农户组织起来，做到村庄规划统一制定、农户经营用房统一改造、基础设施统一修建、旅游资源统一分享、旅游客源统一分配、接待标准统一制定、原材料统一购买、接待用品统一清洗、民俗技艺统一培训、信息统一咨询、劳动用工统一管理、收费价格统一制定、公共服务统一提供。在合作社内部各个民俗旅游户之间，根据各自特长进行适当分工和协作，同一个村形成不同经营档次、不同经营风格、特色鲜明民俗旅游户。在有条件的地方，还可以在民俗旅游户之间开展劳务合作和资金互助，互相帮工换工，互相调剂资金余缺。通过创新民俗旅游的组织形式。把分散接待的农户紧密的组织起来，共同提高自身素质、接待水平，共同分享资源、技术、信息，共同创建良好风貌和旅游品牌。国家从政策、经济和技术

等方面加强扶持。

三是要加强规划。要结合发展沟域经济，做好沟峪发展规划，将乡村旅游作为沟域经济的主导产业。要放宽山区土地利用政策，允许农民和集体经济组织利用荒山、荒坡、边角地块进行旅游基础设施和旅游用房建设。

4. 继续加快农村经济增长方式的转变，提高郊区农村经济持续发展能力

加快农村经济增长方式的转变，是贯彻落实科学发展观的战略举措。转变农村经济增长方式，就是走资源节约、环境友好、生态文明的可持续发展道路。根据北京市农村经济的实际，转变增长方式的途径就是要按照建设人文北京、科技北京和绿色北京的要求，促进传统农业向都市型现代农业的转变，促进传统工业向都市型现代工业的转变，促进第三产业向文化创意产业、现代商贸服务业转变。按照首都发展规划，促进一、二、三产业的融合发展。加强规划引导，促进镇村工业调结构、上水平，用高新技术改造提升传统产业，以信息化引领工业化，加快形成区域产业支撑。加快增长方式转变，要继续深化农村机制体制改革，做到三个结合：

一是要结合城乡结合部重点村改造，大力发展商贸服务业。2010 年开始启动的50 个重点村改造，按照平均每个农民50 平方米建设集体商业，总体规模就是1 177万平方米，按照每平方米2 万元计价，可增加集体资产数额2 354亿元，相当于目前村级集体资产总额1 604. 71亿元的1. 46 倍。这些村要在进行乡村集体经济产权制度改革的基础上，加强对巨额商业地产的经营管理，通过产权交易市场，盘活集体资产；通过引进高档品牌，吸引客商，提高集体商业资产经营收益。

二是要结合金融体制改革，大力发展农村金融业。2010 年北京市进行了300 多个村的动迁，随着城市建设规模的进一步扩大，2011 年将有更多的村庄需要动迁。在动迁中这些村庄的农民获得了大笔现金以后，主要是买车、买房、高档消费，有的甚至是赌博、换老婆，好事变成了坏事。所以，要研究制定相关政策措施，引导获得拆迁补偿收入的农户理好财。可行的措施之一就是由乡村集体经济组织出面，采取现金入股的方式，组织成立村镇银行、小额信贷等新型金融组织。也可以由集体出面组织，寻找好的现代农业、文化产业、商贸物流产业，吸引农民自愿投资入股。总之，要把“地主”的钱引导到发展经济上来，我们的这个社会才会有出路。

三是要结合新型农村社区建设，整合农村各类要素资源。目前，北京市村庄规模普遍偏小，但是各类组织齐全，社会管理人员偏多，社会管理费用

偏高，而农民得到的社会化服务水平又偏低。针对这个问题，要在认真进行规划和群众自愿的基础上，积极推进新型农村社区建设。除确有保留价值的历史、文化古村落以外，将小村、险村、穷村与大村、安全村、富裕村进行资源整合。在这个方面，房山区霞云岭乡党委采取建立联合党总支的办法进行了有益的尝试，取得了很好的效果，他们的经验值得在有条件的地区推广。

课题负责人： 郭光磊　北京市农村经济研究中心主任
课题组组长： 熊文武　北京市农村经济研究中心计财处处长
课题组成员： 黄中廷　王和群　徐德清　倪　水　任正雷　魏　杰　吴汝明　曹晓兰　刘学军　阎建苹　白　雪　黄　超　韩　生　郄　惠

北京市郊区农村低收入农户脱贫步伐加快

——2010 年“共同致富行动计划”增收目标超额完成

课题组

摘要：2010 年是北京市委、市政府实施“共同致富行动计划”折子工程的第二年，各区县在上年抓低收入农户增收工作取得初步成效的基础上，加大了政策扶持和工作力度，进一步加强组织领导，制定有效措施，狠抓工作落实，郊区低收入农户增收步伐明显加快，完成了折子工程的目标。

一、基本情况

（一）超额完成了全年增收计划目标

据北京市进行监测的 81 178个低收入农户数据汇总显示，2010 年低收入农户人均可支配收入增长 21%，超额完成北京市低收入农户年人均可支配收入同比增长 10% 的目标；人均可支配收入 4 500元以下的低收入农户同比减少 30. 1%，超额完成人均可支配收入 4 500元以下的低收入农户减少 12% 的目标；低收入农户劳动力在二、三产业就业比重为 40. 7%，同比提高 4. 8 个百分点，基本完成低收入农户劳动力在二、三产业就业比重提高 5 个百分点的目标。

（二）四项收入指标实现全面增长

从总体情况看，2010 年低收入农户人均可支配收入实现 4 481. 2元，同比增加 778. 7 元、增长 21%。其中，报酬性收入 2 630. 6元，同比增长 20. 3%；家庭经营净收入 1 073元，同比增长 24. 3%；转移性收入 673. 7 元，同比增长 20. 3%；财产性收入 103. 9 元，同比增长 11. 9%；各项收入所占比重分别为 58. 7%、23. 9%、15% 和 2. 4%。

从区县情况看，被监测的 11 个区县低收入农户人均可支配收入增幅均超过10%（农经平台中怀柔区增幅为9.6%，若剔除特殊因素，怀柔区实际增幅为14.5%）。其中，密云县以发展产业、促进就业为重点，通过实施强领导、建机制、兴产业、促就业、广帮扶“五步工作法”，着力推动低收入农户增收工作，其人均可支配收入增幅最快，达59.2%；通州区积极安排低收入农户劳动力就业，人均可支配收入增长36.4%；其他9个区县人均可支配收入增幅处于10～20%之间。

（三）人均可支配收入低于4 500元的农户大幅减少

在被监测的81 178个低收入农户中，人均可支配收入低于1 500元的有698户，占被监测户数的0.9%，同比下降2.5个百分点；位于1 500元到3 000元之间的有6 800户，占8.4%，同比下降12.5个百分点；位于3 000元到4 500元之间的有42 488户，占52.3%，同比下降11.4个百分点；超过4 500元的有31 192户，占38.4%，同比提高26.4个百分点。

二、主要特点

（一）各级政府重视，加大了政策扶持和工作力度

2010年6月，北京市召开共同致富行动计划工作会议，会议提出了“五个目标，六项工作”。各区县也积极行动起来，加强对低收入农户帮扶政策的完善和进一步落实。如大兴区开展“百家单位联百村”一助一共建活动，由区委组织部牵头，选取100个经济薄弱村与区直各单位结成共建对子，采取单位联村、干部党员联户等方式开展低收入农户帮扶工作。密云县广泛动员社会力量，在组织98家县直机关、企事业单位成立“帮村扶户工作队”的基础上，又联系了56家非公有制企业，按照自愿的原则，参与到低收入农户增收工作中，发挥企业优势，通过提供岗位、实施援助、收购农产品等帮助低收入农户增收。昌平区长陵镇充分利用当地资源优势，推进特色农业和民俗旅游业，大力发展林下经济，加快低收入农户增收步伐；通州区西集镇将基础设施建设、环境治理等大量工作岗位优先提供给低收入农户，增加其报酬性收入。

（二）转移就业带动报酬性收入快速增长

2010 年低收入农户人均报酬性收入达到 2 630.6元，同比增加 444.1 元，增长 20.3%，增收贡献率达 57%。报酬性收入的快速增长，主要得益于转移就业政策的实施。如密云县建立“护水、护河、护山、护林、护地、护环境”的“六护”机制，积极开发公益就业岗位，优先安置低收入农户就业。目前，全县 1 148户低收入农户的 1 446 人实现了公益性岗位就业，全县报酬性收入增幅达到 51.4%。延庆县则继续把实施生态文明战略与促进农村劳动力转移就业工作紧密结合起来，在原有生态保洁员的基础上，新开发了垃圾分类指导员、乡村公厕管理员、渣土清运员等生态就业岗位，带动报酬性收入增长 32.4%。

（三）社会保障水平的提高拉动转移性收入增加

2010 年低收入农户人均转移性收入实现 673.7 元，同比增加 113.9 元，增长 20.3%，增收贡献率为 14.6%。转移性收入的快速增长，一是得益于农村低保标准上调，2010 年 7 月 1 日起，北京市农村低保标准由每月人均 170 元提高到 210 元。二是享受福利养老金的人员从上年的 32 000人左右增加为今年的 36 000人左右，增加近 4 000人，仅这一项，就使北京市被监测户人均转移性收入增加 40 多元。三是部分区县的福利养老金和基础养老金有所提高，如顺义区在北京市统一最低标准每人每月 200 元、280 元的基础上分别提高到 260 元、340 元。

（四）设施农业和农产品售价提高使得人均家庭经营净收入增长最快

2010 年低收入农户人均家庭经营净收入实现 1 073元，同比增加 209.7 元、增长 24.3%，增收贡献率为 26.9%。人均家庭经营净收入实现较快增长，主要原因：一是各区县认真组织实施“百村万户一户一棚”援助型设施农业工程，扶持低收入农户发展设施农业。如密云县大力扶持低收入农户发展设施农业，在日光温室每亩补助 3.5 万元、钢架大棚每亩补助 1 万元的基础上，每亩分别增加 1 万元、0.5 万元的扶持，全县有 1 009户低收入农户依靠政策扶持建成设施大棚；大兴区今年扶持低收入农户建设日光温室 500 亩、大棚 500 亩，并针对低收入农户技术欠缺的特点进行技术示范推广、现场技术指导、举办技术培训班，此外还发放种子及农用材料等。二是农产品销售价格处于高位运行。今年北京市郊区农业生产虽然因遭遇冻害等不利因素的影响导致农产品产量减少，但种植和养殖业农产品的销售价格普遍较往年提高，且保持了一定时期的高位运行。如板栗，上年每公斤售价为6元，2010年上涨到14～16元；核桃，上年每公斤售价为14～16元，2010年上涨到20～30元。

（五）农村改革促进了财产性收入的增加

2010年低收入农户人均财产性收入实现103.9元，同比增加11元，增长11.9%，增收贡献率为1.4%。随着农村集体经济产权制度改革的推进，低收入农户逐渐从改革中获得了持续、稳定的收益，财产性收入进一步增加。如延庆县井庄镇北地、张山营镇龙聚山庄、八达岭镇石佛寺等村人均分红近3 000元。林权改革也全面启动，生态建设的成果也会惠及到包括低收入农户在内的广大农民。另外，随着城乡一体化进程的加快，整建制拆迁村和占地拆迁村增加，一些低收入户也获得了较高的补偿收入。

（六）低收入农户就业率同比提高，二、三产业转移就业加快

2010年郊区低收入农户中，具有劳动能力人数为172 333人。其中，已就业人数134 594人，就业率为78.1%，比上年同期提高了1.5个百分点。11个区县中，密云县低收入农户就业率增长最快，由上年同期的78%提高到82%，提高了4个百分点，这主要得益于密云县积极落实《密云县促进城乡劳动力再就业办法》，支持低收入农户就业；举办“城乡手拉手协作促就业”、“送岗位下乡”等大型招聘洽谈会，提供就业岗位；积极开发公益性就业岗位，优先安置低收入农户就业。

2010年郊区低收入农户中，第一产业就业人数为79 841人，所占比例为59.3%，同比下降了4.8个百分点；第二产业就业人数15 491人，所占比例为11.5%，同比提高了1.4个百分点；第三产业就业人数39 262人，所占比例为29.2%，同比提高了3.4个百分点。低收入农户在二、三产业就业人数之和达54 753人，同比增加7 192人，二、三产业就业比例达40.7%。由此可见，随着大力开发公益性岗位、完善就业服务政策等促进转移就业政策的实施，低收入农户二、三产业转移就业加快。

三、几点建议

（一）建立长效机制，使低收入农户实现稳定可持续增收

近两年，在“共同致富行动计划”工作方案的指导下，各区县纷纷出台低收入农户帮扶政策，低收入农户的增收步伐显著加快。但应清醒地认识到，低收入农户所处资源环境差、劳动力素质低、家庭经营规模小、就业稳定性不高的状况并没有得到完全改观，低收入农户增收的基础还很不稳固，已经增收的低收入农户返贫风险较大，要确保稳定可持续增收仍然面临许多困难。因此，各级政府对扶持低收入农户增收工作的艰巨性、长期性要有充分的认识，应进一步加强领导，逐步建立促进低收入农户增收的长效机制：一是对现有低收入帮扶政策进行全面梳理，使那些符合当地特点、对低收入农户增收贡献大的政策措施常态化；二是将低收入农户增收工作层层分解落实，明确各级政府和部门的责任，将其纳入年度责任考核体系，并安排相关单位或部门定期督查工作进度。

（二）进一步加大帮扶力度，广泛动员社会力量参与低收入农户帮扶工作

帮扶工作在促进低收入农户增收中发挥了重要作用，要进一步采取有效措施，加大政策扶持和工作力度，同时广泛动员社会力量参与帮扶工作。目前，低收入帮扶工作中，党政机关、事业单位参与的较多，而社会力量参与的相对较少，还有相当大的潜力。应充分借鉴社会力量参与新农村建设的好经验、好做法，加快推动社会力量参与低收入农户帮扶工作；积极发挥工商企业、农业龙头企业、种养大户等社会资源的优势，通过产业扶持、吸纳就业等方式推动低收入农户增收；倡导社会各界关心关爱农村低收入群体，鼓励有爱心的企业和个人实行定点帮扶、结对帮扶、项目帮扶等；尝试建立低收入农户慈善帮扶基金，借鉴昌平区在建立慈善帮扶基金方面的成功经验。

（三）稳定乡村两级业务队伍，保证低收入农户监测工作的顺利进行

做好对低收入农户的定期监测，及时掌握其变化情况，对各级政府抓好低收入农户增收工作非常重要，是“共同致富行动计划”的一项基础性工作。低收入农户监测工作量大、任务繁重，有一支稳定的业务队伍是搞好低

收入农户监测工作的重要保障。目前，相当一部分村存在信息采集员更换频繁、队伍不固定、工作量大但待遇低等问题，在一定程度上影响了该项工作的进度和质量。应解决乡村两级、特别是村级信息采集员队伍的稳定性问题，对乡级经管站定岗定编，对村级通过政府购买公益岗位等形式确定村级信息采集员队伍。同时，应对低收入农户适当给予记账补贴。

课题负责人：曹四发
课题组组长：胡登州
课题组成员：张文华　曹晓兰　阎建苹

发展农村传统手工业
促进农民就业增收的对策研究

课题组

摘要：发展农村传统手工业不仅能够培育和增强农业的文化传承功能，而且可以充分利用农村的富余劳动力，带动农民就业，促进农民增收，意义重大。本研究从手工业的特点入手，总结了北京传统乡村手工业的独特优势，针对目前北京市农民传统手工艺发展中存在的管理、人才、资金以及政策问题，借鉴国内外农村传统手工业发展经验，提出北京市在发展传统乡村手工业时应实施五大战略：即与休闲农业捆绑发展战略、文化创意导入战略、实用人才发展战略、营销带动发展战略和行业协会带动战略。北京市各级政府在发展传统乡村手工业中，应发挥好引导和服务功能，通过建立长效机制，巩固“农民学艺”成果转化；引导“农民学艺”合作组织升级成“市级示范社”；加大传统工艺基础设施和软件服务的投入；强化各区县农业产业联动，保障北京市传统乡村手工业的健康、持续、有效发展。

一、研究背景

（一）党中央、国务院高度重视农业的观光休闲、文化传承功能

2007年中央一号文件明确指出，“农业不仅具有食品保障功能，而且具有原材料供给、就业增收、生态保护、观光休闲、文化传承等功能。建设现代农业，必须注重开发农业的多功能，向农业的广度和深度进军。”发展农村传统手工业，就是利用农村的富余劳动力，依托观光休闲农业，培育和增强农业的文化传承功能。

（二）农业部关于推进“一村一品”强村富民工程的意见中重点提到要发展农村传统手工业

2010 年 8 月，农业部为贯彻落实《中共中央国务院关于加大统筹城乡发展力度进一步夯实农业农村发展基础的若干意见》中关于“推进‘一村一品’强村富民工程”的要求，充分发挥“一村一品”在培育主导产业、促进农民就业增收、建设社会主义新农村等方面的重要作用，发布了《关于推进“一村一品”强村富民工程的意见》。在“发展优势主导产业，推动产业优化升级”一节中指出：重点发展优质粮食产业、特色种植业、特种养殖业、传统手工业、休闲观光农业、农村服务业、农产品加工业等产业。

（三）北京市委、市政府广泛关注“农民学艺”活动

2007 年北京市委牛有成同志批示，北京市农委与北京观光农业行动协会开始实施“艺人下乡传手艺，农民在家学技能”活动。近年来，“农民学艺”活动已经成为城乡交流、城乡互动的一个典范，充分调动了民间艺人和农民两方面的积极性，达到了农民学艺、艺人传承、丰富乡村旅游文化内涵的目的。

（四）北京市多数农民手工艺在促进农民增收中发挥着重要作用

北京市传统农民手工艺是北京市丰厚文化底蕴和历史积淀的重要体现。独具特色的传统手工艺品是北京市发展都市休闲农业的强大支撑，不少传统手工艺在带动农民就业，促进农民增收中发挥着重大作用。然而，在机械化生产大力发展的现代社会，北京农民手工艺那凝聚着一针一线、一刀一凿中的细腻与精巧，也受到了机械生产速度与数量优势的威胁，濒临失传的危机。在此背景下，探索进一步将农村手工艺的开发产业化，真正建立促进农民就业增收的长效机制是非常有必要的。

二、手工业的特点及其重要性

手工业指只靠手工或用简单工具从事生产的工业。例如陶瓷、挑花、刺绣、编织、家具制作等手工艺，以及机械维修、建筑装饰装修、服装服饰制作等。在手工业很发达的德国，作为从事手工业生产的企业有七大类，即建

筑和扩大建筑业，电子与金属业，木材加工业，服装、纺织与皮革业，食品行业，保健与洗染业，玻璃、纸张、陶瓷及其他，这七大行业中又包括了125类企业，此外还有40类作为与手工业相近的企业。因此，手工业作为吸收劳动力量大、服务面广的行业，在我国新型工业化道路中具有不可替代的重要作用。

手工业的特点

1. 企业规模小，地方特色浓，适宜农村地区发展

手工业主要靠手工和简单工具进行生产，所以，它的领域里大多数是小企业，占用资金少。手工业对于资金短缺的广大农村因地制宜发展地方工业和集体经济具有起点低、适应面广、资金便于筹集的优点。同时，手工业往往具有地方文化的传统，其原材料取自当地地矿资源和农业产品，其产品具有地方文化的积淀，其销售具有相对固定的集散渠道，如酿造业、陶瓷业、纺织业、皮革业、编织业等，这些特点在传统手工艺中尤为突出。因此，手工业能够发挥区域核心竞争力的优势，就近解决生产原材料、吸纳本地农村劳动力，既能为大企业提供廉价的加工服务，又能独立生产具有地方特色和文化传统的手工业产品。

2. 劳动密集与技能密集并存

由于工艺复杂和产品具有个性化特征，手工业通常不适宜进行机械化大生产，所以多为劳动密集型生产，有的还可以采取家庭生产经营方式。这一特点决定了手工业可以吸收比大工业更多的劳动力，并更方便灵活地利用农村闲散劳动力和农工兼业的劳动力。

但是，手工业中的劳动密集并非等同于简单劳动，相反，手工业往往是技能密集型的企业，如传统的草编、柳编、竹编、雕塑、陶瓷等。手工业对技能的要求相当精细，从业人员的心灵手巧体现得淋漓尽致。否则，难以体现产品特色；由于生产过程无法过细分工，对个人的技能的要求也相当全面，许多手工业者是设计、制作、销售的多面手。在手工操作过程中，容易形成人与工作之间的对话。这种特点为手工业从业者的工作能力打下了良好的基础，更易于职业的迁移和个人的发展。

3. 与现代大工业相辅相成

从农业社会走向工业社会，手工业是一个重要桥梁。具有手工业悠久历史的工业革命的发祥地欧洲，其手工业在当今的经济活动中仍然扮演着重要的角色。首先，许多大工业产业是在原有手工业不断进行技术更新、经营扩

充中实现的，如啤酒酿造业、制鞋业。其次，手工业者在生产经营一体化的过程中，不仅要熟练掌握生产技能，还必须谙熟经营之道。手工业在发展过程中，不仅锻炼了一支高素质技术工人队伍，而且造就了大批的小企业主。随着产业的升级，手工业源源不断地为现代大工业输送大批的企业家、技能精湛全面的技师和适应现代工业文化的技术工人。所以手工业还是未来的产业升级换代所需要的人力资源的重要来源之一。最后，现代社会化大生产需要龙头企业的核心技术和组织，也需要适应专业分工和社会协作的众多小企业（不少属于手工业企业）提供零部件、初级产品的供应链、销售与维修服务的网络。

三、北京市农民传统手工艺发展现状

（一）北京市农民传统手工艺发展的成绩

近年来，在国家及市区相关政策措施的大力支持下，在各层级相关部门的大力配合下，北京市传统手工艺品得到了长足发展，逐步构筑了新农村建设的新产业，逐步形成了农民增收创业增收的新途径，为广大农民就业及生活架设起了致富的新金桥，取得了显著成就。

1. 以丰富传承传统手工艺文化资源为依托，发展农村传统手工艺，品类繁多形式多样

北京农村传统工艺品本身品种丰富多样，文化内涵深厚，具有浓郁的地方特色。以密云县为例，目前该县的农村传统手工艺品种已达 20 余种：古北口河西的剪纸、河东的宫廷灯笼、北庄的风筝、石城石塘路的草编、溪翁庄的藤编、太师屯双圣峪村的十字绣等都独具地方代表性。还有鲁班枕、烙画、天然石子工艺品、根艺、葫芦画等具有浓郁文化价值、艺术价值和商品价值的传统手工艺术品。

怀柔区的九渡河镇红庙村“红庙”灯笼、“滕氏布糊画”、渤海镇“漆雕”、庙城镇“彩绘陶”等种类繁多，造型优美，享誉中外。其中，渤海镇“漆雕”是我国与景泰蓝齐名的传统工艺，始于唐代，盛于明、清。早在 15 世纪的明初，就扬名于世界。技艺逐渐完美成熟，成为一种具有强烈地方特色的工艺美术品。明代，北京官办特色的工艺作坊“果园厂”所生产的雕漆器，就已达到很高的水平，造型庄重大方，雕刻技艺圆熟遒劲，形成了风格。清代，漆雕又有新的发展，纹样严谨细腻，极重刻工，雍容华贵，风格

与明代不同。北京漆雕与湖南湘绣、江西景德镇瓷器并驾齐驱，名扬四海，被誉为“中国工艺美术三长”。

此外，还有房山区京绣、葫芦酪画、灯笼、青石砚、汉白玉石雕；通州区的景泰蓝工艺、风车和传统编制手工制品亦颇负盛名。其中尤以通州区的“风车艺术家”梁俊为民间艺术大师的代表。梁俊大师祖辈相传以制作传统风车、风筝为业，技艺精湛。目前，他制作的风车已有几十种，近二十万个，其中最大的风车有三百轮之巨，而其作品也已被列为北京市非物质文化遗产。

2. 以专业合作社发展与规模化生产为依托，发展农村传统手工艺，促进了农民就业增收

在党和政府的不断关怀下，在各级相关部门相互协调、不断配合下，以专业合作社发展与规模化生产为依托的农村传统手工艺生产模式在促进农民就业，增加农民收入方面正发挥着不可忽视的显著作用。以房山区为例，该区相继组建了北京京都绣娘手工艺品专业合作社、北京巧姑靓嫂手工艺品专业合作社、蒲洼乡葫芦烙画工作室、北京南刘庄万福灯笼专业合作社、北京精艺雕刻有限公司、北京精艺雕刻有限公司、黄土坡石砚雕刻厂等170多家合作社和企业，吸纳农民就业近万人，显著增加农民收入。

通州区的景泰蓝工艺，目前已发展成数家企业，较为典型的有北京市惠民燕艺珐琅技术发展有限公司。其品种繁多、色彩丰富艳丽、造型优美，具有独特的民族风格和极高的艺术价值，在继承传统工艺的基础上又开发了新的圣诞礼品，出口世界各地。年产值800万元，带动农民就业100余人。另一知名企业是通州靛庄花丝厂，始建于1969年，是集开发、制作、生产、销售于一体的景泰蓝工艺品厂，产品品种繁多，既有各种中国传统产品，又有流行于欧美的各种挂件摆件，产品远销40多个国家和地区。年产值800万元，带动就业50多人。

另外通州北京七彩缘编织专业合作社、北京垡头海霞编制专业合作社、北京市漷兴手工编织专业合作社、北京沈庄万通手工编织专业合作社、丽人岛手工编织专业合作社、伶巧手工编织专业合作社、张家湾秋红纯手工缝合棉被专业合作社和同乐福源种养殖专业合作社等，带动农户388户，为促进通州区农民就业增收发挥了巨大作用。而位于怀柔区九渡河镇红庙村的“红庙”灯笼始于2006年，现已开发出大红灯笼、四角宫灯、六角宫灯、生肖灯、异形灯等100余个品种，申请了“闫氏灯笼制作工艺”技术专利，注册了“红庙”商标，生产面积500平方米，带动全镇6个行政村的灯笼产

业，吸纳就业人数数千名，年产值300万元。延庆县“妫川豆塑工作室”建立两年多来，共培训妇女500余名，带动妇女就业30余人，用小豆子走出一片大天地。

密云县全县从事传统手工艺品开发经营合作社、协会、工厂及个人40余家，从业人员及带动农户2 000余人，销售产品年产值1 000万元。其中古北口镇古北口村的御道宫灯厂占地面积950平方米，建筑面积300平方米，主要展示生产宫灯和大红灯笼，年生产30万个，年接待游客10万人，民俗旅游综合收入560万元，产品销售收入180万元，带动村民就业60人。

平谷区大华山镇的绿源桃木雕刻工艺品有限公司以手工雕刻桃木工艺产品开发为主，全面设计开发了包括生活用品、文化用品企业收藏、旅游纪念等八大系列100多个品种的桃木深加工制品，吸纳当地劳动力60余人，其中残疾人30人，年销售产品收入310万元，获利近80多万元。顺义区在北京吉祥八宝葫芦手工艺品产销专业合作社的推动下，通过订单和工艺品市场销售产品，吸纳农户219户，年订单80万元，每户年均增收1 500元；而位于顺义区南法信镇的北京市谢兰香编织工艺品专业合作社主要生产中国结，吸纳农户151户，带动就业100人，年订单60万元，每户年均增收6 000元。

3. 以国内外销售相结合为依托，发展农村传统手工艺，开拓了市场创汇增收

在开拓国内市场的同时，北京市各区县亦将开展国外市场摆在了创汇增收的重要地位，取得了卓著成就。密云县太师屯镇双圣峪村天晴十字绣手工艺厂生产的各种图案十字绣，做工精美，具有很高的艺术性和实用性，通过进出口公司接受客户订单，销往日本、美国、意大利等国家，带动农村妇女300人，年销售收入80万元。

房山区北京京都绣娘手工艺品专业合作社的理事长刘秀花是“京绣”传人，从事京绣40多年。“巧姑靓嫂手工艺品商会”借助“巧姑靓嫂”品牌，通过招标、竞标，有幸参与了国庆60周年道具的生产工作。完成了8个区县11个品种的5万多个道具。特别是圆满地完成了100套2010年春晚演出服装的加工任务，实现了经济效益和品牌建设的双丰收。其生产的产品备受国内外广大市民的青睐，主要销往日本、美国、新加坡、泰国、德国等国家和地区，目前共解决了全区6 000多个劳动力就业，年产值约16 000多万元。

通州区通州靛庄花丝厂，始建于1969年，是集开发、制作、生产、销

售于一体的景泰蓝工艺品厂，产品品种繁多，既有各种中国传统产品，又有流行于欧美的各种挂件摆件，产品远销40多个国家和地区。年产值800万元，带动就业50多人。而大兴区乡村旅游商品主要有黑陶、琉璃西瓜、十字绣、剪纸、葫芦画、易拉罐画等形式，主要分布在我区采育镇、礼贤镇、庞各庄镇、北臧村镇，已成立协会或合作社4家，年产量在2万件左右，吸纳就业400多人，年产值300余万元，销售途径主要有商场、网络、自营门店、小商品市场、利用节庆活动展销，部分高端产品出口国外，创造了可观的经济效益。平谷区北京华东乐器有限公司始建于1988年，目前吸纳就业人员1 200名，年销售额达7 000万元，其生产商品除满足国内市场需求外，还远销欧美、东南亚等三十几个国家和地区，出口量占总量的95%以上，目前该公司生产的提琴产品在全世界范围内已经占到30%的市场份额。

4. 以各种类型的节庆、展会为依托，发展农村传统手工艺，广泛宣传了特色手工艺品

各种类型节庆活动的举行无疑为各类各样的农村传统手工艺品创造了又一个展示自己的舞台。怀柔区九渡河镇红庙村的“红庙”灯笼2009年为国庆六十周年布景提供庆典灯笼8 000盏，为央视春晚提供灯笼2 000盏，为中国驻外使领馆提供灯笼2 000盏，有效地在全国范围内扩大了品牌知名度。2010年五一期间，红庙接待了来自香港的学生旅游团，对同学们进行了中国传统文化教育，得到了游客的肯定和喜爱。

房山区北京巧姑靓嫂手工艺品专业合作社把展卖厅开到了中国世界地质公园博物馆和大型社区门口，汇集了刺绣、剪纸、编制等100多种手工艺品，受到了广大游客的欢迎，增加了农民的收入。在北京市举办的实用人才创业成果暨乡村旅游产品（手工艺品）展示推介活动中房山区还获得了最佳组织奖，河北镇黄土坡村的九龙砚获得一等奖，大石窝镇汉白玉石雕华表、琉璃河镇刘秀花的京绣龙袍和寿星获得三等奖，在获得奖项的同时有效地宣传了该区的传统手工艺品。另外，该区青石砚、汉白玉雕刻、京绣、灯笼还参加了今年在中国农展馆举办的首届中国农民艺术节，受到了全国各地参观者的好评，扩大了该区传统手工艺品的美誉度。

5. 以与休闲农业、乡村旅游相结合为依托，发展农村传统手工艺，促进了农民就业增收

坚持将农村传统手工艺品的开发与休闲农业、乡村旅游相辅相成、相互推动的举措在近几年获得了显著成效。一方面，利用休闲农业与民俗旅游的吸引力为手工艺品参观和购买的游客数量提供保障；另一方面通过工艺精

湛、制作细腻、文化底蕴浓厚的手工艺品展示销售，进一步提升了所在区域休闲农业的乡村旅游的整体形象，促进了旅游收入增长，增加了农民收入。以平谷区为例，大华山镇桃木工艺品雕刻公司、太后村剪纸合作社、黄草洼风筝合作社就充分遵循了这一原则，得到了当地农户和游客的一致好评，取得了很好的效果。门头沟区大山鑫港种植专业合作社根据我区生态涵养发展区的功能定位，充分发扬了门头沟区革命老区文化精神，将手工艺品和旅游有机结合，在民间工艺品老师指导下大力发展了该区乡村特色旅游商品和民俗旅游纪念品的开发和销售，有力推动了该区的旅游事业和特色农业发展的同时进一步发展了农村传统手工艺品的开发与保护。

此外，密云县以民间手工艺品、多民族文化及传统文化为切入点挖掘乡村旅游文化，建立了草编艺术馆、御道宫灯体验室等，增加了该区休闲农业、乡村旅游的项目；同时以完善提升乡村旅游设施建设为主导，打造出以风筝、剪纸制作等为特色的民俗村十个、民俗户 100 户，从而实现了该县 2009 年乡村及休闲旅游接待 495.7 万人次，综合收入 2.44 亿元，传统手工艺品制作从业人员年均增收 5 000元。

（二）北京市农民传统手工艺发展的问题

1. 经营管理水平不高，缺乏专业人才

目前，大部分手工艺品生产销售的参与者是农民，而且以 50 岁以上女性偏多，文化水平普遍不高。而手工艺品合作社的经营管理者也主要以合作社内部人员担任，其文化知识、经营管理能力、技术水平等相对不高，难以适应规模化的经营管理工作。同时，另一方面，小规模手工艺品制作企业和合作社的自身条件又难以吸引到高素质的专业人才参与。传统手工艺品重复、雷同、不具特色、生产工艺水平不高，包装档次低，市场营销手段初级，致使其严重缺乏市场竞争力。因此，从设计、制作技术到管理专业人才的缺失是制约北京农民传统手工艺发展的一个重要因素。

2. 传统手工艺品开发资金短缺

大部分手工艺品制作的企业和合作社经济实力不强，尤其是在其起步阶段，自身资金积累能力有限，从而导致其在生产资料的购置、产品宣传等一系列环节中捉襟见肘，遇到整体发展的瓶颈。另外，农村传统手工艺品从业人员大多来自农村，自身经济状况并不理想，而经济效益在创业阶段并不能完全满足其基本生活需求，造成其有从事制作农村传统手工艺品的强烈意愿却没有满足其基本生存的现实状态，造成“有心无力”或“无能为力”的

尴尬局面。

3. 缺乏政府持续性政策支持

对农民传统手工艺品的开发、生产和销售的引导和扶持政策的力度和持续性还不够。缺少相对集中的政府教育引导，加大了基层农村传统手工艺品企业和合作社的盲目性，不利于其有效健康发展。缺少相对集中的农村传统手工艺品专卖市场，未能建立一个集中宣传、展示、销售众多精美农村传统手工艺品的大平台、大环境。

以政府为导向开展的农民工艺活动较少，截至目前较有影响力的是2007年北京市农委与北京观光农业行动协会开展的“艺人下乡传手艺，农民在家学技能”活动。但是“农民学艺”周期短，技艺有待深化，作品附加值较低；宣传推介力度不足，市场认知度有待提高；品牌意识薄弱，缺乏规范管理；创作型人才紧缺，作品无特点、更新慢，品类较为单一等一系列问题有待进一步的解决。

四、国内外传统乡村手工艺发展经验分析和对比研究

（一）国外传统乡村手工艺发展经验研究

1. 美国—宏观环境助力民间手工艺发展

（1）美国政府扶持手工艺发展

在美国，有许多人从事手工艺生产。如截至2009年，有2 700万的美国人从事编织棉被的手工艺活。但是，有一些手工艺正濒临灭绝，美国政府正尽力保护它们。为此，美国政府采取的措施之一即是手工艺学徒传习的计划，艺术大师可以向政府申请专项资金培训学徒。例如，2009年，美国威斯康辛州艺术委员会资助了15位学徒每人3 000美元的奖学金，艺术大师们就可以利用这些资金来教授学徒们手工技艺。截至目前，美国政府大约资助了30个学徒计划。

美国的民间手工艺组织大致分为三种形式，既有公共的，也有地方私立的、商业的。公共的民间手工艺组织专门负责组织记录和保存民间艺术，他们的资金来自于国家。地方私立的民间手工艺组织，他们的资金来源于政府津贴等其他途径。以上这些组织都是非盈利性的，规模都比较大，这些组织的所有资金都是流动的，用于活动的组织和艺术家的创作。第三种组织则是为了赚钱或其他商业用途，他们主要通过买卖手工艺产品来获得收入。另

外，在淘宝网上还看到一些美国的精湛传统手工制造牛津皮鞋，标价相当昂贵。

(2) 美国教育体制支持和传承传统手工业

美国教育体系将传统手工艺纳入学生基础教育。民俗学者们努力搜集有关传统手工艺的知识，并传授给学校的老师们，在课堂上老师们再把相关知识传授给学生们。为获取更多新的知识，强调艺术设计的重要性，美国人经常把艺术和其他研究领域联系起来，比如，把艺术与历史和文学联系起来，这样可以帮助培养学生的审美观，而不单单是教他们怎样做手工艺。美术院校的学生在张扬个性的同时，更注重提高动手能力，在艺术品的创作过程中充分享受创作的乐趣。

(3) 美国艺人不单靠民间工艺求生存

在美国，很少有手工艺人是只通过从事手工艺来维持生计的。许多艺人不得不为了薪水和医疗保险而另外找一份工作。例如，在威斯康辛州，有一个从事挪威哈登角琴制作的手工艺人，他的技艺精湛，获得了美国国家艺术基金会的国家文化遗产奖。但他不能用他所有的时间来做琴，在白天他不得不上班，只有在晚上下班后和周末才有时间来做琴。

2. 法国—政府力促传统手工业发展

(1) 政府牵头，建立行业协会

自 1994 年以来，法国政府为促进精湛民间工艺的传承做了大量工作，出台保护政策，建立手工艺行业理事会。法国手工艺行业理事会是法国文化和公共关系部部长直接领导的咨询机构。理事会的名誉主席瓦特罗先生本人就是一位弦乐器手工制作大师，他与文化和公共关系部部长共同主持理事会的工作，代表部长主持日常工作。理事会成员则由手工业行业的专家、行业组织的代表、文化和公共关系部相关部门主任、法律人士（涉及美术、音乐、舞蹈、戏剧、建筑、遗产、博物馆、书籍、档案等领域）及省地区文化局的人员组成。该会专职弘扬和光大法兰西式传统技艺，在传承百年精致工艺的同时，为其注入新科技新材料，创造法兰西品牌。

该理事会担负四项任务：一是负责为手工艺行业的保护、革新、价值提升及培训提出建议；二是负责筛选“手工艺大师”。“艺术大师”是由法国文化和公共关系部授予的法国国宝级民间工匠的称号，全法国仅有 63 位。法国文化和公共关系部负责将每位大师塑造成一个品牌，加以保护。同时国家负责公关行动，向世界推介法国工艺品牌；三是负责挖掘有创新能力的工艺人才，吸收借鉴国外的传统工艺遗产；四是负责落实对地方手工艺的传承和保护政策，为手工艺企业与研究部门和革新部门的经常会晤提供服务。

（2）开办工艺品展，推介法国工艺品牌

在“法国艺术，家中绽放”北京大型展览上，法国专门开辟了“艺术大师”展区，展出了50多件出自艺术大师及其徒弟之手的展品，包括镶嵌工艺、陶瓷制作、折扇制作、雕刻工艺、凹版印刷、丝网印刷、钢艺刀具、青铜铸钟、金银器制作、麦秸编织、手工织布和玻璃彩绘等，向世界推介法国工艺品牌，促进法国传统手工艺的快速发展。

3. 英国—乡村工艺展刺激民间工艺发展

英国传统的乡村手工艺品，现在成为了很热销的商品，每年都会有400多万英镑的销售额。

英国乡村生活杂志每年都会在伦敦举办春季手工艺品交易会，每次5天的交易会都会吸引无数的零售商和参观者。英国乡村生活杂志想通过这种展会，把英国传统的手工艺品和现代生活相结合，从而吸引更多的商机。比如手工制陶器，这种手工制品的制造工艺是由几百年前，汉密尔顿的一个小城镇流传下来的。英国民间艺人通过小型作坊，在保留维多利亚风格的同时，引入新型的现代制作手法和图案设计，使其更加精致吸引了不少英国人的眼球，同时也得到了不少国外厂商的青睐。

除了各种工艺品之外，传统民间美食也是英国乡村工艺展的“火辣招牌”之一。英国美味水果蛋糕公司一直推销的是保持英国本土风味蛋糕的理念，通常只通过网络销售蛋糕。但在工艺品交易会上，美味水果蛋糕公司也会将招牌蛋糕‘百分百英国水果蛋糕’带到了现场，以优质的色香味征服前来参观的人们，也为公司赢来更多的商机。

英国乡村手工艺品交易会把现代英国乡村最好的手工艺品带给了全世界，既促进了英国传统手工艺的发展，也刺激了英国乡村旅游的跃进。

4. 其他部分国家的传统手工艺发展经验

（1）孟加拉国

孟加拉国文化部下设孟加拉国艺术与绘画学会，致力于发展物质文化遗产。孟加拉国政府设立的农村发展委员会通过提供小额贷款，帮助中小企业、家庭式的手工艺作坊主以及大批从事手工艺制作的贫困妇女。

（2）希腊

希腊为了挽救那些面临失传的手工艺，专门建立了一个青年人发展机构，向当代年轻人提供各种手工技艺的培训。同时国家出面，提高希腊传统手工艺品的价格，并大量出口手工艺品。

（3）德国

由于德国传统手工艺品在当代德国已经不再是文化主流，因此该国对传统手工艺的保护主要是靠各种民间组织而不是政府。德国的民间组织一方面要求民间手工艺者不断完善自己的绝活，培养品牌；另一方面在博物馆展示民间手工艺品的同时，通过现场手工艺制作与参观者互动，来培养大众的兴趣，从而传承和发展传统工艺。

（4）越南

据《越南经济时报》2010 年 11 月 30 日报道，越南广宁省现有 20 个传统手工业村，名列前茅的有 4 个：永红陶瓷村、德政陶瓷村、河安船舶修理村、兴学渔具村。传统手工业村解决了 14 900劳动力的就业，占该省农村劳动力总数的 4. 93%，年工业产值约 2 700亿越盾（约合 1 350万美元）。

（二）国内典型传统乡村手工艺发展经验总结

1. 北京长哨营满族乡七道河村—成立协会加快农民艺人就业增收

为推动制作手工艺品的发展，长哨营满族乡成立了北京汤河川满乡农民文化艺术中心，主要加工布塑画、树皮画、秸杆画、剪纸四种手工艺品。艺术中心截至目前，共吸纳本村农民就业 110 名，年生产布塑画 200 幅、秸杆画 3 000幅、树皮画 2 000幅、剪纸 10 000幅。中心的成立不仅拉动了当地农民的就业，扩大了当地群众非农收入的渠道，调整了该村的产业结构，大力弘扬了满族的传统文化，同时也实现了较好的经济效益和社会效益。2007 年汤河川满乡农民文化艺术中心完成总产值 298 万元，占村年经济总量 488 万元的 61%。

2. 北京市房山区—政府主导开创农民增收新途径

近几年来，房山区各级相关部门相继组建了北京京都绣娘手工艺品专业合作社、北京巧姑靓嫂手工艺品专业合作社、蒲洼乡葫芦烙画工作室、北京南刘庄万福灯笼专业合作社、北京精艺雕刻有限公司、北京精艺雕刻有限公司、黄土坡石砚雕刻厂等 170 多家合作社和企业。还建立了万福灯笼作品展示厅、巧姑靓嫂手工艺品商会、中华石经文化主题产业园、黄土坡青石砚文化艺术展厅等。在房山区各级相关部门的大力支持下，房山区传统手工艺品得到了长足发展，构筑了新农村建设的新产业，成为增收新途径，为农民架设起了致富金桥。

房山“巧姑靓嫂手工艺品商会”借助“巧姑靓嫂”品牌，通过招标、竞标，有幸参与了国庆 60 周年道具的生产工作，完成了 8 个区县 11 个品种的5万多个道具。特别是圆满地完成了100套2010年春晚演出服装的加工任务，实现了经济效益和品牌建设的双丰收。

当前，房山手工艺品备受国内外广大市民的青睐，主要销往日本、美国、新加坡、泰国、德国等国家和地区，解决了全区6 000多个劳动力就业，年产值约16 000多万元。其中大石窝石材雕刻解决就业5 600多人，实现产值15 000多万元。

3. 北京市平谷区—企业创汇带动农民就业增收

平谷区的圣林工艺品厂是一家大型集干花、热带雨林仿真风景树为一体的生产厂家。厂区点地总厂区占地50 000多平方米，并有花材种植基地2 500亩。全厂职工1 660余名，年产值5 000多万元人民币。圣林干花厂多次参加博览会，展出各种干花、仿真盆景、异型树、景观树和仿真树路灯等专利产品，赢得观众的一致好评。2002年圣林“干花”产品在昆明农产品世博会上获得银奖，2004年获中国专利与名牌博览会金奖，2009年圣林工艺品厂精心选出了240余株干花“争艳”花博会。2009年圣林干花产品95%出口欧、美、亚、非等50多个国家和地区，实现出口创汇300多万美元。

4. 山西省—环境引领农民致富增收

（1）企业搭建创意平台促发展

山西省闻喜县靠飞针走线挣钱的村民已经有2万多，绣花拖鞋、手工鞋垫、老虎鞋等以前不入流的乡村绣品在政府的支持下开始联合加工生产，山西文化创意公司搭建平台，收集散落在民间的手工艺制作，统一品牌、统一销售、统一标准，并加盟连锁销售，市场火爆。

（2）村民打造手工精品促增收

山西绛州人通过独有的澄泥资源、精巧的雕刻工艺和精到的焙烧技术，让一文不值的泥疙瘩摇身变成了集艺术性、观赏性于一身的砚台，并通过有力的市场宣传，让其价值不菲，在这里，做澄泥砚的小工每人年收入也在万元以上。恢复传统技艺、打造纯手工精品，让村民尝到了甜头，在民间文化人的带动下，几乎失传的稷山螺钿漆器开始生产，虽然一年只产60多件，但是每件的价格都在万元以上。如今在山西运城农村特色文化经营户已经有2 000多个，麦草画、根雕、面塑在农民的手中都能创造效益，越来越多的农民从民间工艺品制作中找到了新的增收渠道。

5. 新疆—技术培训促进农民增收

哈萨克民族具有传统的刺绣习惯，刺绣也是哈萨克妇女的绝活之一，但传统刺绣已不能满足日益激烈竞争的市场需要。针对青河各族群众的强烈愿望，该县紧抓科学技术不放松，大力加强实用技术培训工作，使更多农牧民摆脱困境，走上富裕生活，带动县域经济又快又好发展。截至目前，青河县已有200余名哈萨克妇女参加刺绣培训并从事此项服务活动。现如今大部分哈萨克农民都利用农闲时间参加了乡上组织的刺绣等手工艺品培训班，农忙时节搞种植，农闲时节搞刺绣，开辟了一条农民增收的新渠道。初步统计，哈萨克农民每周最少绣出3条毡子，纯收入达2 000元以上。

（三）国内外发展经验的启示

1. 创新是传统手工艺生存和发展之本

著名美术大师韩美林说："传统是一个一个创新的接力赛。"中国传统手工艺的发展史就是靠一个个创新所推动的。创新需要求变，它是一个取新求精、突破常规、别出心裁、独辟蹊径并赋予新内涵和时代精神的过程。

手工艺创新是个大课题，从手工艺产品的设计到产品的营销各个环节均蕴藏着创新的潜因。例如：新创意、新材料、新领域、新造型、新款式、新品种等，如英国民间艺人通过小型作坊，在保留维多利亚风格的同时，引入新型的现代制作手法和图案设计，使其更加精致，吸引了不少英国人的眼球，同时也得到了不少国外厂商的青睐。山西文化创意公司将散落在民间的手工艺制作，绣花拖鞋、手工鞋垫、老虎鞋等统一品牌、统一销售、统一标准，并加盟连锁销售，市场火爆。

再如北京顺义的秸秆画、树皮画，平谷区的"干花"等都为在不同环节的创新上为传统手工艺开拓了新领域，找到了新市场。总之创新无处不在，创新就是传统手工艺打开市场大门的金钥匙，创新就能挖掘出潜在的商机，不断创新传统手工艺就会冲出工业产品的重重围困，开拓出新的天地。

2. 传统与新时尚相结合，是进入市场的必经之路

传统手工艺与"时尚"相结合，随潮流而动，才能适应市场的需求。"时尚"是一种在这个时代和当下发生着美丽的、追随物的、赏心悦目的、光怪陆离的等事件中、事物和话语中"前端或上面的部分"，并受到个人或集体的追捧，这是时尚的外部特征。时尚也就是流行。传统手工艺只有与时尚结合才会被现代消费者所接受。

当今时尚的标志是：怀旧、休闲、环保和科学着装等。与时尚结合，就是要切入现代生活。法国LV正是通过调研，了解市场需求，了解顾客追求，才能成为时尚界的代名词。LV接连推出的一系列与箱包相配套的服饰、

首饰都成为众多明星、白领女性追捧的对象。山东曲阜的孔令文抓住了女性时尚这一切入点，生产高跟绣花鞋、绣花拖鞋，异常畅销，月收入10余万元。时尚已经成为商品消费和社会生活的指南针，已经成为促进经济和直接生产力和城市发展的最本质动力。德国齐奥格尔·西美尔在《时尚的哲学》一书中说："时尚特有的有趣而刺激的吸引力在于，它同时具有广阔的分布性和彻底的短暂性，时尚的魅力还在于时尚具有不断生产的可能性。"因此传统手工艺只有不断寻找新的切入点，才会生生不息，永远占领市场的一席之地。

3. 传统手工艺与高科技相结合方能赢得市场

自动化甚至高科技与传统手工艺是完全可以相互结合、相互借鉴、相互渗透、共同发展。传统手工艺可以借助高科技的新成果提高传统技艺的水平和质量，而科研人员可以挖掘传统手工艺的科技基因，研制出新的科技成果。如我国传统铸造工艺中的失蜡法，德国人用此原理制作假牙、齿轮精细物件，美国人用此原理铸造喷气式飞机的涡轮叶片，经过复原的三国时期诸葛亮制造的木牛流马，把重心放在了支点附近，比当代汽车的设计思维更先进，木牛流马重心位于轴下，行走非常稳定，对当代汽车稳定性的改进具有启发意义。高科技与传统手工艺相融合，会产生许多新工艺。如三维染织品，它是发掘传统印染技术的再创造能力，在丝网印、热转移印等传统印染技术原有的印染效果的基础上，发明一种三维塑造面料的方法，将氨纶面料拉抻绷紧，使用丝网印技术在dtex或人工合成橡胶浆料上面压印斑点状图案，面料恢复原状后，印染过的部分变硬，在收缩后的面料上突起，呈现出凹凸起伏的三维效果。

传统扎染技术与含有高科技的面料结合也可以创造出光影丰富质感强烈的三维染织品，如用人工合成的（含金属纤维）面料包扎玻璃弹珠、黄豆、绿豆等材料进行腐蚀及染色，使面料呈现出一串串气泡状突起，色彩斑驳，形成光影在面料上跳动的效果，成型后的面料看上去像是一种正在蠕动、漂浮的海底动物，极为动人。利用数码激光技术，对面料进行铸造、烙印、烧灼、焊接、切割，使面料呈现出各种图案，各种形态，也是一种新工艺。传统手工艺与高科技相结合产生出新工艺，使这些新工艺产品成为时尚消费市场的宠儿。随着结合的深入开展，新工艺将层出不穷，并且渗透到生活的各个方面，市场将更加丰富多彩，传统手工艺前景无量。

五、北京传统乡村手工业的发展对策研究

对比国内外传统手工艺的发展经验，我们建议北京市在发展传统乡村手工业时，采取以下策略：

（一）与休闲农业捆绑发展战略

抓住都市型现代农业大发展的契机，农村传统手工业与休闲农业相结合，即买产品，又买体验，多方增加农民收入。

休闲农业是都市型现代农业最核心的部分之一，是直接促进城市人走进乡村，是直接体现城乡互动、农业产业升级的综合性产业。市农委要从开发农业多功能，尤其是文化传承功能的角度出发，深入挖掘农村传统手工艺开发与休闲农业发展的衔接点，重视和引导农村传统手工业的发展。一是在乡村旅游点、休闲农业园区内设置农村传统手工艺品的展销点，将传统手工艺品发展为乡村旅游纪念品，实现“卖产品”的目的；二是创新农村传统手工业与观光休闲结合的模式，在乡村旅游点、休闲农业园区内开设农村传统手工艺 DIY 体验室，让公众在农村观光、休闲的同时熟悉农村传统手工艺，感受、体验和理解手工技艺的细微和精妙之处，实现“卖体验”的目的。

（二）文化创意导入战略

抓住文化创意产业大发展的有利时机，将城市的文化创意资源引入农村，提升农村传统手工艺的创新能力，使其焕发新的生命力。

科技创新、文化创意是保证都市农业持续发展的两大引擎。农村传统手工业的发展，必须更加主动地与文化创意产业相结合，必须要与大都市的消费趣味相结合。创意不是对传统文化的简单复制，而是依靠人的灵感和想象力，借助科技对传统文化资源的再提升。农村蕴涵着丰富的民俗文化、农业产业文化。这些丰富的“原材料”必须经过文化创意产业的加工，才能发挥出应有的价值。农村传统手工艺必须经过文化创意的注入，导入符合现代都市人审美趣味与消费习惯的时尚元素进行再创作与再造，才能获得新生。

市农委及相关部门，要抓住北京市最美乡村评选活动机遇，推出“精品农艺”、“农艺大师”评选活动。农业部门还要与文化部门加强合作，把“创意农业”深入地进行下去，将农村传统手工业正式纳入到北京市文化创

意产业的发展规划和创意农业的发展规划中来。总结 2006 年乡村旅游商品大奖赛的经验，通过文化创意的导入，加大研发力度，鼓励开发出具有北京特色、京郊特色的农村手工艺品。

（三）实用人才发展战略

走职业化发展道路，与职业教育合作，提升传统工艺专业化水平，促进农民增收。

农村手工艺的开发，要与农村实用人才的培养工作结合起来。2002 年 7 月，《国务院关于大力推进职业教育改革与发展的决定》明确提出：采取切实措施，加快农村和西部职业教育的发展，农村和西部职业教育的发展是今后一段时期职业教育发展的重点。2003 年年初，中央农村工作会议也强调了要发挥科教对农村的促进作用。发展手工业、为手工业培养人才、发展面向手工业的职业教育与培训，是促进农民脱贫致富、转移剩余劳动力、促进农村工业化的一个非常重要的战略措施。

因此，建议农村手工业合作社与职业教育体系联合，农村职业院校开办工艺讲堂，加强农民艺人专业技能培训，推荐"农民学艺"优秀学员参评"北京市农村实用人才"。"农民学艺"产业化进程的快慢，很大程度上取决于农民的主观能动性。建议每年从学艺农民中评选出"农民学艺"优秀学员，并由有关部门推荐参评"北京市农村实用人才"。为积极性高、学有所成的学艺农民，搭建一个更为广阔的展示平台，创造一个更高层次的交流氛围。与此同时，通过这种激励方式，有利于达到"以点带面"，调动起所有学艺农民积极性的目的。

同时，各级政府部门要加大扶持力度，走传统手工艺职业化发展道路，将传统手工艺品制作纳入学生基础教育，民俗学者们努力搜集有关传统手工艺的知识，并传授给学校的老师们。建议老师们在教授时，强调艺术设计的重要性，将艺术和其他研究领域联系起来。比如，把艺术与历史和文学联系起来，在提升学生审美观的同时，培养其学习兴趣，注重提高其动手能力，让其在艺术品的创作过程中充分享受创作的乐趣。对于职业院校的学生鼓励其张扬个性，发挥创意特色，给传统工艺品注入创造性活力。

（四）营销带动发展战略

创新营销理念，开发多种营销方式并存的营销体系，积极培育能够代表北京形象的传统手工艺品品牌。

建议各区县政府着力营造良好的文化环境，通过特色节庆活动开展各种农艺展览，并着力在营销策略上实现新突破，充分利用农技 110、农庄信息网，以及各区县电视台等媒体平台，增加销售渠道信息的发布方式，唤起人们对传统文化和手工劳作的关注与尊崇，从而扩大农艺活动销售范围。同时依托各农业局信息网、合作社、移动农网灯方式发布各村镇农艺发展情况，促进产销衔接，培育工艺知名品牌，增强传统工艺的知名度。从而构建传统手工艺品的高层次符号消费品乃至奢侈品消费市场。

（五）行业协会带动战略

积极发挥行业协会产业带动作用。发挥行业协会在政府与农民之间的桥梁和纽带作用，结合社会主义新农村建设，切实做到“农民学艺”成果具体化，有计划的、持续性地开展农民需要的相关工作。

一是深化培训，提升产品附加值，保证农民就业增收。短期内能学会的技艺，附加值低；而附加值高的，学艺周期长。各试点普及型的技艺传授已基本完成，目前亟需的是提升型的培训。一方面，帮助农民明确具有地方特色的创作主题，使之成为具有纪念意义的乡村旅游商品；另一方面，在各试点重点培育 2 ~ 3 名技艺骨干，教会他们如何指导游客制作，增加各试点体验制作的功能，丰富当地乡村旅游内容，延长游客停留时间。

二是建立“农民学艺”创作型人才库，满足试点的个性化培训。在“农民学艺”集中培训后，有些试点根据不同的需求又单独聘请了老师进行“一对一”有针对性地辅导，如平谷区、门头沟区王平镇等。但一个试点寻找老师的周期较长，支撑老师常年的讲课费成本高，且学习品类较为单一。因此，建议由行业协会联络艺术院校师生、民间艺术大师等建立“农民学艺”创作型人才库，不仅有传授技艺的老师，还有包装设计、品牌策划等多方面的老师，资源共享。当学艺试点有个性化培训需求时，可到人才库中自主选择。与此同时，可由行业协会统筹协调，帮助试点因地制宜地选择学艺种类，就地取材，突出特色，节约成本，增强市场竞争力。

三是积极引导社会参与，鼓励城市设计人才与农村传统手工艺合作社结成帮扶关系，充分发挥北京首都人才集聚的优势。

六、发展北京传统乡村手工业的保障机制

产业的发展需要过程，特别是这种以农民为主体的创意型产业，更需要政府和社会各界精心扶持、培育一段时间，使之健康成长。通过近三年“艺人下乡，农民学艺”活动的推动，农村传统手工艺的开发初见成效，需要在已有成绩的基础之上不断完善发展农村传统手工艺的长效机制。建议从建设社会主义新农村和发展都市型现代农业两个角度，将发展农村传统手工艺纳入到“十二五”规划中。

（一）建立长效机制，树立农民信心

在“农民学艺”成果转化初期，需要不断坚定各试点基层干部、农民的信心培养他们坚持不懈、精益求精的信念。建议健全目标责任体系，加大平台载体建设，创新形成长效机制等多项举措并行，确保“农民学艺”的成果向组织化、产业化、市场化方向健康发展。

一是设立农村传统手工业发展专项资金。采取以奖代补的形式，对“农民学艺”活动产生示范带动作用的试点，对综合效益较好的合作组织，对带动能力较强的户给予不同额度的资金奖励。

二是组织宣传推介，扩大市场认知。取得市场认知，需要较为密集且具有影响力的媒体宣传，这对于单体试点来说，很难实现。有关政府部门应在北京市范围内，加大宣传力度。一方面，结合实用人才创业成果展、农民艺术节等活动，为“农民学艺”成果搭建推介平台，让农民制作的手工艺品走出农村，直接与市场对接。另一方面，在京郊旅游旺季，特别是每年的五一、十一等“黄金周”前，举办主题宣传活动，激发市民购买农民手工艺品的消费欲望。

三是鼓励品牌注册，专利保护。由于注册产品商标和工艺专利每年都需要支付一定费用，加之农民对知识产权的保护意识比较薄弱，目前只有较少的试点注册了产品商标和工艺专利，这不利于品牌化发展。政府部门应加强引导，对品牌注册和申请专利成功的“农民学艺”试点，每年给予一定比例的资金补助。如申请成功，连续五年补助品牌注册和专利申请经费总额的60%，等等。

（二）引导“农民学艺”合作组织升级成“市级示范社”

“农民学艺”过程中，成立了合作组织与尚未成立的，在综合效益上形成了较为显著的差距。实践证明，专业合作组织是实现“农民学艺”成果转化不可或缺的载体。有关部门应及时总结经验，加强推广“农民学艺”组织化的有效途径。把经营规模较大、服务能力较强、产品质量较优、民主管理较好的“农民学艺”合作社，优先列入到“市级农民专业合作示范社”，给予支持。

与此同时，对农民学艺类的“市级农民专业合作示范社”给予有针对性的政策扶持。主要体现在以下四方面：一是免收注册登记费。二是每年安排专项财政扶持资金用于支持组织化水平高、示范带动性强、管理规范的“农民学艺”专业合作社。三是对“农民学艺”合作社开展的生产经营活动等，依法减免税费。四是组织金融机构与合作社签订“银社”共同发展协议书，解决合作社资金需求，增加信贷支持力度。

（三）各区县继续加大各区县传统工艺基础设施和软件服务的投入

建议各区县政府加大对各区县道路、公共设施、停车场、休闲区域、绿化、美化设施的规划建设，完善各区域的旅游接待服务设施。同时不断支持和鼓励农民工艺走精品化、艺术化、产业化的发展道路，提升乡村旅游艺术品的品质。

不断开展农民工艺专业化培训，在提高农民工艺的同时，提升农民素质，以及提高休闲农业发展的软实力。同时以政府采购等形式，促进“农民学艺”产品走向市场。“农民学艺”市场化尚处于初期阶段，销售环节成为阻碍发展的主要瓶颈。为保持农民现有的积极性，建议现阶段以政府采购的形式，促进产业发展。把“农民学艺”中的优秀作品，纳入到各级政府礼品采购的范围，特别是各试点所在区县的政府部门。这不仅是为了帮助其打开销售渠道，更重要的是帮助其宣传推介，让“农民学艺”的作品逐步被市场认知，逐步具备真正进入市场的能力。

（四）强化各区县农业产业联动

建议西部山区以沟域经济发展为切入点，整合现有的生态资源、旅游资源和传统工艺品资源优势，将西部山区建设成为特色鲜明、种类多样、景致优美的集一、二、三产业相融合的首都山地乡村旅游区。

对于浅山区和丘陵带，借助休闲农业园发展优势，重点开发农艺品体验区，经过5~10年的努力，辐射带动远郊平原区相关乡镇建设以农艺体验为特色，集休闲观光、餐饮娱乐、交易展示、制作体验为一体的农艺体验带。

建议近郊平原区围绕世界现代农业都会建设，结合都市农业发展，发挥农艺工艺展览优势，重点建设主题科普展示、农艺技术展览、农艺培训课堂，培养公众兴趣，引导休闲农业高水平发展，促进农民增收。

同时建议各区县政府加大对乡村民间工艺开发、保护和传承的投入，并在北京市农委的领导下同国际传统工艺协会建立合作关系，为传统工艺产业化发展，创造一个良好、和谐的交流平台和机制，进一步促进农民增收。

课题负责人：贺东升　北京市农村经济研究中心副主任
课题组组长：冯建国　北京市农村经济研究中心资源区划处处长、副研究员
课题副组长：魏　翔　北京第二外国语学院科研处副处长、副教授、博士
课题组成员：陈奕捷　崔　丹　武婧华等